GERARDO MUÑOZ LORENTE

El Sahel

El nuevo escenario de la geopolítica mundial

ALMUZARA

Primera edición: octubre de 2024

Editorial Almuzara • Ensayo
Editora: Ángeles López
Corrección: Matilde Fernández
Maquetación: Joaquín Treviño

www.editorialalmuzara.com
pedidos@almuzaralibros.com - info@almuzaralibros.com

Editorial Almuzara
Parque Logístico de Córdoba. Ctra. Palma del Río, km 4
C/8, Nave L2, nº 3. 14005 - Córdoba

Imprime: Romanyà Valls
ISBN: 978-84-10524-29-3
Depósito legal: CO-1550-2024
Hecho e impreso en España - *Made and printed in Spain*

Índice

Siglas

ACLED: Armed Conflict Location and Event Data.
ACNUDH: Alto Comisionado para los Derechos Humanos de la ONU.
ACNUR: Agencia de la ONU para los Refugiados.
ACSS: Africa Center for Strategic Studies.
ADC: Alianza Democrática del 23 de mayo para el Cambio maliense.
AECID: Agencia Española de Cooperación Internacional para el Desarrollo.
AEN: Aide de l'Eglise Norvégienne, ONG.
AES: Alianza de Estados del Sahel.
AFISMA: African-led Support Mission in Mali.
AFRICOM: Mando África de Estados Unidos. También USAFRICOM.
AI: Amnistía Internacional.
AQMI: Al Qaeda del Magreb Islámico.
ASECNA: Agencia para la Seguridad de la Navegación Aérea en África y Madagascar.
ATNMC: Alianza Tuareg en el Norte de Mali para el Cambio.
BBC: British Broadcasting Corporation, emisora británica.
BRICS: Foro internacional conformado inicialmente por los países Brasil, Rusia, India, China y Sudáfrica.
CAERT: Centro Africano de Estudio e Investigación sobre el Terrorismo, también ACSRT.
CAFRAD: Centro Africano de Formación e Investigación Administrativa para el Desarrollo.
CC. AA.: Comunidades y ciudades autónomas españolas.
CDP: Congreso para la Democracia y el Progreso, burkinés.
CEDEAO: Comunidad Económica de Estados de África Occidental.
CEMAC: Comunidad Económica y Monetaria de África Central.
CFA: Comunidad Financiera Africana.
CFDP: Comando de Fuerzas de Protección y Desarrollo nigerino.

CGN: Congreso General Nacional libio.
CICR: Comité Internacional de la Cruz Roja.
CIPI: Centro de Investigaciones de Política Internacional.
CITCO: Centro de Inteligencia contra el Terrorismo y el Crimen Organizado.
CMA: Coordinadora de Movimientos de Azawad.
CMFPR: Coordinación de Movimientos y Frente Patriótico de Resistencia maliense.
CNEC: China National Chemical Engineering.
CNI: Centro Nacional de Inteligencia español.
CNN: Cable News Network, canal de televisión estadounidense.
CNNC: Corporación Nuclear Nacional de China.
CNPC: China National Petroleum Corporation.
CNRD: Comité Nacional de Concentración para el Desarrollo, junta militar guineana.
CNRDE: Consejo Nacional para la Restauración de la Democracia y el Estado maliense.
CNSP: Comité Nacional para la Salvación del Pueblo, junta militar maliense.
CNSP: Consejo Nacional para la Salvaguarda de la Patria, nombre junta militar nigerina.
CNT: Consejo Nacional de Transición libio.
COPA/BF: Coalición de Patriotas Africanos de Burkina Faso.
COPAM: Coordinación de Organizaciones Patrióticas de Mali.
COPE: Cadena de Ondas Populares Españolas.
CPA: Coalición del Pueblo para el Azawad.
CPC: Coalición de Patriotas por el Cambio centroafricana.
CPP: China Petroleum Pipeline Engineering.
CR: Cámara de Representantes libia.
CRR: Consejo de Resistencia para la República, organización rebelde nigerina.
CSC: Consejo Superior de Comunicación burkinés.
CSP-DPA: Marco Estratégico Permanente para la Defensa del Pueblo Azawadí, organización tuareg.
CSP-PSD: Marco Estratégico Permanente para la Paz, la Seguridad y el Desarrollo, organización tuareg.
CTRI: Comité de Transición y Reforma de las Instituciones, junta militar gabonesa.

CUSTECH: Confluence University of Science and Technology.
DGSN: Dirección General de Seguridad nacional marroquí.
DSN: Departamento de Seguridad Nacional español.
EAU: Emiratos Árabes Unidos.
EE. UU.: Estados Unidos de América.
EFE: Agencia de noticias española.
EI: Estado Islámico, también llamado ISIS o DAESH.
EIGS: Estado Islámico del Gran Sahara.
ENL: Ejército Nacional Libio.
ENPA: Ejército Nacional Popular de Argelia.
EPL: Ejército Popular de Liberación chino.
EUCAP: Misión civil de la UE en Mali.
EUMPM: Misión de la UE en Níger.
EUTM: Misión de la UE en Mali.
FAA: Fuerzas Armadas de Argelia.
FACT: Front pour l'Alternance et la Concorde au Tchad.
FAMA: Fuerzas Armadas de Mali.
FAO: Organización de la ONU para la Alimentación y la Agricultura.
FAR: Fuerzas de Apoyo Rápido sudanesas.
FAS: Fuerzas Armadas de Sudán.
FDE: Fuerzas de Defensa de Eritrea.
FDR: Frente para la Defensa de la República, organización burkinesa.
FIS: Frente Islámico de Salvación argelino.
FLM: Frente de Liberación del Macina.
FLN: Frente de Liberación Nacional argelino.
FLNA: Frente de Liberación nacional de Azawad.
FMI: Fondo Monetario Internacional.
FOCAC: Forum on China-Africa Cooperation.
FPL: Frente Patriótico de Liberación, nigerino.
FPLT: Frente de Liberación Popular de Tigray.
FPR: Fuerzas Patrióticas de Resistencia malienses.
FRONTEX: Agencia Europea de Fronteras.
FSB: Servicio Federal de Seguridad de la Federación de Rusia.
FSD: Fuerzas de Seguridad y la Defensa malienses.
GAR-SI Sahel : Groupes d'Action Rapides-Surveillance et Intervention au Sahel, proyecto europeo.
GATIA: Grupo de Autodefensa Tuareg Imghad y Aliados.
G5S: G5 del Sahel, foro institucional.

GIA: Grupo Islámico Armado argelino.
GICL: Grupo Islámico Combatiente Libio.
GNA: Gobierno de Acuerdo Nacional libio.
GPR: Global Posture Review (Revisión Postura Global) del Departamento de Defensa de Estados Unidos.
GRU: Departamento Central de Inteligencia ruso.
GSPC: Grupo Salafista para la Predicación y el Combate argelino.
GTI: Índice de Terrorismo Global.
HCUA: Alto Consejo para la Unidad del Azawad.
HRW: Human Rights Watch, ONG.
HUR: Servicios de Inteligencia del Ministerio de Defensa de Ucrania.
IDH: Índice de Desarrollo Humano.
IED: Inversión Extranjera Directa.
IEEE: Instituto Español de Seguridad Nacional del Gabinete de la Presidencia del Gobierno de España.
IFR: Iniciativa de la Franja y la Ruta (BRI, por sus siglas en inglés).
IFRI: Instituto Francés de Relaciones Internacionales.
ISKP: Estado Islámico del Gran Jorasán.
IISS: Instituto Internacional de Estudios Estratégicos.
ISS: Instituto de Estudios de Seguridad.
ISSP: Estado Islámico Provincia Sahel.
ISWAP: Estado Islámico del África Occidental.
JAS: Jama'atu Ahlis-Sunna Lidda'awati wal-Jihad, nombre original de Boko Haram.
JNIM: Grupo de Apoyo al Islam y los Musulmanes.
JTC: Comité Conjunto de Comercio.
KGB: Comité para la Seguridad del Estado soviético, sustituido por el FSB.
MAA: Movimiento Árabe de Azawad.
MARG: Método de Análisis de Regiones Geopolíticas.
MENA: Acrónimo del inglés que se refiere al norte de África y a Oriente Medio.
MFUA: Movimientos y Frentes Unidos de Azawad.
MIA: Movimiento Islámico del Azawad.
MINUSCA: Misión Naciones Unidas en República Centroafricana.
MINUSMA: Misión de las Naciones Unidas en Mali.
MPA: Movimiento Popular de Azawad.
MPLA: Movimiento Popular para la Liberación del Azawad.

MPRLT: Movimiento de los Patriotas por la Resistencia y la Liberación de Tombuctú.
MSA: Movimiento para la Salvación de Azawad.
MSF: Médicos sin Fronteras.
MUYAO: Movimiento para la Unicidad y la Yihad en África Occidental.
NBEP: Oleoducto de Exportación Níger-Benín.
NORINCO: China North Industries Group Corporation.
NRC: Consejo Noruego de Refugiados.
NSA: Agencia de Seguridad Nacional estadounidense.
NSO: Oficina Espacial de los Países Bajos.
OAR: Oficina de Asilo y Refugio española.
OCCRP: Organized Crime and Corruption Reporting Project.
OCHA: Oficina de la ONU para Asuntos Humanitarios.
OIET: Observatorio Internacional de Estudios sobre Terrorismo.
OIM: Organización Internacional para las Migraciones.
OMS: Organización Mundial de la Salud.
ONG: Organización No Gubernamental.
ONU: Organización de las Naciones Unidas.
OSW: Institución polaca de Estudios de Política de Seguridad.
OTAN: Organización del Tratado del Atlántico Norte.
OUA: Organización para la Unidad Africana, precedente de UA.
PDU: Programa de Desarrollo de Emergencia del G5S.
PIB: Producto Interior Bruto.
PMA: Programa Mundial de Alimentos.
PMC: Contratista Militar Privado.
PRAPS: Proyecto Regional de Apoyo al Pastoreo en el Sahel.
RASD: República Árabe Democrática Saharaui.
RCA: República Centroafricana.
RFI: Radio France International.
RSF: Reporteros Sin Fronteras.
RTB: Emisora de radio estatal burkinesa.
RTVE: Radio Televisión Española.
SCATER: Sistema de Captación de Señales Terrestres.
SCUD: Plataforma para el Cambio, la Unidad y la Democracia, chadiana.
SOE : Empresas estatales chinas.
SOREM : Société de Recherche et d'Explotation Minière du Mali.
SWI: Swissinfo, portal suizo de noticias.
TAH: Trans-African Highways.

TRB: Televisión estatal burkinesa.
TSCTI: Iniciativa Transahariana de Lucha contra el Terrorismo.
TV5 Monde: Televisión francesa.
UA: Unión Africana.
UE: Unión Europea.
UNEP: Programa para el Medio Ambiente de la ONU.
UNESCO: Organización de la ONU para la Educación, la Ciencia y la Cultura.
UNICEF: Fondo de las Naciones Unidas para la Infancia.
UNISS: Estrategia Integrada para el Sahel de la ONU.
UNODC: Oficina de la ONU contra la Droga y el Delito.
UNSMIL: Misión de la ONU de apoyo a Libia.
UPI: Interfaz de Pagos Unificados.
URSS: Unión de Repúblicas Socialistas Soviéticas.
USAFRICOM: Mando África de Estados Unidos. También AFRICOM.
USEUCOM: Mando Europeo de Estados Unidos.
VDP: Voluntarios para la Defensa de la Patria burkinés.
VOA: Voice of America, emisora estadounidense.
XAF: Franco CFA de África central.
XOF: Franco CFA de África occidental.
XIEG: Instituto de Ecología y Geografía de Xinjiang.

Prólogo

Un cuarto de siglo después de la caída del Muro de Berlín y la implosión de la Unión Soviética, está generándose un nuevo orden geopolítico internacional que revive una guerra fría entre dos bloques. Uno de ellos está encabezado por China, un régimen autoritario en lo político y autárquico en lo económico, con una estrategia comercial expansionista, que invierte en numerosos países a los que convierte en satélites deudores, y por Rusia, más débil en lo económico pero más fuerte en lo militar, que resiste las sanciones internacionales impuestas tras su invasión de Ucrania y que, políticamente, ha renunciado de hecho a la democracia liberal para regresar al autoritarismo soviético. El otro bloque, el occidental, encabezado por Estados Unidos, pierde paulatinamente influencia entre los países en desarrollo, al mismo tiempo que se polariza internamente desde el punto de vista político y social, erosionando la credibilidad de su democracia bajo el influjo de una desinformación generada en gran parte en el otro bloque. Y, entre ambos, se sitúa la mayoría de las llamadas potencias emergentes y los países más pobres, que ven al grupo BRICS (Brasil, Rusia, India, China y Sudáfrica, a los que se han sumado Arabia Saudí, Egipto, Emiratos Árabes Unidos, Etiopía e Irán) como una plataforma con la que consolidar su soberanía real en lo económico y financiero. Entre estos últimos, están los del Sahel, una región cuya creciente inestabilidad irradia hacia los cuatro puntos cardinales y amenaza con alcanzar a Europa.

Tras finalizar la Guerra Fría, muchos países africanos emprendieron caminos democráticos, pero, en los últimos años, la contracorriente antidemocrática que parece barrer el planeta como un tsunami irrefrenable ha llegado con mayor intensidad al continente africano. Desde 2020, han disminuido notablemente los países democráticos y han crecido los autocráticos.

ANÁLISIS ADAPTATIVO Y PERIODISMO

Para dilucidar lo que está ocurriendo ahora en el Sahel con vistas a explicárselo al lector de la manera más fidedigna posible, exponiéndole, además, un breve y siempre arriesgado análisis predictivo, he optado por seguir con el método analítico que vengo aplicando desde hace años en mis investigaciones históricas, sometiéndolo, no obstante, a un riguroso análisis adaptativo diario, puesto que el objetivo es presentar una imagen real y actualizada de lo que sucede en esa parte del mundo.

Para llevar a cabo este análisis adaptativo diario, he recurrido a la prensa, aprovechando el inmediato acceso que hay a casi toda ella, publicada desde cualquier punto del planeta, a través de internet. Esta ventaja conlleva, por supuesto, varios inconvenientes, como la abundancia y la variada fiabilidad. Tamizar tanta información es labor artesanal e ímproba sin ayuda de un procesador de macrodatos o *big data*. En este caso en concreto, a mayor abundamiento, hay que señalar las dificultades existentes para encontrar fuentes de primera mano, es decir, profesionales de la información que estén sobre el terreno. Como suele ocurrir en aquellos lugares donde hay guerras o conflictos armados permanentes, que entrañan serios riesgos de perder la vida o ser secuestrados, en las zonas más peligrosas del Sahel no hay apenas corresponsales y los periodistas locales o han huido o están amenazados o comprados.

Dos semanas después de que el periodista francés Olivier Dubois fuese liberado el 20 de marzo de 2023, tras pasar 711 días secuestrado en Mali[1], Reporteros Sin Fronteras (RSF) publicó un informe en el que se hacía balance de lo sucedido durante la última década en el Sahel con los periodistas: cinco habían sido asesinados y otros dos habían desaparecido recientemente. «Ponerse en la piel de un periodista en el Sahel significa enfrentarse a bandas armadas radicales cada vez más presentes [...], bandear con poderes instaurados a base

1 Olivier Dubois fue secuestrado en Gao, en el norte de Mali, el 8 de abril de 2021 por el JNIM, grupo yihadista vinculado a Al Qaeda. Fue liberado en Níger el 20 de marzo de 2023, junto al misionero estadounidense Jeffery Woodke, que había sido secuestrado el 14 de octubre de 2016 en la población nigerina de Agadez.

de golpes de Estado, que imponen a la profesión su concepto de periodismo y sus "mandatos patrióticos" [...] convivir con la milicia del Grupo Wagner, cuyo poder sobre el sector de la información regional es cada vez más palpable, así como a sortear las trampas de los mercenarios de la desinformación».

Además de ser «una región mortífera para los periodistas» y sufrir «un riesgo máximo de secuestro», en el Sahel es cada vez más difícil ejercer el periodismo porque se corre el riesgo de ser expulsado arbitrariamente: «Las autoridades militares instauradas mediante golpes de Estado no dudan en remodelar el paisaje mediático, expulsando a periodistas y suspendiendo medios de comunicación». La desinformación fluye por doquier, «sobre todo en las redes sociales, pero también en el seno de las juntas militares en el poder, cuya adhesión a sus nuevos aliados rusos es inquebrantable», y mediante presiones editoriales directas, «a golpe de mandatos patrióticos (en Mali) o de notas con directrices a los medios (en Benín), las autoridades en el poder tratan de moldear a su antojo la información y de controlar los relatos mediáticos».

PRESENTE EFÍMERO

Lejos de la atención mundial[2]

Escenarios tan terribles como las masacres en la Franja de Gaza y la guerra de Ucrania han atraído la atención internacional casi por completo, dejando en el olvido otros conflictos igual de crueles, como los que sufren algunos países de África y Asia (Myanmar, antigua Birmania). Desde abril de 2023, los sudaneses padecen una guerra y una crisis alimentaria atroz de la que apenas llegan imágenes a los televisores europeos y americanos. Sudán forma parte del Sahel, y es ahí, en esa franja africana que conocemos como Sahel, donde se está fraguando desde hace unos años un conflicto internacional capaz de cambiar sustancialmente el mapa geopolítico mundial, si no de provocar la próxima y más catastrófica confrontación bélica.

Porque en el Sahel son muchos y poderosos los jugadores que están maniobrando simultáneamente en varios tableros de ajedrez, donde las alianzas varían con bastante rapidez. Y es también allí donde han surgido y están aumentando factores desestabilizadores que pueden irradiar hacia el resto del continente africano y Europa.

El Sahel es un territorio rico en petróleo, oro, uranio, gas natural y litio, pero también es un emplazamiento donde existe una gran inestabilidad desde hace años debido a la actividad terrorista (la más intensa del mundo) y a la debilidad de unos estados con gobiernos supuestamente democráticos por imperativo de Occidente, pero carcomidos por la negligencia y la corrupción[3], cuando no por juntas

2 Además de las referencias indicadas a pie de página, para la redacción de este capítulo se han hecho las consultas apuntadas al final del texto.

3 En el Índice de Percepción de la Corrupción, Sudán y Chad ocupan el rango 162 de 180, con un puntaje de 20; Nigeria, el 145.º (25); Mali, el 136.º (28); Níger, el 125.º (32); Gambia, el 98.º (37); Burkina Faso, el 83.º (41); y Senegal el 70.º (43). Transparency International. Disponible en: https://www.transparency.org/en/cpi/2023

militares (en solo cuatro años ha habido ocho golpes de Estado)[4], e igualmente incompetentes en garantizar la paz y poner en práctica medidas capaces de subsanar la pobreza de sus gobernados. Precisamente, el país que podemos señalar como epicentro de la violencia saheliana, Mali, y sus dos actuales aliados, también afectados por el terrorismo yihadista, Burkina Faso y Níger, están gobernados por sendas juntas militares y ocupan los puestos más bajos en el ranking de índice de desarrollo humano (IDH) de 2021. De 191 países, Burkina Faso ocupa el puesto 184°, con un valor de 0,449; Mali, el 186° (0,428); y Níger, el 189° (0,400). Por detrás de Níger solo están Chad (190°), que también es país saheliano, y Sudán del Sur (191°)[5]. Las dificultades de acceso y el riesgo que sufren los cooperantes de ser secuestrados o asesinados han menguado considerablemente la llegada de ayuda humanitaria, lo cual impide garantizar la seguridad alimentaria para millones de habitantes en el Sahel. Según Acción contra el Hambre, más de 55 millones de personas están actualmente en riesgo de inseguridad alimentaria severa en el Sahel. Por su parte, la Oficina de la ONU para Asuntos Humanitarios (OCHA), cifra en 32,8 millones los sahelianos que precisan ayuda humanitaria urgente. Esta organización advertía en junio de 2024 que solo se había recibido el 40% de los 4.700 millones de dólares solicitados por las agencias humanitarias para este año.

En el Sahel hay actualmente dos millones de refugiados y solicitantes de asilo y 5,6 millones de desplazados internos. De estos, en el Sahel central hay más de 3,3 millones, según la Agencia de la ONU para los Refugiados (ACNUR). Solo en Mauritania, sobreviven unos 128.000 refugiados, mientras que en Costa de Marfil, Ghana, Togo y Benín hay acampados otros 123.000. De los tres países gobernados por juntas militares y que conforman la Alianza de Estados del Sahel (AES), Mali, Burkina Faso y Níger, según ACNUR, en los últimos cuatro años han salido 550.000 personas en busca de refugio

4 Golpes de Estado: dos en Mali (2020, 2021), dos en Burkina Faso (2022) y uno en Guinea (2021), Chad (2021), Sudán (2021) y Níger (2023). Un poco más al sur, en Gabón, hubo otro golpe de Estado en 2023.

5 Índice de desarrollo humano (IDH). *Expansión, Datosmacro.com*. Disponible en: https://datosmacro.expansion.com/idh?anio=2021

en países vecinos. Solo en 2023, 117.600 burkineses abandonaron sus hogares para trasladarse a países costeros.

Por otra parte, el sistema educativo es deficitario para responder al desafío demográfico, lo que supone una baja tasa de alfabetización: en Burkina Faso, el39% de la población mayor de 15 años sabe leer y escribir; en Chad, el 22%; en Mali, el 35%; en Mauritania, el 48%; en Níger, el 30%; y en Nigeria, el 38%. Según OCHA, en 2024, más de dos millones de niños sahelianos no pueden ejercer su derecho a la educación debido al cierre de escuelas por motivos de seguridad.

La crisis política es, por tanto, estructural, de modelo de Estado. Este modelo heredado tras la descolonización es democrático solo de manera formal, no real, basado por lo general en un etnocentrismo excluyente de tribus que, en ocasiones, constituyen la mayoría demográfica[6], con problemas añadidos, además, y ocasionados por la difícil convivencia entre devotos de la religión cristiana

---

6 El carácter multiétnico y el plurilingüismo en los estados sahelianos dificulta en gran manera la consolidación de las nuevas identidades nacionales. Paradójicamente, este carácter pluriétnico que afecta a los estados nacionales y que trasciende las fronteras contribuye a unir a las personas de distintos países y a conformar una identidad saheliana global. «Si yo soy negro y de la etnia peul, ¿con quién piensas que me identifico más? ¿Con un árabe que vive a 1.000 kilómetros de mi pueblo, al norte del país, o con un guineano que también sea negro y peul y que viva a 100 kilómetros al sur de mi pueblo?», explicaba su identidad Abdulaye, maliense de un pueblo al suroeste del país.

Casi todas las lenguas nativas sahelianas son de la familia nigerocongolesa, una de las más numerosas del mundo, con 1.500 lenguas adscritas a distintas subfamilias, como la atlántica y la mandé. En la atlántica, están las lenguas peul, wolof, sere y lebu, con predominio del idioma de los fulani, el pular, que se habla desde Gambia hasta Sudán. Las lenguas mandé son entre 60 y 70, habladas en África occidental, desde Senegal a Nigeria, y comprenden lenguas como el soninké, el mandinga y el bambara.

Otra gran familia lingüística del Sahel es la nilo-sahariana, en la que destacan las lenguas songhais (alrededor del río Níger), el kanuri, el teda y otras lenguas saharianas (Sudán, norte y centro de Chad, este de Níger, noroeste de Nigeria y sur de Libia) y las lenguas maba (Chad, Sudán, República Centroafricana).

Además, dentro de una misma lengua han podido diferenciarse distintos dialectos, hasta el extremo de volverse ininteligibles entre sí.

Aunque el *hassanía* y el árabe no son lenguas propiamente sahelianas, también se hablan en esta región por pequeñas minorías, siendo el árabe la lengua culta en el Sahel, del mismo modo que es el francés el idioma vehicular y cooficial en casi todos estos países y el inglés lo es en otros (Ghana, Nigeria, Sudán, Camerún, Liberia y Sierra Leona).

y de la musulmana. A esto se suma el hecho de que, en esta última, hay múltiples mestizajes con poblaciones que se han islamizado intensa y tempranamente y otras que lo han hecho de manera superficial y tardía. Los países occidentales con influencia en el Sahel se han contentado con una apariencia democrática que cada vez es más contestada por una ciudadanía insatisfecha, cuando no desesperada.

En general, la sociedad saheliana es marcadamente patriarcal, con gobiernos que consienten en aldeas la mutilación femenina. Una sociedad en la que se evidencian en el presente y en algunos lugares secuelas del pasado esclavista. Porque la esclavitud ya existía en las tribus sahelianas antes de convertirse en un próspero comercio desde la Edad Media hasta el siglo XX. Junto con el comercio de materias tan valiosas como el oro, la esclavitud ha representado para la economía saheliana una gran palanca de desarrollo, tolerada durante la colonización europea y prohibida, pero no perseguida, en algunos de los nuevos estados. Estos del Sahel son estados aún jóvenes, que tienen la necesidad, compelidos en gran parte por la comunidad internacional, de desarrollar con premura y eficacia una construcción nacional democrática y moderna que en otros lugares ha precisado siglos de esfuerzo. Un proceso de modernización exógeno y acelerado que ha cosechado en buena medida consecuencias indeseadas o soluciones inapropiadas a problemas arrastrados del pasado, a los que se enfrentan estados en su mayor parte débiles y escasamente estructurados. A los históricos conflictos étnicos, religiosos y territoriales, desde la descolonización se ha unido la formación de una élite política, militar, empresarial e intelectual que imita los estilos de vida europeos, desarrollando un fuerte sentimiento de superioridad sobre los sectores más tradicionalistas y humildes, en los que apenas ha habido tiempo para que se organicen un proletariado en el sentido moderno y una burguesía influyente. En sociedades tan poco cohesionadas y sin cultura democrática, el poder autoritario parecía adecuado en un principio y de manera temporal para contener la conflictividad y fomentar un sentimiento nacionalista, sin embargo, este poder autoritario y personalista tendió a perpetuarse sin superar la desestructuración social. Alrededor de estos caudillos, se organizaron partidos políticos únicos que, posteriormente, ante la insistencia de Estados Unidos y Europa, permitieron la aparición de competencia y la celebración de elecciones, que casi siempre ganaban los que ya gobernaban. Como consecuencia, la corrupción que venía lastrándose desde la época colonial no solo no desapareció, sino que se hizo sistémica. Los conflictos armados territoriales, interétnicos y religiosos, a los que se añadió el terrorismo yihadista, propiciaron que el Ejército, columna vertebral del Estado saheliano, decidiera tomar el poder en algunos países y adoptara medidas de seguridad en detrimento del bienestar de los ciudadanos, agravando, por consiguiente, la marginación social y política.

Ni los regímenes democráticos ni los autoritarios han sido capaces de proporcionar seguridad y bienestar a la ciudadanía, cada vez más harta y desvinculada de sus gobernantes. Ni siquiera en aquellos países ricos en recursos naturales, los sistemas de explotación proporcionan un beneficio que llegue a la mayoría, puesto que la parte del león se la llevan las multinacionales que gozan de las concesiones. Y sin suficientes mecanismos financieros, los estados difícilmente pueden satisfacer la demanda de empleo, educación, sanidad y seguridad de los ciudadanos.

De esta manera, el desafío de construir naciones en torno a los nuevos estados ha tenido un resultado desigual y, a veces, claramente insuficiente en el conjunto saheliano.

Las consecuencias del cambio climático, el proceso constante de desertificación y la larga sequía que viene padeciendo el Sahel han agravado una economía de subsistencia centrada en el sector primario y han agudizado los conflictos entre agricultores y ganaderos, así como la falta de alimentos. Si a esto unimos la desaceleración económica, la alta inflación, la etnicidad y el fuerte y sostenido crecimiento demográfico[7], se comprende mejor por qué la inmensa mayoría de los jóvenes sahelianos se ven forzados a buscar un trabajo precario, emigrar a Europa o alistarse en los grupos yihadistas o bandas criminales para subsistir. En el Sahel vienen operando desde

---

7 La población saheliana viene duplicándose casi cada 20 años. En 2020, el 60% de esta población era menor de 25 años. Tasas de natalidad en 2019: Burkina Faso, 5,1 hijos por mujer; Chad, 6,3; Gambia, 5,1; Mali, 5,5; Mauritania, 3,6; Níger, 6,7; Sudán, 4,5; y Senegal, 4,9. Ministerio de Asuntos Exteriores. Disponible en: https://www.exteriores.gob.es/es/Comunicacion/Paginas/Ficha.aspx

hace décadas redes bien organizadas que trafican con armas, drogas y personas, lo que representa una amenaza híbrida contra los estados al haber una clara vinculación de la criminalidad, como fuente de financiación, con el terrorismo.

Además de la lucha contra los terroristas yihadistas, en algunos países sahelianos se libran guerras civiles con variados componentes políticos y étnicos, lo que complica aún más la situación en que se encuentra esta región africana, donde una terrible mezcla de causalidades conforma un rompecabezas tan complejo como peligroso, potencialmente extensivo al resto del noroeste africano (Magreb y golfo de Guinea) e incluso a Europa.

NARCOTRÁFICO

El narcotráfico se ha servido de las tradicionales rutas caravaneras sahelianas por las que se comerciaba legal e ilegalmente, desde tiempo inmemorial, entre el Magreb y el África subsahariana, y viceversa. Los cárteles latinoamericanos se han asociado con las tribus sahelianas que llevan generaciones comerciando y transportando material a través del desierto, como los árabes kountas del Gao, los también árabes berbiches de Tombuctú o los tuaregs ifoghas del Kidal, las tres regiones malienses. De hecho, muchos de los conflictos armados en el Sahel siguen librándose, como antaño, por el control territorial para explotar sus recursos, ya sean naturales o geográficos. Como afirma Beatriz Mesa, «el radicalismo religioso o independentista no es la piedra angular del conflicto de Mali. Lo que se ha vuelto central es la lucha por el control de las rutas de la cocaína»[8].

Se conoce como *autopista A-10* a la ruta entre América Latina y África occidental por la que es transportada la droga siguiendo el paralelo 10 Norte[9]. Este paralelo atraviesa el Sahel, que desde hace unos

8 MESA, Beatriz. *Los grupos armados del Sahel*. Madrid: Libros de la Catarata y Casa África; 2022. p. 269.

9 El paralelo 10 Norte pasa por los países americanos de Costa Rica, Colombia y Venezuela, y por los africanos Guinea, Costa de Marfil, Burkina Faso, Ghana, Togo, Nigeria, Camerún, Chad, República Centroafricana, Sudán, Etiopía y Somalia.

años se ha convertido en la plataforma desde la cual se transporta la droga a Europa. Llega al Sahel por mar o aire y se traslada a destino por tierra o mar.

El transporte por tierra se hace a través de la llamada ruta del Sahel, que une esta región con el Magreb, con una bifurcación que lleva también a Libia. Desde el Magreb se cruza al sur de Europa por mar y desde Libia se transporta, también por vía marítima, a Europa y a Turquía. Esta ruta es utilizada en ambos sentidos, puesto que en dirección norte se transportan cocaína latinoamericana y cannabis magrebí, mientras que, en dirección contraria, además del cannabis magrebí, se lleva hasta el golfo de Guinea heroína procedente de Afganistán, vía Turquía, y que es embarcada en avión o barco rumbo a América, sur de África y Asia.

Como el control policial en el paso del Estrecho de Gibraltar ha aumentado durante los últimos años, los traficantes han desviado el traslado de la droga desde Marruecos o Argelia hasta España a costas más septentrionales, como la valenciana, la balear e incluso la catalana.

Según un informe de la Oficina de las Naciones Unidas contra la Droga y el Delito (UNODC), en 2023 aumentó en el Sahel el tráfico de cocaína y cannabis. Si entre 2015 y 2020 se incautó una media anual de 13 kilogramos de cocaína al año, en 2022 fue de 1.466 kilogramos (1.200 de los cuales fueron incautados en una operación única y récord llevada a cabo en Senegal). Y a mediados de 2023 ya se habían incautado, solo en Mauritania, 2,3 toneladas de cocaína. En dicho informe se señala el cannabis como la droga más incautada en el Sahel, seguido de la cocaína y los opiáceos farmacéuticos.

Aunque algunos países sahelianos son muy extensos y cuentan con amplias zonas desérticas y con fronteras porosas, tanto tráfico de drogas yendo y viniendo no puede explicarse si no cuenta con cierto grado de complicidad política y policial.

YIHADISMO

Hacia 1964 llegaron al Sahel los primeros predicadores enviados por Arabia Saudí, con la misión de aprovechar la fragmentación étnica para enraizar el wahabismo[10], redimiendo así a los sahelianos del imperfecto islam híbrido o islam negro que tradicionalmente profesaban (mezcla de islam y animismo). Primero se establecieron en Nigeria y después pasaron a Mali, Senegal y Mauritania. Aunque se encontraron con la resistencia de las élites neosufistas, más moderadas y tradicionales y controladoras de unas cofradías bastante extendidas en algunos países, el apoyo económico saudí les sirvió para levantar mezquitas y enviar a estudiantes locales a la Universidad de Medina, principal seminario wahabista[11], así como para abrir oficinas de asuntos islámicos dependientes del Ministerio saudí del mismo nombre[12].

Con la invasión soviética de Afganistán resurgió el yihadismo como opción militar, impulsado por un salafismo que fue tolerado por Europa y Estados Unidos como contrapeso al comunismo en los países musulmanes. Con la implosión de la Unión Soviética y la desaparición de la amenaza comunista, el populismo islamista que alimentaba el yihadismo se convirtió en el principal enemigo de las democracias liberales. No todo el salafismo apoyó el terrorismo yihadista, pero sí que lo alimentó desde su nacimiento y, en parte,

10 El wahabismo es un movimiento musulmán integrista que propugna la vuelta radical a la pureza del islam original y se opone a cualquier tipo de innovación. La adaptación, por tanto, a la vida moderna debe ser mínima, rechazando cualquier otro tipo de cultura distinta a la islámica. Los musulmanes que no acatan la doctrina wahabí son considerados infieles. Se trata de un modelo de existencia estrictamente regulada, con mecanismos de control social de mentalidad inquisitorial. Para el wahabismo, la idea de la unión mística sufista es aberrante. La diferencia entre el wahabismo y el salafismo (del árabe *salaf* con que son referidas las tres primeras generaciones del islam), ambas corrientes muy conservadoras y fundadas en las mismas creencias y en la aplicación de la *sharía,* radica en que los salafistas rechazan tener un intermediario entre ellos y su dios que no sea un califa, un sucesor del profeta Mahoma, mientras que los wahabistas aceptan tener un rey para que medie entre Alá y los creyentes, tal como sucede en Arabia Saudí.

11 Entre 1961 y 2022 se han licenciado por la Universidad Islámica de Medina 51.468 extranjeros. Solo el 1,5% procede de países occidentales. La inmensa mayoría son de África y del sureste asiático. En el curso 2022-2023, esta institución acogió a 16.150 estudiantes en las mismas proporciones. MOULINE, Nabil. «El wahabismo, instrumento del poder blando saudí». *Política Exterior,* 21 noviembre 2022.

12 En 2022, el Ministerio de Asuntos Islámicos saudí tenía 24 oficinas de predicación en el extranjero: once en el sureste asiático, ocho en África subsahariana, tres en Europa, una en América del Norte y una en Australia. MOULINE, Nabil, art. cit.

siguió sosteniéndolo cuando empezó a cometer atentados contra intereses occidentales, aunque muriesen civiles inocentes, muchos de ellos musulmanes.

En el Sahel, como veremos, el yihadismo terrorista llegó al norte de Mali procedente de Argelia, aprovechando el largo conflicto que había entre los insurgentes del Azawad y el Gobierno maliense.

El Índice de Terrorismo Global (GTI) de 2023, referido a lo sucedido en el año anterior, consideraba África como epicentro mundial de la violencia yihadista, que tenía una presencia especialmente elevada en el Sahel, donde se registraba el 43% de las muertes por terrorismo de todo el mundo, un 7% más que en 2021. Cuatro de los diez países más afectados por esta violencia se encuentran en la región saheliana. Burkina Faso contó con el mayor aumento de muertes por terrorismo, seguido de Pakistán, aunque el país que más muertes registró fue Afganistán. El crecimiento en los últimos años fue exponencial, ya que, en 2007, el número de víctimas mortales en el Sahel representaba el 1% a nivel mundial.

El GTI de 2024 seguía señalando el Sahel como epicentro del terrorismo mundial; en 2023, se habían producido allí más de la mitad de las muertes por esta causa. En esta región africana se registraron algo menos de 4.000 muertes, lo que equivalía al 47% del total mundial y el 26% de todos los atentados de 2023. Burkina Faso se convirtió por primera vez en el país con mayor impacto del terrorismo al registrar una cuarta parte de todas las muertes ocurridas en el mundo (1.907 de 8.352). Otros tres países sahelianos figuran entre los diez países con más ataques terroristas: Mali, el 3º; Nigeria, el 8º; y Níger, el 10º. El GTI dedica su último capítulo a la «clara relación entre el impacto del terrorismo y el nivel de actividad de la delincuencia organizada», especialmente en el Sahel, donde «los grupos terroristas compiten por la influencia en zonas donde el Estado tiene poco o ningún control»[13]. Estos grupos son el Grupo de Apoyo al Islam y los Musulmanes (Jamaat Nasr al Islam wa al Mouslimin, JNIM),

13 Departamento de Seguridad Nacional. Disponible en: https://www.dsn.gob.es/es/actualidad/sala-prensa/%C3%ADndice-global-del-terrorismo-2023-%C3%A1frica-epicentro-mundial-violencia; https://www.dsn.gob.es/es/actualidad/sala-prensa/%C3%ADndice-terrorismo-global-2024-intensificaci%C3%B3n-mundial-violencia-terrorista

filial de Al Qaeda, y el Estado Islámico Provincia Sahel (ISSP), antiguo Estado Islámico del Gran Sahara, integrado en el Estado Islámico del África Occidental (ISWAP). Aunque han participado en operaciones conjuntas contra los ejércitos y mercenarios rusos que los apoyan en la AES, estas dos organizaciones yihadistas sostienen frecuentes y duros enfrentamientos en esta región africana[14], de la misma manera que lo han hecho en aquellos otros lugares del mundo donde han coincidido, como Afganistán, Irak o Siria. Una de las principales diferencias entre ambas se encuentra en la manera en que tratan a la población civil. Mientras que el JNIM prefiere llegar a acuerdos con los líderes locales, invirtiendo en la comunidad parte de los beneficios obtenidos con los rescates por secuestros y el azaque o impuesto coránico, el ISSP tiende a utilizar a los civiles como esclavos y se queda con el beneficio íntegro del azaque. Ambas organizaciones exigen el cumplimiento riguroso de la *sharía*. Pero en tanto que la organización vinculada con Al Qaeda ataca únicamente a militares, la filial del Estado Islámico no tiene reparo en infringir matanzas de civiles que considera *kafiris* (infieles) como medio de escarmiento y dominación.

El terrorismo yihadista en el Sahel, que empezó a operar en el norte de Mali proveniente de Argelia, fue expandiéndose por el resto del país y por los vecinos Níger y Burkina Faso, al mismo tiempo que se atomizaba en grupúsculos que rivalizaban entre sí, sin dejar por ello de combatir el enemigo común: los militares y policías locales. Recientemente, estos grupúsculos se han ido reagrupando en las dos grandes organizaciones antes citadas, el ISSP y el JNIM. Estos han sido expulsados por los leales al Estado Islámico del norte de Mali, pero se han hecho fuertes en el centro y sur de este país y, desde Burkina Faso, se han expandido hacia el sur, llegando a las zonas septentrionales de los países del golfo de Guinea, como Costa

14 Uno de los últimos enfrentamientos registrados entre ambos grupos yihadistas se produjo el 29 de junio de 2024, cuando cuatro atentados llevados a cabo por mujeres suicidas en Gwoza, en el estado noroeste nigeriano de Borno, causaron 32 muertes en el acto y otras 50 posteriores en el hospital debido a las heridas recibidas. En esta zona se disputan el control territorial las dos facciones principales en las que se dividió Boko Haram: JAS e ISWAP. «África/Nigeria. El atentado de Gwoza, podría estar enmarcado en la lucha entre yihadistas por el control de la zona». Agencia Fides, 2 julio 2024.

de Marfil, Ghana, Togo y Benín, al tiempo que han establecido conexión con el crimen organizado y la piratería que opera en esta parte del Atlántico[15]. Los gobiernos de estos estados ribereños están incrementando la inversión en servicios públicos en el norte porque son conscientes de que la respuesta al terrorismo no puede ser solo militar.

En Ghana, en opinión de un grupo de expertos del Instituto Internacional de Estudios Estratégicos (IISS, por sus siglas en inglés), los islamistas se han infiltrado en la zona rural de Bawku, cerca de la frontera con Burkina Faso, aprovechándose del largo conflicto local que viene librándose últimamente entre los dos principales grupos étnicos de la ciudad, los mamprusi y los kusasi. En septiembre de 2023, un convoy de comerciantes que viajaba desde Bawku hasta la ciudad togolesa de Cinkassé fue atacado por un grupo armado; murieron nueve personas, la mayoría mujeres. Unos meses antes, el 27 de marzo, la vicepresidenta de Estados Unidos, Kamala Harris, anunció en Acra, capital de Ghana, que «para ayudar a abordar las amenazas, el extremismo violento y la inestabilidad, hoy me complace anunciar 100 millones de dólares en apoyo de Benín, Ghana, Costa de Marfil, Guinea-Conakri y Togo»[16].

Benín se ha convertido en el país que más incidentes violentos ha registrado en los últimos meses. Sus fronteras con Burkina Faso y Níger al norte y con Nigeria al este, donde los yihadistas de Boko Haram llevan años cometiendo atentados contra el ejército y civiles, han hecho del pequeño Benín un objetivo preferente de las organizaciones terroristas. El Parque Nacional de Pendjari, situado al noroeste del país, se ha convertido en uno de los refugios preferidos de los yihadistas. Su presencia ha reavivado el ancestral conflicto intercomunitario entre agricultores y ganaderos de etnias rivales y ha provocado el desplazamiento interno de 8.700 personas, que en algunos casos comparten campamentos con los 5.900 refugiados burkineses

---

15 El terrorismo yihadista no tiene inconveniente en aliarse coyunturalmente con los contrabandistas y narcotraficantes cuando sus intereses coinciden. En este caso, el acceso al mar a través de los países costeros del golfo de Guinea supone para los yihadistas la oportunidad de recibir armas por vía marítima.

16 «EE. UU. promete 100 millones de dólares contra el yihadismo en África del oeste». *Swi, EFE,* 27 marzo 2023.

que han cruzado la frontera huyendo de los terroristas. Pero estos, como decimos, también han cruzado la frontera burkina-beninesa, cerrando escuelas rurales o convirtiéndolas en coránicas y secuestrando o matando a los maestros, predicando en mezquitas un fundamentalismo islámico y antioccidental.

Las juntas militares que gobiernan en los países del AES no han podido frenar el avance terrorista yihadista, ni siquiera con la ayuda de los mercenarios rusos. A las 1.907 víctimas mortales antes citadas registradas en Burkina Faso en 2023 por ataques terroristas, hay que añadir 753 asesinados en Mali y 468 en Níger, lo que hace un total de 3.128 muertos en el Sahel central en un año. Desde el golpe de Estado de mayo de 2021 en Mali, 5.000 personas han muerto en atentados terroristas. Desde el golpe de Estado de septiembre de 2021 en Burkina Faso, han sido asesinadas 4.000 personas. Desde el golpe de Estado de julio de 2023 en Níger, los yihadistas han matado a 200 personas.

En la llamada Triple Frontera que conforman los tres miembros de la AES, el 58% de los atentados terroristas han sido perpetrados por el JNIM, frente al 32% del ISSP. En la cuenca del lago Chad, que compone la frontera entre Nigeria, Níger, Chad y Camerún, los enfrentamientos por la hegemonía yihadista los libran el ISSP y Boko Haram. En agosto de 2023 apareció en el Sahel un tercer grupo yihadista, el Wahdat al-Muslimin (Unidad de los Musulmanes), que propugna la unión de las dos grandes organizaciones, aunque sin éxito hasta ahora[17]. El 5 de junio de 2024, el JNIM mató en la zona maliense de Abinda a tres miembros del ISSP, uno de los cuales era el cabecilla Abdul Aziz Maza, alias *Jaririta*.

En 2023 fue el JNIM el grupo yihadista que más asesinatos cometió en el Sahel: 9.195, el 79% del total. En el año anterior había matado a 5.499 personas, lo que supone un incremento del 67%. El ISSP, por su parte, cometió 2.448 asesinatos en 2023 (21%).

Estos grupos yihadistas reclutan sobre todo a jóvenes que huyen de la extrema pobreza y a pastores fulanis desesperados por la

---

17 INDIONGUE, Mouhamet. «El ascenso del grupo Wahdat al-Muslimin creó nuevas amenazas a la seguridad en el Sahel». *Maroc Diplomatique*, 25 agosto 2023. / ZENN, Jacob. «El nuevo grupo yihadista Wahdat al-Muslimin pretende unir al JNIM y al ISGS en el Sahel». The Jamestown Foundation, 11 octubre 2023.

desaparición o mengua de sus ganados debido a la sequía y el cambio climático. Son musulmanes, pero no necesariamente fundamentalistas islámicos. El grupo yihadista Boko Haram, por ejemplo, ha crecido desde su fundación gracias, principalmente, a una serie de grupos marginales (obreros mal considerados, huérfanos o descendientes de esclavos), y así ha seguido empoderándose tras iniciar su fase violenta.

La financiación de los yihadistas, según un estudio realizado por el Instituto de Estudios de Seguridad (ISS África) en 2019, proviene del comercio ilegal de armas y de los impuestos que exigen a las comunidades que dominan sobre el ganado y la extracción de oro artesanal, así como, en algunos casos, de su complicidad en el tráfico de drogas. El linde entre el terrorismo y el narcotráfico es borroso en esta parte del mundo, donde la motivación económica empezó complementando a la ideológica o religiosa, para convertirse poco a poco en la razón principal de la violencia.

Actualmente, los combates entre los tres Ejércitos de la AES (apoyados por los mercenarios del Africa Korps) y los grupos yihadistas son casi diarios. En abril de 2024, una serie de operaciones terrestres y aéreas realizadas conjuntamente por los tres Ejércitos logró destruir «importantes bases logísticas» de los terroristas en Labbezanga, al sur de Mali y junto a la frontera con Níger. Pero, al mismo tiempo, en la aldea de Diblo, en la región nigerina occidental de Tillabéri, se llevó a cabo un ataque yihadista que causó la muerte a trece personas. Fue uno de los muchos saqueos con masacre de civiles que venían produciéndose durante los últimos meses en esta y otras regiones nigerinas, como Diffa y Tahoua. En esta última, el 21 de marzo anterior los yihadistas mataron a 140 civiles en otro ataque. El 2 de julio, la Fuerza Multinacional de Intervención Conjunta (MNJTF), compuesta por tropas de Nigeria, Chad y Camerún, «neutralizaron» a 70 supuestos terroristas en la cuenca del lago Chad[18].

Los yihadistas apenas cuentan en el juego geopolítico que se desarrolla en el Sahel como área de influencia en disputa entre Oriente y Occidente. Además, es posible que el reforzamiento que están

18 «La fuerza multinacional en el lago Chad "neutraliza" a 70 supuestos terroristas en territorio chadiano». Europa Press, 2 julio 2024.

teniendo los Ejércitos locales mediante la adquisición de armamento y el respaldo de mercenarios que actúan sin respeto a los derechos humanos, produciendo masacres espantosas con las que amedrentar a los civiles que supuestamente apoyan a los yihadistas, pueda acabar con estos del mismo modo que ocurriera en otros lugares, como Siria. Pero esto es tan solo una posibilidad. También podría suceder que el conflicto terminase como en Afganistán, donde por dos veces los muyahidines vencieron a tropas muy superiores en número y preparación, como los soviéticos primero y los estadounidenses después. En cualquier caso, sea cual fuere el resultado final, ambos serían perjudiciales para los intereses occidentales, especialmente los europeos, tal como analizaremos más detenidamente.

Más allá del Sahel, otros países africanos del centro y sur del continente también sufren ataques yihadistas, como Somalia, Kenia o Mozambique, donde opera Al Shabaab, filial de Al Qaeda, como grupo hegemónico. Y aunque los países magrebíes llevan años controlando a los grupos terroristas, ciertamente, la posibilidad de que la violencia yihadista vuelva a resurgir en ellos, contagiados por la virulencia existente en el Sahel, es una amenaza real. Si así fuera, el terrorismo yihadista organizado estaría en las puertas meridionales de Europa.

MIGRACIÓN

El Sahel reúne una serie de factores que contribuyen a la emigración: incremento de la inseguridad por una mayor actividad terrorista y del narcotráfico, estados débiles o fallidos con reiterados golpes militares, gobernanza deficiente, economía deficitaria y crisis alimentaria a causa de la inflación, la sequía y el cambio climático (la temperatura media anual aumentó un grado y medio en 2023). Aunque las sanciones impuestas por la Comunidad Económica de Estados de África Occidental (CEDEAO)[19] contra las juntas militares de la AES

19 Comunidad Económica de Estados de África Occidental creada en 1975 por quince naciones. La CEDEAO cuenta con tribunal de justicia y fuerzas de paz que habían intervenido en países como Sierra Leona y Gambia. Mauritania se había salido en el año 2000 para adherirse al bloque del Magreb.

fueron levantadas en febrero de 2024, el impacto causado sigue repercutiendo negativamente en el conjunto de las sociedades maliense, burkinesa y nigerina. Las necesidades humanitarias y de protección amenazan con revertir los modestos logros alcanzados en años anteriores en materia de desarrollo. Unos 17 millones de habitantes de Burkina Faso, Mali y Níger precisan asistencia humanitaria (un 20% del total de la población), siendo mujeres y niñas las más afectadas, según ACNUR[20].

En 2023, 3,8 millones de habitantes de Mali, Níger, Burkina Faso, Chad y Mauritania, migraron internamente en sus países de origen y más de 500.000 los abandonaron.

Primero se producen desplazamientos internos; después, se cruzan las fronteras vecinas; y, por último, e inevitablemente, los más jóvenes y desesperados se arriesgan a emprender un largo, incierto y costoso viaje con destino a Europa. Y si no se solucionan en origen los conflictos, la inmigración no dejará de crecer.

En su informe de marzo de 2024, el departamento de Seguridad Nacional español (DSN) advertía de que la inseguridad en el Sahel «está exacerbando una situación humanitaria ya por sí misma extremadamente grave, donde las poblaciones siguen siendo objeto de ataques indiscriminados y persecución por su identidad étnica o religiosa», produciéndose «un notable incremento de los flujos migratorios irregulares».

Por el Sahel central pasan rutas migratorias con importantes movimientos de tránsito con destino a Europa. Una de las rutas más frecuentadas atraviesa Níger. Debido a las políticas europeas impuestas en Mauritania y Senegal, con mecanismos de control y de contención de la migración, así como al estallido de la guerra en Mali en 2012, la ruta nigerina cobró aún más importancia, convirtiendo la migración en un negocio muy lucrativo para el Gobierno de Niamey, hasta que en 2015 este firmó un acuerdo con la Unión Europea (UE) para controlarla. La expansión desde Mali de la conflictividad armada

20 Declaración de las direcciones del Comité Permanente de Organismos: una de cada cinco personas en el Sahel central necesita ayuda humanitaria; ha llegado el momento de convertir las palabras en acciones. ACNUR; 2024. Disponible en: https://www.acnur.org/es-es/noticias/discursos-y-declaraciones/declaracion-de-las-direcciones-del-comite-permanente-entre

con grupos yihadistas contribuyó, asimismo, al cierre de la ruta migratoria nigerina. Pero fue un cierre parcial. La dispersión de la lucha contra el terrorismo yihadista provoca precisamente un aumento del número de desplazados y refugiados, muchos de los cuales huyen hacia Mauritania y Chad, aunque no pocos prefieren arriesgarse tomando la ruta nigerina hacia el norte. Como consecuencia del golpe de Estado del 26 de julio de 2023, la CEDEAO y otras organizaciones internacionales impusieron sanciones a Níger y paralizaron las ayudas financieras y los proyectos de cooperación en materia de seguridad, lo que provocó una relajación en el control de los flujos migratorios. Poco a poco, la ruta migratoria nigerina retomó su importancia como tránsito entre los países de África occidental y el Magreb. El 27 de noviembre de 2023, la junta militar nigerina anuló la ley de 2015 contra el tráfico de personas e, inmediatamente, se reactivó el paso migratorio por Agadez, nudo principal de la ruta nigerina.

Según ACNUR, en 2024 son de nacionalidad burkinesa y maliense los inmigrantes que en mayor número llegan por mar a Italia.

Externalización del control de fronteras de la UE

En noviembre de 2015, se celebró en la capital de Malta la Cumbre de La Valeta sobre migración, en la que participaron jefes de Estado y de Gobierno europeos y africanos. Con esta reunión, la UE consiguió instaurar un proceso de externalización del control de las fronteras europeas como nueva política migratoria. Se trataba de que los países de origen y de paso de los flujos de migración que llegaban a Europa desde África se comprometieran a contener dichos flujos a cambio de compensaciones económicas y cooperación política. Con este fin se constituyó un Fondo Fiduciario de Emergencia para África de 1.800 millones de euros.

A través de este fondo, Europa ha apoyado iniciativas en los países africanos encaminadas a la integración de los migrantes mediante la concesión de permisos de trabajo o de estatuto del refugiado. Sin embargo, desde hace unos años esta estrategia está retrocediendo, dando paso a políticas coercitivas y de exclusión, debido al aumento de los flujos migratorios y al rechazo de la población magrebí.

La migración irregular está siendo aprovechada por los gobiernos de los países costeros africanos como una oportunidad de financiación adicional y un arma coercitiva contra Europa. Además, el dinero de la UE de los fondos de externalización del control migratorio no ha revertido en el incremento de calidad de vida de los países receptores.

En un reportaje difundido en mayo de 2024 por varios medios de comunicación europeos, se denunció que Marruecos, Mauritania y Túnez utilizaban la financiación europea para detener y desplazar forzosamente a migrantes y refugiados, principalmente de raza etíope y procedencia subsahariana, para evitar que llegasen a Europa.

El ejemplo nigerino

A finales de 2014, Níger llegó a un acuerdo con Argelia para que sus ciudadanos en situación irregular en el país árabe fueran deportados. Las fuerzas de seguridad argelinas expulsaron a varios miles de mujeres y niños. Pero, a partir de 2016, también fueron expulsados hombres y migrantes no nigerinos. Eran detenidos y trasladados a la frontera, al denominado *punto cero*, situado en pleno desierto y a unos 20 kilómetros del puesto nigerino más cercano, el de Assamaka. Debían recorrer esa distancia a pie. Entre 2014 y 2019, Argelia expulsó a más de 35.000 nigerinos (11.000 solo en 2018) y a más de 10.000 migrantes de otras nacionalidades.

Al mismo tiempo que esto sucedía en la frontera argelo-nigerina, el Gobierno de Niamey llevó a cabo, en colaboración con la Organización Internacional para las Migraciones (OIM) de las Naciones Unidas, repatriaciones de nigerinos que estaban en Libia. Un reportaje de la CNN dio a conocer en diciembre de 2017 «los horrores de la trata de esclavos en Libia», siendo las víctimas de origen saheliano[21]. Durante el año 2018 y los primeros meses de 2019, fueron repatriados de Libia 5.863 nigerinos.

21 DJAU, Umaro. «Los africanos esclavizados en Libia son personas: tratémoslos con humanidad». CNN, 18 diciembre 2017.

El Ministerio de Asuntos Exteriores de Níger convocó el 3 de abril de 2024 al embajador argelino en Niamey para pedirle explicaciones por la devolución masiva de nigerinos desde Argelia, «haciendo caso omiso de las normas y del coste que supone para la integridad física y la seguridad de los bienes de los nacionales nigerinos que viven en Argelia». La televisión difundió testimonios de nigerinos que habían sido devueltos en masa a bordo de camiones en condiciones indignas. El Ministerio nigerino divulgó un comunicado en el que explicaba que «estos desplazamientos forzosos no solo afectan a los nacionales nigerinos, sino también a otras nacionalidades subsaharianas. Y esto ocurre desde hace varios años [...]. Se han producido redadas policiales masivas de forma regular en la ciudad de Tamanraset, donde viven muchos ciudadanos subsaharianos, incluidos ciudadanos nigerinos», y denunciaba, además, «los métodos violentos de las fuerzas de seguridad argelinas».

El Sahel se aleja de las políticas de gestión migratoria impuestas por la UE

En diciembre de 2023, durante la presidencia española del Consejo de la UE, se firmó un nuevo Pacto de Migración y Asilo, consistente en cinco reglamentos que tiene como objetivo mejorar los procesos de gestión de la migración irregular.

Por 300 votos a favor y 270 en contra, el Parlamento Europeo aprobó en abril de 2024 cinco reglamentos, que deberán ser implementados por los 27 Estados miembros tras su refrendo por parte del Consejo Europeo.

La reforma que recoge este nuevo acuerdo europeo sobre migración contempla la unificación del control de entrada de fronteras para los solicitantes de asilo y los migrantes en situación irregular, así como la creación de un Fondo de Solidaridad anual que consistirá en aportaciones económicas o reubicaciones de migrantes. Porque el sistema de reubicación propone trasladar a los migrantes de los países con mayor recepción a los que tengan una menor presión, pudiendo estos realojarlos o pagar en su lugar una aportación de 20.000 euros por cada solicitante que rechacen.

Sin embargo, la llegada masiva de migrantes por el sur y el este europeos hace difícil implementar medidas nuevas y eficaces en política migratoria. Cada vez son más los países MENA (acrónimo del inglés que se refiere al norte de África y a Oriente Medio) que incumplen los acuerdos firmados con la UE sobre control de migración. Algunos de estos países están sobrepasados y sufren una presión creciente debido al flujo de migrantes que reciben, a los cuales deben atender a la espera de su eventual traslado a Europa. Mauritania, por ejemplo, recibe diariamente miles de africanos procedentes del Sahel central.

En 2023, la entrada de migrantes irregulares en Europa por las rutas africanas creció notablemente, según el Informe Anual de Seguridad Nacional:

- Ruta del Mediterráneo central (de Túnez y Libia a Italia): 157.479 migrantes (65% más que en 2022).
- Ruta del Mediterráneo occidental (de Argelia y Marruecos a España): 16.915 (3% más).
- Ruta de África occidental (llegada a Canarias): 40.403 (154% más).

Instrumentalización de los flujos migratorios

Si la presencia rusa en el Sahel continúa aumentando en número e influencia, el Kremlin podría aprovechar las rutas de migración para incrementar los flujos irregulares hacia Europa. Así, al mismo tiempo que sacaría provecho económico, jaquearía a la UE con un elemento desestabilizador difícil de contrarrestar.

No sería la primera vez que Putin emplea como arma de guerra híbrida contra Europa la presión migratoria. Ya lo hizo fomentando, en colaboración con Bielorrusia, la llegada masiva de refugiados ucranianos y emigrantes rusos a las fronteras de Polonia, países bálticos y Finlandia.

En España, ya padecimos el 17 de mayo de 2021 una ofensiva marroquí de estas características, cuando miles de inmigrantes irregulares, muchos de ellos menores de edad, entraron en Ceuta por el mar ante la pasividad o, incluso, la incitación de las autoridades marroquíes, lo que provocó una crisis sin precedentes entre Madrid y Rabat. Un día después, el 18 de mayo, el Centro Nacional de Inteligencia (CNI) presentó al presidente español, Pedro Sánchez, un informe en el que atribuyó la crisis al «discurso agresivo» de Rabat sobre el Sahara Occidental, concluyendo que la entrada masiva de inmigrantes era parte de la estrategia de presión de Marruecos para que Madrid reconociera su soberanía sobre la excolonia española[22].

Uno de los espigones vallados, en Benzú (Ceuta),
por donde se realizó el cruce masivo. Mayo de 2021.

Los retornados malditos

La OIM define a los exmigrantes que han regresado a su casa como retornados, pero en Costa de Marfil los llaman malditos.

Muy pocos de los retornados han llegado a vivir en Europa. La inmensa mayoría regresaron después de pasar meses o años intentando atravesar el desierto del Sahara o, llegados al Magreb, queriendo cruzar el Mediterráneo. Derrotados y en la más absoluta miseria, emprenden el regreso a sus hogares. Algunos lo consiguen.

---

22 BAUTISTA, José y LÓPEZ-FONSECA, Óscar. «El CNI atribuyó la crisis de Ceuta al "discurso agresivo" de Rabat sobre el Sahara Occidental». *El País*, 6 junio 2022.

A su vuelta, los retornados se enfrentan al estigma del fracasado y, muy probablemente, a la reprobación de quienes los apoyaron económicamente para que emprendieran el viaje. A la angustia y la frustración, se une la dificultad de encontrar un trabajo con el que ganar un dinero que deberán devolver a quienes se lo prestaron, sean o no familiares, pues en la mayoría de los casos fue recaudado con el esfuerzo conjunto de una tribu o de una aldea.

Algunos de estos retornados malditos consiguen rehacerse psicológicamente y reunir una nueva financiación con la que emprender de nuevo la odisea rumbo al norte.

DECEPCIÓN CON OCCIDENTE

La descolonización africana fue aprovechada por Estados Unidos y la Unión Soviética para entrar en las prometedoras economías y los mercados que hasta entonces habían sido feudos exclusivos de las metrópolis europeas (especialmente, París y Londres), en el caso de los estadounidenses, y con el objetivo de ampliar sus alianzas políticas, ideológicas y militares, en el soviético. Países sahelianos como Mali, Guinea, Ghana y Burkina Faso estuvieron, en parte, bajo la influencia soviética debido a su mensaje anticolonialista. Estados Unidos se esmeró en cuidar sus relaciones con los gobiernos sahelianos con mayor potencial económico, como Nigeria y Senegal.

Aunque la influencia de las antiguas potencias colonizadoras persistía en los nuevos estados africanos, se pasó de un colonialismo directo a un neocolonialismo indirecto y plural. En una economía cada vez más globalizada, para los países sahelianos era fundamental utilizar las estrategias occidentales del mercado internacional como suministradores de productos primarios, una posición subalterna que se veía agravada por los desequilibrios sociales y culturales internos.

Como en el resto del continente, los gobiernos de los países independientes del Sahel tuvieron cierto margen de maniobra para asociarse con otros con quienes alcanzar acuerdos económicos que les resultaran beneficiosos, nacionalizando en algunos casos sus recursos naturales e incrementando las rentas nacionales.

Sin embargo, después de que Afganistán fuera invadido por tropas de Estados Unidos y sus aliados y, sobre todo, tras la caída del régimen de Gadafi en Libia y la guerra civil en Siria, el yihadismo global encontró en el norte de Mali y, poco más tarde, en el resto de los países centrales del Sahel, el lugar propicio donde reagruparse.

Fuerzas internacionales, encabezadas por Francia, han estado combatiendo al terrorismo yihadista en el Sahel central desde 2013. Los resultados, aun así, no fueron los previstos, y en 2022, tras el último golpe de Estado en Mali, los soldados franceses comenzaron a ser expulsados de algunos países africanos. Primero fue Mali y, a continuación, Burkina Faso y Níger (ambos, después de sendos golpes de Estado). Como consecuencia de las sanciones impuestas, las juntas militares de Mali, Burkina Faso y Níger abandonaron la CEDEAO y crearon la AES.

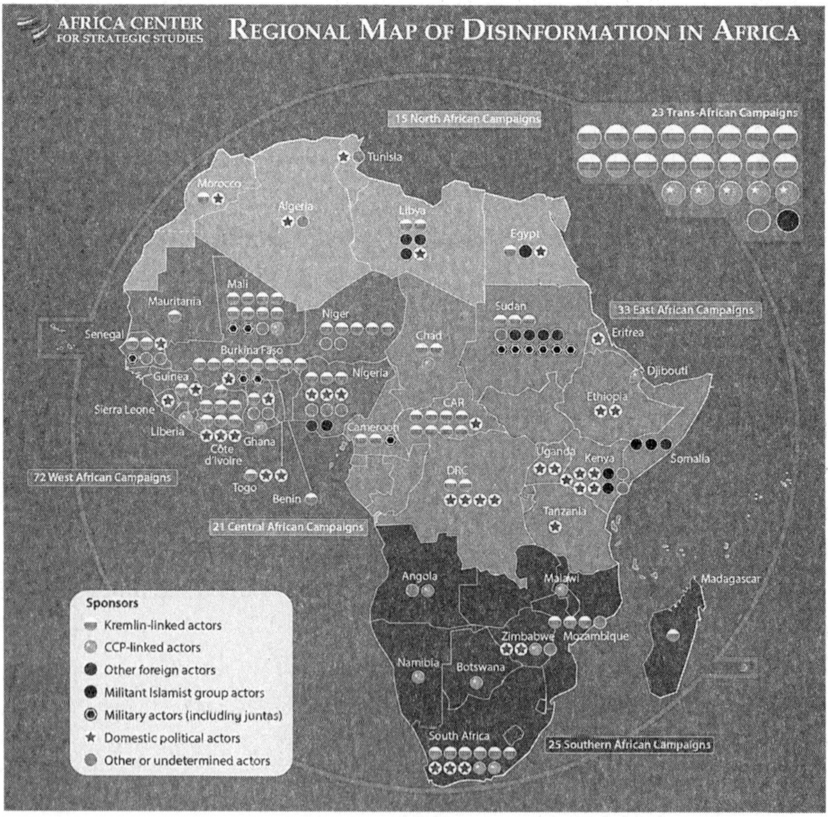

Mapa de desinformación de África. (Africa Center for Strategic Studies)

La campaña contra Francia venía orquestándose desde hacía unos años, alimentada por *fake news* divulgadas por organizaciones y medios de comunicación vinculados a Rusia. Se la acusaba de explotar económicamente a sus antiguas colonias, lo cual podía ser discutible, así como de favorecer los intereses de los yihadistas y de los rebeldes tuaregs, incluso vendiéndoles armas, sin pruebas de ello y pese a que muchos soldados franceses habían muerto combatiéndolos. Al mismo tiempo, esta campaña de desinformación ha servido para apoyar los golpes de Estado militares, tapar la corrupción e intimidar a la sociedad civil. Los principales patrocinadores de estas campañas son Rusia, China, Emiratos Árabes Unidos (EAU) y Arabia Saudí. El mayor proveedor de desinformación es Rusia, con 80 campañas documentadas dirigidas a más de 22 países africanos, lo que representa casi el 40% de todas las campañas de este tipo llevadas a cabo en África.

Esta campaña de desinformación se ha extendido al resto de Occidente. Los países de la AES también han pedido la retirada de las tropas de la ONU, de la UE y de Estados Unidos. Las misiones de las Naciones Unidas y de la Unión Europea ya lo han hecho, mientras que los soldados estadounidenses se están yendo. El 4 de abril de 2024, un jefe militar chadiano envió una carta al Ministerio de Defensa pidiendo la suspensión de actividades de las tropas estadounidenses en la base de Adji Kossei. Uno de los pocos medios de información que tuvo acceso a esta carta fue Initsiativa-23, una empresa con sede social en Moscú, al frente de la cual, como veremos más adelante, aparece un miembro del Servicio Federal de Seguridad de la Federación de Rusia (FSB, antiguo KGB) ruso. A europeos y americanos se les reprocha que, mientras que se han volcado en ayudas militares y económicas con Ucrania tras ser invadida por Rusia, a los países sahelianos, donde hay misiones y bases occidentales, las ayudas contra los terroristas se han limitado a la venta de armamento caro e insuficiente y al adiestramiento militar[23]. Lo mismo se critica del Gobierno estadounidense respecto a la invasión israelí en la Franja de Gaza.

En 2011, durante la Administración Obama, la geoestrategia estadounidense dio un giro importante, focalizando su atención exterior

23 La UE ha adiestrado tropas sahelianas, pero no ha proporcionado armamento.

principalmente en Asia y, de manera más concreta, en China. Lo denominaron America's Pacific Century y sus acciones se basaron en la geopolítica del realismo ofensivo como premisa estratégica. La consecuente mayor concentración de recursos militares y de Inteligencia estadounidense en la región Indo-Pacífico repercutió negativamente en el resto del mundo, especialmente en África, donde la única amenaza para Estados Unidos era comercial y estaba todavía en fase inicial por parte de China. Además, Washington había confiado a París la seguridad de sus antiguas colonias. Una década más tarde, a finales de noviembre de 2021, el Departamento de Defensa de Estados Unidos publicó los resultados de la Revisión de la Postura Global (*Global Posture Review* o GPR), en los que se confirmó la intención estadounidense de mantener y reforzar su presencia militar en casi todo el planeta, e incluso en el espacio exterior, con cambios en el despliegue de fuerzas y medios de combate en diferentes regiones del mundo, con el fin de mejorar las infraestructuras en Australia y las islas del Pacífico, incluida la construcción de nuevas bases, como medio para disuadir «posibles agresiones militares chinas y amenazas de Corea del Norte». En cuanto a África, la GPR mantenía la cantidad de activos militares comprometidos en el continente con vistas a «monitorear las amenazas de organizaciones extremistas violentas regionales, apoyar nuestras actividades diplomáticas y habilitar a nuestros aliados y socios»[24]. La guerra de Ucrania aún no había comenzado y la incursión de los mercenarios rusos en el Sahel hacía poco que se estaba produciendo.

La inhibición de Estados Unidos durante la invasión rusa de Georgia en 2008, en la guerra de Siria (2011) y en la anexión rusa de Crimea (2014), junto con la caótica retirada de Afganistán en 2021 y el fracaso en su intento de aislar a Rusia tras la invasión de Ucrania (2022), han debilitado la imagen disuasoria y de fortaleza que venía cuidando Washington durante las últimas décadas. Ello ha contribuido a un aceleramiento en la pérdida de su influencia global.

---

24 DepartamentodeDefensadeEstadosUnidos.Disponibleen:https://www-defense-gov.translate.goog/News/Releases/Release/Article/2855801/dod-concludes-2021-global-posture-review/?_x_tr_sl=en&_x_tr_tl=es&_x_tr_hl=es&_x_tr_pto=sc / Centro de Investigaciones de Política Internacional (CIPI). Disponible en: https://www.cipi.cu/ee-uu-reafirma-el-despliegue-global-de-sus-fuerzas/#

Esta pérdida de influencia occidental en el Sahel central supone una amenaza para Europa por cuanto las juntas militares, centradas en perseguir el yihadismo, han relajado el control sobre las redes criminales, incrementándose por consiguiente los flujos de tráfico de drogas y de inmigración irregular.

Antes, incluso, de que se procediera a la expulsión oficial de las tropas occidentales, los países de la AES buscaron la ayuda militar de Rusia, trasladándose así al corazón del continente africano la rivalidad Oriente-Occidente. Si bien China lleva muchos años expandiendo en África una política de influencia basada en la economía, ahora se han apuntado a cubrir los huecos que están dejando en este campo las potencias occidentales en países como India, Irán o Turquía.

Europa en retirada

Las tropas francesas que fueron al Sahel para colaborar con los Ejércitos en la lucha contra los insurgentes tuaregs y los grupos yihadistas fueron replegándose conforme se producían los golpes de Estado y se formaban juntas militares en Mali (2021), Burkina Faso (2022) y Níger (2023).

Coincidiendo con el fin de las misiones europeas en Níger, el último día de 2023, la misión de las Naciones Unidas en Mali (MINUSMA) finalizó su retirada, que había comenzado oficialmente el 30 de junio. También en diciembre de 2023, Mali y Níger rechazaron los acuerdos de doble imposición fiscal que tenían con Francia, aunque mantuvieron vigentes los pactos sobre inmigración con París.

Francia vetó prorrogar más allá del 18 de mayo de 2024 la Misión de Entrenamiento de la Unión Europea en Mali (EUTM), la última en el Sahel.

Sin embargo, la UE mantiene varios programas de inversiones, como el Global Gateway, en colaboración con el Banco Europeo de Inversiones y el Bando Europeo para la Reconstrucción y el Desarrollo, que ha presupuestado 150.000 millones de euros destinados a África entre 2021 y 2027, y cuyo primer foro se celebró los días 25 y 26 de octubre de 2023 en Bruselas, poniendo especial atención a la energía verde, las materias primas fundamentales, la conectividad, la salud y la educación. O como el Fondo de Apoyo a la Paz, que, entre 2022 y 2024, proporciona 600 millones de euros a la Unión Africana (UA) y otros 20 millones para la misión internacional Joint Task Force, destinada en Chad, a fin de colaborar en la lucha contra la organización yihadista Boko Haram. O como los 201 millones de euros que la Comisión Europea anunció el 28 de mayo de 2024 que se destinarían para hacer frente a la crisis humanitaria que sufre la población más vulnerable del Sahel, estimada en unos 35 millones de personas[25]. Pero, a pesar de estas ayudas al desarrollo y la seguridad, entre los gobiernos africanos crece la desafección hacia Europa. La percepción generalizada de que Europa no ayudó lo suficiente a África en la pandemia de la COVID-19 ha contribuido a incrementar esta disidencia.

Según el politólogo, economista y documentalista Asiem El Difraoui, la UE carece de una posición unánime sobre el Sahel, con discrepancias entre los Estados miembros. Cuestionado, y en parte desacreditado, por la dura y prolongada campaña de propaganda antifrancesa que lleva años sufriendo en el África francófona, el Gobierno de París ha pedido oficiosamente a Berlín que se implique más y encabece una política europea para el Sahel. Por su parte, el Gobierno de Italia, uno de los países de Europa que más está sufriendo últimamente la llegada incontrolada de inmigrantes desde África, presentó a principios de 2024 un plan que busca el desarrollo y la seguridad en el continente africano, con especial atención en el Sahel. El conocido como Plan Mattei tiene, en realidad, como objetivo prioritario la contención de la migración, evitando que los jóvenes se vean obligados a abandonar sus hogares y arriesgar sus vidas atravesando el Mediterráneo clandestinamente. Al mismo tiempo, persigue frenar la expansión rusa en África. La primera ministra de Italia, Giorgia Meloni, presentó el plan en Níger, donde permanece una base militar italiana, con escasas consecuencias.

De momento, y pese a la presión rusa, Mali respeta el acuerdo que tiene con empresas francesas para el acceso y la explotación de

25 La UE reparte los 201 millones entre Chad (57,9), Nigeria (31,5), Burkina Faso (26,9), Níger (24,6), Mali (24), Camerún (21) y Mauritania (5,7).

las minas de uranio, pero Níger ha retirado la autorización que había concedido a una empresa francesa para el mismo uso y muy probablemente se lo concederá a una empresa rusa. Si Francia perdiese por completo el control del uranio saheliano, quedaría, junto con el resto de Europa, bajo la amenaza de un más que probable chantaje energético ruso. Alrededor del 78% del uranio que precisa Francia para mantener sus 56 reactores de producción de energía nuclear se importa de Níger y Mali.

La pérdida de influencia de Estados Unidos y de la UE, con Francia a la cabeza[26], en el Sahel hace menos difícil que la constante campaña antioccidental impulsada por Rusia triunfe en otros países vecinos a los de la AES, lo que implicaría más cambios de regímenes democráticos por dictatoriales mediante golpes de Estado y dejar en manos de estos el control no solo de las reservas de recursos naturales tan necesarios para Europa (como la exportación de hidrocarburos desde el golfo de Guinea hasta el sur europeo a través del Sahel) sino, también, el del flujo migratorio. El alto comisionado para la política exterior de la UE, Josep Borrell, advirtió a principios de 2024 que el contagio de la inseguridad y el terrorismo desde el Sahel a los países costeros ya no era una amenaza sino «un peligro que está ocurriendo ahora». El 19 de mayo del mismo año, con motivo del final de la salida de todo el personal de la EUTM de Mali el día anterior, aseguró que «los hechos demuestran que, desde los golpes de Estado de Mali, Burkina Faso y Níger, los terroristas son más fuertes. Los nuevos actores de seguridad no pueden contrarrestarlos», refiriéndose a los mercenarios de Africa Korps.

En resumen, los errores acumulados por Francia[27], sumados a la actitud titubeante de la UE y la indiferencia del Gobierno estadounidense desde el golpe de Estado en Mali en 2021, han propiciado la

---

26 Aunque el franco CFA sigue como mecanismo importante de transmisión de la influencia de París en las economías francófonas, el mecanismo comercial francés se ha debilitado considerablemente en las dos últimas décadas.

27 Parece irreversible, al menos de momento, la pérdida de influencia francesa en el Sahel. Esto es un grave problema para París porque Francia depende económicamente mucho de sus antiguas colonias africanas. Consciente de ello, el presidente Macron ha iniciado un cambio de estrategia respecto a las relaciones con algunos países africanos.

creación de un ambiente de rechazo contra Occidente en el Sahel y en buena parte del resto del África occidental. Actualmente, en el Sahel se concentra la mayor amenaza para la seguridad europea, al mismo nivel o por encima incluso de la invasión rusa de Ucrania, porque, al peligro que supone la ambición expansionista de Putin (también presente en África), hay que unir el riesgo de un aumento exponencial de la inmigración irregular, un recorte de importaciones de productos tan fundamentales como el gas, el petróleo, el uranio, el litio y demás minerales necesarios para las nuevas tecnologías, un incremento del tráfico de drogas y armas, y la nada desdeñable posibilidad de que el terrorismo yihadista resurja en el Magreb y tenga la tentación de saltar el Mediterráneo. «El futuro de la UE y, más concretamente, de Francia depende de lo que pase próximamente en el Sahel», opina Ismael Diadié.

Europa es vista por el resto del mundo, especialmente el subdesarrollado o que está en vías de desarrollo, como una especie de edén económico y social donde se respetan los derechos humanos, la democracia y la diversidad cultural, étnica, religiosa, sexual, etc. Los europeos sabemos que no es un mundo tan idílico[28], pero, en conjunto, estamos satisfechos con nuestro modo de vida, más aún, si nos comparamos con quienes viven en otras latitudes. Esta imagen de Europa en el exterior, por lo general, despierta admiración, que muchas veces troca en envidia y, en algunos casos, en odio. El problema es que la mayoría de esta minoría que nos odia son gobernantes y líderes poderosos (políticos y religiosos) que infunden su animadversión a cada vez más personas. Este odio puede incitar a acabar con el edén europeo. ¿Sería esto posible? Europa es una potencia económica que, aunque cada vez más alejada de Estados Unidos y China, políticamente avanza a trompicones hacia una compenetración completa aún lejana, sobre todo, en cuanto a política exterior, y

28 Ismael Diadié, que fue bibliotecario de Tombuctú hasta que en 2012 hubo de huir, vive exiliado en España desde hace años y dice de Europa: «Está encerrada en sus principios de economía de mercado, el mejor para el mundo, que da el 80% de las riquezas al 20% de la población mundial; de democracia, que es la forma política de la economía del mundo dirigido por un grupo de 20% de ricos; y de libertad, concepto que tienen sus habitantes más en sus cabezas que en su vida diaria». DIADIÉ, Ismael. *Diario de un bibliotecario de Tombuctú*. Córdoba: Editorial Almuzara; 2017. p. 135.

militarmente depende absolutamente de la OTAN en caso de tener que defenderse de una potencia de primer nivel como Rusia. Sin la protección militar de Estados Unidos, Europa tiene muchas posibilidades de acabar desbaratándose política, económica y socialmente, tal y como nos cuenta la historia que ha ocurrido a lo largo de los siglos con otras sociedades más avanzadas que sus coetáneas. Es paradigmático el caso del Imperio romano.

MIRANDO A RUSIA

Para evitar el aislamiento internacional tras las intervenciones militares rusas en Georgia y Crimea, Moscú impulsó a partir de 2017 la presencia militar del Grupo Wagner y la venta de armamento en África, convirtiéndose muy pronto en el principal proveedor de armas del continente (un 40% de las suministradas). Diez años antes, el presidente ruso Vladimir Putin, en la Conferencia de Seguridad de Múnich, subrayó su deseo de que Rusia recuperase su importancia en el escenario internacional, desafiando el orden mundial existente. Para ello, recuperó la estrategia conocida como Doctrina Primakov[29], que propugna, entre otras cosas, la multipolaridad sin valores democráticos como respuesta al dominio unipolar estadounidense.

Esta estrategia se ha acelerado tras el inicio de la guerra de Ucrania y el fortalecimiento de las sanciones occidentales. Uno de sus objetivos es dispersar la atención y los recursos occidentales, ahora concentrados casi por completo en Ucrania.

La batalla geopolítica que Rusia está librando en África durante la última década está conformando un eje que está a punto de envolver a Europa desde el mar de Barents hasta la costa atlántica saheliana: Rusia-Irán-Siria-Libia-Sahel (Sudán, Chad, Níger, Burkina Faso, Mali),

29 La Doctrina Primakov debe su nombre al ex primer ministro y ministro de Asuntos Exteriores Yevgeny Primakov. Se desarrolló a finales de la década de 1990. No reivindica la reorganización de la URSS, pero promueve la concentración del poder en el presidente, en detrimento del Parlamento o Duma, entregar la economía a los empresarios, fortalecer las Fuerzas Armadas, restringir las libertades políticas de reunión y expresión y depurar los derechos sociales contrarios a los tradicionales valores rusos, como la homosexualidad.

con la pretensión de llegar al océano Atlántico por Mauritania, Senegal, Guinea-Conakri o Guinea Ecuatorial[30]. Si así ocurriese, Rusia disfrutaría de algo que nunca tuvo la Unión Soviética durante la Guerra Fría: una base militar en el Atlántico Norte. Además, con su influencia en el Sahel y Libia, Rusia podría llegar a controlar las rutas de migración africana, teniendo, por tanto, a su alcance la posibilidad de provocar crisis humanitarias y políticas en el Magreb y en el sur de Europa.

Finalizada la guerra civil en Siria, Moscú comenzó a enviar armamento desde la base naval en Tartús (situada al noroeste de Damasco) y la base aérea de Jmeimim (situada junto a la ciudad de Latakia, al norte de Tartús) a países africanos con los que Rusia tiene acuerdos de defensa y en los que hay presencia de mercenarios del Africa Korps[31]. Durante los últimos años, han sido numerosos los aviones de transporte militar y barcos de la Armada rusa que transportaron armamento a Libia. Uno de estos últimos convoyes regresó del puerto libio de Tobruk a Tartús, después de desembarcar material bélico, el 14 de abril de 2024. Estaba formado por tres buques[32]. Aunque la mayor parte de este material sea para reforzar al Ejército Nacional Libio (ENL) del general Hafter, opuesto al Gobierno de Acuerdo Nacional (GNA) reconocido por la ONU, hay sospechas más o menos fundadas de que otra parte de este armamento es trasladado al Sahel por Sudán, donde Moscú empezó apoyando, a través del Grupo Wagner, a las insurgentes Fuerzas de Apoyo Rápido (FAR) en la guerra que comenzó en abril de 2023 contra las Fuerzas Armadas de Sudán (FAS). Sin embargo, ahora puede cambiar de bando ya que el Kremlin llegó en junio de 2024 a un acuerdo con el Gobierno sudanés para construir una base naval

30 En noviembre de 2023, el presidente de Guinea Ecuatorial, Obiang Nguema, viajó a Moscú para entrevistarse con el presidente ruso Putin. Al mes siguiente, fue el vicepresidente Nguema Obiang Mangue quien acudió a la capital rusa para entrevistarse con el vicepresidente de Defensa, Alexandr Fomín. Por fin, el 7 de junio de 2024, Obiang Mangue y el viceministro ruso Yunús-bek Yevkúrov firmaron un acuerdo por el que instructores rusos se desplazarán al país africano para adiestrar a militares ecuatoguineanos.

31 Africa Korps o Legión Africana rusa vino a sustituir en el verano de 2023 al Grupo Wagner, tras la muerte de su líder, Yevgeny Prigozhin.

32 El Almirante Otrakovsky (buque de desembarco clase Ropucha, Pr. 775), el Iván Gren (buque de desembarco clase Ivan Gren, Pr. 11711) y la corbeta Mercury (clase Stereguschiy, Pr. 20380).

rusa cerca de Puerto Sudán, en el mar Rojo, con capacidad para albergar cuatro buques propulsados con energía atómica y a 300 militares y operarios civiles.

Mapa influencia rusa envolvente.

En esta batalla contra Occidente en territorio africano, Rusia está empleando como principal herramienta la influencia militar y diplomática. La mayoría de los países africanos se han abstenido de tomar partido oficialmente en el conflicto Rusia-Ucrania, pero si 28 de los 54 países africanos (51,8%) votaron a favor de una resolución que condenaba la invasión rusa el 2 de marzo de 2022, fueron 24 (44,4%) los que lo hicieron en otra resolución similar el 23 de febrero de 2023. El ministro de Exteriores ruso, Sergei Lavrov, ha realizado en los dos últimos años seis giras por el conteniente africano. La última fue a primeros de junio de 2024, en la que visitó la República del Congo, Guinea, Chad y Burkina Faso. Simultáneamente, el viceministro de Defensa, Junus-bek Yevkurov, giró visita a Libia y Níger.

Militarmente, su ariete ha sido el grupo de mercenarios Wagner (ahora Africa Korps), que lleva unos años expandiéndose por distintos países. Su penetración se inició en 2017 como consecuencia de la retirada de las fuerzas francesas de la RCA, donde diversos grupos armados controlaban una parte importante del territorio. Allí, el Grupo Wagner se presentó como una fuerza militar estabilizadora. Y desde la RCA, como veremos más adelante, este grupo de mercenarios ruso pasó a prestar sus servicios a gobiernos sahelianos que estaban en lucha contra insurgentes y yihadistas. El último país al que han llegado los mercenarios de Africa Korps es a Níger, en mayo de 2024.

Precisamente esta lucha contra grupos armados yihadistas y separatistas es la causa principal por la que los gobiernos de la AES y algunos vecinos han solicitado la ayuda militar de Rusia. Después de años de duro combate sin resultado positivo, pese a la ayuda militar de países occidentales y de las misiones de paz de la ONU, estos gobiernos conformados por juntas militares han decidido cambiar de aliados. Han despedido a Estados Unidos, Francia y demás países de la UE, para dejar que ocupen su lugar los mercenarios rusos como tropa de choque y los militares profesionales rusos como instructores y asesores. También han dejado de adquirir el armamento en Occidente para comprárselo a Rusia, China, Irán, EAU o Turquía, quizás algo menos efectivo, pero, desde luego, más barato. Mientras que, por ejemplo, un avión F-18 cuesta unos 40 millones de dólares, un dron turco TB2 no llega a los cinco millones por unidad. Pese a tener poca capacidad para cargar armas, este dron es muy eficaz al carecer los yihadistas de defensas antiaéreas y puede volar con facilidad hasta los puntos indicados donde arrojar sus pequeñas bombas guiadas. Entre 2018 y 2022, Rusia fue el principal suministrador de armas de los países africanos, con un 40%, frente al 16% de Estados Unidos, el 9,8% de China y el 7,6% de Francia. Se trata de armas rusas que, en su mayor parte, son compatibles con las reservas que muchos de estos países tienen de la época soviética, más baratas y compradas sin necesidad de comprometerse con los valores democráticos y de derechos humanos occidentales.

Mali, que, como hemos dicho, es el epicentro de la vorágine de violencia que devora el Sahel, pasó de recibir por parte de sus aliados occidentales helicópteros y blindados sin capacidad de ataque a recibir de Rusia trece aviones Aero L-39 Albatros con lanzador de cohetes, diez helicópteros y un avión Sukoi Su-25. En la capital, Bamako, el 27 de abril de 2023 el ejército maliense exhibió el nuevo equipamiento militar adquirido a China (decenas de vehículos ligeros dotados con ametralladoras, lanzagranadas y vehículos a prueba de minas como los IAG Guardian de fabricación emiratí).

A cambio de esta ayuda militar, los rusos tienen acceso a la explotación de importantes recursos naturales, desplazando a empresas occidentales[33], y piden la colaboración diplomática de los gobiernos locales para defender sus intereses en los foros internacionales, como la Asamblea General de las Naciones Unidas. Los rusos no solo no interfieren en la política local de los gobiernos africanos, sino que prefieren entenderse con regímenes autoritarios, habiendo incluso sospechas de que incentivaran algunos de los golpes de Estado más recientes. Los mercenarios rusos protegen a los dictadores como guardias pretorianas y combaten junto con sus ejércitos a los yihadistas y demás rebeldes sin respetar los derechos humanos reconocidos internacionalmente, tal como procuraba hacer la fuerza de intervención occidental.

En la actualidad (mediados de 2024):

- Africa Korps está presente militarmente en Libia, Sudán, Mali, Níger, Burkina Faso, Chad, República Centroafricana (RCA) y Mozambique.
- Asimismo, tiene intereses económicos en Libia, Chad, Sudán y Burkina Faso.
- Rusia tiene influencia política en Libia, Sudán, Mali, Níger, Burkina Faso, Costa de Marfil, Camerún, RCA, República del Congo, Mozambique, Madagascar y Sudáfrica.

---

33 En febrero de 2024, los mercenarios rusos tomaron en Mali el control de la mina artesanal de oro de Intahaka, próxima a la frontera con Burkina Faso.

Según un informe de The Blood Gold Report, «el Kremlin ha ganado más de 2.500 millones de dólares con el comercio de oro africano desde que Vladimir Putin lanzó su invasión a gran escala de Ucrania en febrero de 2022». Disponible en: https://bloodgoldreport.com/

- Tiene acuerdos de cooperación con Marruecos, Argelia, Libia, Egipto, Mali, Burkina Faso, Ghana, Nigeria, Sudán, Etiopía, Kenia, Tanzania, República del Congo, Zambia, Zimbabue, Namibia y Sudáfrica.
- Tiene acuerdos de explotación de recursos petrolíferos, gasísticos y mineros con Angola y Mozambique; petrolíferos y gasísticos con Argelia, Libia, Egipto, Liberia, Ghana, Nigeria, Camerún y República del Congo; y mineros con Sudán, Guinea, RCA, República del Congo, Zambia, Zimbabue, Namibia, Madagascar y Sudáfrica.
- Tiene acuerdos agrícolas con Marruecos, Argelia, Libia, Egipto, Nigeria, Uganda, Somalia y Sudáfrica.
- Tiene acuerdos nucleares con Argelia, Egipto, Sudán, Etiopía, Ghana, Nigeria, Uganda, Kenia, Ruanda, República del Congo; Zambia y Sudáfrica.
- Y ejerce campañas de desinformación junto con el Servicio de Inteligencia militar ruso contra Occidente en Libia, Mali, Níger, Sudán, Burkina Faso, Ghana, Nigeria, RCA y Sudáfrica.
- A finales de abril y primeros de mayo de 2024, el Kremlin ha firmado con las antiguas colonias portuguesas de Guinea-Bisáu y Santo Tomé y Príncipe sendos acuerdos de cooperación militar. Esto abre la oportunidad a que los buques de la Armada rusa puedan fondear en puertos africanos del Atlántico. Recientemente, la empresa Rusal ha ofrecido desde Moscú construir un ferrocarril y un puerto en Guinea-Bisáu que conectaría este país con los de la AES.

Pero las matanzas indiscriminadas cometidas por los mercenarios rusos, lejos de acabar con el terrorismo, lo agravan puesto que provocan el incremento del reclutamiento yihadista. Rusia no ofrece, por tanto, seguridad nacional a los países en los que está, sino protección a los regímenes autoritarios. A mayor abundamiento, la colaboración rusa con los regímenes dictatoriales del Sahel en su lucha contra el terrorismo yihadista puede tener consecuencias trágicas en suelo ruso, con represalias en forma de atentados, tal y como sucedió el 22 de marzo de 2024, cuando un grupo armado asaltó la sala de conciertos moscovita Crocus City Hall, que estaba llena de público, y disparó indiscriminadamente. Murieron 144 personas y 551 fueron heridas. El Estado Islámico del Gran Jorasán (IS-KP), hermano del ISSP saheliano y el ISWAP nigeriano, se atribuyó la responsabilidad del atentado. Dos días después fueron detenidos cuatro tayikos como autores del ataque. El 23 de junio de 2024, varios hombres armados atacaron dos sinagogas y dos iglesias ortodoxas en la república rusa de Daguestán, de mayoría musulmana, matando al menos a 20 personas e hiriendo a 45. Seis de los atacantes fueron abatidos. Las sospechas recayeron en islamistas chechenos.

También la invasión rusa de Ucrania y la guerra que está librándose en este país tiene su repercusión en el Sahel, dado que hay pruebas de que comandos ucranianos están atacando a mercenarios rusos en Sudán[34] y, al parecer, tienen planes de expandirse a otros países en su enfrentamiento con estos. Es el caso de Mali, donde hay un contingente aproximado de 1.000 miembros del Africa Korps y los ucranianos buscan asociarse con los rebeldes tuaregs. La razón por la que Kiev envía soldados al Sahel para combatir a los rusos tan lejos de su país está en las toneladas de oro que se extrae en las minas sahelianas y de las que se sirve el Kremlin para financiar la invasión militar de Ucrania. Burlando las sanciones occidentales, Moscú ha ingresado más de 2.500 millones de dólares en remesas de oro extraídas en minas sahelianas y que han sido exportadas ilegalmente a Dubái y China, donde es refinado, fundido y mezclado con oro de procedencia legal, antes de introducirlo en la cadena comercial internacional.

El 24 de mayo de 2024, los servicios de Inteligencia británicos aseguraron que unidades del Africa Korps habían sido desplegadas el mes anterior en la ciudad ucraniana de Vovchansk junto a fuerzas regulares rusas. Al mismo tiempo, la Inteligencia ucraniana registraba una intensificación en la campaña de reclutamiento de las fuerzas armadas rusas en África para reforzar sus filas en la guerra de Ucrania con mercenarios procedentes de Burundi, República del Congo, Ruanda y Uganda, previo pago de 2.000 euros y un salario mensual de 2.200 euros, además de seguro médico y pasaporte ruso para el recluta y sus familiares.

---

34 Los mercenarios rusos apoyan a las fuerzas rebeldes (Fuerzas de Apoyo Rápido, FAR o RSF, por sus siglas en inglés) mientras que los soldados ucranianos defienden al Ejército sudanés.

Un informe de junio de 2024 del canal Bloomberg afirma que Rusia está obligando a miles de inmigrantes y estudiantes africanos a unirse a su Ejército para luchar contra Ucrania, sobre todo en el frente de Kharkiv. Unos meses antes, en octubre, el viceministro de Justicia ruso, Vsevolod Yukolov, declaró que la población carcelaria del país había caído al mínimo histórico de 266.000 internos, desde los 420.000 previos a la guerra, según *The Washington Post.*

EL DINERO CHINO

Si la influencia rusa en el Sahel es diplomática y, sobre todo, militar, la de China es eminentemente económica; no en balde, es el principal inversor extranjero en África, sobre todo en infraestructuras (puertos, ferrocarriles, plantas hidroeléctricas). Esto es lo que dicen, al menos, las agencias chinas de información y varias publicaciones europeas[35], que contrastan con fuentes occidentales que aseguran que el flujo inversor y de ayuda de Estados Unidos y de la UE supera aún al de China.

Dentro del marco del Foro para la Cooperación entre China y África (Forum on China-Africa Cooperation o FOCAC), convertido en ramificación de la Iniciativa de la Franja y la Ruta (IFR o, por sus siglas en inglés, BRI)[36], importantes empresas estatales chinas (SOE,

35 La revista de geopolítica francesa *Il Grand Continent*, editada por la asociación independiente *Ècole* normale supèrierure, publicó en su número del 3 de marzo de 2023 un artículo de Ken Opalo en el que se decía que, «en las dos últimas décadas, China ha superado a Francia como principal socio comercial de estos países [antiguas colonias franco-africanas] y Pekín es ahora para los estados africanos un socio comercial más importante que Estados Unidos, Reino Unido y Francia juntos».

36 La Iniciativa de la Franja y la Ruta (BRI) es una estrategia de desarrollo económico global impulsada por el presidente chino Xi Jinping en septiembre de 2013. Propone esta estrategia crear un orden basado en la prosperidad y la estabilidad a partir del libre comercio entre naciones y tomando como modelo las relaciones establecidas entre Oriente y Occidente en la era de la histórica Ruta de la Seda. Todos los países africanos y casi todos los asiáticos han firmado memorandos de entendimiento relacionados con esta iniciativa. El Foro para la Cooperación entre China y África (FOCAC), cuya primera conferencia ministerial se celebró en Pekín en 2000, la primera cumbre en noviembre de 2006, también en la capital china, y la última edición se llevó a cabo en Dakar en noviembre de 2021, quedó subsumido en el BRI como una organización auxiliar.

por su acrónimo en inglés) vienen operando desde hace años en el Sahel. Son principalmente empresas petroleras[37] y mineras que prospectan concesiones de recursos tan rentables y críticos como el litio, el uranio, la bauxita, el manganeso, los fosfatos, el hierro y, por supuesto, el petróleo, en una posición casi monopolística que les permite afianzar su dominio económico mundial[38].

Es especialmente deseada la extracción y explotación de las llamadas *tierras raras,* que se llaman así pese a no ser en realidad tierras ni ser tan raras. Se conoce con este nombre a un grupo muy variado de 17 elementos químicos[39], algunos de los cuales son esenciales para las tecnologías avanzadas y la fabricación de móviles, vehículos eléctricos o turbinas eólicas. Lo de *raras* no se refiere a la dificultad de encontrar la tierra que contiene estos elementos químicos, sino a la complejidad y el alto coste de su extracción. Actualmente, China extrae el 70% de los concentrados de tierras raras en el planeta, procesa el 87% y refina el 91%. En 2021, la demanda global de tierras raras fue de 125.000 toneladas métricas y se prevé que en 2030 esta demanda casi se habrá triplicado, hasta alcanzar las 315.000 toneladas[40]. Como es natural, tanto Estados Unidos como la Unión Europea siguen con preocupación este dominio chino en la extracción y el control de estos materiales tan importantes para el presente y el futuro de la economía global.

---

37 La empresa China National Chemical Engineering (CNEC) firmó en octubre de 2023 un acuerdo con la empresa estatal angoleña Sonangol. Desde entonces, Pekín utiliza Angola como plataforma para extender su influencia en todo el continente en materia petrolífera. En abril de 2024, Luanda y Pekín trabajaban para construir juntos una refinería en la costa angoleña. Entre 2002 y 2022, Angola recibió de China 45.000 millones de dólares en préstamos, casi el 25% de lo que ha dado Pekín a los países africanos. Esto hace que aproximadamente el 40% de la deuda externa angoleña sea con prestamistas chinos, especialmente, el Banco de Desarrollo de China y el Banco de China para las Exportaciones e Importaciones.

38 El 90% de las reservas de todo el mundo de cromo y platino y el 40% de las de oro están en África. En este continente también están las mayores cantidades de cobalto, diamantes, platino y uranio.

39 Cerio, disprosio, erbio, escandio, europio, gadolinio, holmio, iterbio, itrio, lantano, lutecio, neodimio, praseodimio, prometeo, samario, terbio y tulio.

40 El Banco Mundial calcula que para 2050 se necesitará un aumento del 500% de la producción de minerales y metales clave como litio, grafito y cobalto para satisfacer la demanda global.

Principales recursos naturales del Sahel en los que está interesada China:

- Petróleo: es el principal producto de exportación de Chad. Desde 2003, la producción petrolífera chadiana está controlada por la China National Petroleum Corporation (CNPC). Esta empresa controla el 60% de la refinería de Soraz, que produce 20.000 barriles diarios de petróleo. En 2019, la China Petroleum Pipeline Engineering Co. Ltd. (CPP), subsidiaria de la CNPC, comenzó la construcción de un oleoducto de 1.980 kilómetros de largo y poco más de 50 centímetros de diámetro que en la actualidad conecta el yacimiento petrolífero de la cuenca del Rift de Agadem, en Níger, con la terminal del puerto de Semé Kraké en Benín, conocido como Oleoducto de Exportación Níger-Benín (NBEP). Las primeras gotas de petróleo nigerino llegaron al puerto beninés el 31 de marzo de 2024. En mayo de 2023, la empresa China Petroleum & Chemical Corporation, más conocida como Sinopec, firmó un memorando de entendimiento con el Gobierno de Niamey.
- Uranio: la sociedad Somina, constituida por la Corporación Nuclear Nacional de China (CNNC) y el Gobierno nigerino, administra la mina Azelik, aunque la mayor parte de las reservas siguen destinadas actualmente a Francia y Canadá. Níger posee la quinta reserva explotable de uranio más grande del mundo.
- Litio: producto esencial para la fabricación de baterías para vehículos eléctricos. La Ganfeng Lithium Co. china adquirió en 2021 el 50% de las participaciones de la mina maliense de Goulamina por 130 millones de dólares.
- Pesca: a pesar de que el expresidente Mohamed Ould Abdel Aziz fue investigado por el Parlamento mauritano por los acuerdos que firmó en 2010 con la empresa china Fuzhou Hong Dong Yuan Yang Fishing Co. (también conocida como Poly Hong Dong), acusada de agotar las poblaciones de peces locales, en 2020, la empresa mauritana Pêche Commerce Armement PCA Sarl firmó un acuerdo con la Poly Hong Dong, que había construido en la ciudad

> mauritana de Nuadibú «la base pesquera de ultramar más grande de China». Desde ella envía sus productos a Estados Unidos y a la UE, al tiempo que produce harina de pescado. El Exim Bank de China concedió un préstamo de 87 millones de dólares al Gobierno mauritano para la construcción de un puerto pesquero[41].

Al igual que sucede con los rusos, a los chinos tampoco les preocupa el régimen político que existe en el país elegido donde invertir. Lo único que exigen es garantía en el cumplimiento contractual y seguridad para sus nacionales hasta allí desplazados. Prometen ayuda al desarrollo sin interferir en los asuntos internos.

El riesgo de un posible conflicto de intereses entre China y Rusia debido a la irrupción del Grupo Wagner y su explotación de minas a cambio de servicios de protección en África llegó a su punto más álgido a principios de 2023, cuando nueve ciudadanos chinos fueron asesinados en una mina de la RCA, sospechándose que los autores habían sido mercenarios rusos o lugareños armados y respaldados por miembros de este grupo paramilitar. Wagner explicó que su intervención en aquella mina fue a instancias de la Embajada china en Bangui para rescatar a un grupo de mineros chinos que habían sido secuestrados por rebeldes de la Coalición de Patriotas por el Cambio y, desde entonces, el riesgo de confrontación ha descendido gracias a las negociaciones llevadas a cabo al más alto nivel por ambos gobiernos. Un ejemplo lo tenemos en Níger. Tras el golpe de Estado del 26 de julio de 2023, la junta militar pidió colaboración al grupo de mercenarios ruso, al mismo tiempo que un portavoz del Ministerio de Relaciones Exteriores chino describió al presidente depuesto, Mohamed Bazoum, como «un amigo de China» y afirmó que su Gobierno esperaba una solución política a la crisis. El Consejo Nacional para la Salvaguardia de la Patria nigerino rompió el convenio militar que tenía con Estados Unidos en marzo de 2024 y, tres días después, felicitó a Vladimir Putin por su reelección como presidente ruso. Sin embargo, entre medias, el ministro del Interior

41 GODOFREDO, Marcos. «Empresa mauritana busca inversión china a pesar de la investigación de Hong Dong». *SeafoodSource*, 29 abril 2020.

nigerino recibió al director general de la china CNPC y se acordó la venta de petróleo a esta empresa, con un anticipo de 400 millones de dólares[42].

China tiene desde 2017 una base naval en Yibuti, en el mar Rojo, donde también cuentan con instalaciones parecidas varios países como Arabia Saudí y Japón. Su principal objetivo es garantizar la seguridad de la navegación comercial luchando contra la piratería. Está guarnecida por dos brigadas del Ejército Popular de Liberación chino (EPL). La de Yibuti es la única base militar china en el continente africano por ahora, pero su pretensión es abrir otra en el Atlántico para asegurar sus intereses económicos y la protección de sus ciudadanos en África (estimados en un millón) construyendo una comunicación segura transafricana que recorra el Sahel de costa a costa.

Esta ruta transafricana-saheliana uniría la autopista Dakar-Yamena (la Trans-African Highway o TAH 5), que tiene ejecutado un 80% de los 4.496 kilómetros de trazado, con la autopista Yamena-Yibuti (TAH 6), de 4.219 kilómetros y con una sección sin completar que podría ser reemplazada por ferrocarril.

Para instalar su base militar en la costa atlántica africana, China lleva años tanteando a varios gobiernos sahelianos y del golfo de Guinea. Las agencias de Inteligencia estadounidenses empezaron a reunir indicios de las intenciones de China en Guinea Ecuatorial, antigua colonia española, en febrero de 2019, cuando Pekín anunció varios proyectos portuarios en la costa atlántica africana por valor de 3.300 millones de euros, pero no fue hasta finales de 2021 cuando Washington le pidió al Gobierno de Malabo que mantuviese las relaciones con Pekín dentro de unos límites que no se considerasen amenazadores para los intereses estadounidenses. Tres años después, en febrero de 2024, volvió la preocupación a Washington cuando se supo de nuevos intentos chinos de instalar una base militar en Gabón o Guinea Ecuatorial. Dos años antes, China se había convertido en el principal socio comercial de Gabón, con 4.550 millones de dólares. Siguiendo una tradición que se remonta tres décadas, el primer viaje que hizo al extranjero el recién nombrado ministro

42 «Níger acuerda la venta a China de petróleo con un anticipo de 400 millones de dólares». *El Periódico de la Energía,* 14 abril 2024.

de Asuntos Exteriores chino, Wang Yi, tuvo lugar en marzo de 2024 y fue a África. Además de Egipto y Túnez, visitó Togo y Costa de Marfil, dos países del golfo de Guinea potencialmente interesados en albergar una base naval china.

No obstante, la creciente inestabilidad política y económica saheliana podría convencer a Pekín de que lo mejor, por ahora, es desistir de algunos proyectos de dudoso resultado y alto coste de inversión, como el corredor transcontinental, por lo que sería menos apremiante el establecimiento de una base militar en el Atlántico. En la reunión del FOCAC de noviembre de 2021 en Dakar, a pesar de los intentos de Pekín de reestructurar la deuda africana (mediante financiamiento de recursos por infraestructura o canjes de deuda por capital), se evidenció el más que posible riesgo a medio plazo de una desaceleración de inversión extranjera en el Sahel debido al creciente número de estados prestatarios que no pueden pagar sus deudas. Aunque en 2023 la inversión china en África se incrementó un 114% con respecto al año anterior, el Fondo Monetario Internacional (FMI) recogió la caída más importante en las dos últimas décadas de préstamos concedidos por China al África subsahariana, centrándose principalmente en petróleo y minerales esenciales para la transición energética global. La caída de importaciones chinas de productos agrícolas y bienes manufacturados africanos ha ampliado dramáticamente el déficit comercial de África con China.

En consecuencia, en vez de construir una base naval propiamente dicha, parece que el Gobierno chino ha optado, por el momento, por ampliar y combinar las instalaciones comerciales y militares en la infraestructura portuaria que ya posee en África. No en vano, son un centenar de puertos en este continente los que han sido construidos, financiados o están siendo operados por empresas estatales chinas.

A fin de cuentas, el Gobierno chino tiene problemas domésticos más acuciantes, como la desaceleración económica, el declive demográfico, el riesgo de un estallido de la burbuja inmobiliaria y la apuesta de Estados Unidos y sus aliados asiáticos y oceánicos por contrarrestar el dominio chino en el Indo-Pacífico. De ahí que China, a través de su representante permanente adjunto ante las Naciones Unidas, Dai Bing, pidiera el 11 de enero de 2024 en el Consejo de Seguridad apoyo internacional para el Sahel, asegurando que su país «apoya a los países de la región en la resolución de sus diferencias internas a través del diálogo político, a fin de crear condiciones para la paz y la reconciliación [...]. Es importante llevar confianza y esperanza a la gente mejorando la gobernanza y fortaleciendo la autoridad estatal», para lo cual deben elegir su propio camino de desarrollo, sin imposiciones de modelos de gobernanza desde el exterior, puesto que la «transformación democrática ha demostrado no tener ningún valor para abordar las causas fundamentales de los disturbios y, en algunos casos, ha conducido a un nuevo caos». Es decir, China aboga por una estabilidad internacional obtenida por medio del control de la sociedad y la represión de libertades tan fundamentales como la de elección y de expresión. Esta filosofía la lleva también a la práctica en el Sahel Pekín, que se une así a Moscú. Para ello, invierten en medios de información y redes informáticas (China ya controla el 70% de la banda ancha en África) e implementan mecanismos de control social a gran escala. Filosofía esta que resulta muy atractiva para los regímenes autoritarios o democráticos decepcionados.

Pero no todos los sahelianos ven con buenos ojos las inversiones chinas. Las deficientes normas ambientales que utilizan las empresas chinas perjudican el sustento del que dependen muchas familias de agricultores y ganaderos. En el golfo de Guinea, el descontento es creciente debido a la sobrepesca ilegal a gran escala por parte de arrastreros chinos.

El presidente estadounidense, Joe Biden, advirtió en el verano de 2023 que la economía china tenía serios problemas porque su crecimiento se había desacelerado y tenía una alta tasa de desempleo, calificando, además, la iniciativa de la Franja y la Ruta de Xi Jinping como una soga en el cuello de los africanos debido a los altos niveles de préstamos chinos a las economías en desarrollo asociados con el programa de inversión global y criticando este problema como una «bomba de tiempo»[43]. Meses después, en junio de 2024, Mao Ning, portavoz del Ministerio de Relaciones Exteriores chino, ha respondido a las críticas de Biden afirmando que más de 200 documentos

---

43 «El presidente Joe Biden tilda la economía de China como una "bomba de tiempo"». *La República,* 14 agosto 2023.

de cooperación con más de 150 países y una cifra superior a las 30 organizaciones internacionales avalaban la iniciativa de la Franja y la Ruta. Según Ning, muchos países africanos habían sido beneficiados con la construcción de importantes infraestructuras. Con ironía, animó a Estados Unidos a que contribuya con el desarrollo de África con dinero real y proyectos concretos.

Durante el segundo día de la cumbre del G7 celebrada en la ciudad italiana de Bari el 14 de junio de 2024, la presidenta de la Comisión Europea, Ursula von der Leyen, criticó «la poca impronta» que, en su opinión, dejan las inversiones chinas en África. En cambio, el grupo de los países más industrializados del mundo ofrece «inversiones sostenibles a largo plazo. Inversiones locales y sostenibles que crean trabajos para el continente», recordando el plan de inversiones de 250.000 millones de dólares que el G7 había ofrecido a África. «Aun así, África necesita más inversiones privadas», añadió.

Aunque, como ha quedado dicho, el interés militar de China en el Sahel se limita a la venta de armamento, recientemente, el EPL está llevando a cabo operaciones encaminadas a mejorar sus capacidades operativas y la prueba de nuevas armas. Estos ejercicios ya han comenzado a realizarse en la base de Yibuti.

ESPAÑA Y EL SAHEL

Aunque a la mayoría de los españoles les cueste entenderlo, en buena medida, por falta de información, hay sucesos en apariencia lejanos que pueden impactar con fuerza en nuestro país, en nuestras propias vidas. Este es el caso del Sahel. Desde el corazón de este territorio africano hasta Madrid hay 2.893 kilómetros, una distancia que a los españoles nos puede parecer muy grande, pero lo cierto es que las consecuencias políticas, económicas y sociales de lo que está ocurriendo allí están empezando a repercutir aquí.

El CNI ha adaptado sus estructuras a los cambios producidos en el terrorismo, que puede actuar en Europa por diferentes frentes, siendo el más preocupante en la actualidad el del Sahel, donde los grupos yihadistas globales (Al Qaeda y Estado Islámico) han establecido sus principales bases de operaciones.

Escudo del CNI.

El *Informe Anual de Seguridad Nacional 2023* del 19 de marzo de 2024 advierte del aumento de la inestabilidad en el Sahel, donde

> «la imperante inseguridad, con manifestaciones de violencia en países como Mali o Chad y una guerra civil en Sudán, junto con los efectos del cambio climático y una situación económica deficitaria, hacen de la región un escenario de preocupación para la Seguridad Nacional. Además, la inestabilidad tanto en el Sahel como en Oriente Medio podría contribuir a movilizar a los entornos yihadistas y derivar en procesos de radicalización y posibles ataques terroristas.
>
> [...] En 2023, los datos de flujos migratorios irregulares de entrada registraron un aumento del 95% respecto al año anterior, con un incremento especialmente notable de llegadas desde el Sahel. En concreto, octubre fue el mes con mayor número de llegadas irregulares por vía marítima a España, con un incremento de más del 400% en el número de llegadas de subsaharianos respecto al mes anterior. Esto ha supuesto un reto para la gestión migratoria.
>
> [...] El Sahel es una zona prioritaria para España por el efecto que pueda tener sobre los países del Magreb, la posible extensión de los conflictos a territorios limítrofes, como el golfo de Guinea, y la necesidad de estabilizar dicha zona para evitar que grupos yihadistas puedan disponer de bases desde las que planificar acciones terroristas contra objetivos españoles y europeos».

La Estrategia Nacional de Seguridad Marítima 2024, elaborada por el Consejo Nacional de Seguridad Marítima en colaboración con el CNI y otros departamentos ministeriales y las comunidades y ciudades autónomas (CC. AA.), señala el riesgo de que «actores estatales» organicen «olas incontroladas» de migración para desestabilizar España[44].

La Estrategia Nacional contra el Terrorismo 2023, aprobada el 19 de marzo de 2024 por el Consejo de Seguridad Nacional y redactada por el Centro de Inteligencia contra el Terrorismo y el Crimen Organizado (CITCO), dependiente del Ministerio del Interior, coincide en señalar el Sahel y el golfo de Guinea como «las principales zonas del África subsahariana donde la violencia terrorista se ha incrementado de manera exponencial, y a las que, en algunos casos, hay que sumar crisis de gobernabilidad, violencia interétnica o emergencias humanitarias que fomentan una inestabilidad creciente. Esta crisis multidimensional del Sahel afecta indefectiblemente a la estabilidad en la zona y, de manera directa, a los intereses nacionales de España, especialmente en lo que se refiere a la amenaza terrorista y al aumento de los flujos migratorios irregulares, que pueden ser aprovechados por elementos terroristas para dar cobertura a sus desplazamientos. Por ello, España considera que los esfuerzos en la lucha antiterrorista en esta región deben centrarse en misiones de adiestramiento enfocadas a capacitar a las Fuerzas Armadas y Cuerpos de Seguridad locales para la contención del terrorismo, así como en la mejora de los sistemas de control migratorio»[45].

En el discurso que el presidente español Pedro Sánchez pronunció en el Congreso de los Diputados el 10 de abril de 2024 para informar sobre el Consejo Europeo celebrado el mes anterior y para dar cuenta de su viaje a Marruecos el 21 de febrero, afirmó que «Europa está rodeada de un arco territorial de 15.000 kilómetros, ocupado por 18 países, y en este momento 16 de ellos sufren la presencia de grupos terroristas activos, cinco están en guerra, seis han padecido golpes o intentos de golpes de Estado y nueve han virado hacia

---

44 Estrategia Nacional de Seguridad Marítima 2024. Disponible en: https://www.dsn.gob.es/es/documento/estrategia-nacional-seguridad-mar%C3%ADtima-2024

45 Estrategia Nacional contra el Terrorismo 2023. Disponible en: https://www.dsn.gob.es/es/documento/estrategia-nacional-contra-terrorismo-2023

formas más autocráticas de gobierno [...]. Si miramos a nuestra vecindad sur, la situación es igualmente preocupante. El Sahel experimenta una etapa de inestabilidad sin precedentes. En los dos últimos años ha habido más golpes de Estado en esta región que en toda la década anterior. Chad, Níger, Burkina Faso, Mali y Guinea están ahora en manos de juntas militares y viven bajo el yugo de la amenaza yihadista. Solo en el año 2023 hubo más víctimas por atentados terroristas en estos países que en Pakistán, en Siria y en Afganistán juntos. Y, mientras, 13 millones de personas han tenido que huir de sus hogares para escapar del hambre o de la violencia, de la miseria o de los efectos del cambio climático, o de todo a la vez. Esta es la realidad geopolítica que rodea a Europa. Y la describo no para causar alarmismo, sino para que seamos conscientes de cuáles son nuestros retos como país y de cuáles deberían ser nuestras prioridades en España y en Europa»[46].

En la última década, 2023 fue el segundo año con mayor número de llegadas de inmigrantes irregulares a España.

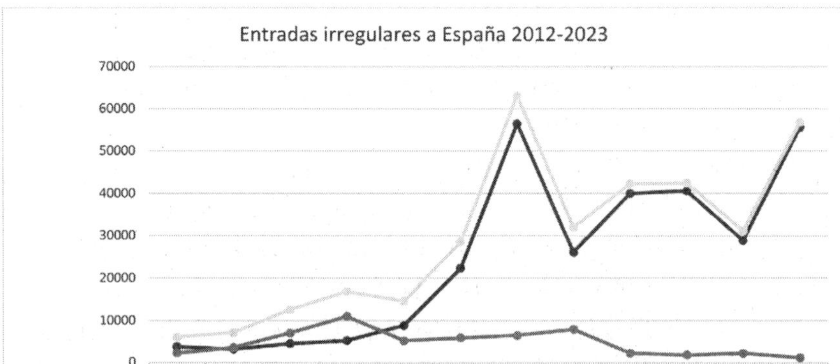

	2012	2013	2014	2015	2016	2017	2018	2019	2020	2021	2022	2023
Vía Marítima	3830	3244	4552	5312	8843	22335	56527	26115	40017	40642	28935	55618
Vía Terrestre	2302	3653	7068	10980	5251	5922	6517	7911	2266	1850	2286	1234
Total	6166	7128	12555	16853	14545	28565	63118	32040	42283	42492	31221	56852

Fuente: Ministerio del Interior, Gobierno de España.

46 Discurso del presidente Pedro Sánchez en el Congreso de los Diputados, 10 de abril de 2024. Disponible en: https://www.lamoncloa.gob.es/presidente/intervenciones/Paginas/2024/20240410-discurso-congreso-de-los-diputados.aspx

En 2023, la Oficina de Asilo y Refugio (OAR) del Ministerio del Interior recibió 163.218 solicitudes de protección internacional (37% más que en 2022). España es el tercer país de la UE que más solicitudes de asilo recibe, por detrás de Alemania y Francia. También en 2023 se concedieron 7.521 estatutos de refugiado, cifra récord desde 2012, y se ha tramitado la protección subsidiaria para 3.850 personas procedentes principalmente de Mali.

En el primer trimestre de 2024 llegaron a España 16.156 inmigrantes irregulares procedentes del continente africano, lo que supone un aumento del 276% respecto al mismo periodo del año anterior.

Si repasamos algunos indicadores, como el del producto interior bruto (PIB) per cápita, encontramos explicación a tanto aumento de inmigración hacia nuestro país. En 2022, según el FMI, en un listado con un total de 192 países, el PIB per cápita en dólares presentó el siguiente resultado:

40.º	España	29.198	
122.º	Argelia	4.151	(7 veces menos que España)
126.º	Marruecos	3.896	(7,5 veces menos)
143.º	Costa de Marfil	2.418	(12)
145.º	Ghana	2.369	(12,3)
146.º	Mauritania	2.328	(12,5)
147.º	Nigeria	2.326	(12,5)
158.º	Camerún	1.584	(18,4)
159.º	Senegal	1.558	(18,7)
161.º	Benín	1.367	(21,3)
163.º	Guinea	1.346	(21,7)
171.º	Togo	961	(30,4)
172.º	Sudán	916	(31,9)
175.º	Mali	858	(34)
176.º	Guinea-Bisáu	857	(34)
177.º	Gambia	846	(34,5)
178.º	Burkina Faso	825	(35,4)
179.º	Chad	743	(39,3)
184.º	Níger	561	(52)

España se quedó temporalmente sin embajador para el Sahel cuando el diplomático Antonio Sánchez-Benedito, que ocupaba el cargo de embajador en Misión Especial para el Sahel desde 2022 (también en un periodo anterior, entre 2013 y 2014), fue nombrado el 14 de mayo de 2024 nuevo embajador en Irán. Su sustituto, Antonio González-Zavala Peña, hasta entonces embajador en Guinea-Bisáu, fue nombrado el 18 de junio del mismo año.

A finales de junio de 2024, el ministro de Asuntos Exteriores, José Manuel Albares, giró visita a Gambia y Senegal para entrevistarse con los presidentes y sus homónimos de ambos países y tratar la cooperación para el desarrollo (Albares se comprometió a reforzar la cooperación en juventud y empleo) y la migración circular (repetición de migraciones legales por la misma persona entre dos o más países). Los gobiernos gambiano y senegalés se mostraron dispuestos a continuar colaborando con el control de la migración irregular, pero no así con el retorno forzoso de los emigrantes, ya que las remesas de estos rondan el 11% del PIB senegalés y el 23% del gambiano. En Dakar y Banjul se reunió con los policías y guardias civiles que colaboran con las autoridades senegalesas en la lucha contra las redes de tráfico de personas.

Sistema conjunto Santiago

El Ministerio de Defensa español, por Orden DEF/1411/2009, de 12 de mayo, calificó «de interés general, por afectar directamente a la defensa nacional, las obras de demolición, nueva construcción, reparación e instalación de antenas del Sistema Conjunto de EW "Santiago" en Vértice Muda, Fuerteventura». Se trata de un sistema de doble uso que sirve para la guerra electrónica y para interceptar comunicaciones en gran parte de África occidental, incluido el Sahel, y cuya primera fase arrancó en 1991. Este sistema *Santiago* es un programa secreto que complementa la red de espionaje militar destinado a la denominada guerra electrónica[47].

47 «Sofisticados equipos radiogoniométricos de interferometría correlativa, radiogoniómetros de banda ancha, receptores de comunicaciones de exploración rápida, receptores digitales de exploración de señales radar, sensores optrónicos, sistemas de clasificación de señales, sistemas de análisis y fusión de datos, sistemas

La orden de 2009 fue modificada por otra del 26 de junio de 2012 (DEF/1413), para extender la calificación de interés general (es decir, de secretas) a «las obras necesarias en el camino de acceso y a todas las incluidas en el "Proyecto de Accesos, Explanación y Cerramiento del Asentamiento SCATER II [siglas de Sistema de Captación de Señales Terrestres]. Vértice Muda, Fuerteventura"». El Cabildo de Fuerteventura se opuso a los trabajos de explanación del terreno que circunda el enclave militar y recurrió, sin éxito, primero a la Audiencia Nacional y luego al Tribunal Supremo, que avaló dichas obras en el verano de 2016.

En mayo de 2023, el Ministerio de Defensa puso en marcha un plan para la actualización del sistema de inteligencia *Santiago,* dotado con un presupuesto de más de 300 millones de euros. El plan tiene un plazo de ejecución de 2023 a 2028[48].

Entrada europea de drogas

España es la principal puerta europea para la entrada de cocaína, procedente en su mayor parte de Latinoamérica, con escala en el Sahel. También lo es de entrada del cannabis marroquí.

En 2022 se incautaron en España 461 toneladas de cannabis, el 78% del total decomisado en la UE.

Debido al mayor control policial en el Estrecho de Gibraltar, las narcolanchas procedentes del norte de África buscan lugares de desembarco a lo largo de la costa mediterránea española, llegando hasta Girona.

No obstante, la entrada de cocaína también se produce por la costa atlántica, especialmente en el archipiélago canario, siguiendo el método tradicional consistente en transportar directamente la cocaína en barcos y desembarcarla en alta mar a lanchas que luego la trasladan al litoral. En febrero de 2024, una narcolancha con 4.350 kilos de cocaína fue apresada en alta mar, a unos 1.000 kilómetros

---

de proceso y sistemas de comunicaciones específicos». GIRÁLDEZ MACÍA, Jesús. «Fuerteventura: una isla en guerra». *De Verdad digital,* 4 enero 2019.

48 CARRASCO, Benjamín. «Defensa relanza el programa de inteligencia Santiago con una inyección de 300 millones». *Infodefensa.com*, 29 mayo 2023.

al sur de Canarias. Cuatro traficantes fueron detenidos, entre ellos, un piloto gallego, viejo conocido de las fuerzas de seguridad por su antigua relación con Sito Miñanco[49]. Aunque la mayoría de los pilotos de narcolanchas sean gallegos, la droga ya no se desembarca en Galicia. Los narcos gallegos tienen *sucursales* en varios países del litoral atlántico africano.

Según Juan Carlos Carballal, titular del Juzgado de Instrucción número 4 de Vigo (que enjuició al famoso clan de narcotraficantes gallegos de los Charlines), la cocaína, «principalmente, sale de Ecuador, a través del puerto de Guayaquil; de Colombia, de la zona del golfo de Urabá (puerto de Santa Marta y Turbo), Cartagena de Indias y Buenaventura; y de Brasil, de Santos y otros puertos», siendo la llamada ruta del Sahel «la que más problemas está dando ahora mismo en la zona de Cádiz. La cocaína que viene de Colombia y las selvas amazónicas pasa primero por África, por los países del Sahel (Senegal, Mali, Burkina Faso, Mauritania, Níger, etc.), que desde hace años se han convertido en un gran almacén de droga. Los grupos terroristas de carácter islamista que operan en la zona se financian con el narcotráfico y se encargan de subir la droga por vía terrestre hasta Marruecos, y de ahí, esta cruza a España por las mismas vías que el hachís».

España-Mali

Las relaciones entre Madrid y Bamako desde el último golpe de Estado no son fáciles, pese a los esfuerzos realizados por el Gobierno español, especialmente desde los ministerios de Exteriores y Defensa.

Tras el último golpe de Estado, la misión europea que ofrecía capacitación y asesoramiento militar (la EUTM), con soldados españoles como principal contingente, dejó de adiestrar al ejército maliense por orden de la junta militar.

El 18 de mayo de 2024 concluyó la retirada de la EUTM, último despliegue bajo bandera de la UE en la AES, con la repatriación de

49 «Una narcolancha con 4.350 kilos de cocaína, apresada a 1.000 kilómetros de Canarias». *El País*, 15 febrero 2024.

los 102 soldados españoles que quedaban al mando del general de brigada Santiago Fernández Ortiz-Piso, jefe de la misión desde diciembre de 2022. En su despedida, este general dijo que «lo que ocurre en el Sahel y su inestabilidad afectan a España».

La ministra de Defensa española, Margarita Robles, expresó su preocupación por la situación en que se hallaba el Sahel, con un incremento importante de la actividad yihadista y de la presencia de mercenarios rusos.

Durante los once años que había durado la EUTM, España fue el país europeo que más tropa aportó, con 8.000 soldados. En ese tiempo se había formado a más de 20.000 militares malienses y el Ministerio de Defensa español había puesto en marcha 110 proyectos de desarrollo social (educativos, de sanidad y de suministro de agua).

España-Mauritania

El Gobierno español se esmera en las relaciones con su homónimo mauritano porque, además de intereses económicos, como la pesca, nos une con este país africano un problema común: la migración. Mauritania recibe cada día cientos de inmigrantes subsaharianos, muchos de los cuales llegan de paso en su viaje hacia Europa, pasando por España y, más concretamente, por el archipiélago canario. Siguiendo el acuerdo de externalización de fronteras, Nuakchot procura controlar el flujo de cayucos hacia la isla de El Hierro con sus guardacostas.

El Ministerio del Interior español entregó en 2023 10.239.000 euros al Gobierno mauritano en el ámbito de la cooperación bilateral en materia migratoria. Entre 2006 (año en el que se produjo la conocida como *crisis de los cayucos*)[50] y 2012, Madrid ha entregado a Nuakchot un total de 162,3 millones de euros en proyectos de cooperación y humanitarios.

A principios de febrero de 2024, una comisión europea encabezada por la presidenta de la Comisión, Ursula von der Leyen, y el presidente

50 En 2023 se batió el récord de llegadas de inmigrantes a Canarias, que estaban en 31.678 en 2006, año en que la avalancha migratoria fue llamada la *crisis de los cayucos*.

español, Pedro Sánchez, se reunió en Nuakchot con Mohamed Ould Ghazouani, presidente mauritano, al que le prometieron 500 millones de euros en ayudas e inversión en hidrógeno verde.

El presidente del Gobierno, Pedro Sánchez, mantuvo una reunión bilateral con el primer ministro de Mauritania, Ismail Ould Bodde Ould Cheikh Sidiya, antes de su intervención en la Cumbre G5 Sahel.

Aun así, hasta junio de 2024, más de 19.000 inmigrantes irregulares (el triple que en el mismo periodo del año anterior), la mayoría de Mauritania, Mali y Senegal, arribaron a costas canarias. El 83% de los cayucos proceden de puertos mauritanos. El Gobierno canario estimaba en julio que unos 300.000 subsaharianos esperaban en Mauritania para subir a un cayuco[51].

España-Níger

Tras el último golpe de Estado en julio de 2023, el Ministerio de Defensa español envió un avión del Ejército del Aire el 3 de agosto a Niamey para trasladar a España 74 civiles de 19 nacionalidades, entre los que había varios miembros del CNI.

51 «Al menos 89 migrantes mueren después de que un cayuco naufragara frente a Mauritania». *La Vanguardia,* 5 julio 2024.

España-Senegal

Desde Madrid se observa con atención el giro político que está desarrollándose en Senegal desde la llegada al poder de Bassirou Diomaye Faye, un joven panafricanista que ha empezado a darle la espalda a Francia y que no ha descartado aproximarse a Moscú, si bien parece que no está en peligro el megaproyecto del gaseoducto que atravesará la costa norafricana desde Nigeria hasta Marruecos, pasando por Senegal, en el que España tiene puestas grandes esperanzas para la llegada de energía. España recibió en 2023 el 13,57% del gas natural importado y el 10,37% del petróleo de Nigeria.

España tiene desplegado en Senegal el Destacamento Marfil del Ejército del Aire, con 72 militares y un avión de transporte, que contribuye al transporte aéreo intrazona del Sahel.

Durante su visita a Dakar a finales de junio de 2024, el ministro de Asuntos Exteriores español se reunió con el presidente Faye, a quien prometió 180 millones de euros en cooperación para los siguientes cuatro años (un 33% más que el periodo anterior), dirigidos especialmente a apoyar a la juventud y el empleo.

España-Sudán

Cuando estalló la guerra en abril de 2023, las Fuerzas Armadas españolas enviaron medios aéreos y 200 soldados para contribuir a la evacuación del personal español.

España-Camerún

En enero de 2024, los ministros de Defensa camerunés, Joseph Beti Assomo, y española, Margarita Robles, firmaron un acuerdo técnico relativo a la cooperación entre la Marina de Camerún y la Armada española, en los ámbitos de protección y seguridad marítima, formación, adiestramiento y apoyo técnico en la lucha conjunta contra el crimen organizado, la piratería y los tráficos ilícitos en el golfo de Guinea. Tras varios años descendiendo, en 2023 se produjo un repunte de incidentes relacionados con la piratería.

El golfo de Guinea es una región de gran relevancia para el tránsito de petróleo crudo, gas natural y mercancías. España, además, cuenta con una flota de atuneros en alta mar en la zona. La Armada española colabora en el control de estas aguas mediante un buque durante ocho meses al año (de enero a junio y de septiembre a diciembre).

España-Gambia

Durante la visita del ministro de Asuntos Exteriores español a Banjul, los gobiernos de ambos países acordaron la apertura de consultas políticas anuales con vistas a reforzar la cooperación y la migración circular.

Albares prometió ayuda económica (con fondos de la Agencia Española de Cooperación Internacional para el Desarrollo, AECID) para la ampliación de un Instituto de Hostelería y Turismo, y se reunió con los guardias civiles que prestaban servicio en el puerto de Banjul vigilando la salida de cayucos hacia Canarias.

Países sahelianos en la actualidad[52]

A continuación, haremos un breve repaso a la situación en la que están hoy día los países que conforman el Sahel, empezando por los tres que integran la AES.

El 16 de febrero de 2014, cinco países sahelianos (Burkina Faso, Chad, Mali, Mauritania y Níger) se aliaron para constituir el G5 del Sahel o G5S, un marco institucional de coordinación y seguimiento de cooperación regional en flujos migratorios, crimen organizado y yihadismo. Contra los terroristas, llegaron a formar un ejército común. Pero la junta militar que gobernaba Mali desde el último golpe de Estado, decidió retirarse del G5S el 15 de mayo de 2022 al no permitírsele asumir la presidencia del grupo. También las juntas militares de Burkina Faso y Níger, después de alcanzar el poder en sendos golpes de Estado, abandonaron el G5S el 3 de diciembre de 2023. Tres días más tarde, los dos miembros que quedaban, Chad y Mauritania, anunciaron la disolución del grupo.

El 13 de septiembre de 2023, diez días después de dejar el G5S, las juntas militares de Níger y Burkina Faso constituyeron, junto con su homónima de Mali, la AES, que tenía como objetivo la formación de una defensa mutua para ayudarse en la lucha contra los grupos yihadistas y secesionistas. Recientemente, la AES avanza hacia la construcción de un bloque económico y comercial, además de militar, razón por la cual los tres países han abandonado también la CEDEAO, que los había penalizado por haber interrumpido el proceso democrático. La AES ha renunciado a la colaboración occidental y ha pedido ayuda militar a Rusia y económica a China. Níger y

52 Además de las referencias indicadas a pie de página, para la redacción de este capítulo se han hecho las consultas apuntadas al final del texto.

Mali cerraron un acuerdo a finales de mayo de 2024 con el cuerpo paramilitar ruso Africa Korps. Burkina Faso está a un paso de hacer lo mismo. En el primer fin de semana de julio, se celebró en Niamey la primera cumbre de la AES, en la que participaron los tres líderes de las juntas militares. Firmaron un tratado por el que se consolidaba su alianza con el nacimiento de la llamada Confederación de la Alianza de Estados del Sahel[53].

Las juntas militares de la AES hacen una política sincronizada: prolongan unilateralmente su mandato, incumpliendo los plazos para convocar elecciones (los presidentes interinos o de transición han pasado a llamarse, simplemente, presidentes), y practican una censura férrea, especialmente, en lo relativo a la lucha contra los yihadistas, sin permitir que los periodistas accedan a los lugares de los hechos ni a los testigos de los combates[54]. Como se espera que con la ayuda sin escrúpulos de los mercenarios rusos pueda acabarse por fin con la lacra terrorista, la mayoría de la población, sobre todo urbana, apoya a las juntas militares, si bien ha habido algunas manifestaciones esporádicas, duramente reprimidas. El 20 de mayo de 2024, los Ejércitos de la AES, junto con los de Chad y Togo, iniciaron una operación conjunta contra los grupos yihadistas bajo el nombre de Amor a la Patria.

Sin embargo, el fin de la lucha contra los yihadistas no parece cercano y la violencia aumenta día a día, siendo las mujeres y los niños quienes más suman en el macabro listado de víctimas. Durante el último trimestre de 2023, la violencia contra los niños aumentó en más de un 130% en el Sahel central. Son asesinados, secuestrados o reclutados por los grupos armados. El 37,45% de los muertos habidos en acciones terroristas en todo el mundo en 2023 se registraron en el Sahel. Entre febrero y abril de 2024, hubo más de 1.180 incidentes de seguridad en el Sahel central, con casi 3.400 civiles muertos.

---

53 «Burkina Faso, Níger y Mali consolidan su unidad con la creación de la Confederación de la Alianza de Estados del Sahel». Europa Press, 7 julio 2024.

54 En los primeros meses de 2024 se ha informado de varios casos de errores cometidos por más de media docena de ataques con drones por parte de los ejércitos de Mali y Burkina Faso que causaron víctimas mortales civiles, sin que haya sido posible verificar tal información sobre el terreno.

MALI

Extensión: 1.241.238 km^2. La mitad norte es desierto.

Población: 22.335.000[55].

Idiomas: francés (oficial), bambara (46,3%), peul/fulfuldé (9,4%), dogón (7,2%), maraka/soninke (6,4%), malinde (5,6%), sonrhai/djerma (5,6%), minianka (4,3%), tamasheq (3,5%), senoufo (2,6%), bobo (2,1), no especificado (0,7%), otros (6,3%)[56].

Religiones: musulmanes 94%, cristianos 3%, animistas 0,7%, ninguna 2,5%.

Recursos naturales: los más explotados son oro, uranio, madera, litio, fosfatos, caolín, sal y piedra caliza. El Estado tiene participaciones en entre el 10% y el 20% de las empresas mineras multinacionales que explotan oro. En noviembre de 2022, el Gobierno anunció la constitución de una empresa minera financiada en su totalidad por el Estado, la Société de Recherche et d'Explotation Minière du Mali (SOREM)[57]. La venta de oro supone el 80% de las exportaciones del país.

Gobierno

Los propios planes de los militares golpistas que accedieron al poder en mayo de 2021 anunciaron un plan de transición que acabaría el 26 de marzo de 2024 con la convocatoria de elecciones, pero la junta militar ha avisado de que continuará gobernando tres años más y ha aplazado las elecciones indefinidamente, haciendo caso omiso de las reclamaciones hechas por más de 80 organizaciones y partidos políticos en una declaración firmada el 31 de marzo.

El 10 de abril de 2024, el Gobierno golpista suspendió las actividades de los partidos políticos y las de carácter político de las asociaciones por razones de «orden público». Al día siguiente, la junta

---

55 Estimación Enciclopedia Británica, 2023. Disponible en: https://web.archive.org/web/20230923151306/https://www.britannica.com/facts/Mali

56 Estimación Ministerio de Exteriores de España, 2009. Disponible en:*https://web.archive.org/web/20230923151306/https://www.britannica.com/facts/Mali*

57 «Mali crea una nueva empresa para obtener una mayor tajada de la riqueza minera». *MarketScreener,* 18 noviembre 2022.

militar prohibió a los medios de comunicación informar sobre los partidos políticos.

El 20 de junio de 2024 fueron detenidos once líderes de la oposición tras celebrar una reunión. Todos eran firmantes de la declaración el 31 de marzo que reclamaba la celebración de elecciones democráticas.

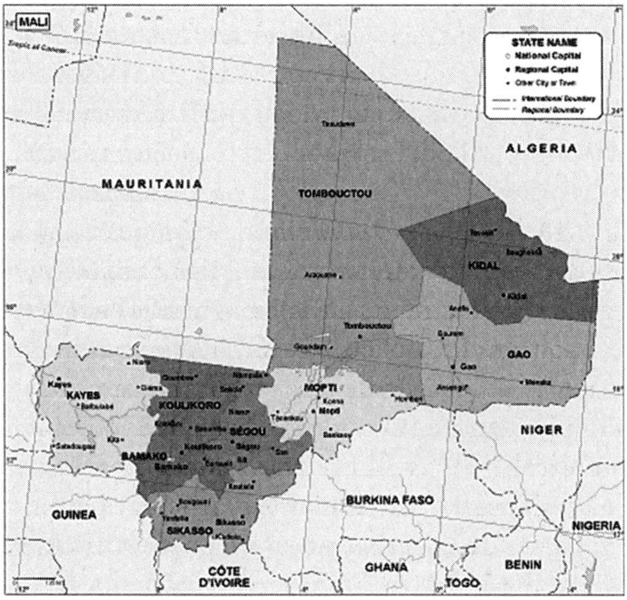

Mapa de Mali.

Azawad

En 2012 se produjo la penúltima gran rebelión de grupos independentistas azawadís en el norte de Mali, tuaregs principalmente, pero también árabes, con quienes colaboraron grupos armados yihadistas que hicieron su aparición en el Sahel. Azawad, el norte de Mali, se convirtió en el epicentro del terrorismo yihadista, del que irradió hacia el resto del territorio saheliano.

En 2023 se reanudaron las hostilidades entre el ejército y los grupos rebeldes azawadís, tuaregs y árabes. Con ayuda del Grupo Wagner, las tropas de Bamako recuperaron el control de las regiones ocupadas por los insurgentes.

La junta militar dio por finalizado en enero de 2024 el acuerdo de paz firmado en 2015 con los rebeldes azawadís en Argel, lo que ocasionó una crisis política con el Gobierno argelino y un nuevo resurgir de la violencia entre ejército y separatistas tuareg. Una de las organizaciones rebeldes, Marco Estratégico Permanente para la Paz, la Seguridad y el Desarrollo (CSP-PSD), cambió el 24 de abril de 2024 este nombre por el de Marco Estratégico Permanente para la Defensa del Pueblo Azawadí (CSP-DPA), al mismo tiempo que elegía como nuevo presidente a Bilal Ag Cherif.

Yihadismo

En julio de 2023, los grupos yihadistas controlaban el norte y centro del país casi por completo. Una vez que el Ejército se impuso a los insurgentes azawadís, la junta militar organizó una campaña militar a gran escala para vencer a los yihadistas que aún continúa.

La información disponible sobre este conflicto armado es confusa debido a la falta de fuentes fiables, ya que la prensa independiente tiene vetado el paso a los lugares donde se desarrollan las operaciones militares y los datos que llegan a través de comunicados oficiales y vídeos en las redes sociales, en el caso de los yihadistas, son vagos y difícilmente contrastables. Así, a mediados de abril de 2024, las Fuerzas Armadas de Mali (FAMA) anunciaron la destrucción de «importantes bases logísticas» supuestamente yihadistas y «muchos terroristas neutralizados» en operaciones llevadas a cabo conjuntamente con los ejércitos nigerino y burkinés en Labbezanga, localidad cercana a la frontera con Níger. Por esas mismas fechas, el 16 de abril, miembros del JNIM secuestraron al menos a 110 personas que viajaban en tres autobuses entre Bandiagara y Bankass, en el centro de Mali. Después de alcanzar un acuerdo con los habitantes locales, los yihadistas liberaron el 24 de abril a una decena de los secuestrados. Entre medias, el Ejército anunció la «neutralización» de cerca de 30 presuntos terroristas en la localidad de Saraféré, en el centro de Mali.

Según la agencia EFE, en un enfrentamiento con el ejército maliense cerca de Gao, el 28 de abril de 2024 murió Abu Houzeifa, alias *Hugo*, uno de los principales líderes del Estado Islámico en el Sahel.

El Gobierno de Estados Unidos ofrecía una recompensa de 4,7 millones de dólares a quien facilitara datos para su captura desde que organizase el atentado que causó la muerte de cuatro soldados estadounidenses y heridas a otros tantos el 4 de octubre de 2017 en la aldea nigerina de Tongo Tongo.

El Ejército maliense comunicó, según recogió Europa Press, que había «neutralizado a numerosos terroristas» en una serie de operaciones llevadas a cabo el 6 de mayo de 2024 en el centro del país, en la zona de Alatona. Dos semanas después, el Ejército de Mali volvió a informar de que había «neutralizado a una treintena» de miembros del JNIM tras un ataque a una posición militar en el centro del país, en el que murieron tres soldados y fueron heridos una decena. El comunicado oficial afirmaba también que otros diez presuntos terroristas habían sido «neutralizados» en combates registrados tras una emboscada tendida contra un destacamento militar cerca de Madina-Koita, próxima, a su vez, a Bamako, sin indicar cuántas bajas se habían producido entre militares. Pocos días después, un nuevo comunicado oficial aseguraba que en varias operaciones lanzadas entre los días 20 y 22 de mayo, las tropas malienses habían matado a «muchos terroristas» y destruido sus «refugios» en la región de Kidal. El 27 de mayo, otro comunicado de las FAMA informaba de que, entre los días 23 y 25 anteriores, en distintas operaciones militares llevadas a cabo en el norte y centro del país, se había desmantelado «una base terrorista» y habían muerto «varios terroristas». A mediados de junio, los militares repelieron una emboscada yihadista a 33 kilómetros al sur de Douentza, en la región central de Mopti, con un «balance de muchos terroristas neutralizados», informaron las FAMA sin facilitar más detalles. Por esas mismas fechas, los soldados malienses mataron a 32 terroristas tras rechazar un ataque contra un convoy militar en la carretera que une las ciudades de Ménaka y Ansongo, al este del país; según el comunicado oficial, solo fueron heridos cinco soldados. El 25 de junio, según informó la agencia EFE, se produjo en la aldea de Tegourou, en la comuna de Doucombo, un ataque de la *katiba* Macina, afín a Al Qaeda, que dejó al menos cinco muertos entre los residentes de la etnia dogón. La misma *katiba* yihadista atacó el 1 de julio otra aldea de la misma comuna, Djiguibombo, en la que murieron al menos 20 civiles. Este grupo yihadista atacó el mismo día 1 la aldea de Sokorokanda, donde se celebraba una ceremonia nupcial, y causó la muerte a al menos 21 personas, según Radio France International (RFI).

Wagner/Africa Korps

La organización internacional independiente Armed Conflict Location and Event Data (ACLED), que recopila datos sobre conflictos violentos, comenzó a advertir en agosto de 2022 de la tendencia del grupo de mercenarios Wagner (en Mali desde finales del año anterior) a atacar a civiles, y en su hoja informativa del 21 de septiembre de 2023 denunciaba el aumento de «los ataques contra civiles en Mali a medida que se deteriora la seguridad en todo el Sahel».

En julio de 2023 eran 1.000 los mercenarios Wagner que había en Mali.

En febrero de 2024, mercenarios rusos del desaparecido Grupo Wagner y que estaban a la espera de formar parte del Africa Korps, tomaron el control de la mina de oro maliense de Intahaka, cercana a la frontera con Burkina Faso. En ese mismo mes, miembros del JNIM mataron a tres mercenarios rusos y apresaron a otros dos en la zona de Mopti.

Víctimas civiles

Según ACLED, entre el 1 de enero y el 21 de septiembre de 2023, la violencia contra civiles en Mali había aumentado un 38%. «Los principales autores de estos ataques son el JNIM (más de 180 eventos, 33%), las fuerzas estatales de Mali y/o el Grupo Wagner (casi 160 eventos, 29%) e IS Sahel (casi 90 eventos, 15%)».

El 6 de mayo de 2024, al menos trece civiles murieron en un supuesto ataque del ejército maliense en el centro del país, según reportó dos días después RFI. Sucedió en la ciudad de Niamana, en el centro de Mali y cerca de la frontera con Mauritania. Fuentes locales aseguraron que los militares llegaron a mediodía, dispararon contra los residentes, que comenzaron a huir, y cortaron el cuello a algunos de los que se quedaron. «Funcionarios de las fuerzas de seguridad malienses han confirmado a RFI que el ejército se encuentra en la zona junto a la compañía paramilitar rusa Grupo Wagner realizando operaciones antiyihadistas en la zona».

Rusia

Moscú financia, en parte, la guerra contra Ucrania con el oro que extrae de las minas malienses y que traslada a China y EAU.

El 27 de marzo de 2024, el Kremlin informó de que el presidente ruso había mantenido una conversación con el presidente maliense, el coronel Assimi Goita, en la que se acordó «intensificar la cooperación en materia antiterrorista». Ambos sellaron la colaboración de Africa Korps con el Ejército maliense, de la misma manera que lo había hecho antes el Grupo Wagner.

A primeros de julio, según la agencia de noticias austriaca APA, durante una visita a Bamako de una delegación de la compañía energética rusa Rosatom, encabezada por Sprasskij Nikolay Nikotavich, se firmaron tres memorandos con la junta militar maliense que tenían como objetivo fortalecer la cooperación entre los dos países y posicionar a Mali como un actor clave en el sector energético en África occidental.

Irán

En febrero de 2022, diez meses después del último golpe de Estado, el ministro de Asuntos Exteriores maliense, Abdoulaye Diop, viajó a Teherán, donde se creó una comisión conjunta de cooperación Mali-Irán. La primera reunión de esta comisión se celebró en Bamako en agosto de 2023. A ella asistió, acompañado por varios representantes ministeriales, Jossein Amir Abdollahian, ministro de Asuntos Exteriores iraní.

En octubre de 2023, el embajador iraní en Bamako, Hossein Taleshi Salehani, se reunió con el coronel Sadio Camara, ministro de Defensa maliense, para «reforzar los lazos de cooperación a través de la defensa y la seguridad». Este mismo embajador fue recibido el 3 de enero de 2024 por el coronel Malick Diaw, presidente del

Consejo Nacional de Transición, órgano legislativo de la junta militar maliense, con quien acordó la próxima apertura de «dos facultades de la Universidad de Irán» y «un centro técnico y profesional y de innovación en TI».

Mauritania

Cabecillas islamistas que operan en Mali se refugian en Mauritania desde 2012.

En 2023, unas 75.000 personas cruzaron la frontera de Mali con Mauritania. La mayoría eran malienses que huían de la violencia. Según Elizabeth Eyster, representante de ACNUR en Mauritania, los relatos de estos refugiados malienses «nos hablan de unos niveles de violencia alarmantes. Tenemos muchos testimonios de mujeres que aseguran haber sido violadas y de pueblos saqueados». Todos los malienses que llegan consiguen automáticamente el asilo, siendo unos 181.000 los que hay en el campamento de M'bera. «La guerra en Mali es compleja e imprevisible, ya afecta prácticamente a todo el país», afirma Eyster.

El 7 de abril de 2024, soldados malienses y mercenarios rusos que perseguían a miembros del JNIM realizaron una incursión en el sureste de Mauritania, internándose en el bosque de Wagadou, que sirve de refugio a los yihadistas. En el pueblo de Médala, esta operación dejó tres civiles heridos y cuatro fueron retenidos e interrogados. La presencia de rusos fue confirmada por la difusión de un vídeo con fecha de 28 de abril. Dos días después, soldados malienses y mercenarios rusos irrumpieron en la aldea fronteriza de Fassala, persiguiendo a rebeldes tuaregs y asesinando a un civil mauritano. El 18 de abril otros ocho civiles mauritanos fueron asesinados, presuntamente, por soldados malienses. Al día siguiente, la junta militar maliense envió una delegación diplomática a Nuakchot y el embajador de Mali en Mauritania fue convocado para ser amonestado por «los repetidos ataques contra civiles inocentes e indefensos». También una delegación mauritana, encabezada por el ministro de Defensa, Hanana Ould Sidi, viajó a Bamako el día 20 para rebajar la tensión entre ambos gobiernos, pero sin aparente éxito.

Como este tipo de incidentes fronterizos ocurren de forma regular[58], el Gobierno de Nuakchot ha movilizado a parte de sus tropas para vigilar la frontera. Pero esta es tan larga (2.260 kilómetros) que resulta imposible controlarla por parte de ninguno de los dos Ejércitos.

Durante el segundo trimestre de 2024 ha aumentado la tensión entre ambos países. Quizá no sea casual que esta animosidad se haya acentuado tras las negociaciones de la OTAN con Nuakchot en 2022.

El 6 de mayo de 2024, el ejército mauritano realizó una serie de ejercicios militares a lo largo de la frontera, elevando la tensión con Bamako a un punto crítico. La ayuda económica y militar que está recibiendo Mauritania recientemente desde Europa y Estados Unidos enciende aún más el recelo de las juntas militares de la AES.

Sudán

Las juntas militares en el poder en Sudán y Mali firmaron un acuerdo en los primeros días de junio de 2024, según la agencia sudanesa Tag Press, por el que se activaba un protocolo de cooperación bilateral que incluirá la apertura de una embajada sudanesa en Bamako y la reanudación de las actividades del consulado de Mali en Sudán.

Marruecos

A finales de enero de 2024, Bamako nombró a Favre Camara como nuevo embajador maliense en Rabat. Según el comunicado emitido por el Gobierno marroquí, Camara tenía el encargo de «reforzar las relaciones dinámicas entre los dos países, que han alcanzado 60 acuerdos de cooperación, con la necesidad de reanudar el comité conjunto entre Mali y Marruecos, suspendido desde hace algún tiempo».

58 En marzo de 2022 desaparecieron 15 mauritanos que viajaban por Mali. El 4 de marzo de 2024, cuatro civiles mauritanos que viajaban también por Mali fueron detenidos cerca del paso de Diéma. Posteriormente, fueron hallados decapitados.

El acuerdo más importante para Rabat se refiere al proyecto presentado por Mohamed VI y que pretende dar salida al océano Atlántico a los países sahelianos del interior a través del Sahara Occidental.

Argelia

La ruptura unilateral en enero de 2024 de la junta militar maliense de los acuerdos de paz firmados en 2015 con los rebeldes azawadís ha abierto una crisis política entre Argel y Bamako.

Aunque Argelia lleva años controlando en su territorio a los terroristas yihadistas, el Gobierno maliense acusa a Argel de permitir que estos encuentren refugio en el sur argelino, tal como vienen haciendo desde la década de 1990.

Argelia ha desplazado una buena parte de su ejército a la frontera con Mali, pero de momento no hay peligro de confrontación abierta. Rusia, aliada de ambos países, haría de árbitro, si fuera necesario, para evitarlo.

BURKINA FASO

Extensión: 274.220 km^2.

Población: 22.100.683.

Idiomas: francés (oficial). El 90% de la población habla otras lenguas según la etnia, principalmente yula, mossi, gurma, fulfuldé y tamasheq.

Religiones: musulmanes 63%, católicos 24%, protestantes 6%, animistas 4%, otras 0,4%, ninguna 0,7%.

Recursos naturales: oro (cinco minas; el 72% del total de la exportación del país), manganeso, mármol, algodón. Con escasos recursos, muchos burkineses emigran al vecino Costa de Marfil, comparativamente más próspero por la exportación de productos agrícolas.

Gobierno

En 1984, el país cambio su antiguo nombre colonial de Alto Volta por el de Burkina Faso: "patria de los hombres libres (o íntegros)", compuesto por el término mossi *burkina* y el yula *faso*, símbolo de la integridad que se pretendía entre los dos principales grupos étnicos.

Mapa de Burkina Faso.

La junta militar gobernante desde el golpe de Estado de 2022 dijo que respetaría el compromiso del presidente destituido de convocar elecciones en 2024, pero al igual que su homólogo maliense, el capitán Ibrahim Traoré, que preside la junta militar, aplazó los comicios indefinidamente y prolongó cinco años su mandato de transición (a partir del 2 de julio de 2024) porque su prioridad era acabar con el terrorismo y restablecer la integridad territorial.

Persiguiendo la autosuficiencia alimentaria, a comienzos de 2024 la junta militar presidida por Traoré inició un programa experimental destinado a la producción de trigo, arroz y maíz en el país. El año anterior ya se habían subido los impuestos derivados de la importación de arroz. El 8 de abril de 2024 se prohibieron hasta nuevo aviso las importaciones de harina de trigo. A falta de conocerse el resultado de este programa experimental, lo cierto es que, en la actualidad, 6,3 millones de burkineses necesitan ayuda alimentaria internacional.

El 1 de diciembre de 2023, la junta militar ordenó el arresto de cuatro oficiales franceses, acusados de espionaje. Fueron encarcelados y luego condenados a arresto domiciliario pese a que París aseguró que eran informáticos. El 18 de abril de 2024, la junta militar expulsó a tres diplomáticos franceses acusados de «actividades subversivas». El embajador francés se hallaba ausente de Uagadugú desde que Traoré, poco después del golpe de Estado en septiembre de 2022, cancelase un acuerdo militar firmado en 1961 entre Francia y su excolonia.

El 28 de abril de 2024, la junta militar sancionó durante dos semanas a medios internacionales que habían publicado la noticia sobre una supuesta masacre de civiles cometida tres días antes, denunciada por la ONG Human Rights Watch (HRW). Los diarios *Le Monde*, *The Guardian* y *Ouest-France*, la emisora alemana Deutsche Welle y la estadounidense Voice of America (VOA), la televisión francesa TV5 Monde, la cadena británica BBC y las agencias de noticias africanas APA News y Agence Ecofin estaban entre los medios censurados, al haber detectado en ellos el Consejo Superior de Comunicación (CSC) burkinés «declaraciones perentorias y tendenciosas contra el Ejército burkinés, sin ninguna precaución». La UE se hizo eco del informe de HRW y el Gobierno burkinés denunció el 7 de mayo tal hecho como una «injerencia inaceptable». El 18 de junio, el CSC volvió a suspender durante seis meses a la cadena francesa TV5 Monde y le impuso una multa de 50 millones de francos CFA (Comunidad Financiera Africana), esto es, de más de 76.000 euros, por emitir críticas al Ejército burkinés.

El 20 de junio de 2024, cuatro días después de que el grupo yihadista JNIM matase a 107 soldados y apresara a otros siete, el presidente Ibrahim Traoré apareció en la televisión nacional para negar las informaciones sobre un motín en el Ejército. El día anterior, 19, fue lanzada una granada, que provocó dos heridos leves, contra la sede de la televisión nacional TRB. Traoré lo achacó a un accidente.

Yihadismo

Los grupos yihadistas ocupan más de la mitad del territorio burkinés. Al menos 46 poblaciones y alrededor de dos millones de personas estaban controladas a finales de 2023 por los yihadistas.

Más de 200 muyahidines del JNIM atacaron el 31 de marzo de 2024 la aldea de Tawori, en la provincia de Tapoa, y mataron al menos a 73 personas (32 civiles, 25 milicianos y 16 policías). Los yihadistas secuestraron, además, al menos a dos soldados.

La escalada de actividades del JNIM durante los últimos meses alcanzó su cénit en mayo de 2024. Las muertes reportadas aumentaron por segundo mes consecutivo, hasta alcanzar las 900.

La primera fila de defensa gubernamental contra los yihadistas no la forma el ejército regular, reducido y con poco armamento, sino los Voluntarios para la Defensa de la Patria (VDP), unos 80.000 milicianos poco preparados y también con escaso armamento.

Entre 250 y 400 muyahidines (según fuentes) del JNIM atacaron un campamento militar situado en la población de Boni el 20 de mayo de 2024 y acabaron con la vida de siete soldados. Dos días después, el JNIM atacó simultáneamente varias localidades del departamento de Séguénéga, donde causó la muerte a unas 80 personas, y la población de Partiaga, donde murieron trece civiles y siete milicianos del VDP.

El 9 de junio de 2024, un grupo de yihadistas atacó una posición militar en los alrededores de Oudrassin, al norte del país. Fueron repelidos con un bombardeo que les ocasionó «decenas» de muertos, según comunicó el Ejército.

El 11 de junio, el JNIM atacó una base militar en la zona de Mansila, cerca de la frontera con Níger, matando a 107 soldados.

El 16 de junio, el JNIM informó que había matado a 107 soldados y capturado a otros siete en Mansila, cerca de la frontera con Níger, en respuesta a «las continuas masacres y violaciones» de las fuerzas armadas contra «personas inocentes e indefensas».

El 21 de junio hubo en el este del país un enfrentamiento entre militares y yihadistas que se saldó, según fuentes oficiales, con la *neutralización* de más de 150 supuestos terroristas.

Africa Korps

El 10 de noviembre de 2023, aterrizaron en el aeropuerto de Uagadugú una veintena de rusos uniformados. Días antes, la televisión burkinesa emitió un reportaje en el que aparecía un capitán del Ejército con grandes logotipos de Wagner en su uniforme. No obstante, los instructores rusos se han visto sobre todo en la capital como guardianes de la seguridad del presidente de la junta militar.

A finales de enero de 2024, junto con suministros militares para el Ejército burkinés, llegaron al aeropuerto de Uagadugú 100 miembros del Africa Korps, que se unieron a otros tantos que ya estaban en el país. Traoré explicó el último día de enero que ningún ruso luchaba a la sazón contra los yihadistas, que solo eran instructores, pero no descartó que entraran en acción próximamente.

Según información del Gobierno marfileño sin confirmar, a cambio de la protección de los mercenarios rusos, Uagadugú entregó una mina de oro situada al sur del país.

La emisora RFI informó de que, según las aplicaciones de seguimiento aéreo de un avión de transporte militar Ilyushin (Il-76) fletado por la compañía rusa Abakan Air, este aparato viajó cuatro veces desde la ciudad maliense de Gao hasta la capital burkinesa entre los días 15 y 17 de junio, y luego realizó varias rutas entre Bamako y Uagadugú entre los días 17 y 18 de junio. El objeto de estos vuelos era transportar a la capital burkinesa entre 80 y 120 soldados malienses y mercenarios rusos del Africa Korps.

Víctimas civiles

Los civiles fueron atacados en numerosas ocasiones por yihadistas y soldados, a menudo bajo la acusación de ser presuntos colaboradores del bando contrario. A los militares se les acusa de haber matado a más de 270 civiles en varias aldeas de las provincias de Yagha y Komondjari. El JNIM, por su parte, tomó represalias contra comunidades acusadas de asociarse o apoyar a las milicias progubernamentales de VDP.

El 25 de febrero de 2024, el ejército burkinés masacró a 223 civiles, incluidos unos 56 niños, al atacar los pueblos norteños de Nondin y Soro, cuyos habitantes eran sospechosos de cooperar con los yihadistas. Esta matanza fue una venganza por un ataque que los yihadistas habían realizado contra un campamento militar situado a unos 25 kilómetros de distancia, en Ouahigouya, la capital de la provincia.

El 1 de marzo, hombres armados asaltaron tres aldeas del norte, quemaron mezquitas e iglesias y mataron a 170 civiles.

El 18 de abril fue secuestrado y posteriormente asesinado un catequista de la parroquia de Saatenga, en Fada Gourma. Dos meses antes fue asesinado otro catequista en la diócesis de Dori mientras dirigía la celebración dominical en una capilla.

El 8 de mayo, 52 civiles fueron asesinados en una aldea por soldados que dispararon a quemarropa contra la población, incluidos varios niños, por sospechar que colaboraban con los islamistas, según denunció un sobreviviente a la agencia EFE.

La violencia ha obligado a dos millones de burkineses, la mitad de ellos niños, a abandonar sus hogares. Más de 20.000 burkineses han muerto desde que, en 2015, comenzara la violencia yihadista en el país. En 2023, Burkina Faso fue el país donde se registraron más víctimas mortales por terrorismo. Con respecto al año 2022, el número de muertos aumentó un 68%. Esto demuestra el fracaso de la junta militar, ya que su principal argumento para dar el golpe de Estado fue que el anterior Gobierno no había sabido acabar con el terrorismo yihadista, pese a haber contado con la ayuda de tropas internacionales. Según el Consejo Noruego de Refugiados (NRC), Burkina Faso es en 2024, y por segundo año consecutivo, el país que sufre la crisis de desplazados más olvidada del mundo.

Volker Turk, alto comisionado de la ONU para los Derechos Humanos (ACNUDH), divulgó el 31 de mayo de 2024 un comunicado en el que dijo estar «gravemente preocupado» por el aumento de los asesinatos de civiles en Burkina Faso, donde «las fuerzas de seguridad y defensa y sus auxiliares, los Voluntarios de Defensa Nacional, supuestamente cometieron asesinatos sin sentido, incluidas ejecuciones sumarias», siendo las responsables de la «gran mayoría» de estas muertes.

Rusia

En 2023, Rusia propuso a la junta militar burkinesa cooperación militar para luchar contra los yihadistas, prometiéndole, además, suministros de cereales. El presidente Traoré se reunió con altos cargos del Ministerio de Defensa ruso después de participar en la cumbre Rusia-África de julio de 2023.

En octubre de 2023, Uagadugú y Moscú firmaron un acuerdo para construir una central nuclear en Burkina Faso. El proyecto se encargó a la empresa nuclear rusa Rosatom[59].

En diciembre de 2023 fue reabierta la Embajada rusa en Uagadugú, cerrada desde 1992.

Vladimir Putin y el presidente interino de Burkina Faso, Ibrahim Traoré.

El 4 de junio de 2024, aterrizó en la capital burkinesa el ministro de Exteriores ruso, Sergei Lavrov. Al día siguiente se anunció la llegada de más suministros militares e instructores rusos. En una entrevista concedida a la emisora nacional RTB, el ministro de Economía Aboubakar Nacanabo reconoció que, en 2023, la junta militar había gastado alrededor de 1.000 millones de dólares en la compra de armamento.

59 «Rusia construirá una nueva central nuclear en Burkina Faso». *El Periódico de la Energía,* 16 octubre 2023.

China

El Gobierno burkinés rescindió en 2018 el reconocimiento de Taiwán y abrió relaciones diplomáticas con Pekín. Al año siguiente, el ministro de Asuntos Exteriores chino, Wang Yi, viajó a Uagadugú para prometer 44 millones de dólares en ayudas.

Costa de Marfil

Traoré, el presidente de la junta militar burkinesa, reconoció el 26 de abril de 2024 que las relaciones con el presidente marfileño, Alassane Ouattara, estaban rotas debido a que se permitía la presencia de «elementos desestabilizadores» burkineses en Costa de Marfil.

La tradicional tensión entre ambos países resurgía nuevamente so pretexto de unos supuestos traidores burkineses que se exiliaron al país vecino. «Hablo de periodistas que insultan a las autoridades burkinesas», aclaró Traoré, quien acusó a las autoridades marfileñas de «detener a nuestros militares por comprar cigarrillos», omitiendo la existencia de escaramuzas durante los últimos meses en la frontera de 600 kilómetros de longitud donde se negocia una demarcación física hasta ahora no verificada.

Pero, ciertamente, en territorio marfileño surgió el 4 de abril de 2024 el Frente para la Defensa de la República (FDR), organización de exiliados burkineses cuyo portavoz es el periodista Inoussa Ouédraogo y que reclama la disolución de la junta militar y la devolución del poder político a los civiles.

Marruecos

En una reunión llevada a cabo a principios de mayo de 2024 entre los ministros de Asuntos Exteriores burkinés y marroquí, Uagadugú manifestó su respaldo al proyecto de Marruecos de dar una salida al Atlántico a los países sahelianos del interior a través del puerto sahariano de Dajla (antigua Villa Cisneros).

NÍGER

Extensión: 1.266.491 km^2. Tres cuartes partes es desierto.

Población: 25.252.722.

Idiomas: francés (oficial), haussa, djerma, tamazig, peul, kanuri, buduma, gulmacema, tasawaq, tubu.

Religiones: islam.

Recursos naturales: uranio (80% del valor total de las exportaciones), carbón, hierro, fosfato, oro, petróleo, estaño y zinc.

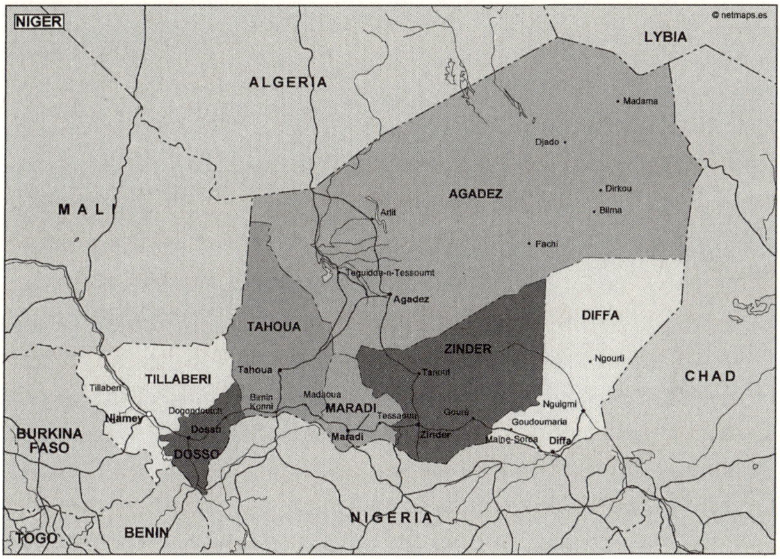

Mapa de Níger.

Gobierno

Gobernado por una junta militar llamada Consejo Nacional para la Salvaguarda de la Patria (CNSP) desde el golpe de Estado del 26 de julio de 2023, ha seguido los pasos de las juntas militares de los otros dos países que forman la AES, alejándose de Occidente y acercándose a Rusia.

El 9 de agosto de 2023 fue fundado en el exilio el Consejo de Resistencia para la República (CRR) por un líder tuareg, Rhissa Ag Boula, con el objetivo de derrocar al CNSP y restaurar al anterior presidente, Mohamed Bazoum. El 2 de octubre, la CRR pidió en un comunicado a todos los tuaregs nigerinos que se unieran al CSP maliense para combatir a las juntas militares de la AES. «Aunque todavía el CRR no ha llevado a cabo acciones reales sobre el territorio de Níger, no se puede desestimar que las tensiones y los enfrentamientos abiertos que mantienen los rebeldes tuareg contra las FAMA y los mercenarios de Wagner, en su intento de independencia de Azawad, se extiendan también a Níger, de modo que esa unión de fuerzas tuareg pueda convertirse en una amenaza real para la estabilidad del Gobierno golpista nigerino, más aún si llegaran a contar con algún tipo de apoyo logístico o de inteligencia por parte de Ucrania», explica un observador español destinado en Niamey, antes de añadir:

> «Sin embargo, no son los rebeldes tuareg la única amenaza que se cierne sobre el nuevo Gobierno de Níger. Con la expansión del EIGS [Estado Islámico del Gran Sahara] y del JNIM a lo largo de las fronteras occidentales de Níger, el presidente Bazoum presenció el nacimiento de milicias de autodefensa en las regiones de Tahoua y Tilláberi. Durante su gobierno, el presidente depuesto tomó medidas contra la llamada *"garde nomade"* [guardia nómada] de Tahoua, a través de un sistema de control, cooptación e integración en las fuerzas de seguridad, similar a las medidas aplicadas contra los grupos terroristas en aplicación de las políticas yihadistas de Bazoum. Sin embargo, el expresidente no implementó las mismas medidas con los "zankai" de Tilláberi, dada la naturaleza descentralizada de los mismos y la falta de relaciones con ellos, además de que el Gobierno de Bazoum los consideraba una amenaza militar y política menor.
>
> Se desconoce cuál será la política que adoptará el Gobierno golpista con estas milicias, pero las experiencias de las vecinas Burkina Faso y Mali demuestran que, si no se gestionan adecuadamente, la formación y consolidación de estas milicias étnicas pueden derivar en una escalada de violencia entre las comunidades, además de constituir una seria amenaza para el Gobierno central, que puede perder el control sobre ellas y que se rebelen contra su poder, como ha sucedido con los tuareg del norte de Mali».

A mediados de marzo de 2024, la junta militar decidió romper el acuerdo de colaboración militar con Washington, obligando a la retirada de las tropas estadounidenses. El 6 de julio, el Ministerio de Defensa alemán anunció la retirada de sus tropas destinadas en la base de Niamey antes del 31 de agosto, tras negarse la junta militar nigerina a respetar la inmunidad jurídica de los militares alemanes[60].

En mayo, la junta militar suspendió temporalmente la emisión de nuevas licencias mineras y ordenó una auditoría del sector. Aunque se afirmó que con estas medidas se buscaba asegurar una explotación más controlada y beneficiosa de los recursos, en Francia y otros países europeos se percibió como una amenaza a su suministro de minerales fundamentales. En junio, la junta militar aprobó una ordenanza que estipulaba penas de hasta cinco años de prisión para los que difundiesen datos en medios de comunicación digitales que «puedan perturbar el orden público».

El 4 de junio, el Ministerio de Defensa nigerino anunció el refuerzo del Ejército con 10.000 nuevos soldados, cuyo reclutamiento se iniciaría oficialmente el 1 de julio siguiente. La pretensión es crear un Comando de Fuerzas de Protección y Desarrollo (CFDP), que se encargará de garantizar la seguridad en áreas y establecimientos de relevancia estratégica, así como de participar en proyectos socioeconómicos como programas de irrigación y explotación de terrenos agroforestales y ganaderos, contribuir a la protección del medio ambiente y luchar contra la desertificación.

Coincide la creación del CFDP con la irrupción de un nuevo grupo insurgente en el sureste del país: el Frente Patriótico de Liberación (FPL), liderado por Mahamoud Sallah, un aliado del expresidente Bazoum. Creado en agosto de 2023, pidió el 13 de mayo de 2024 en redes sociales que el personal nigerino y extranjero evacuase las instalaciones petrolíferas, después de que finalizase el ultimátum que había realizado a la empresa china que opera en Agadem para que cesase su actividad. Pocos días después, un comando del FPL atacó una base militar situada cerca de la frontera con Libia y mató a varios soldados. El 22 de mayo, el FPL se alió con el CRR de Rhissa Ag Boula. El FPL cumplió el 16 de junio con su amenaza, perpetrando un atentado contra un tramo del oleoducto controlado por la empresa china[61].

---

60 «Alemania se retira de su base aérea de Níger tras fracasar las conversaciones con la junta». Europa Press, 6 julio 2024.

61 «Un grupo rebelde enfrentado a la junta militar de Níger reclama la autoría de un ataque contra un oleoducto». Europa Press, 18 junio 2024.

Convergen en este país los grupos yihadistas JNIM, principalmente por el sur y el oeste (en la zona conocida como Triple Frontera), Estado Islámico por el norte y Boko Haram por el sureste.

Desde que gobierna la junta militar presidida por Abdourahamane Tchiani, los grupos yihadistas han ganado terreno desde las posiciones que ocupaban en Tillabéri y Diffa.

Estado Islámico mató a una treintena de soldados el 20 de marzo de 2024.

El 8 de abril, la explosión de una bomba al paso de un vehículo militar en los alrededores de Tingara, cerca de la frontera con Mali y Burkina Faso, mató a seis soldados nigerinos. Como represalia, según comunicó el Ejército, murieron más de 20 supuestos terroristas en un bombardeo.

El 21 de abril, seis militares nigerinos murieron en un ataque que el Estado Islámico llevó a cabo en Touloun Damissa, en la región de Tillabéri. Pocos días después, otros cinco soldados fueron heridos en una emboscada perpetrada por Boko Haram en la localidad de Lada, al sur del país.

Otros siete militares murieron y uno más fue herido el 20 de mayo cerca de la frontera con Burkina Faso, en un ataque realizado por el JNIM. El destacamento estaba desplegado en la localidad de Boni. Según el Ejército, los soldados «neutralizaron a una decena de terroristas». El mismo día se llevó a cabo otro ataque yihadista en Diambala, con un saldo de 20 civiles muertos y varios heridos.

Una semana más tarde, el 27 de mayo, otro ataque yihadista en la aldea de Goyo, en la misma región de Tillabéri, cerca de la frontera con Mali, causó la muerte a diez civiles. Los atacantes llegaron montados en motocicletas y sorprendieron a los habitantes mientras rezaban en la mezquita.

El 25 de junio, al menos 20 militares y un civil murieron en un ataque yihadista producido contra un convoy del ejército en la región de Tillabéri. Una semana después, en esta misma región, en la localidad de Tassia, cerca de la frontera con Burkina Faso, los soldados nigerinos bombardearon a una columna de supuestos terroristas que intentaban dirigirse al país vecino y mataron a cerca de 20, según informó el diario oficial *Le Sahel.*

Víctimas civiles

El 21 de marzo de 2024 se produjo un ataque terrorista en la región de Tahoua que se saldó con la muerte de 140 civiles.

El 15 de abril, por la tarde, un grupo yihadista atacó la aldea de Diblo, en la región occidental de Tillabéri. Robaron el ganado y dispararon indiscriminadamente contra la población, causando la muerte de trece personas e hiriendo a otra.

Rusia y Estados Unidos

Al mismo tiempo que pedía la salida de las tropas estadounidenses del país el 16 de marzo de 2024, la junta militar abrió «un nuevo camino de cooperación» con Moscú. Esta decisión se tomó después de que se celebrara una reunión en Niamey con una misión estadounidense encabezada por la secretaria de Estado adjunta para Asuntos Africanos, Molly Phee, en la que se abordaron la anunciada llegada de fuerzas rusas y la posibilidad de que Irán comprase uranio nigerino. La reunión fue un fracaso porque los americanos rechazaron la posibilidad de que hubiese una cohabitación de sus tropas con militares rusos. Los representantes nigerinos, al parecer, manifestaron que no era de su interés la marcha de los estadounidenses, pero que la llegada de los rusos se iba a producir con seguridad. Ante la intransigencia y la altanería de Phee, que amenazó con imponer sanciones a Niamey si firmaba acuerdos de venta de uranio con Irán y con cortar la cooperación militar si seguían acercándose a Rusia, la junta militar decidió anular el acuerdo militar con Washington y pidió la salida inmediata de las tropas estadounidenses.

El 26 de marzo de 2024, el presidente ruso Putin y el líder de la junta militar nigerina, Tchiani, mantuvieron una conversación telefónica y convinieron en «la necesidad de reforzar» la cooperación en materia de seguridad entre ambos países «frente a las amenazas actuales». A semejanza de lo sucedido antes en Mali, la idea era que los mercenarios rusos de Africa Korps sustituyeran a las tropas occidentales conforme estas fueran abandonado sus bases, como la Base Aérea 101, ubicada próxima a la capital, y la de drones, Base Aérea 201, en Agadez. Unos 3.000 nigerinos se manifestaron el 13 de abril en Niamey para exigir la salida inmediata de las tropas estadounidenses. Era la segunda manifestación de este tipo. El 19 de abril, el primer ministro, Ali Lamine Zeine, reafirmó en Washington al número dos del Departamento de Estado, Kurt Campbell, la petición de la junta militar de que las tropas estadounidenses abandonasen Níger. El Pentágono anunció que procedería a retirar a más de 1.000 soldados de las bases nigerinas durante los meses siguientes.

En abril, la junta militar confirmó la llegada de un centenar de «instructores militares» rusos, que tenían como misión adiestrar a militares nigerinos en el uso de un nuevo sistema de defensa aérea con el que proteger el territorio de «drones y aviones de combate», lo que indica que tal sistema no está dirigido a la lucha antiterrorista sino a la defensa ante el posible ataque de otro u otros países.

Un Boeing C-17 Globemaster III despega el 19 de junio de 2021 en la Base Aérea 201 en Níger.

La llegada de los militares rusos coincidió con la salida de los soldados estadounidenses de la Base Aérea 101, próxima a Niamey, lo que provocó una confusión ampliada por algunos medios de comunicación. El 3 de mayo, la agencia Reuters informó de que los rusos entraban en la base sin esperar a que salieran los estadounidenses, lo que, al parecer, fue confirmado por el secretario de Defensa, Lloyd Austin. Y aunque la fuente anónima de Reuters aclaraba que «las tropas rusas están presentes, pero no mezcladas, con las fuerzas estadounidenses», los llamativos titulares y la poca relevancia dada a esta aclaración creó cierta alarma. Austin se vio obligado a especificar que «los rusos están en un complejo separado y no tienen acceso a las fuerzas estadounidenses ni a nuestro material». La base en cuestión está ubicada junto al aeropuerto internacional Diori Hamani de Niamey, donde, además de los estadounidenses, servían unos 150 soldados italianos y unos 100 alemanes. Los rusos fueron alojados en un hangar separado que había quedado vacío tras la marcha de las tropas francesas.

A mediados de mayo, mientras el Pentágono ordenaba el retirada de todas las tropas de combate estadounidenses de Níger antes del 15 de septiembre[62], el primer ministro, Alí Lamine Zeine, culpaba a Estados Unidos de la ruptura del acuerdo de cooperación militar en una entrevista a *The Washington Post:* «Los estadounidenses han permanecido en nuestro suelo sin hacer nada mientras los terroristas mataban gente y quemaban pueblos», poniendo como ejemplo de agravio la defensa que la Administración Biden ha hecho de sus aliados en otros frentes, como Ucrania e Israel, ordenando la inacción de las tropas estadounidenses frente a la actividad de grupos yihadistas en Níger. «Primero, viene aquí a amenazarnos en nuestro propio país. Y viene aquí para decirnos con quién podemos tener relaciones, lo cual también es inaceptable. Y lo ha hecho todo con un tono condescendiente y con faltas de respeto», dijo recordando la visita de Phee.

A principios de junio visitó Niamey el viceministro de Defensa ruso Junus-bek Yevkurov, para reunirse con su homólogo nigerino y con el presidente Tchiani. Las conversaciones trataron del fortalecimiento de la cooperación bilateral en seguridad, defensa y desarrollo económico.

Rusia está intentando obtener concesiones mineras, especialmente de uranio, que hasta ahora están siendo explotadas por empresas francesas. A primeros de junio de 2024, el canal internacional de televisión Bloomberg dio la noticia de que la empresa estatal rusa Rosatom había tenido reuniones con autoridades nigerinas con vistas a hacerse con la titularidad de activos en las minas de uranio

62 El 7 de junio de 2024 comenzó la retirada oficial de las tropas estadounidenses de la Base Aérea 101.

de la compañía francesa Orano, participada por el Estado galo. Rosatom y Orano se apresuraron a desmentir que estuvieran negociando y los franceses reabrieron las infraestructuras del yacimiento de Imouraren. Sin embargo, el 21 de junio la junta militar retiró oficialmente el permiso de explotación de las minas de uranio a Orano.

China

Las principales inversiones chinas en Níger están relacionadas con el petróleo, el uranio y la electricidad. China es el segundo inversor en Níger, después de Francia, con 40 empresas y unos 1.000 trabajadores operando.

La empresa china CPP controla el 60% de la refinería de Soraz, situada en la frontera con Nigeria, que produce 20.000 barriles de petróleo al día, y ha terminado de construir recientemente un oleoducto que une el yacimiento petrolífero de Agadem, en Níger, con el puerto beninés de Semé Kraké. Esta misma empresa china constituyó con el Gobierno nigerino la sociedad conjunta Somina para administrar la mina de uranio de Azelik.

Durante la pandemia de la COVID-19, China suministró 400.000 dosis de la vacuna Sinopharm a Níger.

Irán

El primer ministro nigerino, Ali Lamine Zeine, tras visitar Washington el 19 de abril de 2024, viajó directamente a Moscú y después a Teherán, donde fue recibido por el presidente Ebrahim Raissi, lo que despertó las sospechas del Gobierno de Biden sobre un posible acuerdo para que Irán tuviese acceso a las reservas de uranio de Níger.

El 30 de abril, Africa Intelligence reveló los detalles de las conversaciones entre la junta militar de Níger e Irán para la compra por Teherán de 300 toneladas de uranio a Niamey. A cambio, además de pagar unos 56 millones de dólares, los iraníes se comprometían a proporcionar generadores de gran capacidad a los nigerinos para cubrir su déficit energético y apoyar sus esfuerzos de transformación agrícola.

Benín

Como miembro de la CEDEAO, desde que esta organización impuso sanciones a Níger por el último golpe de Estado, Benín ha tenido problemas diplomáticos con el país vecino del norte, con el que cerró su frontera.

Aunque el presidente beninés suavizó la postura de su Gobierno hacia Niamey reabriendo la frontera en diciembre de 2023, las relaciones siguieron siendo malas. Y en medio de este ambiente finalizó la construcción del oleoducto arriba citado.

La tensión subió un par de peldaños más cuando, a primeros de mayo de 2024, Benín prohibió a los barcos cargar petróleo nigerino por la negativa de Niamey de reabrir la frontera común. «Hemos bloqueado la posibilidad de que Níger exporte su petróleo a través de nuestro territorio», declaró un portavoz del Gobierno beninés. Esta prohibición no solo perjudicaba a la economía nigerina, cuyos ingresos por el petróleo representan alrededor del 60% de su PIB, sino también a la compañía china que operaba el oleoducto y que había invertido unos 1.220 millones de euros en la construcción del mismo. Por este oleoducto transitan alrededor de 20.000 barriles de petróleo al día.

La intervención de mediadores de la CEDEAO resultó infructuosa y, el 12 de mayo, el primer ministro nigerino aseguró que se mantenía cerrada la frontera con Benín «por razones de seguridad». Además de la presencia de bases francesas en Benín, el ministro denunció que «en el territorio de la República de Benín hay bases, algunas de ellas, donde se entrenan terroristas para desestabilizar» Níger. El Gobierno de Porto Novo rechazó las acusaciones del primer ministro nigerino y aseguró que no había bases militares francesas en territorio beninés, sino «pequeños campamentos militares» destinados a apoyar la lucha contra el terrorismo y la inseguridad. «Hay una veintena y hay otros previstos, principalmente, en localidades fronterizas», explicó el portavoz Léandre Houngbédji.

El presidente de Benín, Patrice Talon, dijo el 15 de mayo estar dispuesto a levantar temporalmente el bloqueo a la exportación de petróleo de Níger y a mantener una reunión con las autoridades nigerias, después de recibir a una delegación del Gobierno de Pekín a la que acompañaban ejecutivos de la empresa china encargada del oleoducto entre Níger y Benín. Esta delegación se desplazó luego a Niamey. A finales de mayo, el presidente Talon envió al ministro de Minas para hablar con el presidente Tchiani en Niamey, pero este se negó a recibirlo. Pocos días después hubo un gélido encuentro del comité mixto gubernamental Benín-Níger que acabó sin acuerdo.

El 6 de junio fueron detenidos en Benín cinco ciudadanos nigerinos por entrar presuntamente de forma ilegal en la estación petrolera de la empresa china en el puerto de Seme. Entre los arrestados estaba la directora general adjunta, Moumouni Ibra Hadiza. La respuesta del presidente nigerino fue ordenar el cierre de la estación petrolera de Agadem.

Argelia

Tal como hemos visto en el capítulo correspondiente a la migración en el Sahel, las relaciones entre Niamey y Argel se han enturbiado recientemente debido al trato que los inmigrantes nigerinos padecen en Argelia, donde son obligados a recorrer a pie varios kilómetros de desierto al ser expulsados del país magrebí.

SUDÁN

Extensión: 1.861.484 km^2.

Población: 48.109.004 (estimación 2023).

Idiomas: árabe e inglés (oficiales), los cuales conviven con multitud de idiomas indígenas.

Religiones: mayoría musulmana; minorías cristiana (coptos, sobre todo) y animistas.

Recursos naturales: con la independencia de Sudán del Sur en 2011, las exportaciones petrolíferas descendieron del 85% del total al 20%. También, oro (48,2% en 2021), tungsteno y zinc. En 2022, el país produjo 109 toneladas de oro, un 80% de las cuales fueron sacadas al extranjero por los mercenarios rusos. Desde el comienzo de la última guerra civil en abril de 2023, 172 personas que trabajaban en la minería de oro artesanal murieron. La guerra y la miseria empujan cada vez a más sudaneses a trabajar como mineros artesanales de oro (entre ellos, médicos, ingenieros y estudiantes); se calculan entre dos y tres millones en 2023, a pesar de las deficiencias en seguridad.

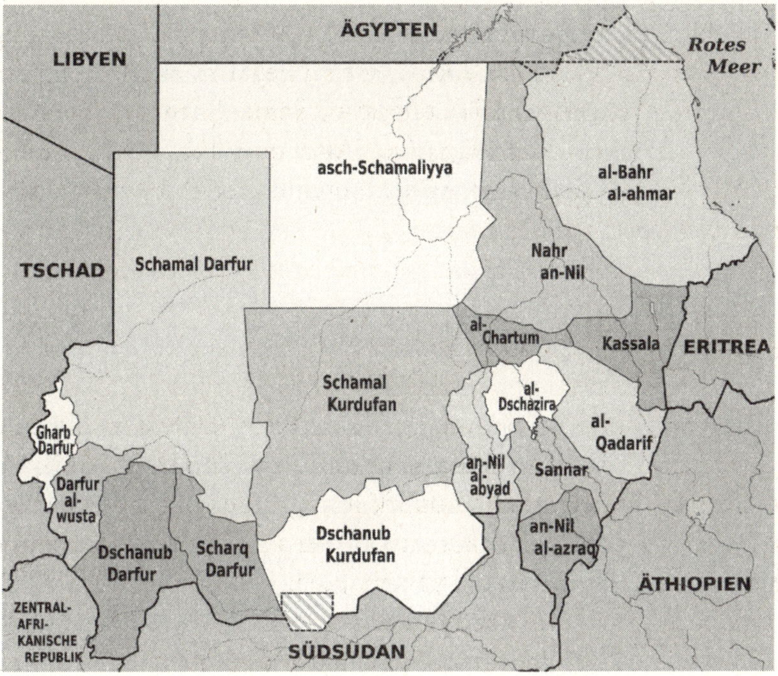

Mapa de Sudán.

Gobierno y guerra civil

Tras el derrocamiento el 11 de abril de 2019 del régimen de Omar Al Bashir, la transición democrática quedó suspendida por el golpe de Estado del 25 de octubre de 2021 liderado por el general Abdelfatah Al Burhan, presidente del Consejo de Soberanía. En diciembre de 2022 se retomó el proceso de restauración democrática, pero la falta de acuerdo sobre la reforma del sector de seguridad y la integración de las paramilitares FAR, lideradas por el exvicepresidente y general Mohamed Hamdan Dagalo, alias *Hemedti,* en el seno de las FAS, mandadas por el general Al Burhan, provocó el estallido, el 15 de abril de 2023, de la tercera guerra civil desde su independencia, que aún perdura.

A mediados de 2024, más de 40.000 personas habían muerto[63] desde que comenzó la guerra entre las FAS (con mayoría de raza etíope) y las FAR (con mayoría árabe y apoyadas por EAU) y más de 70.000 habían resultado heridas. Más de diez millones de sudaneses han tenido que abandonar sus hogares (casi la mitad, niños), de los cuales 1,8 millones (más de la mitad menores) buscan refugio en el extranjero, en Chad y Egipto, principalmente. ACNUR avisó el 28 de mayo que unos 185.000 refugiados sudaneses estaban estancados en la frontera con Chad, sin que las organizaciones humanitarias pudieran reubicarlos por carecer de fondos suficientes. Hasta entonces, se calculaba que eran 600.000 los sudaneses que habían huido a Chad y se habían instalado en «asentamientos improvisados y superpoblados a lo largo de la frontera». Al menos 31 sudaneses murieron entre los días 8 y 9 de junio por insolación y deshidratación al perderse en la zona montañosa de Al Alaqy mientras huían hacia Egipto. Todo apunta a que este éxodo aumentará la presión migratoria en Europa.

La crisis humanitaria que está empezando a sufrir la población que se queda en el país es de primer orden. Según la ONU, 230.000 niños están severamente desnutridos y 7.000 mujeres que esperan a dar a luz pueden fallecer si no llega ayuda rápidamente. La Organización Mundial de la Salud (OMS) alertaba de que casi uno de cada dos sudaneses (24,8 millones; la mitad, niños) necesitaría ayuda urgente en 2024 por la extremada escasez de agua, comida y medicamentos (alrededor del 65% de la población no tiene acceso a atención sanitaria porque, según MSF, «solo entre el 20% y el 30% de los centros de salud siguen funcionando»). A mediados de 2024, las ONG y la ONU advertían de la mayor hambruna en décadas. Michael Dunford, director regional para África Oriental del Programa Mundial de Alimentos (PMA), avisó el 3 de mayo de que en Darfur la gente se había visto obligada a comer «pasto y cáscaras de maní». Entre mediados de abril y mediados de mayo, en el campamento de desplazados de Kalma, en Darfur Sur, murieron 110 personas (66 niños, 38 ancianos y seis mujeres embarazadas) por desnutrición, según Isak Abdala, responsable de este campamento.

63 El número de víctimas mortales probablemente fuese mayor, porque era imposible realizar un recuento preciso en las zonas de combate.

Un informe publicado el 26 de junio de 2024 por World Vision asegura que Sudán alberga el mayor desplazamiento de la infancia del mundo, con cerca de cuatro millones de niños con desnutrición aguda. Por si fuera poco, el 7 de abril de ese año se advirtió la aparición de tres casos de dengue en Jartum.

Al cumplirse un año de su inicio, la guerra había causado la mayor crisis de desplazados internos del mundo y habían empezado a registrarse muertes por inanición, sobre todo de niños. Para las organizaciones humanitarias, resulta imposible contabilizar el número de mujeres violadas, la mayoría, de la etnia masalit. En los primeros seis meses de guerra, MSF atendió a cerca de 150 mujeres que denunciaron haber sufrido violaciones, la mitad de ellas, por varios agresores. Por su parte, la Misión Internacional Independiente de Establecimiento de Hechos informó al Consejo de Derechos Humanos de la ONU en Ginebra, en junio de 2024, que «mujeres y niñas han sido y continúan siendo sometidas a violaciones y a violaciones colectivas, secuestros y matrimonios forzados» en Sudán por ambos bandos en conflicto.

Y es que el conflicto está siendo aprovechado para realizar una limpieza étnica, con un centenar de poblados incendiados. Cada vez son más los observadores internacionales que empiezan a considerar la persecución por parte de los árabes de las FAR contra las comunidades de raza etíope, con la aparente intención de exterminarlas, como genocidio[64]. Según un informe publicado el 9 de mayo de 2024 por HRW, entre finales de abril y principios de noviembre de 2023, las FAR habían llevado a cabo una campaña de limpieza étnica contra la comunidad masalit en El Geneina[65]. En mayo de 2023 también

64 Alice Wairimu Nderitu, asesora especial de la ONU para la prevención del genocidio, advirtió en noviembre de 2023 que varios de los ataques perpetrados por las FAR en Darfur «podrían constituir actos de genocidio».

65 Tras el derrocamiento de Al Bashir en 2019, la ciudad de El Geneina sufrió tres ataques en apenas tres años, siendo la población civil masalit la más perjudicada. Estos ataques los llevaron a cabo las milicias árabes antecesoras de las FAR.

Diez días después de que comenzara la guerra actual, las FAR y las FAS se enfrentaron en El Geneina, con saqueos sistemáticos durante dos meses. Se produjo un primer éxodo masivo masalit en dirección a Chad y a Ardamata, donde había una guarnición de las FAS. Mientras tanto, las FAR se dedicaron a expulsar casa por casa a los masalit que se habían quedado en El Geneina, matando a quienes huían. Según HRW, las carreteras de huida estaban sembradas de cadáveres.

fue asaltada por las FAR la ciudad de Misterei, donde mataron a un centenar de masalit. Al mes siguiente, los paramilitares y las milicias árabes aliadas asaltaron Kutum, ciudad situada a 120 kilómetros de El Fasher, matando a 40 personas e hiriendo a decenas.

Además de la capital, Jartum (saqueada por las FAS), las zonas más afectadas por la guerra son las regiones de Darfur, en el oeste; Gezira, en el centro (donde las FAS derrotaron a las FAR en diciembre de 2023); y Kordofán, en el sur (también bajo el control de las FAS). Pero el conflicto se siente en casi todo el país.

En el último fin de semana de marzo de 2024, las FAS bombardearon la zona de Al-Awaj, en el estado del Nilo Blanco, al norte de Jartum, y atacaron la ciudad de El Fasher y otras localidades del estado Darfur Norte, al oeste de la capital, causando 21 muertos y decenas de heridos.

Las agencias de noticias se instalaron en Puerto Sudán, a 675 kilómetros de Jartum, a orillas del mar Rojo, capital temporal bajo el control de las FAS. El 2 de abril, el Gobierno decidió no renovar las licencias de Al Arabiya, Al Hadath y Sky News Arabia, que dejaron de emitir. Al general Al Burhan no le gustaban las noticias que informaban de las sucesivas derrotas de las FAS y de la recepción de Hemedti en varias capitales africanas. También endureció Al Burhan las medidas para permitir las ayudas humanitarias desde Puerto Sudán a las zonas fuera de su control. A finales de febrero ordenó la interrupción de un corredor humanitario entre la región de Darfur Oeste y Chad porque las FAR recibían armas a través de esa frontera.

A principios de marzo, debido a la presión de la ONU, Al Burhan anunció que se permitiría el envío de ayuda humanitaria desde Sudán del Sur hasta la ciudad de Kosti, al sur de Jartum, y desde Chad hasta la capital de Darfur Norte, El Fasher, adonde también enviaría ayuda desde Puerto Sudán por una ruta terrestre que se abriría por el norte del país, además de autorizar el uso de varios aeropuertos del centro y del sur sudanés. Sin embargo, un mes después,

---

A principios de noviembre de 2023, las FAR y sus aliadas milicias árabes asaltaron Ardamata, disparando indiscriminadamente a civiles, deteniendo a niños y saqueando e incendiando las casas. Junto a los árabes, algunos testigos aseguraron a HRW que habían visto combatientes extranjeros.

la directora de operaciones de la OCHA, Edem Wosurnu, denunciaba que aún no se había verificado la apertura de las nuevas rutas «y la mayoría de los focos de personas en riesgo de hambruna se encuentran en Darfur y, obviamente, también en Jartum y, en cierta medida, en Kordofán. Esas zonas siguen aisladas en muchos sentidos». Los cooperantes que arriesgan sus vidas voluntariamente transportando material humanitario mueren o desaparecen. El 2 de mayo de 2024, por ejemplo, dos conductores del Comité Internacional de la Cruz Roja (CICR) murieron y tres de sus compañeros fueron heridos en un ataque por hombres armados en Darfur Sur.

A mediados de 2024, la situación más preocupante era la de la capital de Darfur Norte, El Fasher, asediada por las FAR. En esta ciudad y en localidades próximas habían aumentado los asesinatos indiscriminados de civiles y los «incendios sistemáticos de pueblos enteros», y se habían intensificado los bombardeos aéreos, según denunciaba Toby Hayward, coordinador humanitario adjunto de la ONU. De El Fasher habían huido más de 36.000 personas, pero al menos otras 950.000 se habían refugiado en ella, repartidas en 170 campamentos. «Los recientes ataques a más de una docena de aldeas en el oeste de El Fasher han dado lugar a horribles informes de violencia, incluida violencia sexual, niños heridos y muertos, viviendas incendiadas y destrucción de infraestructura y suministros civiles críticos», avisaba Catherine Russell, directora ejecutiva de UNICEF. Para Mohamed Osman, uno de los redactores del informe de HRW, en El Fasher puede haber una masacre igual o superior a la que hubo en El Geneina en 2023.

En la noche del 11 de mayo de 2024, durante un ataque aéreo de las FAS en El Fasher, una bomba cayó a 50 metros del hospital pediátrico Babiker Nahar, con el resultado de dos niños y un cuidador muertos. El día anterior, los intensos combates entre las FAR y las FAS llevaron al Hospital Sur de El Fasher a 160 heridos, entre los que había 31 mujeres y 19 niños; 25 de ellos murieron poco después.

El 12 de mayo, al menos 16 civiles murieron en El Fasher, último bastión de las FAS en Darfur Norte, y el Hospital Sur recibió 130 heridos más, de los que fallecieron 16.

Tanto el alto representante de la UE para Política Exterior, Josep Borrell, como el comisario europeo de Gestión de Crisis, Janez Lenarcic, condenaron «enérgicamente» los «ataques indiscriminados de ambos lados» y mostraron su preocupación por la falta de suministros en el único establecimiento sanitario en funcionamiento, el Hospital Sur. El Gobierno sudanés criticó estas declaraciones por equiparar al Ejército con la «milicia terrorista» de las FAR.

En la noche del domingo 19 de mayo, las FAR bombardearon con cohetes el Hospital Especializado para Mujeres y Obstetricia de El Fasher, hiriendo a numerosas personas. El mismo día arrasaron la aldea de Al-Rahmaniyah y otras 20 aldeas de los alrededores de El Fasher. Al día siguiente, las FAR asaltaron el pueblo de Al Takina y mataron al menos a 20 personas.

El avance de las FAR el 22 de mayo en los alrededores de El Fasher originó el éxodo de cerca de 250.000 desplazados que se encontraban en el campamento de Abu Shuk, «en medio de una oleada de asesinatos, detenciones y saqueos».

En el primer fin de semana de junio, los enfrentamientos entre las FAS y las FAR en El Fasher, Darfur, el Nilo Blanco y Jartum dejaron 45 muertos y 84 heridos, en su mayoría, mujeres, niños y ancianos.

El 5 de junio, un grupo de las FAR mataron a más de 100 personas en el asalto a la aldea de Wad al Nura, en el estado central de Gezira, e hirieron a más de 90. Primero bombardearon la población durante horas y luego irrumpieron con vehículos de combate y motocicletas, disparando indiscriminadamente contra los civiles. No era la primera vez que los paramilitares atacaban Gezira. Ya lo habían hecho anteriormente al mismo tiempo que saqueaban Wad Madani, la capital del estado, donde se refugiaban cientos de miles de desplazados.

El 14 de junio el gobernador de la región sudanesa de Darfur anunció la muerte del comandante Ali Yaqub de las FAR en Darfur Central, durante el asedio al que estaba sometida la capital El Fasher. Yaqub lideraba una columna que trataba de infiltrarse en la ciudad por el sur. El portavoz de las FAS, Ahmed Hussein Mustafá, informó de que en el ataque habían muerto unos 1.000 miembros de las FAR y habían sido capturados 43. Este mismo día, las FAR bombardearon la localidad de Sennar, al sur de Jartum, donde mataron a diez personas y provocaron la huida de la población.

Según un informe de expertos de la ONU publicado el 14 de junio, las FAR reclutaban nuevos combatientes en la RCA, en la región de Am Dafok, con la mediación del rebelde Frente Popular para el Renacimiento de África Central (FPRC).

En su edición del 19 de junio, *The New York Times* se hizo eco por fin de manera adecuada de la situación en Darfur. «La atención mundial ha comenzado a centrarse en el asedio contra una ciudad de Sudán, donde la violencia ha reavivado el miedo a otra matanza étnica e, incluso, a un genocidio. Eclipsada por los combates en Ucrania y Gaza, la brutal guerra civil de Sudán lleva meses extendiéndose por la región occidental de Darfur, donde las atrocidades quedaron grabadas en la conciencia internacional hace 20 años», decía el subtítulo de la noticia, refiriéndose a la batalla por la ciudad de El Fasher y recordando «la violencia que sufrió Darfur a principios de la década de 2000, cuando los yanyauid, que son árabes [de los que las FAR son sucesoras], se enfrentaron a los afrodescendientes. Naciones Unidas calculó que 300.000 personas murieron en el genocidio». El día anterior, el 18 de junio, la embajadora de Estados Unidos en la ONU, Linda Thomas-Greenfield, había declarado en el Consejo de Seguridad que la de Sudán era:

> «una de las peores crisis humanitarias del mundo [...]. Cinco millones de personas ya padecen hambre grave y corren el riesgo de caer en la hambruna, incluidos 730.000 niños, que padecen desnutrición aguda grave. Los informes indican que algunos sudaneses se han visto obligados a comer hojas de árboles para intentar sobrevivir.
>
> [...] Estados Unidos anunció recientemente un aumento de más de 315 millones de dólares en asistencia humanitaria adicional para apoyar al pueblo de Sudán. Es evidente que se necesita más».

El 20 de junio, las FAR conquistaron Al Fula, último bastión de las FAS al oeste de Darfur. Pocos días después, se produjeron varios combates entre guerrillas sudanesas en territorio libio.

Rusia

El presidente sudanés, Al Bashir, y el ruso, Vladimir Putin, acordaron en 2017 la construcción de una base rusa cerca de Puerto Sudán, en el mar Rojo, a cambio de ayuda militar.

Los mercenarios del Grupo Wagner llegaron a Sudán en 2017, invitados por el presidente Al Bashir, para que ayudaran a su Ejército en la lucha que mantenía con los grupos insurgentes. Con ellos llegaron las empresas Meroe Gold y M-Investment, gestionadas por el líder de Wagner, Prigozhin, que empezaron a explotar minas de oro que trasladaban al exterior para compensar a Moscú por las sanciones económicas impuestas por Occidente por su anexión de Crimea. Se estima que unas 265 toneladas de oro salieron clandestinamente de Sudán en beneficio del Kremlin.

Debido a la inestabilidad política del país, el Parlamento sudanés no pudo corroborar el acuerdo por el que permitía a Rusia construir la base naval en el mar Rojo.

Tras el derrocamiento de Al Bashir, el Grupo Wagner siguió al servicio del Consejo Militar de Transición, que mantuvo los contratos de defensa, minería y energía que había firmados con Moscú. Esto unió a Prigozhin con el vicepresidente del Consejo y comandante de las FAR, el general Mohamed Hamdan Dagalo.

Wagner utilizó la región de Darfur, al oeste de Sudán, como base para sus operaciones no solo en este país, sino también en los vecinos de RCA, Libia y Chad.

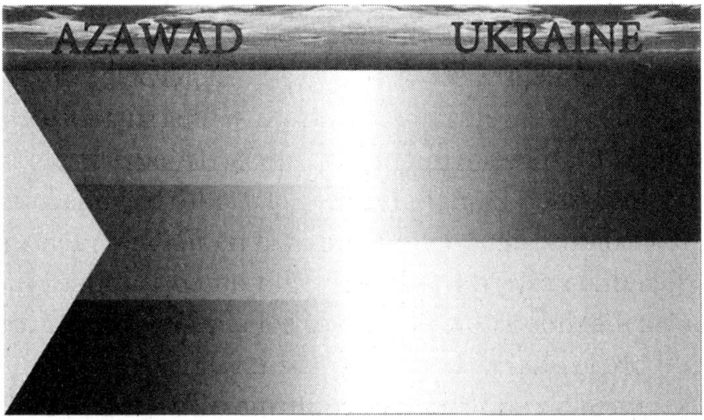

Publicación en plataforma X (Twitter) Azawad-Ucrania.

El representante especial ucraniano para Oriente Próximo y África, Maxim Subh, declaró en mayo de 2024 que su Gobierno suministraba 250.000 toneladas de grano a Sudán, que exportaba por los ríos y las costas de Rumanía y Bulgaria. Además, *ut supra* vimos cómo soldados ucranianos de las fuerzas especiales Timur llevan desde el verano de 2023 enfrentándose a los mercenarios rusos que apoyan o apoyaban a las FAR. Porque parece que las alianzas empezaron a cambiar el 29 de abril de 2024, cuando Al Burhan afirmó que su deseo era «elevar y reforzar» la relación de su Gobierno con Rusia en presencia del enviado del Kremlin para Oriente Medio y África, Mikhail Bogdanov, y del viceministro de Exteriores sudanés, Husein Al Amin, quien aseguró que Rusia apoyaba «la legitimidad existente en el país representada en el Consejo Soberano» presidido por Al Burhan. A continuación, el enviado ruso confirmó que «Rusia tiene la intención de desarrollar la asociación con Sudán en economía, comercio y formación de personal». En el fondo de este cambio de apoyo ruso en la guerra sudanesa está el interés del Kremlin por contar con una base naval en el mar Rojo. El 25 de mayo, un portavoz de las FAS afirmó que Rusia había ofrecido suministrar armas a cambio de instalar una base militar logística en la costa sudanesa del mar Rojo. «Rusia nos ha ofrecido cooperación, apoyo militar y suministrar armas al Ejército» a cambio de «un punto de suministro en el mar Rojo», dijo el subcomandante en jefe de las FAS, Yaser Atta. Al día siguiente, una delegación militar sudanesa viajó a Moscú para firmar un acuerdo del que no se facilitaron detalles.

AES

El general Shams al-Din al-Kabashi de las FAS giró visitas a principios de junio de 2024 a las capitales de Mali y Níger para entrevistarse con las juntas militares de la AES, cercanas a Rusia, después del acercamiento del Gobierno sudanés a Moscú en busca de una posible asociación saheliana.

El Consejo Soberano Sudanés confirmó una circular de la agencia de prensa sudanesa Tag Press que informaba de que las juntas militares de Mali y Sudán habían acordado iniciar un protocolo de cooperación y la apertura de una embajada sudanesa en Bamako.

Chad

A finales de junio de 2024, el Gobierno sudanés llamó a consultas a su embajador en Chad como protesta por el apoyo de Yamena a las FAR.

NIGERIA

Extensión: 923.768 km^2.

Población: 222.486.000 (estimación 2023). Es el país más poblado de África y el sexto del mundo. En 2020 tenía la población juvenil más numerosa del planeta, con el 70% de la población con menos de 30 años y el 42% menor de 15 años. Hay 250 grupos étnicos.

Idiomas: inglés (oficial), hausa, yoruba, igbo, fula.

Religiones: mayoritarios, el islam en el norte y el cristianismo en el sur (mitad católicos y mitad anglicanos).

Recursos naturales: petróleo (89% de la exportación en 2021). Casi toda la industria petrolera está en manos de empresas extranjeras. Es la trigésimoprimera economía más grande del mundo por volumen de PIB, considerada como un mercado emergente por el Banco Mundial.

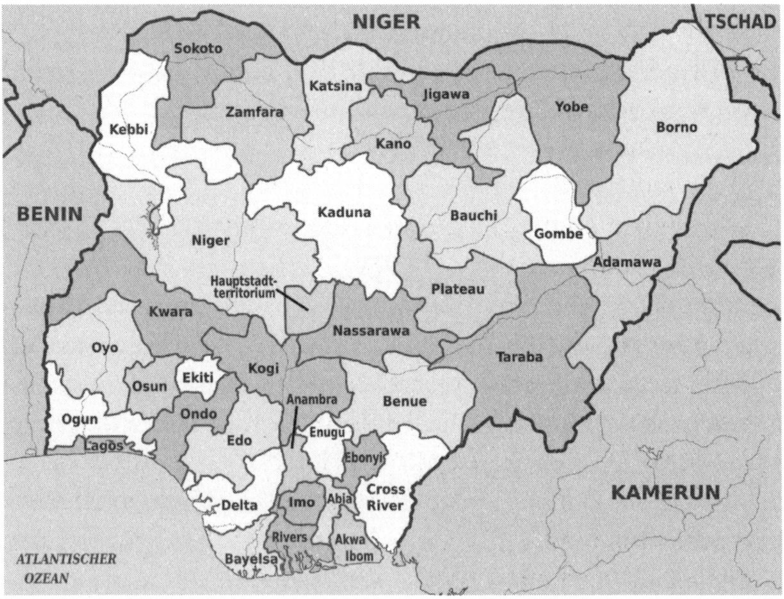

Mapa de Nigeria.

Gobierno

Políticamente, Nigeria se considera la nación líder de África occidental y actualmente preside la CEDEAO, encabezando el sector prooccidental. No obstante, últimamente está siendo cuestionada por los países de la AES, que han girado su interés político y económico hacia Rusia y China.

El actual presidente, Bola Tinubu, llegó al poder el 25 de febrero de 2023, sucediendo a Muhammadu Buhari, tras ganar las elecciones con el 36% de los votos válidos.

El Estado nigeriano es rico, pero la población, en general, es pobre a causa de las enormes desigualdades sociales. El PIB per cápita en 2022 era de 2.123 euros, el gasto público per cápita es de 306 euros y el índice de Gini[66] más reciente es de 35,1 (2018).

La región más pobre es la norte, eminentemente musulmana, con un tercio del total de población del país, aproximadamente, y un 51% del territorio. Como veremos *infra*, es en esta región donde prendió el yihadismo hace décadas.

Alrededor de dos millones de personas están desplazadas internamente y más de 33.000 nigerianos han buscado refugio en Camerún y Chad.

En abril de 2024, MSF denunció que sus centros hospitalarios en el norte del país estaban sobrepasados por el aumento extraordinario en las admisiones de niños con desnutrición severa. «Los niños se están muriendo». En dicho mes, el equipo médico de MSF en Maiduguri admitió a 1.250 niños con graves casos de desnutrición. El incremento de ingresos de niños con desnutrición grave en el hospital Kafin Madaki fue del 188% durante el primer trimestre de 2024, en comparación con el mismo periodo del año anterior. En los centros de internación de Shinkafi y Zurmi, los ingresos en abril fueron un 30% superiores a los de marzo. En grandes ciudades como Kano y Sokoto, los centros hospitalarios de MSF tuvieron un aumento del 75% en abril. Lo mismo sucedió en el centro de alimentación terapéutica del estado de Kebbi, con un aumento del 20% en un mes. Las autoridades nigerianas y la ONU hicieron un llamamiento urgente en mayo solicitando 306,4 millones de dólares para paliar las acuciantes necesidades nutricionales en los estados de Borno, Adamawa y Yobe. Esta crisis es consecuencia de una mezcla de factores, como

66 El índice de Gini sirve para medir la desigualdad en los ingresos dentro de un país, donde 0 corresponde a la perfecta igualdad (todos tienen los mismos ingresos) y 100 es la perfecta desigualdad (una persona tiene todos los ingresos y los demás, ninguno).

los problemas de seguridad, la infraestructura sanitaria insuficiente, la inseguridad alimentaria y la inflación.

El 31 de mayo de 2024, en una carta abierta al presidente Tinubu y a los dirigentes de la Asamblea Nacional, varios líderes comunitarios del norte se manifestaron en contra de que Francia y Estados Unidos trasladasen sus bases militares de Níger a Nigeria.

> «[...] La reciente expulsión de tropas francesas y estadounidenses de Níger debido a que su presencia se percibe como ineficaz plantea dudas sobre la eficacia de albergar bases militares extranjeras [...]. Las operaciones estadounidenses en la República de Níger, por ejemplo, aparentemente tenían como objetivo prevenir y desarraigar a los terroristas de la región del Sahel. El resultado hasta ahora ha sido bastante mediocre, si no un completo fracaso [...] el terrorismo, lejos de disminuir, ha aumentado dramáticamente desde que Estados Unidos comenzó sus operaciones en la región [...]».

Yihadismo

El noreste de Nigeria es el escenario de frecuentes ataques de los grupos yihadistas Boko Haram (ahora JAS) y su escisión ISWAP. Ambos grupos combaten por controlar la mayor extensión posible del país, siendo el ISWAP el que vence en esta lucha por el momento, ya que domina amplias zonas del norte y del sur, en tanto que el JAS resiste en el norte y se expande hacia países vecinos. Ambas organizaciones yihadistas aplican la *sharía* en los lugares que controlan.

El 15 de abril de 2024, en el décimo aniversario del secuestro de más de 175 niñas por Boko Haram en la ciudad de Chibok, UNICEF señaló que Nigeria está aún lejos de poder garantizar las condiciones de seguridad adecuadas en la mayoría de los centros educativos. Noventa y una niñas de Chibok seguían desaparecidas[67]. Al mes si-

67 El informe de AI *«Help us build our lives»: Girl survivors of Boko Haram and military abuses in north-east Nigeria («Ayúdennos a construir nuestras vidas»: niñas sobrevivientes de Boko Haram y de los abusos militares en el noreste de Nigeria),* de 4 de abril de 2024 (remitido a las autoridades de Nigeria y a la ONU), denuncia que las niñas que fueron víctimas de secuestro y esclavitud sexual en manos de Boko Haram (algunas habían sido utilizadas para perpetrar atentados suicidas), al huir o ser rescatadas fueron desatendidas por las autoridades nigerianas y muchas fueron

guiente, mayo, el Ejército nigeriano llevó a cabo una operación en el bosque de Sambisa, estado de Borno, durante la cual murieron medio centenar de yihadistas y fueron liberadas más de 350 personas que habían sido secuestradas (209 niños, 135 mujeres y seis hombres). Algunas llevaban años cautivas, como Hajara Umara, que fue capturada diez años antes por Boko Haram. Entre las mujeres había adolescentes con bebés que podrían ser fruto de matrimonios forzados o violaciones.

El 19 de abril de 2024 explotó un artefacto al paso de un autocar cerca de Kukawa, localidad del estado de Borno, en el extremo nororiental. Murieron 16 personas y otra veintena resultaron heridas.

Según un comunicado de la agencia Amaq (vinculada al Estado Islámico), a mediados de mayo, el ISWAP atacó un cuartel en Malm Fatori, en el estado de Borno, dando muerte a siete soldados e hiriendo a otros diez. Antes de retirarse, quemaron la mayor parte del campamento.

El 28 de mayo de 2024, una incursión en un poblado de yihadista del ISWAP se saldó con una treintena de personas asesinadas.

El 6 de junio, el JAS realizó una serie de ataques en varias aldeas del estado de Níger, en el centro-norte del país: Lanta, Kasimani, Unguwan-Madi y Makuda. Los yihadistas reunieron a los residentes varones y los que se negaron a integrarse en sus filas fueron ejecutados. Murieron al menos 20 lugareños, la mitad de ellos, decapitados.

El 17 de junio, la fuerza aérea nigeriana mató a más de un centenar de presuntos terroristas en una operación llevada a cabo en el estado norteño de Katsina. En el bombardeo también fueron destruidas 45 motocicletas. En la misma fecha, un portavoz militar informó de que una fuerza regional antiterrorista en la que participaban soldados de Benín, Camerún, Chad, Níger y Nigeria había rescatado a 34 mujeres y niños secuestrados por el JAS. Las operaciones se realizaron en los pueblos de Mazuri, Itsari, Mudu y Maleri, en la orilla del lago Chad, pero no se detallaron las fechas.

---

violadas mientras estaban bajo custodia militar. Asimismo, las que regresan a sus comunidades sufren el estigma y el rechazo de sus vecinos, e incluso de sus propias familias. Tras muchas entrevistas, el informe concluye que lo único que desean las víctimas es tener independencia económica mediante un empleo digno, acceso a la educación y a servicios de salud mental y apoyo psicosocial. Disponible en: https://www.amnesty.org/en/documents/afr44/7883/2024/en/

Desde 2017, unos 400 civiles nigerianos han muerto en ataques erróneos del ejército. Uno de los últimos se produjo en diciembre de 2023, cuando los aldeanos de Tudun Biri, en el estado de Kaduna, observaban la festividad musulmana que conmemora el cumpleaños del profeta Mahoma. Drones militares mataron a 85 civiles que «fueron confundidos con terroristas». Dos de los mandos militares que dirigieron la operación se enfrentaron a un consejo de guerra en mayo de 2024.

El 29 de junio de 2024 explotaron tres bombas en el estado de Borno y causaron al menos un total de 18 muertos y 48 heridos, entre los que había hombres, mujeres y niños. La primera explosión se produjo durante una ceremonia de boda; la segunda, en el Hospital General de Gwoza; y la tercera, en un funeral.

Conflictos religiosos y étnicos

Aunque los hausa, los yoruba, los edo y los ibo son grandes etnias por su número y se constituyen en predominantes en algunas regiones, en Nigeria no hay una etnia lo suficientemente hegemónica como para centralizar todo el país en torno suyo.

A la rivalidad entre etnias mayoritarias y minoritarias en determinados lugares, se añade el conflicto religioso, especialmente presente en la zona central, donde las poblaciones cristianas y animistas son frecuentemente atacadas por sus vecinos musulmanes. En el año 2000 hubo disturbios muy sangrientos en el estado de Kaduna cuando los musulmanes instauraron la *sharía.* La violencia interreligiosa se reprodujo en 2011, con más de 1.000 muertos en los estados de Kaduna, Adamawa, Kano, Nasarawa, Bauchi y Níger.

A esta rivalidad religiosa se une el hecho de que los musulmanes suelen ser ganaderos y los cristianos, agricultores, por lo que el conflicto ha pasado a interpretarse como una crisis étnica-religiosa.

En los últimos años, las tensiones entre agricultores y ganaderos se han intensificado en los estados del centro-norte. Según HRW, unas 60.000 personas han muerto y más de 300.000 han sido desplazadas, acogidas en catorce campos de refugiados, a causa de este conflicto entre agricultores cristianos y ganaderos musulmanes. Los motivos de este conflicto son varios, entre ellos, la larga sequía relacionada con el cambio climático en el norte, por la que los pastores fulani se ven obligados a emigrar hacia el sur en busca de pastos para su ganado. Esto provoca enfrentamientos con las comunidades sedentarias de agricultores, que acusan a los ganados de destruir sus cultivos[68]. Para muchos grupos cristianos, los ataques de los pastores fulani son parte de una «guerra islámica de expansión», mientras que algunos grupos musulmanes del norte perciben los ataques de los cristianos a los fulani como un ataque al islam.

En la Navidad de 2023, la diócesis de Panskshin sufrió una oleada de atentados que se cobraron 300 vidas de cristianos en 26 poblaciones. Otra oleada se produjo en la misma diócesis entre los días 12 y 14 de abril de 2024; en ella murieron 29 cristianos y fueron arrasadas las aldeas de Kopnanle, Mandung y Bokkos Town. También el 12 de abril hubo otros ataques en la región central del país, en los que fueron asesinados diez cristianos, entre ellos, una mujer embarazada y su bebé. Los asaltantes eran pastores fulanis musulmanes.

El 15 de mayo de 2024 fue secuestrado el padre católico Basil Gbuzuo. Era el cuarto sacerdote desde principio de año. Tres habían sido ya liberados. El año anterior Nigeria encabezó la lista de países con más casos de religiosos secuestrados, 28 en total, entre los que había tres monjas.

El 16 de junio fue secuestrado otro sacerdote, el padre Christian Ike, párroco de la iglesia de San Mateo en Ajalli, en el centro-sur del país, junto con otra persona. Y el 22 de junio, uno más, Mikah Suleiman, párroco de la iglesia de San Raimundo en Damba, al noroeste del país.

Esclavitud y bandas criminales

Aunque empezó siendo una actividad propia de los yihadistas, el secuestro para pedir rescates se ha generalizado aún más debido al aumento de bandas criminales que trafican, además, con drogas, comercian ilegalmente con petróleo y armas, piratean en el litoral y organizan redes internacionales de explotación sexual de mujeres. Esta explotación femenina puede entenderse como una prolongación

68 La cabaña ganadera nigeriana ha crecido a un ritmo muy rápido, hasta los 20 millones de cabezas, en el país más poblado de África.

contemporánea de la esclavitud que históricamente ha habido en los países de África occidental y, más especialmente, en los del golfo de Guinea. La costa nigeriana fue conocida durante siglos como la costa de los esclavos.

Hoy en día, la trata de personas se ha convertido en uno de los principales negocios criminales más extendidos y lucrativos del país. Desde hace años, Nigeria figura como uno de los países con mayor número de víctimas de trata en el extranjero (identificadas en 34 países de cuatro continentes), aunque más de la mitad son vendidas y explotadas en el interior. La venta de niñas y mujeres con fines de esclavitud sexual se ha extendido por todo el país. Según el informe *The Global Slavery Index 2023*[69], Nigeria y República Democrática del Congo suman el mayor número de esclavos de África subsahariana dentro y fuera del continente, siendo la mayoría mujeres y niñas dedicadas a la esclavitud doméstica o sexual, o ambas a la vez.

Las víctimas procedentes del norte nigeriano, musulmanas, suelen ser vendidas a países musulmanes, como Arabia Saudí, Irán, Dubái, Qatar o Kuwait. Las del sur, y muy especialmente del suroeste, son enviadas a otros países africanos, a Europa o a Estados Unidos. A Europa llega alrededor de un 10% de las víctimas que salen de Nigeria. Según la European Network of Migrant Women (Red Europea de Mujeres Migrantes)[70], «las mujeres y niñas nigerianas constituyen el grupo más grande de nacionales de terceros países víctimas de trata de personas con fines de explotación sexual en la Unión Europea [...]. Se estima que aproximadamente el 80% de las mujeres y niñas nigerianas que llegan a Europa son víctimas potenciales de trata con fines de explotación sexual». La captación de víctimas se produce en zonas humildes urbanas y rurales, con la promesa de poder estudiar en el extranjero o de tener un trabajo digno y remunerado.

---

69 *The Global Slavery Index 2023.* Minderoo Foundation; 2023. Disponible en: https://cdn.walkfree.org/content/uploads/2023/05/17114737/Global-Slavery-Index-2023.pdf

70 *Nigerian Women: A Social Group in Need of International Protection. European Network of Migrant Women; 2023.* Disponible en: https://www.migrantwomennetwork.org/2023/04/19/enomw-submission-nigerian-women-a-social-group-in-need-of-international-protection/

El ejército nigeriano patrulla el desierto del Sahara. (UNICEF, Gilberston)

La salida de las víctimas de Nigeria se realiza por mar y por tierra, pero con un mismo destino: alcanzar la costa de Argelia, Túnez o Libia, desde donde cruzarán a Europa. Previamente, son concentradas en Lagos, en el sur, o en las ciudades norteñas de Kano, Sokoto o Kebi, desde donde emprenden la marcha por tierra en grupos de dos a cuatro, cruzando la frontera en compañía de un traficante, que las mezcla con grupos más numerosos de migrantes. La mayoría de estos traficantes son nigerinos o chadianos. La ruta más común es la de Agadez (Níger), Sabha y Trípoli (Libia).

Si llegan a Europa, habrán sido violadas varias veces por el camino y tendrán una deuda con sus captores de entre 20.000 y 60.000 euros, que deberán saldar prostituyéndose.

El 2 de mayo, en represalia por los bombardeos militares contra sus campamentos en los estados de Katsina y Kaduna, grupos armados asaltaron cuatro aldeas del noroeste, Unguwar Sarki, Gangara, Tafi y Kore, en el distrito de Sabuwa, matando a 25 civiles, 19 de ellos en Unguwar Sarki.

El 9 de mayo, «unos bandidos» asaltaron la Confluence University of Science and Technology (CUSTECH) de Osara, en el estado de Kogi. Mataron a catorce personas y secuestraron a unas 60, de las cuales, 24 eran alumnos. Las fuerzas de seguridad lograron liberar a quince estudiantes. Según Cristian Munduate, representante de UNICEF en Nigeria, en la última década han sido secuestrados en este país más de 1.680 estudiantes por terroristas yihadistas y bandas criminales.

El 20 de mayo, un grupo de hombres armados irrumpieron en motocicletas en el pueblo minero de Zurak, en el estado central de Plateau. Mataron al menos a 40 civiles y quemaron varias viviendas. Anteriormente, la zona de Plateau había registrado numerosos episodios parecidos.

El 24 de mayo, un grupo de un centenar de hombres armados (otras fuentes dicen que eran más de 200), también en motocicletas, asaltaron durante más de tres horas la localidad de Kuchi, en el estado de Níger. Mataron a ocho hombres, entre los que había cazadores locales que hacían funciones de vigilancia, y secuestraron a 160 lugareños, entre ellos, mujeres y niños. AI mostró su «profunda preocupación» y acusó a las autoridades nigerianas de dejar a las comunidades «a merced de hombres armados que matan y secuestran a diario». En este caso, AI sospechaba que los asaltantes eran miembros de Boko Haram,

En el fin de semana del 8 y 9 de junio, entre 50 y 65 personas (según fuentes) fueron asesinadas y decenas secuestradas en un ataque perpetrado en Yargoye, en el estado norteño de Katsina, por un grupo de «personas armadas no identificadas».

Estas bandas criminales colaboran ocasionalmente con los yihadistas en la realización de secuestros y en el transporte de armas y drogas ilegales.

China e India

Nigeria debe a China una deuda acumulada de 4.000 millones de dólares, razón más que suficiente para que Pekín tenga este país como su centro estratégico en el África occidental.

En 2021, el 37,5% de las armas importadas por Nigeria eran chinas. La empresa líder del sector, China North Industries Group Corporation (NORINCO) tiene oficinas abiertas en Nigeria, Angola, Sudáfrica y Senegal.

En 2022 entró en funcionamiento el puerto de Lekki, en Lagos, una infraestructura valorada en 1.500 millones de dólares y gestionada por un consorcio formado por la empresa China Harbour Engineering, una compañía de Singapur y otra nigeriana.

En 2023, la desaceleración de la economía china afectó a los préstamos soberanos al África subsahariana, que cayeron por debajo de los 1.000 millones de dólares, el nivel más bajo en casi dos décadas. Esto fue aprovechado por el Gobierno indio para presentar su alternativa al Gobierno nigeriano en una reunión del Comité Conjunto de Comercio (JTC) que se celebró en Abuja a principios de mayo de 2024. En un comunicado, el Ministerio de Comercio nigeriano informó de que «ambas partes acordaron la pronta conclusión del Acuerdo sobre el Sistema de Liquidación de Moneda Local para fortalecer aún más los vínculos económicos bilaterales», tanto en el comercio bilateral como en las inversiones mutuas, con acuerdos de acceso al mercado de ambas partes a sectores clave como el petróleo crudo, el gas natural, los productos farmacéuticos, la interfaz de pagos unificada (UPI) y el sistema de liquidación de moneda local. Entre 2022 y 2023, el comercio bilateral entre Nigeria e India ascendió a 11.800 millones de dólares. Unas 135 empresas indias invierten en Nigeria 27.000 millones de dólares.

MAURITANIA

Extensión: 1.030.700 km^2.

Población: 4.614.974. Una mayoría del 50% son los denominados *moros negros* o *haratines,* un 30% son negros y mestizos, y entre un 20 y un 25% son *moros blancos,* que, no obstante, ostentan una buena parte del poder político y económico.

Idiomas: árabe (oficial), francés, wolof, fula y soninké.

Religiones: islam. Es una república islámica.

Recursos naturales: hierro (36%), pesca (26%) y, recientemente, oro (17%), petróleo y gas natural. En la frontera marítima con Senegal se ha encontrado una enorme bolsa de gas. Se espera que, en 2024, se realice el primer envío de gas del complejo Great Tortue Ahmeyim, yacimiento explotado conjuntamente por la Sociedad Mauritana de Hidrocarburos, la Sociedad de Petróleos de Senegal y la petrolera British Petroleum (BP).

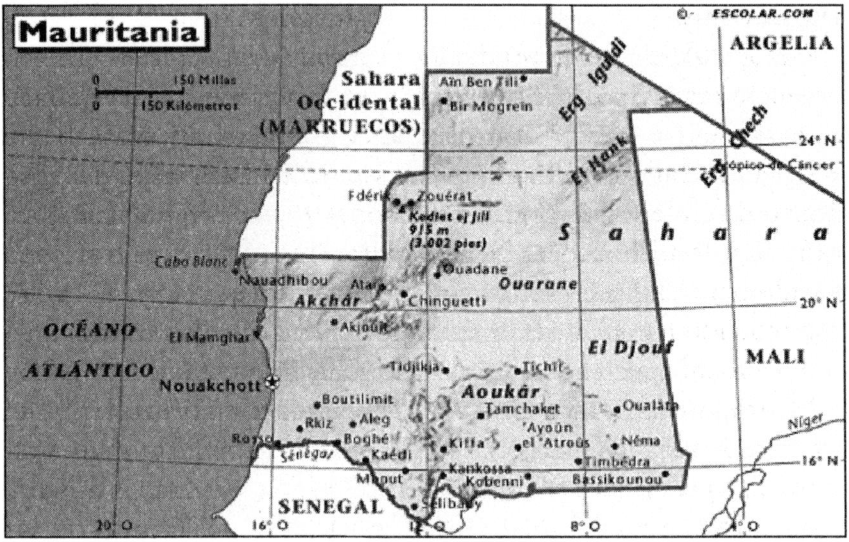

Mapa de Mauritania.

Gobierno

Desde su independencia de Francia, el 28 de noviembre de 1960, ha habido diez golpes de Estado (el último, en 2008) y solo dos civiles han presidido el Gobierno, pero en los últimos años su situación política es estable. Su Constitución fue renovada por referéndum el 5 de agosto de 2017.

A pesar de estar prohibida desde 1981, la esclavitud persiste en el país[71]. Según el Índice Global de Esclavitud de la Fundación Walk Free, en 2018 se calculaba que había 90.000 personas esclavizadas en la forma moderna (2% de la población), a base de trabajos forzados o servidumbre.

Formalmente, es un país democrático y prooccidental, aunque mantiene buenas relaciones con Rusia y China. Al mismo tiempo que ha aumentado la cooperación en materia de seguridad con la UE y Estados Unidos, ha descartado cualquier presencia

71 *Cfr.* MUÑOZ LORENTE, Gerardo. *Historia del Sahara español.* Córdoba: Editorial Almuzara; 2024.

militar estadounidense en el país, mostrando así una ambivalencia desconcertante.

Desde 2011 no se ha producido ningún atentado terrorista en territorio mauritano. Aunque hay rumores sobre un posible pacto secreto entre Nuakchot y los grupos yihadistas que operan en el Sahel central[72], lo cierto es que el Gobierno mauritano ha combinado durante estos últimos años una respuesta militar al problema (en la última década, el presupuesto militar se ha multiplicado por cuatro) con propuestas ideológicas, legales y sociales, convirtiendo la lucha contra el terrorismo en un motor de cohesión nacional.

Mauritania aspira a dirigir el Centro Africano de Formación e Investigación Administrativa para el Desarrollo (CAFRAD), una organización creada en 1964, con 38 miembros y sede en Tánger, cuyo objetivo es profesionalizar la Administración Pública. Para conseguirlo, Nuakchot busca lograr el mayor número de apoyos posibles, como el de Angola, con cuyo jefe de Estado se entrevistó en mayo de 2024 la ministra consejera Coumba Ba, para entregarle una petición oficial del presidente mauritano.

El 29 de junio de 2024 se celebraron las últimas elecciones presidenciales, que permitieron la reelección de Mohamed Uld Ghazauani, que ganó con el 56,12 % de los votos.

Mauritania representa el último dique del Sahel para Europa en la triple amenaza yihadista, rusa y de migración irregular. De ahí que sea una pieza clave en el tablero geopolítico actual en África occidental, apetecida tanto por Occidente (Estados Unidos y Europa) como por Oriente (Rusia y China). Además, es objeto de seducción por parte las dos potencias magrebíes: Marruecos (pese al histórico irredentismo que demanda su anexión) y Argelia. El acuciante problema migratorio y el cambio de alianzas ha agudizado el enfrentamiento diplomático y fronterizo con Mali.

---

72 En 2016, el ejército estadounidense encontró documentos en la casa de Osama Bin Laden en Pakistán que detallaban un plan de paz entre los yihadistas malienses y las autoridades mauritanas, por el que no habría atentados ni secuestros en Mauritania a cambio de un pago de entre diez y 20 millones de dólares anuales.

Migración

La mayor parte de los desplazamientos de población que produce la violencia en el Sahel tienen como destino provisional Mauritania. Desde allí, muchos migrantes se preparan para emprender una odisea rumbo a Europa. Unos cuatro millones de habitantes del Sahel central han migrado a Mauritania.

A fecha 29 de febrero de 2024, había registrados 120.941 refugiados en Mauritania (119.354 malienses, 668 centroafricanos, 420 sirios, 87 senegaleses y 412 de otros países). De ellos, en el campamento de M'bera se contabilizaban 99.117.

Campamento refugiados M'bera, octubre 2022. (ACNUR)

A 50 kilómetros en el interior del sureste mauritano, cerca del pueblo de Bassikounou, en la región de Hodh Chargui, se encuentra el campamento de refugiados de M'bera. Las 107.000 personas que allí se concentran en la actualidad ponen al límite la capacidad del campamento (concebido para unas 70.000 personas) y de las poblaciones aledañas (en total, el número de refugiados en la zona alcanza los 181.000). Miles de malienses empezaron a llegar a M'bera cuando comenzó la guerra en el Azawad en 2012. En 2023, fueron más de 55.000 los refugiados que cruzaron la frontera, procedentes de Mali y Níger, para buscar ayuda en M'bera.

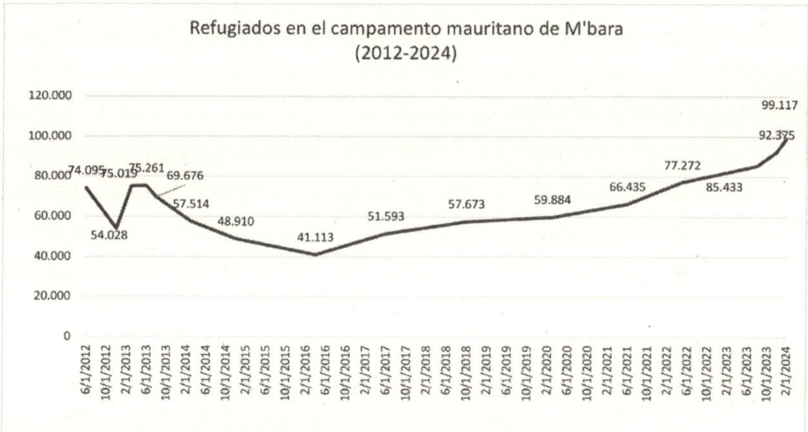

Operational Data Portal. Elaboración propia.

Aunque el Gobierno mauritano ha elaborado una Estrategia Nacional para el Medio Ambiente y el Desarrollo Sostenible que busca aliviar la presión que existe sobre las fuentes de agua, leña y pastos que hay alrededor de M'bera y de otros campamentos de refugiados, y las autoridades regionales de Hodh Chargui han aprobado una Estrategia Regional para el Crecimiento Acelerado y la Prosperidad Compartida, con vistas a mejorar la acogida de la población refugiada, la degradación medioambiental debido al aumento migratorio no parece revertir. Aun así, los lugareños colaboran voluntariamente con los refugiados en una gestión activa de recursos tan escasos como el agua, manejando adecuadamente los residuos y reforestando. Según ACNUR, más de 200 personas colaboran con la brigada contra incendios de M'bera, que desde 2018 ha apagado más de 125 incendios y construido cortafuegos que se extienden a lo largo de 800 kilómetros. «Mauritania está haciendo un esfuerzo impresionante. Les permite [a los refugiados] el acceso al mercado laboral y los más vulnerables reciben ayuda social», dice Elizabeth Eyster, alto comisionado de ACNUR en el país. Todos los malienses que llegan a M'bera consiguen automáticamente el asilo por considerárseles refugiados de guerra. Pero es creciente el temor a que, si esta presión migratoria aumenta y la ayuda internacional es insuficiente[73], la generosa hospitalidad hacia los refugiados de los malienses se transforme en hostilidad debido a los altos niveles de pobreza y vulnerabilidad existentes en la región.

Mauritania es uno de los países africanos que más se beneficia de la ayuda económica europea por la llamada externalización de fronteras. A primeros de febrero de 2024, la presidenta de la Comisión Europea y el presidente del Gobierno español visitaron Nuakchot para prometer al presidente mauritano, Mohamed Ould Ghazouani, 500 millones de euros en ayudas y proyectos de inversión. En marzo, la UE anunció otra partida de ayuda de 210 millones de euros por el Pacto de Migración a Mauritania.

Solo en los cinco primeros meses de 2024, llegaron a Canarias desde Mauritania casi 18.000 migrantes irregulares (un 303% más que en el mismo periodo del año anterior), en su mayoría originarios de Mali, Senegal y la propia Mauritania, según datos de la Agencia Europea de Fronteras (Frontex)[74]. En el año 2023 se alcanzó un récord de 40.000.

A finales de 2023, la mayoría de los cayucos que arribaron a Canarias partían de Senegal, pero desde principios de 2024 los migrantes senegaleses prefieren trasladarse por tierra hasta Mauritania, más cercana al archipiélago español, para embarcar. Ahora, el 83% de los migrantes que llegan a Canarias inician su travesía marítima desde Mauritania.

Mali

En el apartado correspondiente a Mali, ya hemos visto las difíciles relaciones que mantienen en la actualidad Bamako y Nuakchot debido a la presión migratoria y, sobre todo, a las incursiones del

---

73 En marzo de 2024 solo estaba cubierto el 14% de los 42 millones de euros necesarios para atender a los refugiados, según ACNUR.

74 «Las llegadas de personas migrantes a Canarias han aumentado un 303% en lo que llevamos de 2024». RTVE.es, 14 junio 2024. Disponible en: https://www.rtve.es/noticias/20240614/llegada-migrantes-aumenta-en-canarias-2024/16148461.shtml

ejército maliense en territorio mauritano. Por su parte, el Gobierno mauritano reclama la soberanía de pueblos que ahora están en la frontera del lado maliense. La frontera entre ambos países fue creada en 1944, ampliando el ámbito territorial de la colonia mauritana hacia el este, en detrimento de lo que había sido territorio sudanés francés (Mali). La razón esgrimida por los franceses fue que se pretendía incorporar al territorio colonial mauritano el mayor número posible de tribus *moras*. Ahora, en medio de la creciente tensión entre ambos países, el Ejército maliense desea revertir aquella pérdida territorial incursionando en aldeas mauritanas próximas a la frontera para sustituir las banderas de Mauritania por las de Mali.

El ejército mauritano está poco preparado, pero cada vez recibe más armamento militar de países occidentales, y la OTAN, desde 2022, se muestra cada vez con mayor predisposición a colaborar con Nuakchot para contener el avance ruso en el Sahel. El 4 de mayo de 2024, el ministro de Defensa mauritano recibió a una delegación de la OTAN, encabezada por el almirante Robert Power, jefe del Comité Militar de la organización, para tratar sobre «la cooperación mutua entre las dos partes». Ese mismo día comenzaron unos ejercicios militares por parte del ejército mauritano en la frontera con Mali que duraron una semana y en los que se movilizaron piezas de artillería de 122 mm y lanzacohetes de 107 mm.

Marruecos

En noviembre de 2023, el rey marroquí Mohamed VI anunció una oferta a los países del interior del Sahel para alcanzar un acuerdo que facilitase la salida de estos al océano Atlántico a través del puerto sahariano de Dajla. Esta propuesta se patentizó al mes siguiente durante una reunión en Marrakech con los jefes de la diplomacia de Chad, Mali, Níger y Burkina Faso. Dos meses después, se recabó también el apoyo a este proyecto y al de construir el gasoducto entre Nigeria y Marruecos del Departamento de Estado yanqui y el Gobierno español.

La colaboración mauritana para ambos proyectos es imprescindible, por lo que la diplomacia alauí se ha empleado a fondo para conseguirla, a pesar de que las relaciones entre ambos países no atravesaban, en abril de 2024, su mejor momento debido a las restricciones que impuso Nuakchot a las frutas y hortalizas marroquíes en su intento por reducir su dependencia alimentaria del país vecino.

Argelia

El Gobierno de Argel intenta estrechar lazos con el de Nuakchot para bloquear la oferta que en noviembre de 2023 hizo Mohamed VI a los países del interior del Sahel relativa a facilitarles una salida al océano Atlántico a través del Sahara Occidental.

El 22 de febrero de 2024, el presidente argelino Abdelmadjid Tebboune viajó a Tinduf, en el extremo suroeste de Argelia, para reunirse con su homólogo mauritano. Aunque el propósito oficial de este encuentro fue la colocación de la primera piedra de la zona franca argelina-mauritana y el inicio de las obras de la carretera que unirá Tinduf con Zouerate, ciertamente, se daba por seguro que ambos mandatarios abordarían otros temas de común interés, como el de sus respectivas relaciones con Marruecos y la posibilidad de que Argelia propicie una salida de los productos mauritanos al Mediterráneo.

China

China era en 2019 el tercer importador en Mauritania, por detrás de EAU y España, y el primero en exportaciones, seguido de Suiza y España.

En 2023, el presidente El Ghazouani viajó a Pekín, donde se reunió con su homólogo chino. Xi Jinping dijo que ambos países profundizarían y ampliarían los intercambios y la cooperación en diversas áreas, alentando a las empresas chinas a que cooperen en sectores como infraestructura y energía. Además, el Gobierno de Pekín anunció la condonación de 150 millones de yuanes (unos 19 millones de euros) de su deuda a Mauritania, una cantidad irrisoria si se compara con el total de la deuda exterior mauritana, que a finales de 2023 estaba en 3.600 millones de euros.

En mayo de 2024, una delegación de altos cargos del Ministerio de Agricultura y Pesca chino llegó a Nuakchot para negociar inversiones portuarias y pesqueras.

En junio, el Ejército de Mauritania recibió una importante cantidad de armamento chino.

Ucrania

En junio de 2024 comenzó a funcionar oficialmente en Nuakchot la Embajada de Ucrania. En la inauguración estuvo presente el representante especial ucraniano para Oriente Medio y África, Maksym Subh, quien se reunió con el ministro de Asuntos Exteriores, Mohamed Salem Ould Merzoug. Acordaron intensificar y desarrollar aún más la cooperación bilateral en comercio y economía, energía, agricultura, minería, tecnología de la información y comunicación, cultura y educación.

CHAD

Extensión: 1.284.000 km^2. Una gran parte del territorio es de una aridez extrema.

Población: 17.723.315. El norte está poblado por diversos grupos étnicos: tuaregs, árabes, tubus... En el sur, el grupo étnico principal es el sara.

Idiomas: francés y árabe (oficiales). Se hablan más de 120 lenguas, destacando el sara, la más común en el sur.

Religiones: 53% musulmana, predominante en el norte; 40% cristiana y 7% animista.

Recursos naturales: petróleo (82%), oro, algodón. EAU es el primer país exportador y el segundo proveedor. Su economía ocupa el puesto 143 del *ranking* mundial por volumen de PIB. Más del 80% de la población vive de la agricultura y la ganadería de subsistencia. El 35,4% de la población sobrevive con menos de 2,15 dólares diarios. La mortalidad infantil es muy alta; se estima que uno de cada cinco niños muere antes de cumplir cinco años.

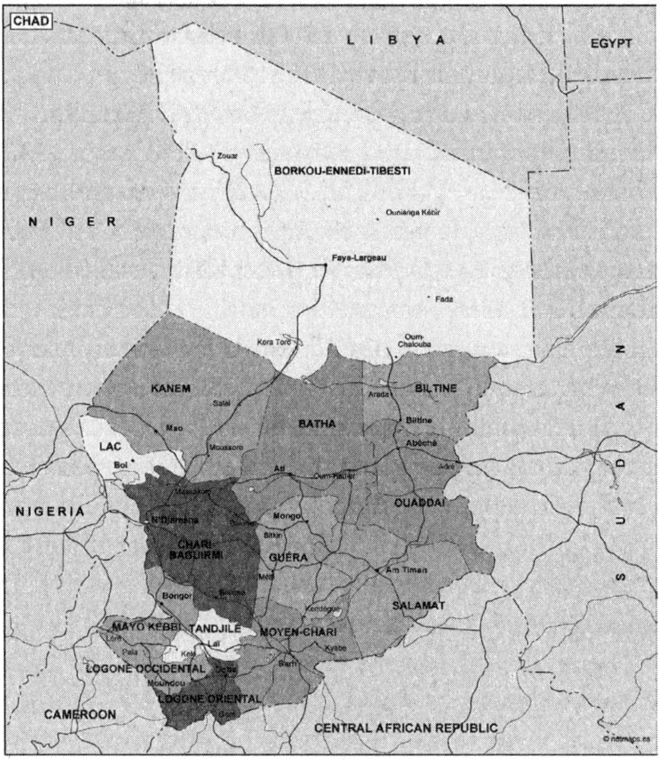

Mapa de Chad.

Gobierno

En 1990, llegó al poder el general Idriss Déby Itno tras un golpe de Estado que acabó con la dictadura de Hissène Habré. Se aprobó una nueva Constitución y se reintrodujo el sistema multipartidista. Déby Itno ganó las elecciones sucesivas, reformando la Constitución para poder presentarse a las elecciones por tercera vez en 2006, lo que provocó protestas y que los opositores trataran de ocupar la capital sin éxito. Se iniciaron enfrentamientos armados entre el ejército y el grupo rebelde Front pour l'Alternance et la Concorde au Tchad (FACT).

Déby Itno volvió a ganar las elecciones el 11 de abril de 2021. Ocho días después, Déby Itno murió combatiendo al FACT. Se constituyó un Consejo Militar de Transición y su hijo, el general Mahamat Idriss Déby, fue nombrado presidente interino. Este anuló la Constitución, disolvió el Gobierno y el Parlamento y prometió una transición de año y medio. Sin embargo, en octubre de 2022, extendió la transición dos años más, lo que provocó protestas que fueron reprimidas violentamente, con entre 73 y 128 muertos, según fuentes.

El 28 de febrero de 2024, fue asesinado el opositor Yaya Dillo Djerou durante un asalto a la sede de su partido por parte de las fuerzas de seguridad. Antiguo jefe rebelde y primo de Mahamat Idriss Déby, era considerado el principal rival político de este.

El 14 de abril de 2024, se anunció la celebración de elecciones presidenciales para el 6 de mayo siguiente. En ellas participarían diez candidatos, entre ellos, el general Idriss Déby, jefe del Consejo Militar de Transición, y el primer ministro Siukse Masra. Este último era uno de los principales líderes de la oposición hasta que fue nombrado primer ministro el 1 de enero de 2024 por el Consejo Militar, fruto de un acuerdo para incluir a la oposición en el proceso de transición hacia un gobierno civil.

La inestabilidad persistía pese al anuncio de nuevas elecciones, ya que continuaron los combates entre los militares y los grupos armados rebeldes. Un día antes de dicho anuncio, al menos 17 personas murieron en la localidad sureña de Sido en un enfrentamiento del ejército con la Agrupación Popular por la Justicia y la Igualdad, que se concentra en el norte de la RCA y busca derrocar a Idriss Déby.

El 19 de abril de 2024, a menos de un mes de las elecciones presidenciales, el general Idriss Ahmed, jefe del Ejército del Aire y miembro del Consejo Militar, hizo pública una carta en la que proponía solicitar formalmente la retirada de las tropas estadounidenses de la base aérea de Adji Kossei, situada en el centro de la capital, justificando la petición en la falta de un marco jurídico que regule la presencia de las fuerzas especiales de Estados Unidos, activas en el país desde hacía cinco años, al considerar que no habían aportado «las explicaciones apropiadas que justifiquen su presencia allí». La carta llegó a la Embajada estadounidense, uno de cuyos portavoces reconoció que esa eventual retirada afectaría a menos de un centenar de soldados, y unos días después, el portavoz adjunto del Departamento de Estado, Vedant Patel, aseguró que la cooperación con Chad en materia de seguridad «continuará y crecerá» tras las elecciones presidenciales. Casi al mismo tiempo, el 25 de abril, el Pentágono anunció la retirada de las tropas estadounidenses de Chad: «Mientras continúan las conversaciones con las autoridades chadianas, el Mando África de Estados Unidos (USAFRICOM) planea actualmente reposicionar algunas fuerzas militares estadounidenses de Chad, algunas de las cuales ya tenían programada su salida».

Chad es el único país saheliano que tiene actualmente bases militares francesas. Hay tres, en las que sirven unos 1.500 soldados. Una de ellas es la mayor que tiene Francia en África.

Mahamat Idriss Déby ganó las elecciones del 6 de mayo de 2024 con el 61% de los votos. Masra y la UA denunciaron el resultado por considerar que había sido falseado. Masra fue sustituido como primer ministro por Allamaye Halina, exembajador de Chad en Pekín.

«Chad es ahora mismo cada vez más importante en el tablero geopolítico del Sahel ya que, si siguiera el camino de Mali, Burkina Faso y Níger, sería como si a Moscú le tocara el Gordo», ha dicho Thierry Vircoulon, investigador asociado del Instituto Francés de Relaciones Internacionales (IFRI).

AES

Durante los últimos años, Chad ha servido de barrera para impedir que las *katibas* del JAS y el ISWAP, operantes en el área del lago Chad, al suroeste del país, conectaran con los yihadistas del JNIM y el EIGS, cuya actividad se desarrolla en los países de la AES y algunos del golfo de Guinea.

El 2 de abril de 2024, una delegación chadiana encabezada por dos ministros visitó la capital de Níger para reunirse con el presidente Tchiani y transmitirle la voluntad de su homólogo chadiano, Idriss Déby, de aumentar la cooperación económica y militar entre ambos países.

Al día siguiente, la misma delegación chadiana se trasladó a la capital burkinesa, donde fueron recibidos por el presidente Traoré, quien aceptó apoyar al Gobierno chadiano en su candidatura para dirigir la Agencia para la Seguridad de la Navegación Aérea en África y Madagascar (ASECNA).

Después, la delegación chadiana viajó a Bamako, donde se entrevistó con el presidente Goita. Trataron sobre la cooperación entre Chad y Mali, reforzando una alianza regional para combatir las cuestiones de seguridad que amenazan al Sahel, sobre todo, el terrorismo yihadista.

Estos contactos fueron entendidos por los tres países miembros de la AES como el inicio de las conversaciones con vistas a una posible integración de Chad en la alianza. Si así fuera, sería otro duro revés para la CEDEAO, de la que Chad sigue siendo miembro, y propiciaría, además, un distanciamiento de Yamena de Occidente y un acercamiento a Rusia. Este cambio de alianzas puede verse acelerado también por la presión que Europa ha ejercido sobre Idriss Déby para que restaurase cuanto antes un gobierno democrático y por la tensión creciente entre el Ejército chadiano y las tropas francesas aún estacionadas en el país.

Rusia

El presidente chadiano visitó Moscú en enero de 2024 y allí fue recibido por Vladimir Putin. Mahamat Idriss Déby se refirió a Rusia como «un país hermano». En referencia a esta visita, en una entrevista posterior concedida a RFI y France24, Déby repitió que la reunión con el presidente ruso había sido «muy fructífera» y, a la pregunta de si Chad abandonaría su tradicional alianza con Francia, respondió rotundo: «Chad es un país independiente, libre y soberano».

El 5 de junio de 2024, el ministro de Asuntos Exteriores ruso, Serguei Lavrov, visitó Yamena y declaró que la reunión que había mantenido con las autoridades chadianas había servido para optimizar las relaciones comerciales entre ambos países con el fin de elevarlas al nivel de cooperación política, de defensa y humanitaria.

Cuando, el 4 de abril de 2024, el general Idriss Ahmed remitió al Ministerio de Defensa la carta en la que pedía la retirada de las tropas estadounidenses de la base aérea de Adji Kossei, uno de los pocos medios que tuvieron acceso a la misiva fue African Initiative, propiedad de Initsiativa-23, con sede en Moscú y dirigida por Artem Kurev Sergevich Kurev, identificado por un tribunal estonio como miembro del FSB ruso (antiguo KGB). Creada en septiembre de 2023, la web African Initiative forma parte del entramado de medios utilizados para influir en el continente a través de la propaganda y la desinformación a favor de los intereses rusos.

China

Es el principal proveedor de Chad, con un 27,7% del total de importaciones (2019), y el tercer país exportador, con un 19,1% (2022).

Sudán

La actual guerra en el Darfur sudanés ha desestabilizado a Chad debido a los cientos de miles de refugiados que han atravesado la frontera, de 1.350 kilómetros de longitud. Los campamentos se han desbordado con la llegada de más de un millón de sudaneses desplazados (553.000 desde que comenzó la guerra en abril de 2023).

El Gobierno chadiano coopera con EAU en su apoyo a las FAS sudanesas.

República Centroafricana

Hemos visto que uno de los grupos insurgentes chadianos, la Agrupación Popular por la Justicia y la Igualdad, se refugia en la RCA. Para combatirlos, los militares chadianos cuentan con el apoyo de los mercenarios rusos instalados en la RCA, que a su vez ayudan al Ejército centroafricano contra los insurgentes locales. En mayo de 2024 hubo noticias de operaciones militares conjuntas entre los Ejércitos chadiano y centroafricano contra los grupos rebeldes de ambos países.

SENEGAL

Extensión: 197.161 km^2.

Población: 16.876.720. El grupo étnico más numeroso es el wolof (43%).

Idiomas: francés (oficial), wolof, fula y serer.

Religiones: estado laico, pero el 96,6% de la población es musulmana. El 92% pertenece a una *tariqa* u orden sufí, de los que hay dos dominantes: Tijaniyyah y Muridiyya.

Recursos naturales: pesca, algodón, fosfato de calcio. Recientemente, se ha encontrado un enorme yacimiento de gas en las costas senegalesa y mauritana, que será explotado por una empresa conjunta de ambos países y la británica BP. Francia es el primer inversor en Senegal, con un *stock* de inversión extranjera directa (IED) de unos 2.000 millones de euros (43% del total), con cerca de 250 filiales de empresas francesas que emplean a más de 30.000 personas.

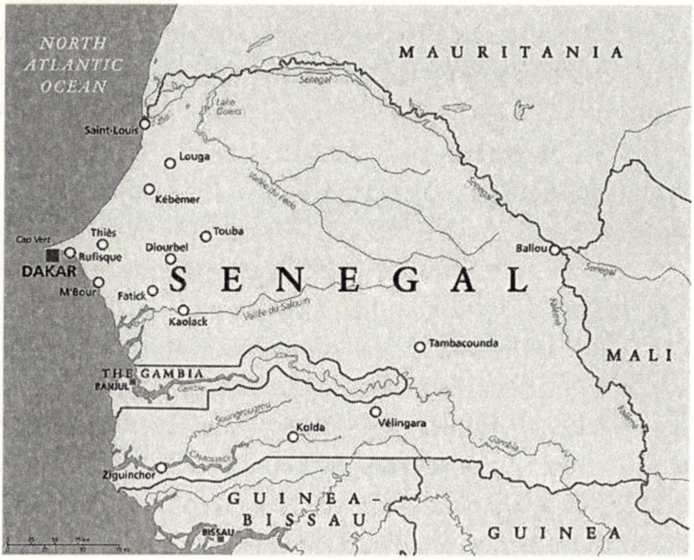

Mapa de Senegal.

Gobierno

Es reconocido como uno de los países con más cultura democrática. Mantiene buenas relaciones con sus vecinos y es un fiel aliado de su antiguo colonizador, Francia. No obstante, el actual presidente ha condicionado recientemente esta alianza preferente y el primer ministro ha reprochado a París su pasividad ante la represión sufrida por su partido cuando estaba en la oposición, llegando incluso a plantear la posibilidad de cerrar las bases militares francesas.

La identidad nacional senegalesa se ha fraguado con éxito gracias a la coexistencia étnica, superponiéndose a una pluralidad de identidades diferenciadas. Son comunes los matrimonios mixtos y, a pesar de la preponderancia numérica de los senegaleses que hablan el wolof, es bastante común el plurilingüismo. Tampoco está la identidad senegalesa vinculada a una ideología o religión concreta, por más que la inmensa mayoría de la población sea musulmana, ya que el Estado es oficialmente laico.

Las buenas relaciones políticas y religiosas que tradicionalmente mantiene Senegal con Marruecos han servido para frenar la influencia de los salafistas e islamistas. La estrecha relación de las *tariqas* sufíes senegalesas con las marroquíes[75], con el rey alauita como principal referente religioso, ha impedido la expansión yihadista y ha mantenido al país en el islam tradicional, moderado y tolerante.

En junio de 2023, Macky Sall, presidente senegalés desde 2012, anunció que no se presentaría a la reelección en las elecciones presidenciales de febrero de 2024, rebajando así la crispación social debido al encarcelamiento del líder de la oposición, Ousmane Sonko.

El Consejo Constitucional decretó inconstitucional el intento de aplazar las elecciones presidenciales de febrero de 2024, que se celebraron el 24 de marzo. A ellas se presentó como candidato del partido opositor panafricanista Patef el joven Bassirou Diomaye Faye (cumplió 44 años al día siguiente de las elecciones), que salió de la cárcel a tiempo merced a una amnistía.

Faye salió de la cárcel el 14 de marzo, tras once meses encerrado por difamación contra el Gobierno. Ganó las elecciones con el 54,28% de los votos. En su discurso de toma de posesión, el 2 de abril de 2024, el nuevo presidente dijo que era consciente de que el resultado de las elecciones reflejaba un profundo deseo de cambio sistémico. Ante la prensa, advirtió más claramente: «El pueblo senegalés ha decidido romper con el pasado». Entre las prioridades que desgranó en su discurso del 4 de abril con motivo de la fiesta nacional, Faye mencionó la soberanía económica, la buena gobernanza y la lucha contra la corrupción, así como la revisión de la explotación de los recursos mineros, gasísticos y petroleros para asegurar el beneficio local de la misma. Nombró primer ministro de su Gobierno a Sonko, jefe del Pastef.

---

75 Muchos senegaleses que han cursado estudios universitarios fuera del país lo han hecho en Marruecos, relacionándose con las cofradías o *tariqas* sufíes marroquíes.

Francia y el resto de países europeos siguieron con interés el giro político que pudiera darse en Senegal, a la espera de que, en la práctica, fuera menos revolucionario de lo que advertía el panafricanismo, anticolonialismo e izquierdismo de Faye, que durante la campaña electoral prometió en repetidas ocasiones un reparto justo de las riquezas del país.

En una reunión en Dakar con el presidente del Consejo Europeo, Charles Michel, Faye pidió «repensar» la relación entre Senegal y la UE con vistas a «renovarla» para que «refleje una realidad más actual». Esta renovación empezaría por los contratos de explotación de petróleo y gas, a los que podrían sumarse los firmados en materia de pesca. «Las prioridades se articulan en torno a un modelo económico endógeno de industrialización como rampa de lanzamiento del sector primario», subrayó el presidente senegalés.

El 30 de mayo de 2024, Faye inició una gira por el Sahel visitando las tres capitales de la AES, después de haber hecho lo propio en Mauritania, Gambia, Nigeria, Ghana, Guinea-Bisáu y Costa de Marfil. El objetivo de estas visitas era tratar de convencer a las juntas militares de Mali, Burkina Faso y Níger para que regresen al seno de la CEDEAO. Faye negó que estuviera mediando con dicho propósito, pero los mensajes que dio en las ruedas de prensa lo corroboraban, al hablar de «una ventana» que «permite establecer un hilo de diálogo», «las puertas del diálogo están ciertamente cerradas, pero tampoco debemos cerrar las ventanas ni correr las cortinas» o que «la CEDEAO siga siendo lo que nunca debió dejar de ser [...], empezar con nuevas bases». Pero la actitud inflexible de las juntas militares condenó su misión al fracaso.

Narcotráfico

Senegal ha sido durante años, y sigue siéndolo en la actualidad, una de las puertas principales por las que llega la cocaína producida en Latinoamérica, y también lo es de salida por vía marítima rumbo a Europa.

En noviembre de 2023, la armada senegalesa incautó tres toneladas de cocaína en una embarcación frente a las costas del país.

El 31 de marzo de 2024, fueron incautados 1.137 kilogramos de cocaína (con un valor aproximado de 138,7 millones de euros) en Kidra, al sureste y cerca de la frontera maliense, al interceptar la policía un camión que, al parecer, procedía de Mali.

Migración

El 75% de los senegaleses tiene menos de 35 años y muchos no tienen trabajo (la tasa oficial de desempleo es del 20%), lo que los empuja a huir de la pobreza emigrando a Europa. La inmensa mayoría lo hacía embarcándose en cayucos rumbos a la isla canaria de El Hierro, pero desde finales de 2023 esta tendencia ha cambiado en cuanto a la forma de iniciar el viaje, ya que ahora prefieren cruzar primero la frontera con Mauritania por tierra, para luego atravesar el océano hasta el archipiélago desde una distancia más corta.

No obstante, el 13 de mayo de 2024, las fuerzas armadas senegalesas interceptaron una embarcación que había zarpado de Bargny y que se hallaba a unos 30 kilómetros frente a Dakar con 252 migrantes a bordo. Asimismo, el 1 de julio de 2024, un cayuco que zarpó entre la frontera de Senegal y Gambia con 170 pasajeros a bordo naufragó a cuatro kilómetros de la ciudad mauritana de Ndiago. Murieron al menos 89 personas y desapareciendo otras 72.

China

Es el segundo proveedor del país (10,1%), por detrás de Francia, y el cuarto en recibir sus exportaciones (6,4%).

Ucrania

Senegal fue uno de los primeros países en los que Kiev buscó reclutas para engrosar el Ejército ucraniano en su lucha contra el invasor ruso. Tras la visita en 2022 a Dakar de Dmitry Kuleba, ministro de Asuntos Exteriores de Ucrania, 36 senegaleses se apuntaron para ingresar en el Ejército ucraniano. Cuando el Ministerio de Asuntos Exteriores senegalés tuvo conocimiento de este hecho, el embajador de Ucrania en Dakar, Yuriy Pivovarov, fue convocado inmediatamente a consulta. Al confirmar la existencia del llamamiento, las autoridades senegalesas pidieron que se detuviera el reclutamiento.

GAMBIA

Extensión: 11.295 km^2. De los 54 países africanos, Gambia es el 49.º por superficie y el de menor tamaño continental. Está completamente rodeado por Senegal excepto al oeste, que linda con el océano Atlántico.

Población: 2.720.000. Mandingas 36%, fulas 22%, wolofs 14%, jolas 11%, soninkés 8%.

Idiomas: inglés (oficial), mandinga, wolof, jola, fula y soninké.

Religiones: Estado laico, pero con un 90% de población musulmana y un 9% de cristiana.

Recursos naturales: escasos. Es la economía número 173 del mundo por volumen de PIB, basada en la producción agropecuaria. Los gambianos están entre los que tienen una peor calidad de vida.

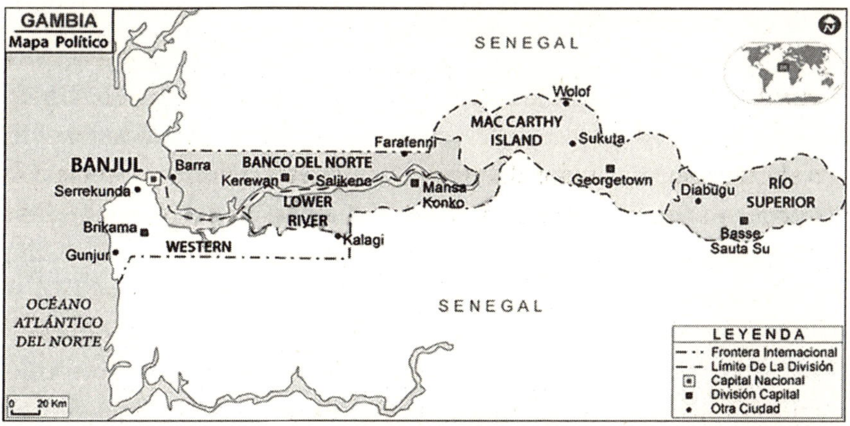

Mapa de Gambia.

Gobierno

Un golpe de Estado derrocó el 22 de julio de 1994 al presidente Dawda Jawara. La junta militar golpista designó al joven teniente Yahya Jammeh presidente interino. Jammeh estableció una dictadura de partido único, con el que ganó las elecciones de 1996 y fue reelegido en 2001, año en que permitió la existencia de partidos opositores. Durante la dictadura de Jammeh, la represión política fue ejercida con brutalidad por los llamados escuadrones de la muerte dirigidos por el ministro del Interior, Ousmane Sonko.

Al optar por quinta vez a la reelección en diciembre de 2016, Jammeh perdió las elecciones, que ganó el candidato de la oposición Adama Barrow. Jammeh se exilió en Guinea Ecuatorial.

El 6 de diciembre de 2021 se celebraron las primeras elecciones presidenciales propiamente democráticas, con las que revalidó mandato el presidente Adama Barrow. Las elecciones legislativas de 2022 y las municipales de 2023 las ganó la oposición.

El 30 de noviembre de 2023 fue condenado por un tribunal de Alemania a cadena perpetua Bai L., un exmiembro de un escuadrón de la muerte gambiano, acusado de crímenes contra la humanidad, asesinato e intento de asesinato. Había trabajado como conductor para un grupo conocido como los Junglers[76]. En mayo de 2024, el exministro del Interior gambiano Ousmane Sonko fue condenado por un tribunal suizo a 20 años de prisión, acusado de cometer actos de tortura, detenciones ilegales y ejecuciones extrajudiciales durante la dictadura de Jammeh.

Reino Unido

Gambia perteneció a la *Commonwealth* desde su independencia en 1965 hasta 2013, cuando se retiró de la organización. No obstante, mantiene buenas relaciones con su exmetrópoli y pidió su reingreso en la Mancomunidad Británica de Naciones.

76 «Un tribunal de Alemania condena a un gambiano a cadena perpetua por crímenes contra la humanidad». COPE / Europa Press, 30 noviembre 2023.

China

Es el segundo país que más comercio tiene en entrega y recepción de productos.

Pekín rompió relaciones diplomáticas con Banjul en 1995 porque el Gobierno gambiano reconoció la independencia de Taiwán, pero las restableció en 2016.

ERITREA

Extensión: 121.144 km^2.

Población: 6.147.398 (estimación 2022). Dos tercios pertenecen a las etnias tigriña y tigré.

Idiomas: tigriña, árabe e inglés (oficiales), afar, bilín, kunama, nara, saho, tigré e italiano.

Religiones: cristianos coptos 45% (habitantes de las tierras altas y lengua tigriña), musulmanes 45% (habitantes de las tierras bajas del oeste y de la costa). Solo están permitidas la Iglesia ortodoxa de Eritrea, la Iglesia católica de Eritrea, la Iglesia luterana de Eritrea y el islam suní. Todas las demás religiones están prohibidas y son perseguidas.

Recursos naturales: zinc, cobre, oro. La economía está basada en la agricultura, que emplea al 80% de la población activa, aunque contribuye únicamente a un 12% del PIB. Los complejos requisitos para operar en el país dificultan la inversión directa extranjera, razón por la cual el *ranking* Doing Business lo clasifica como el segundo peor país para hacer negocios (solo superado por Somalia). Los eritreos están entre los que peor calidad de vida tienen del mundo.

Gobierno

Obtuvo su independencia de Etiopía en 1993. Desde entonces, Isaías Afewerki ostenta la presidencia con el apoyo del Frente para la Democracia y la Justicia del Pueblo (FDJP), único partido legalizado.

En mayo de 1997 fue aprobada una Constitución que todavía no ha entrado en vigor. Las elecciones previstas para diciembre de 2001 fueron aplazadas indefinidamente. Eritrea es, por tanto, un Estado autoritario.

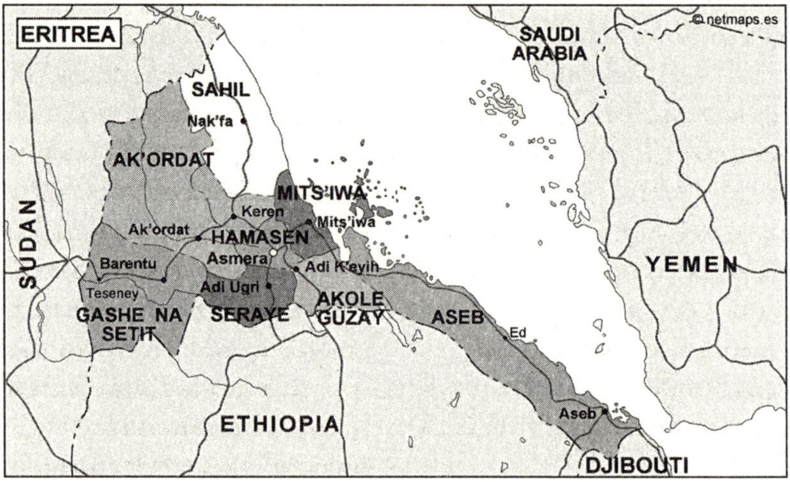

Mapa de Eritrea.

Tiene un alto gasto en defensa, con 124,2 millones de euros anuales, el 31,14 % del total presupuesto nacional. El Ejército es uno de los mayores de África. El servicio militar es obligatorio para hombres y mujeres durante año y medio oficialmente, aunque es habitual que se prorrogue indefinidamente sin que pueda plantearse objeción alguna. Las reclutas suelen sufrir violencia sexual en los campamentos de adiestramiento.

Considerado el país más opaco del mundo, en noviembre de 2023 el equipo de fútbol eritreo se retiró del torneo clasificatorio para el Mundial 2026 por miedo a la deserción de sus jugadores cuando tuvieran que viajar el extranjero.

El pueblo indígena afar está marginado y perseguido. Mohamed Abdelsalam Babiker, relator especial sobre la situación de los derechos humanos en Eritrea, presentó el 9 de mayo de 2023 un informe al Consejo de Derechos Humanos de la ONU en el que afirmaba que las comunidades indígenas afar de Eritrea «son una de las comunidades más marginadas de Eritrea. Durante varias décadas, han sido objeto de discriminación, acoso, detenciones arbitrarias, desapariciones, violencia y persecución generalizada». En ese año de 2023, aproximadamente 200.000 eritreos afar y un número desconocido perteneciente a otros pueblos indígenas eritreos huyeron del país y están refugiados en países vecinos, sobre todo en Etiopía[77].

Etiopía

Debido a discrepancias acerca del linde fronterizo, en 1998 estalló una guerra entre ambos países que terminó con la firma del Tratado de Argel en diciembre del año 2000, bajo los auspicios de la ONU. Esta organización propuso una delimitación de la frontera que no fue aceptada por Etiopía, que mantiene ocupada la ciudad de Badme. En 2018, Etiopía renunció a la reclamación de esta ciudad, que quedó así bajo soberanía eritrea. También forma parte de la región eritrea de Tigray el distrito de Irob, donde habitan agricultores predominantemente católicos del mismo nombre. Los irob siguen bajo el control del Ejército eritreo, que los obliga a hablar el tigriña en vez del saho y que ha reclutado a la fuerza a cientos de civiles. Los irob se declararon en contra de la independencia eritrea de Etiopía.

Entre noviembre de 2020 y noviembre de 2022 se produjo un conflicto armado interno etíope entre el Gobierno federal y el Frente de Liberación Popular de Tigray (FPLT), en el que participó Eritrea a través de las Fuerzas de Defensa de Eritrea (FDE). Según un informe de AI[78] de septiembre de 2023, antes y después de que el Gobierno etíope y el FPLT firmaran el acuerdo de cese de hostilidades en noviembre de 2022, soldados eritreos de las FDE cometieron crímenes de guerra y posibles crímenes de lesa humanidad contra la población civil de la región etíope de Tigray en su lucha contra el FPLT. Entre el 25 de octubre y el 1 de noviembre de 2022, soldados de las FDE saquearon en el distrito de Mariam Shewito, violando a mujeres y ejecutando al menos a 20 civiles[79], y posteriormente a la firma del cese

---

77 ELIOT MAGNET, Joseph. «Pueblos indígenas de Eritrea». Grupo Internacional de Trabajo sobre Asuntos Indígenas (IWGIA), 4 abril 2024.

78 *Today or tomorrow, they should be brought before justice.* Amnistía Internacional; 2023.

79 Mariam Shewito está en el centro de la región de Tigray. Las violaciones documentadas por AI se produjeron entre el 25 de octubre y el 1 de noviembre de 2022, mientras se negociaba el alto el fuego.

de hostilidades, durante los tres meses siguientes, ejecutaron a otros 24 civiles en el distrito de Kokob Tsibah y esclavizaron sexualmente a numerosas mujeres[80].

Sudán

Ambos países sostienen relaciones tensas debido a discrepancias fronterizas sin resolver y al apoyo de Asmara a los rebeldes sudaneses.

Rusia

Fue uno de los cinco países que votaron en contra de una resolución de la ONU que condenaba la invasión rusa de Ucrania en 2022.

China

Es el primer cliente en las exportaciones eritreas, con 56,8% del total, seguido de EAU, y el segundo proveedor (21,2%), por detrás de EAU.

80 Kokib Tsibah está en la zona oriental de Tigray, cerca de la frontera entre Etiopía y Eritrea. Las violaciones comenzaron un día antes de la firma de los acuerdos del cese de hostilidades y continuaron durante casi tres meses, hasta el 19 de enero de 2023.

Países vecinos del Sahel en la actualidad[81]

REPÚBLICA CENTROAFRICANA

Situada al sur del Sahel, fronteriza al norte con Chad y al este con Sudán, la RCA es una excolonia francesa con, aproximadamente, un 25% de población católica, un 25% de protestante y un 15% de musulmana, principalmente en el norte. El resto es animista.

Desde su independencia de Francia en 1960, ha sido un país inestable políticamente, con frecuentes conflictos armados internos. Esta situación ha persistido pese a los múltiples acuerdos de paz firmados a lo largo de los últimos años (mayo 2015, febrero 2019) entre el Gobierno y los numerosos grupos armados rebeldes, así como a las misiones internacionales desplegadas en el país.

El presidente Faustin-Archange Touadéra fue reelegido en elecciones celebradas en diciembre de 2020 en un ambiente tenso debido a la presión de los grupos armados, que llegaron a perpetrar ataques en la capital, Bangui.

Para colaborar contra los grupos rebeldes, el Grupo Wagner llegó a la RCA en enero de 2018 de la mano de Prigozhin, quien obtuvo como contrapartida permiso para que empresas vinculadas con él explotaran las minas de diamantes, como Midas Resources SARLU, con sede en Bangui, que opera en la mina Ndassima (hasta 2020, en manos de una empresa canadiense) o las empresas Diamville SAU e Industrial Resources General Trading. La llegada de los rusos provocó una crisis diplomática tan grave entre París y Bangui, que los franceses retiraron sus tropas y su ayuda económica.

81 Además de las referencias indicadas a pie de página, para la redacción de este capítulo se han hecho las consultas apuntadas al final del texto.

Los mercenarios rusos, ahora integrantes del Africa Korps dependiente del Kremlin mediante el Ministerio de Defensa, se consideran el sostén del régimen centroafricano. De hecho, gracias a ellos no tuvo éxito el golpe de Estado de enero de 2021 contra Touadéra. Para reforzarse, el Grupo Wagner reclutó soldados libios y sirios que se hicieron pasar por rusos.

En 2022, el 5,6% de la población centroafricana murió como consecuencia, en su mayor parte, de los enfrentamientos armados. Muchos fueron fulanis musulmanes que militaban en los grupos rebeldes, pero también hubo civiles masacrados por supuesta complicidad con estos. Según UNICEF, los tres millones de niños centroafricanos son los más desfavorecidos del mundo debido a la desnutrición generalizada (casi el 40% sufre desnutrición crónica), el acceso inadecuado a la atención sanitaria (la mitad no tiene acceso a los servicios sanitarios) y la violencia[82].

En 2023, se celebró un referéndum para abolir los límites del mandato presidencial, permitiendo el mandato indefinido de Touadéra. La campaña política estuvo marcada por la propaganda y la desinformación impulsadas por especialistas rusos. En febrero de 2024, Bangui anunció la construcción de una base militar rusa en el país.

Sin embargo, Touadéra parece estar dando recientemente un sensible giro a su política de alianzas, posiblemente motivado por la cada vez peor imagen popular de los mercenarios rusos por culpa de sus excesos medioambientales y las violaciones de derechos humanos. El 11 de enero de 2024, por ejemplo, miembros del Africa Korps saquearon el pueblo de Bossali mientras los lugareños huían al bosque, y luego asaltaron la mina de oro local, donde mataron a tres personas. Sin dejar de sustentarse en las fuerzas rusas del Africa Korps, también ha buscado el apoyo de los soldados ruandeses que están presentes en el país como parte de la Misión de la ONU en Centroáfrica (MINUSCA).

A petición de París, los presidentes Macron y Touadéra se reunieron el 13 de septiembre de 2023. El 17 de abril de 2024 se repitió la entrevista, en la que sentaron las bases de una nueva relación

82 «Los niños de la RCA son los más desfavorecidos del mundo, según UNICEF». *MarketScreener*, 2 julio 2024.

bilateral. Touadéra, por su parte, a la salida de la reunión, recordó que la RCA «nunca expulsó a los franceses, y eso también forma parte de la desinformación o el malentendido. Hemos dicho que en un momento dado fue Francia la que retiró a las fuerzas». Casi dos meses después, a principios de junio, el embajador francés en Bangui anunció la intención de París de retomar la ayuda presupuestaria a la RCA.

Asimismo, hay noticias de un probable entendimiento del Gobierno con Bancroft Global Development, una empresa privada de seguridad estadounidense, registrada como benéfica (sin ánimo de lucro), pero que recibe financiación del Departamento de Estado en Washington, especialista en el manejo de drones con los que controlar las fronteras y garantizar la seguridad de las minas.

Dos tercios del país todavía están controlados por milicias, que dominan minas de diamantes, uranio y oro y, según la ONU, casi medio millón de personas están desplazadas internamente.

El 12 de mayo de 2024, el grupo rebelde Coalición de Patriotas por el Cambio (CPC) atacó en Yaloké-Bossembele (centro del país), una mina de oro controlada por una empresa china. Fue rechazado por el ejército. Hubo nueve muertos y numerosos heridos.

El 8 de junio, Bangui suspendió las operaciones en el país de la empresa china Daqing SARL de extracción de oro y diamantes por «inteligencia con grupos armados, explotación ilegal, introducción ilegal de sujetos extranjeros a zonas mineras, impago de impuesto y falta de informes de actividad. La empresa operaba principalmente en el pueblo sureño de Mingala, escenario frecuente de combates entre las fuerzas armadas y miembros del CPC.

El 22 de junio, al menos cinco civiles y siete rebeldes murieron en un ataque a una mina de oro de Katanga. Fue atribuido al CPC.

El 2 de julio, seis civiles y cinco soldados murieron en un ataque llevado a cabo contra policías y gendarmes en Ngoutéré por parte del grupo rebelde Retorno, Reclamación y Rehabilitación (3R), constituido en diciembre de 2015 para proteger a los pastores fulani de los ataques de las milicias antibalaka[83].

83 «Mueren seis civiles y cinco soldados en un ataque de rebeldes en República Centroafricana». EFE, 3 julio 2024.

GUINEA-CONAKRI Y GUINEA-BISÁU

Guinea, también llamada Guinea-Conakri (capital) para distinguirla de Guinea-Bisáu y Guinea Ecuatorial, no está en el golfo de Guinea sino algo más al noroeste, con Senegal y Mali al norte y Mali y Costa de Marfil al este. Fue colonia portuguesa hasta 1891, cuando pasó a ser francesa.

El 5 de septiembre de 2021, un golpe de Estado destituyó al presidente Alpha Condé. La junta militar que se constituyó, con el nombre de Comité Nacional de Concentración para el Desarrollo (CNRD), designó nuevo presidente al coronel Mamadi Doumbouya. La UA y la CEDEAO suspendieron a Guinea su membresía en tanto no se restaurase el orden constitucional. En octubre de 2022 se acordó una transición de dos años, al cabo de la cual se convocarían elecciones. En febrero de 2024 la CEDEAO levantó las sanciones financieras impuestas. En junio de 2024 el ministro de Asuntos Exteriores ruso visitó Conakri, donde se reunió con su homólogo, Morisanda Kouyaté, para concluir acuerdos de cooperación económica, lucha antiterrorista y presencia de empresas rusas, además de la reanudación de la Comisión Intergubernamental sobre Comercio y Cooperación Económica, que no se reunía desde 2019. Los principales productos que exporta Guinea son bauxita (50%) y oro (32,6%). Un 40% de la bauxita es extraída por la empresa Rusal.

La excolonia portuguesa de Guinea-Bisáu (capital) limita al norte con Senegal, al sur y al este con Guinea-Conakri y al oeste con el océano Atlántico. El Banco Mundial estima que su PIB ha crecido entre 2015 y 2019 a un ritmo cercano al 5%, gracias a los buenos resultados de la exportación del anacardo, que representa alrededor del 80% del total de sus exportaciones. En 2020, el PIB se contrajo un 2,4% por culpa de la pandemia de la COVID, pero en 2022 volvió a crecer un 4%.

José Mário Vaz fue presidente desde 2014 hasta febrero de 2020, cuando perdió las elecciones ante Umaro Sissoco Embaló. El 1 de febrero de 2022 se produjo un golpe de Estado fallido en el que hubo once muertos. En diciembre se celebraron elecciones y fue reelegido presidente Embaló.

El Gobierno bisauguineano mantiene buenas relaciones con los países vecinos, Portugal, Estados Unidos, India, Brasil y China. Reconoció a Taiwán en 1990, pero se arrepintió en 1998, para entablar negociaciones comerciales con Pekín. Tuvo buenas relaciones con la Unión Soviética y recientemente ha vuelto a retomarlas con Moscú. En 2023, durante la II Cumbre Rusia-África, el presidente Embaló dijo, tras entrevistarse con Putin, que siempre estarían agradecidos a Rusia. «No solo somos amigos, somos hermanos. Nunca olvidaremos el apoyo que nos dio el pueblo soviético en nuestra lucha por la independencia». Embaló estuvo también presente en las celebraciones del último Día de la Victoria en Moscú y el 13 de mayo de 2024 inició un viaje a Chechenia para visitar la Universidad Rusa de las Fuerzas Especiales, después de lo cual se hizo público un nuevo acuerdo de cooperación militar que permitirá entrenar en dicho centro a militares bisauguineanos. Una semana más tarde, Moscú anunció que la empresa Rusal se ofrecía a construir un puerto en Guinea-Bisáu y un ferrocarril que conectaría este país con Mali, Burkina Faso y Níger (los tres integrantes de la AES). Con este proyecto, que facilitaría la salida al mar de los productos sahelianos del interior, Moscú pretende competir con el proyecto de Rabat que, con el apoyo de Washington, pretende lo mismo.

GOLFO DE GUINEA

Confluyen en este golfo atlántico las costas de diez estados africanos: Benín, Camerún, Costa de Marfil, Gabón, Ghana, Guinea Ecuatorial, Liberia, Nigeria, Togo y las islas de Santo Tomé y Príncipe. Cuenta con grandes reservas petrolíferas, que son explotadas y exportadas por vía marítima. También es una de las zonas más inseguras del mundo debido a la piratería y al crimen organizado, que se dedica al tráfico ilegal de comercio ilícito, no solo de petróleo, sino también de armas y drogas.

Temerosos ante el avance yihadista y apurados por unas economías devastadas por la pandemia y los intereses de sus deudas, los gobiernos del golfo de Guinea presionan a Estados Unidos y a Europa para obtener apoyo militar con que reforzar su seguridad.

Guinea Ecuatorial y Gabón son los países del golfo de Guinea más alejados del Sahel, pero la influencia de lo que ocurre en esta región, aunque en menor medida que a sus vecinos del norte, también les afecta. Como hemos visto en el apartado correspondiente a la presencia de China en África occidental, ambos países han sido tentados por Pekín para que permitan la instalación de una base naval china en sus costas. En 2022, China se convirtió en el primer país exportador (43%) e importador (21,1%) de Gabón. En 2023, buques de guerra chinos atracaron en Gabón en visita amistosa y en abril de ese año ambos gobiernos elevaron su relación a una «asociación cooperativa estratégica integral». Pero esta relación cada vez más estrecha entre Libreville y Pekín está en suspenso a la espera de acontecimientos más recientes, después del triunfo del golpe de Estado que llevó al poder al general Oligui Nguema el 30 de agosto de 2023.

Mapa del Golfo de Guinea.

La junta militar golpista, llamada Comité de Transición y Reforma de las Instituciones (CTRI), anunció una reforma constitucional para finales de 2024 y la celebración de elecciones en 2025. Por el momento, no parece que en política exterior haya habido un giro antioccidental.

Benín

Situado entre el Sahel al norte y el océano Atlántico al sur, los efectos de la pandemia de la COVID provocaron una crisis económica importante, con alrededor del 40% de la población por debajo del umbral de pobreza.

Las últimas elecciones presidenciales se celebraron el 11 de abril de 2021 y permitieron la reelección de Patrice Talon.

Desde finales de 2021 se ha producido un preocupante incremento de la actividad yihadista en el norte del país, sobre todo en el parque natural de W-Arly-Pendjari, compartido con Níger y Burkina Faso. En 2023 se registraron más incidentes violentos que en todos sus vecinos costeros combinados. En el norte hay cerca de 6.000 refugiados burkineses y 8.700 desplazados internos. La violencia yihadista aviva, además, los tradicionales conflictos intercomunitarios entre agricultores y ganaderos de etnias enfrentadas.

En diciembre de 2023, dos soldados murieron a causa de un artefacto explosivo que explotó mientras vigilaban en la ciudad de Karimama, cerca de la frontera nigerina.

El 4 de junio de 2024, en una emboscada tendida por un grupo yihadista llevada a cabo en el parque natural de Pendjari, murieron al menos siete militares.

La penetración yihadista no es solo armada. Al mismo tiempo que queman escuelas y secuestran maestros que imparten educación francesa, implantan escuelas coránicas y recorren las mezquitas predicando el islamismo radical y el odio a Occidente.

Los gobiernos de Porto Novo y Kigali firmaron, a finales de 2023, un acuerdo de cooperación militar por el que tropas ruandesas con experiencia en la lucha contra insurgentes en Mozambique se desplegarían en Benín, pero no se sabe cuándo se verificará tal despliegue.

Las relaciones de Porto Novo con los gobiernos de la AES son tensas, sobre todo con Níger, tras el último golpe de Estado en este país. Como miembro de la CEDEAO, Benín colaboró en las sanciones que se impusieron a Niamey, incluido el cierre de fronteras. El crudo transportado por el oleoducto que une el yacimiento nigerino de Agadem con el puerto beninés de Semé Kraké, que empezó a funcionar a primeros de abril de 2024, dejó de cargarse en los barcos por orden de Porto Novo un mes más tarde como protesta por la negativa de Niamey a abrir la frontera común, pese al levantamiento de sanciones por parte de la CEDEAO. Este bloqueo de la exportación de petróleo nigerino amenazaba con tener un impacto significativo en la economía del país saheliano, ya que representaba alrededor del 60% de su PIB. También perjudicaba los intereses de la empresa china que había invertido en la construcción del oleoducto y que lo controlaba. A pesar de la intermediación de una delegación de la CEDEAO, Niamey se negó a reabrir la frontera «por razones de seguridad», al considerar que, en territorio beninés, además de haber bases militares francesas, se refugiaban grupos terroristas. El 15 de mayo, ante las presiones ejercidas por una delegación china, el Gobierno de Benín anunció que levantaba temporalmente el bloqueo, advirtiendo de que se trataba de una autorización «única y provisional», sin que ello supusiera «una garantía para el comportamiento de Níger». A instancias de la delegación china, un comité mixto gubernamental Benín-Níger se reunió para tratar de solventar el problema, pero sin resultado positivo. Porto Novo volvió a suspender la exportación de crudo nigerino a través de su litoral y el 6 de junio cinco ciudadanos de Níger, entre ellos, la directora general adjunta de la empresa china que gestiona el oleoducto, fueron detenidos acusados de haber entrado en las instalaciones portuarias de Semé Kraké de forma ilegal. Niamey respondió cerrando la estación petrolera de Agadem. El Tribunal de Delitos Económicos y Terrorismo de Benín condenó el 17 de junio a año y medio de prisión a tres de los nigerinos arrestados, acusados de «uso de una certificación falsa», aunque esta sentencia no impedía que regresaran a Níger, lo que hicieron tres días después.

Togo

Este país de 56.785 km^2 y algo más de nueve millones de habitantes limita al sur con el golfo de Guinea, al norte con Burkina Faso, al este con Benín y al oeste con Ghana.

Sus principales importaciones provienen de China (20,33%) y sus exportaciones van mayoritariamente a los países de la AES: Burkina Faso (13,82%), Mali (13,04%) y Níger (8,55%), además de Benín (10,03%) y Ghana (8,15%). Es decir, la economía togolesa depende principalmente de sus vecinos.

En las elecciones presidenciales de febrero de 2020 fue reelegido Faure Exxozimna Gnassingbé, en el poder desde 2005 y sucesor de su padre. En 2020 fue nombrada primera ministra del Gobierno Victoire Tomégah Dogbé, anterior ministra de Desarrollo, Artesanía, Juventud y Empleo.

El 29 de abril de 2024 se celebraron las últimas elecciones presidenciales, después de que se llevara a cabo una controvertida reforma de la Constitución para permitir un nuevo mandato de Gnassingbé, que volvió a ganar los comicios y a ser reelegido. El 6 de mayo, Gnassingbé promulgó otra reforma constitucional, esta vez, para cambiar el modelo presidencialista por uno parlamentario, pasando el mandato del presidente de cinco a seis años, con un límite de dos mandatos.

Muy dependiente del comercio marítimo, el Gobierno, con sede en la capital, Lomé, coopera con sus vecinos en el ámbito de la seguridad y la defensa, incluidos el medio ambiente, la gobernanza y el comercio. En 2022 se integró en la *Commonwealth.*

La expansión yihadista traspasó la frontera sur de Burkina Faso y afectó las zonas septentrionales de Benín y, en menor medida, de Togo.

Costa de Marfil

Los dos vecinos del norte de Costa de Marfil pertenecen a la AES: Mali y Burkina Faso. Por ambas fronteras se han producido recientemente algunas penetraciones de grupos yihadistas. El primer atentado, que causó 19 muertos y 33 heridos, se produjo el 13 de marzo de 2016 a manos del grupo Al Qaeda del Magreb Islámico (AQMI) en la localidad costera y turística de Grand Bassam. Estos ataques yihadistas arreciaron a partir de junio de 2020 y tuvieron como objetivo puestos militares fronterizos con Burkina Faso, mediante emboscadas y artefactos explosivos improvisados. El día 11 de dicho mes fueron atacados un puesto del Ejército y una gendarmería, con al menos trece muertos.

En territorio marfileño se refugian del terrorismo yihadista más de tres millones de burkineses.

Aunque posee una industria extractiva de oro, petróleo y gas en expansión[84], es un país eminentemente agrícola, con dos tercios de

84 La producción de oro en Costa de Marfil no ha dejado de aumentar desde hace varios años con la apertura de nuevas minas. En 2023, ascendió a 51 toneladas métricas, un 6% más que en el año anterior, y en 2024 se prevé que alcance las 56 toneladas.

la población dedicada a esta actividad. Es el primer productor mundial de cacao y de aceite de palma, el segundo de anacardo y el sexto de café, además de ser el primer productor africano de caucho. Los principales destinos de sus exportaciones son Estados Unidos y Países Bajos, mientras que recibe de China la mayor cantidad de productos importados. Desde hace años, su saldo comercial es favorable, rondando los 1.500 millardos de francos CFA. Costa de Marfil es suministrador de energía eléctrica a Benín, Burkina Faso, Ghana, Togo, Mali y Guinea.

A partir del derrocamiento del presidente Laurent Gbagbo en abril de 2011, el país inició un proceso de normalización interna y externa de la mano de gobiernos presididos por Alassane Ouattara, que ha ganado las sucesivas elecciones presidenciales.

Según datos del Afrobarómetro 2023, el 73% de los marfileños cree que la ley *a menudo* o *siempre* trata a las personas de manera desigual; un 60% considera insuficiente la actuación del Gobierno en la lucha contra la corrupción; un 18% no está suscrito a la cobertura sanitaria universal; un 42% tiene confianza plena en su jefe tradicional, frente al 32% que la tiene en el presidente de la nación; un 70% considera la democracia como el sistema político preferible, pero un 13% cree que el país es una democracia plena y un 68% considera legítimo que el Ejército tome el control cuando los líderes políticos abusan del poder en su beneficio[85].

En política exterior, el Gobierno marfileño (con sede en Abiyán, aunque la capital oficial es Yamusukro) mantiene buenas relaciones con Estados Unidos, Rusia, China, Turquía, India y Arabia Saudí, si bien su tendencia es inconfundiblemente prooccidental. El 29 de abril de 2024, el ministro de Asuntos Exteriores, León Kacou Adom, y la embajadora estadounidense, Jessica Davis Ba, firmaron un acuerdo para fortalecer la cooperación bilateral en materia de manipulación informativa por parte de agentes extranjeros, refiriéndose, aun sin mencionarlos, a los rusos. El rey marroquí Mohamed VI ha visitado varias veces el país y el presidente Ouattara viajó en 2014 y 2015 a Marruecos; ambos países han firmado un centenar de

---

85 AfroBarometer. Côte d'Ivoire. Disponible en: https://www.afrobarometer.org/countries/cote-divoire/

acuerdos bilaterales. Con sus vecinos, las relaciones son buenas, excepto con Burkina Faso desde que se produjo en Uagadugú el último golpe de Estado. El presidente burkinés acusó el 26 de abril de 2024 al Gobierno marfileño de alojar a «elementos desestabilizadores», y el 3 de junio siguiente las relaciones se deterioraron aún más cuando la junta militar de Uagadugú denunció la supuesta protección del Gobierno marfileño al insurgente burkinés FDR.

Ghana

Limita al norte con Burkina Faso, al sur con el golfo de Guinea, al oeste con Costa de Marfil y al este con Togo. Su población es principalmente cristiana (un 70%, aproximadamente; un 15%, católicos), con minoría musulmana (20%).

Es una de las democracias más consolidadas de África. Es un país medianamente rico en recursos naturales, con importantes extracciones en bauxita, oro (es el segundo productor africano) y fosfatos. El sector agrícola representa alrededor del 30% del PIB y el 50% del empleo. Los principales destinos de sus exportaciones son Suiza, Estados Unidos, India y China, y sus importaciones más importantes llegan desde China, muy por delante de EAU, Países Bajos y Estados Unidos. En 2020 era la segunda mayor economía de África occidental, después de Nigeria, pero los efectos de la pandemia de la COVID la ralentizaron y la moneda del país, el cedi, ha ido cayendo frente al dólar y el euro hasta depreciarse en junio de 2024 y convertirse en una de las monedas peor valoradas del mundo.

El actual presidente ghanés, Nana Akufo-Addo, está en el poder desde 2017. Desde hace unos años, el Gobierno está aumentando las inversiones públicas en el norte del país, con una tasa de pobreza bastante mayor que en el sur. Al final de la Cumbre por la Paz en Ucrania organizada por el Gobierno suizo, Akufo-Addo dijo en rueda de prensa que África era la mayor víctima de la guerra entre rusos y ucranianos por las consecuencias que este conflicto ha tenido en el comercio internacional de alimentos, que han provocado el aumento desmesurado de precios y una inflación trepidante.

En política exterior, el Gobierno de Acra está comprometido con la defensa de la democracia, la protección de los derechos humanos y la seguridad en la región. Es el noveno contribuyente en tropa a las operaciones de paz de la ONU y el primero en mujeres para tal fin. Mantiene buenas relaciones con los países vecinos, aunque en los últimos años se han vuelto especialmente sensibles con Burkina Faso, debido a la sombra yihadista que traspasa la frontera de ambos países. Porque, si bien aún no se ha registrado un ataque yihadista en territorio ghanés, no sucede lo mismo en los vecinos Benín y Togo y, a mayor abundamiento, en la zona norte ha empeorado la inseguridad en los últimos años debido a la proliferación de bandas de contrabandistas. En Bawku, al noreste, resurgieron entre finales de 2023 y comienzos de 2024 los enfrentamientos interétnicos (mamprusis contra kusasis) por el poder local, causando varios muertos, y en octubre de 2023 varios jóvenes fueron apaleados por militares en la ciudad de Garu en represalia por un asalto a oficiales allí destinados. Esta inseguridad en el norte ghanés preocupa a Acra porque podría abrir la puerta a los terroristas islamistas.

Precisamente, la amenaza yihadista proveniente del Sahel motivó la entrega al Ejército ghanés de 105 vehículos militares por parte de la UE en octubre de 2023, como anticipo de una entrega aún mayor de equipos de vigilancia aérea y sistemas de guerra electrónica que, por un valor de 616 millones de euros, se destinarían a fortalecer la defensa y la seguridad de Ghana, Togo, Benín y Costa de Marfil, todos ellos, países costeros del golfo de Guinea.

Entre los días 10 y 25 de mayo de 2024 se desarrolló en las ciudades ghanesas de Acra, Tamale y Daboya el Fintlock 24, un ejercicio militar anual en el que participaron unidades de operaciones especiales de diferentes países occidentales en colaboración con sus homólogas africanas y bajo el mando estadounidense.

Camerún

Geográficamente, limita al sur con Guinea Ecuatorial, Gabón y República del Congo; al este, con República Centroafricana; al noroeste, con Chad; al oeste, con Nigeria; y al suroeste, con el océano Atlántico. Su parte saheliana corresponde a la región más septentrional (Extremo Norte, con capital en Maroua).

Entre 2014 y 2018, el ejército camerunés mantuvo numerosos enfrentamientos armados en la región del Extremo Norte con el grupo yihadista Boko Haram, cuyos miembros cruzaban la frontera nigeriana. Durante aquellos combates murieron numerosos soldados, yihadistas y civiles.

En diciembre de 2020, el grupo yihadista Boko Haram intensificó sus ataques en la región del Extremo Norte, matando al menos a 80 civiles.

Al terrorismo yihadista hay que unir otros dos conflictos violentos, el surgido entre pescadores musgum y pastores árabes choa por el acceso al agua en el norte del país, con más de 30.000 cameruneses huidos a Chad; y el llamado *problema anglófono,* surgido en el antiguo Camerún británico (noroeste actual del país), donde se viene reclamando desde 2017 la secesión de la llamada República de Ambazonia a través de manifestaciones reprimidas y de la aparición de guerrillas independentistas que combaten al ejército camerunés, lo que ha provocado el éxodo de medio millón de personas. El último de estos actos violentos se produjo en la ciudad de Belo el 21 de mayo de 2024, cuando la milicia secesionista mató a disparos al alcalde, a su lugarteniente y al inspector de Educación Primaria.

MAGREB

Argelia

La parte más meridional de Argelia, en las fronteras con Mali y Níger, forma parte del Sahel.

De Argelia procedían los primeros yihadistas que llegaron al norte de Mali al principio de la guerra civil argelina, que comenzó en 1991, tras la cancelación de las elecciones legislativas, y finalizó en 2002. Desde hace años, Argelia tiene controlada en su territorio la actividad yihadista, con apenas atentados gracias a las frecuentes detenciones, como las llevadas a cabo durante el primer semestre de 2024 por las Fuerzas Armadas y de Seguridad, con un total de 30 terroristas arrestados y diez refugios destruidos, según la agencia estatal APS.

Abdelmadjid Tebboune es el octavo presidente argelino desde el 19 de diciembre de 2019 (antes fue ministro de Defensa). En marzo de 2024 anunció el adelanto de las elecciones presidenciales al 7 de septiembre siguiente, tres meses antes del término ordinario de su mandato presidencial de cinco años.

Las Fuerzas Armadas de Argelia (FAA) son conocidas como Ejército Nacional Popular de Argelia (ENPA), brazo armado del Frente de Liberación Nacional durante la guerra de independencia con Francia. Es el país africano que más gasta en defensa. En 2023, incrementó un 76% su inversión en esta partida, la cual alcanzó los 18.300 millones de dólares (8,2% del PIB).

La política exterior argelina tiene un peso considerable en el conjunto del continente y, más en concreto, en el Magreb y el Sahel, especialmente en Libia y Mali, los vecinos que sufren conflictos armados desde hace años. Aunque tiene una tradicional buena relación con China y con Rusia (pese a la presencia de los mercenarios rusos en Libia y en la AES, que ve como una potencial amenaza), Argel firmó en 2002 el Acuerdo de Asociación con la UE, que está en vigor desde 2005[86].

La empresa energética china Sinopec está explotando el yacimiento argelino de Zarzaytin desde 2002. El 7 de junio de 2024, Sinopec firmó con la empresa estatal argelina de hidrocarburos Sonatrach un memorando para impulsar la asociación en el sector energético. El 3 de julio, el ministro de Exteriores argelino, Ahmed Attaf, y el enviado especial de Pekín para Oriente Medio, Zhai Jun, consolidaron las relaciones bilaterales en Argel, recordando que un año antes el Gobierno chino anunció una inversión de 36.000 millones de dólares en diferentes sectores argelinos, principalmente en industria, tecnología, transporte y agricultura, así como las inversiones portuarias ya realizadas, como la construcción del puerto de El Hamdania[87].

---

86 En junio de 2024, la Comisión Europea abrió un procedimiento de resolución de conflictos a Argelia por las restricciones que llevaba aplicando Argel desde 2021 contra productos e inversiones europeas, especialmente españolas desde 2022 por el reconocimiento de Madrid al plan de autonomía marroquí sobre el Sahara Occidental. Aunque la UE sigue siendo el principal socio comercial de Argelia, las exportaciones europeas a este país han disminuido de los 22.300 millones de euros en 2015 a los 14.900 millones en 2023.

87 «Argelia y China exploran el fortalecimiento de sus relaciones económicas». *Investing*, 3 julio 2024.

Las tensiones con Marruecos son constantes desde su independencia debido a problemas fronterizos y a la situación del Sahara Occidental. Argel rompió relaciones diplomáticas con Rabat el 24 de agosto de 2021. La rivalidad entre ambos países se ha extendido al Sahel, donde Argelia ha tenido tradicionalmente una fuerte influencia en la zona central, ahora cuestionada sobre todo con Níger (debido a la deportación de ciudadanos nigerinos) y con Mali (por la ruptura del acuerdo de paz de Bamako con los rebeldes tuaregs), mientras que Marruecos, algo más alejado geográficamente, aprovecha su influencia religiosa para estrechar vínculos con los países sahelianos costeros como Senegal. Argel no ve con buenos ojos la oferta de Mohamed VI de favorecer una salida del Sahel interior al océano Atlántico por medio del Sahara Occidental ni tampoco del oleoducto que, avalado por Estados Unidos, pretende transportar petróleo desde Nigeria hasta el Mediterráneo. También con el mismo destino y desde Nigeria es el gasoducto proyectado por Argel, dado a conocer en julio de 2022 con el nombre de Transahariano, una longitud de 4.000 kilómetros y un coste de 12.755 millones de euros[88]. Este gasoducto conectaría el suministro nigeriano con la actual red de gasoductos argelinos para su traslado a Europa. Después de Noruega, Argelia ya es el segundo proveedor de gas al continente europeo.

Como hemos visto, Mauritania se ha convertido en la pieza clave que ahora desean seducir Argel y Rabat. Los presidentes argelino y mauritano se reunieron el 22 de febrero de 2024 en Tinduf, en el extremo sudoeste de Argelia, para inaugurar la primera aduana entre ambos países y anunciar la construcción de una carretera de 840 kilómetros que unirá Tinduf con la ciudad minera de Zuérate, la mayor población del norte mauritano.

88 Mohamed Arkab, ministro de Energía argelino, aseguró a primeros de marzo de 2024 que el gasoducto Transahariano avanzaba «a pasos agigantados», después de que se retomara en julio de 2022 el proyecto firmado en 2009. «Solo quedan [por construir] 100 kilómetros en Nigeria, 1.000 kilómetros en Níger y 700 kilómetros en Argelia», de los 4.000 de que consta en su totalidad, afirmó Arkab. «Argelia asegura que el gasoducto Transahariano avanza "a pasos agigantados"». *elEconomista.es* / Europa Press, 3 marzo 2024.

Libia

Limita al sur con los países sahelianos de Níger y Chad y al sureste con Sudán; al este, con Egipto; y al oeste, con Argelia y Túnez.

Sus exportaciones van principalmente a países europeos, como Italia (18,1%), Alemania (15%) y España (14,1%), y a China (16,1%). Este país asiático es su principal proveedor (15,2%), seguido de Turquía (12,9%) y EAU (10,2%).

Como veremos más adelante, tras el derrocamiento del coronel Gadafi en 2011, se produjo una sucesión de guerras civiles que dejaron al país dividido en dos bandos: por un lado, la Cámara de Representantes, con sede en Tobruk, presidida por Aguila Saleh y apoyada por el ENL, comandado por el general Hafter; y por otro, el Consejo Presidencial y Gobierno de Acuerdo Nacional, con sede en Trípoli.

En 2020 se declaró el cese de hostilidades. Desde entonces, todos los intentos realizados en pro de un acuerdo que conduzca a una solución definitiva y a la unión de Libia han fracasado. El 19 de junio de 2024, Stephanie Khoury, representante especial adjunta del secretario general de la ONU y responsable política de la Misión de Apoyo a Libia (UNSMIL), informó al Consejo de Seguridad de que el prolongado estancamiento del conflicto libio y la dificultad de alcanzar un acuerdo político entre los dos bandos para organizar elecciones y restaurar la legitimidad de las instituciones nacionales se debía, en buena medida, a que otros conflictos regionales próximos (como los de Sudán) y conflictos internacionales (como el de Ucrania) obstaculizaban los pasos de reconciliación libia.

Moscú utiliza el puerto de Tobruk para el transporte de armamento al Sahel, aprovechando la presencia de mercenarios rusos que apoyan al general Hafter. En una de sus frecuentes visitas a Libia, el viceministro de Defensa ruso, Junus-bek Yevkurov, fue recibido el 31 de mayo de 2024 por el general Hafter en su despacho de la base militar de Ar Rajma, cerca de Bengasi, para hablar de la sustitución de las fuerzas del Grupo Wagner por el Africa Korps o Legión Africana rusa. Dos semanas después, el ministro de Inversiones del Gobierno designado por la Cámara de Representantes, Ali al-Saidi al-Qaidi, declaró a la agencia rusa Novosti que se había invitado a Moscú a que construyera refinerías de petróleo en la costa libia para refinarlo y venderlo, en lugar de exportar solo crudo. Por esas mismas fechas y durante tres días, dos buques militares rusos escoltados por dos submarinos hicieron una escala oficial en la base naval de Tobruk. Esta vez se trataba oficialmente de una «visita de cortesía», pero unas semanas antes otros buques de la armada rusa habían transportado armamento hasta el mismo puerto libio.

La ONU estima que en Libia hay alrededor de un millón de migrantes. Una parte importante de ellos intenta en algún momento cruzar el Mediterráneo para llegar a Europa, sobre todo, a través de los puertos italianos. En 2016 fueron 181.436 los que lo consiguieron. La estrategia europea de externalización de fronteras ha conseguido reducir el número de inmigrantes irregulares procedentes de Libia, que llegó a 9.220 en 2019. Sin embargo, después de la pandemia de la COVID la cifra volvió a crecer a más de 29.000 en 2021, según la OIM. Esta ruta mediterránea se considera la más letal, con más de 1.340 muertos o desaparecidos en 2021.

La permanente situación de inestabilidad en Libia es aprovechada por los traficantes de personas y drogas para mantener una gran actividad como puente hacia el sur de Europa. A mediados de mayo de 2024, cerca de la frontera con Argelia, en medio del desierto, se produjo un enfrentamiento entre militares y contrabandistas que acabó con tres soldados muertos y con la incautación de una «enorme cantidad estimada en unos cinco millones de pastillas narcóticas».

Marruecos

Aunque es el país magrebí más alejado físicamente del Sahel, tiene en él bastante influencia política y, sobre todo, religiosa. Además, su ocupación del Sahara Occidental lo convierte *de facto* en vecino de Mauritania.

Políticamente, es un país estable que superó la incipiente crisis de seguridad que sufrió hace unos años por culpa del terrorismo yihadista, ahora controlado y prácticamente anulado[89]. Una de las prin-

89 En la década de 1970, Hassan II permitió la entrada en Marruecos de ideas islamistas para contrarrestar la amenaza socialista que provenía de países como Argelia, Libia y Egipto. Fue creado entonces el movimiento Justicia y Caridad.

cipales lacras que padece Marruecos es la corrupción administrativa, política, policial y económica. Según el resultado de una encuesta presentada en diciembre de 2023 por Instancia Nacional de Probidad, Prevención y Lucha contra la Corrupción (un organismo oficial), el 72% de los marroquíes reconoce la existencia de la corrupción.

Tradicional aliado de Estados Unidos, el reino de Marruecos tiene en política exterior un objetivo prioritario: la aceptación por la comunidad internacional de su plan de autonomía para el Sahara Occidental, que presentó ante la ONU en abril de 2007. En cuanto al Sahel, el interés de Rabat es contribuir a su estabilización para asegurarse de que los conflictos que ahora se manifiestan no lleguen a contagiarlo debido a su proximidad geográfica. Esta contribución se fundamenta en la fuerte influencia religiosa que tiene entre los musulmanes identificados con el tradicionalismo suní. Mohamed VI ofreció a los países del interior del Sahel (Chad, Níger, Mali y Burkina Faso) una salida al océano Atlántico a través del Sahara Occidental. «No podemos solo hablar de la violencia y el terrorismo. Tenemos que ofrecer a esos pueblos las condiciones para desarrollarse», dijo Mohamed VI durante la presentación del proyecto en noviembre de 2023. Aunque estos países sahelianos valoran positivamente la oferta marroquí, lo cierto es que para ellos es más fácil acceder al Atlántico por el golfo de Guinea. Así lo ha entendido Moscú, que ha ofrecido a los países sahelianos del interior, a través de la empresa Rusal, una

---

En la década siguiente, surgió la Yihadiya Salafiya, un grupo islamista activista compuesto por marroquíes con experiencia en la guerra de Afganistán. Cuando Rabat se percató de que el islamismo político cuestionaba el liderazgo religioso del monarca y derivaba en un terrorismo creciente, este ya se había manifestado con toda su crueldad en atentados como el cometido en Casablanca el 16 de mayo de 2003 (con 45 muertos), impulsados por el llamamiento global de Al Qaeda y su instrumentalización de la guerra de Irak. Entonces, el rey y el Gobierno marroquí volvieron al sufismo tradicional como doctrina de Estado y combatieron el yihadismo salafista, desmantelando sucesivas células terroristas armadas. En la última década han sido más de 100. Una de las últimas fue una red de Estado Islámico compuesta por cinco personas que preparaban atentados contra «instituciones vitales» e «instalaciones de seguridad», detenidas en Casablanca, Tánger, Tetuán, Río Martín y Ounagha en los primeros días de mayo de 2024. Un mes más tarde, el 6 de junio, fueron detenidos cuatro terroristas de Estado Islámico, «extremadamente peligrosos», en Tánger, Tetuán y Salé. Hasta este día, y desde que comenzó el año 2024, habían sido detenidos más de medio centenar de yihadistas.

salida al mar con un ferrocarril hasta Guinea-Bisáu, donde construiría, además, un nuevo puerto.

Respecto a la crisis abierta entre la CEDEAO y la recién creada AES, Marruecos procura sostener una postura neutral que le ha servido para mantener buenas relaciones con las juntas militares de Níger, Burkina Faso y Mali.

Los peligros que teme Rabat que puedan alcanzar a Marruecos desde el Sahel son tres: el rebrote del terrorismo yihadista, el incremento del tráfico de drogas y una llegada de migrantes, camino a Europa, aún mayor.

El 29 de junio de 2020, fuerzas del Frente Polisario incautaron 3.775 kilos de hachís y arrestaron a cuatro personas en Agüenit, al sur del Sahara Occidental. Al día siguiente confiscaron otros 775 kilos de hachís en la misma zona. Desde 2015, dijeron haber interceptado más de 30 toneladas procedentes de Marruecos y con destino al Sahel y el África subsahariana. Cómo conseguían los narcotraficantes transportar tanta cantidad de droga desde Marruecos hacia el sur solo se explicaba, según el Polisario, por la «connivencia» de altos mandos militares marroquíes. Pero solo dos días antes, el 27 de junio de 2020, la policía marroquí desmanteló a 30 kilómetros de El Aaiún una red internacional de traficantes de drogas armados integrada por catorce personas, entre los que había un mauritano y un senegalés, incautándose 5,8 toneladas de hachís que llevaban en tres todoterrenos. La Dirección General de Seguridad Nacional (DGSN) informó en un comunicado que, entre enero y septiembre de 2019, se habían incautado algo más de 112 toneladas de hachís, casi el doble de todo lo decomisado en 2018 (poco más de 60 toneladas). Asimismo, reconoció que Marruecos era líder mundial en la producción de hachís, con 52.000 hectáreas dedicadas al cultivo del cannabis.

En 2019 fue detenido en el aeropuerto de Casablanca Ahmed Ben Brahim, alias *El Maliense* y *El Pablo Escobar del Sahara,* un narcotraficante que dirigía una red de distribución de cocaína y hachís con la complicidad de políticos, empresarios, policías, juristas y funcionarios. En mayo de 2024 fue condenado a diez años de prisión. Unos meses antes, el 1 de enero, la gendarmería decomisó casi 363 kilos de cocaína en la frontera sur del Sahara Occidental, a bordo de un camión en el puesto fronterizo de Guerguerat que procedía de un país saheliano.

La frontera con Argelia está cerrada desde 1994 y las relaciones diplomáticas están rotas desde 2021. En mayo de 2018, Rabat rompió también relaciones diplomáticas con Teherán porque decía tener pruebas del apoyo de Hezbolá (milicia libanesa chií financiada por Irán) al Frente Polisario saharaui.

Aunque, económicamente, tiene una excesiva dependencia del sector agrícola, cada vez es mayor el ritmo de su industrialización gracias a la deslocalización de empresas europeas. Es el primer productor y exportador mundial de fosfatos, con cerca del 75% de las reservas globales. También el turismo ha ido cobrando importancia como fuente de ingresos, con una contribución directa al PIB de alrededor del 11%. No obstante, este crecimiento económico no repercute en la mejora de vida de la población en general debido a una deficitaria distribución de los recursos.

España es el país que más exporta e importa de Marruecos, seguido de Francia. China es el tercer país proveedor, por encima de Estados Unidos, y sus inversiones tienen un incremento sostenido desde que Mohamed VI viajó a Pekín en 2016 y Rabat se adhirió al año siguiente en la iniciativa de la Franja y la Ruta, firmando, además, el 5 de enero de 2022 un plan bilateral para su ejecución. En abril de 2023, el ministro de Inversión, Mouhcin Jazouli, viajó a China. A partir de ese momento se anunciaron diferentes proyectos de inversión que rondan los 2.500 millones de euros. En marzo de 2024, la empresa china Hunan Zhongke Shinzoom Technology, especializada en equipos electromagnéticos y ánodos para baterías, anunció la instalación de una fábrica, que dará empleo a 1.500 personas, en el complejo tecnológico Tánger Tech, con una inversión de 460 millones de euros. También en marzo, el grupo chino BTR New Material anunció que invertiría en el mismo complejo industrial tangerino 278 millones para la construcción de una factoría que producirá 50.000 toneladas de cátodos anuales. El grupo chino Gotion High-Tech anunció en junio de 2024 que abrirá una gigafactoría de baterías eléctricas en Kenitra, con una inversión de 1.200 millones de euros, cuya producción comenzará en el tercer trimestre de 2026. El 6 de junio, la empresa china CNGR Advanced Materials anunció la construcción, junto con la sociedad nacional de inversión Al Mada (cuyo principal accionista es el fondo Singer, *holding* de la familia real marroquí), de una fábrica de precursores ternarios, fosfato de hierro y litio y reciclaje de baterías en Casablanca. En esta ciudad también tiene previsto instalar una planta para fabricar láminas para baterías de litio, con una inversión de 264 millones de euros, la empresa china Zhejiang Hailiang. La empresa Tinci Materials, también china, está negociando con Rabat el traslado de su proyecto de electrolitos para baterías de la República Checa a Casablanca. La razón por la que las empresas chinas están tan interesadas en invertir en Marruecos es porque, además de ser el principal productor mundial de fosfatos, tiene recursos en manganeso y cobalto, usados en la fabricación de baterías.

Sin apenas recursos energéticos, Rabat ha promovido un megaproyecto que contempla la construcción de un gasoducto entre Nigeria y Marruecos que recorrerá la costa noroccidental africana. A finales de abril de 2024, este proyecto contaba ya con un tramo en funcionamiento: Lagos (Nigeria) - Cotonú (Benín) - Lomé (Togo) y Tema y Yakoradi (Ghana); faltaban los tramos siguientes: Yakoradi (Ghana) - Abiyán (Costa de Marfil) - Monrovia (Liberia) - Freetown (Sierra Leona) - Conakri (Guinea-Bisáu) - Banjul (Gambia) - Dakar (Senegal) - Nuakchot (Mauritania) y Tánger (Marruecos), con posible prolongación hasta Europa por Cádiz[90].

Durante el segundo trimestre de 2024 se desarrollaron unas maniobras navales en la costa sahariana de la Armada marroquí, con la pretensión de afianzar su imagen de dominio de aquellas aguas y poner en valor el acuerdo de pesca que Rabat tiene con la UE, frente a las reivindicaciones de la República Árabe Saharaui Democrática (RASD). Estas maniobras formaban parte del Africa Lion, que cada año llevan a cabo tropas estadounidenses y marroquíes, junto con los ejércitos de otros países africanos, en territorio marroquí.

Después de Argelia, Marruecos es el país africano que más gasto militar tiene desde hace unos años. En 2023 invirtió 5.200 millones de dólares. Su principal exportador de armas es Estados Unidos. El

---

90 En diciembre de 2024 está prevista la aprobación de una inversión de 25.000 millones de euros para la construcción de la conexión submarina hasta Cádiz, según anunció el consejero delegado de la Nigerian National Petroleum Company, Mele Kyari, en marzo del mismo año. Aún se desconocía qué empresa energética española estaría interesada en participar en este proyecto. ESTELLER, Rubén. «Nigeria y Marruecos retan a Argelia con el mayor gasoducto submarino a Europa». elEconomista.es, 26 marzo 2024.

establecimiento de relaciones con Israel ha permitido a Rabat la adquisición de pequeños drones y sistemas de defensa aérea y antimisiles Barak-MX.

Marruecos se presenta ante la UE, con la que mantiene una relación de cooperación estratégica desde junio de 2019, como un país estable capaz de frenar los riesgos procedentes del Sahel potenciando el Sahara Occidental como barrera contra el yihadismo y la expansión rusa y, al mismo tiempo, como puerta económica al Atlántico. El 16 de abril de 2024, el Gobierno alauí organizó en Madrid un foro de inversiones para promover que las empresas españolas se establezcan en Río de Oro. Rabat busca con estas inversiones duplicar la población del sur del Sahara, que en la actualidad cuenta con unos 200.000 habitantes, casi todos concentrados en Dajla (antigua Villa Cisneros)[91].

Marruecos se beneficia de la ayuda económica europea vinculada a la externalización de fronteras. Rabat ha dado pruebas reiteradas de su capacidad para utilizar la migración como arma política de presión hacia Europa, especialmente sobre España. Más arriba ya hemos mencionado la trágica jornada del 17 de mayo de 2021 en Ceuta, donde se utilizó a menores para incitarles a cruzar la frontera nadando. El objetivo era presionar a Madrid para que aceptase las tesis de Rabat sobre el Sahara Occidental. Una maniobra parecida, aunque con objetivo distinto, fue la organizada por la gendarmería marroquí el 24 de junio de 2022, esta vez en la frontera con Melilla, donde casi 2.500 migrantes fueron víctimas de una trampa que propició la muerte de 23 de ellos y la desaparición de otros 27 o 70, según fuentes. En esta ocasión, el objetivo era justificar ante la UE el dinero recibido para vigilar las fronteras demostrando una efectividad forzada que, debido a «un error de cálculo», tuvo un resultado cruel.

---

91 SANZ, Juan Carlos. «Marruecos busca duplicar la población del sur del Sáhara con un aluvión de inversiones». *El País*, 24 junio 2024.

PASADO
CERCANO

¿Qué es el Sahel?

Se conoce como Sahel la región africana que separa el desierto del Sáhara del golfo de Guinea y la sabana sudanesa.

Sahel significa «costa» u «orilla» en árabe. Debe su nombre a los comerciantes árabes que cruzaban el Sáhara desde el Mediterráneo hacia el sur en la Edad Media, equiparando el litoral o límite entre la tierra de los blancos y el África negra (*trab al-bidan* y *trab al-sudan*) con el litoral transoceánico. Esta denominación se ha impuesto a la clásica Sudán, utilizada ahora para dos países (Sudán del Sur se escindió de la República de Sudán en 2011). En árabe, Sudán significa «tierra de negros».

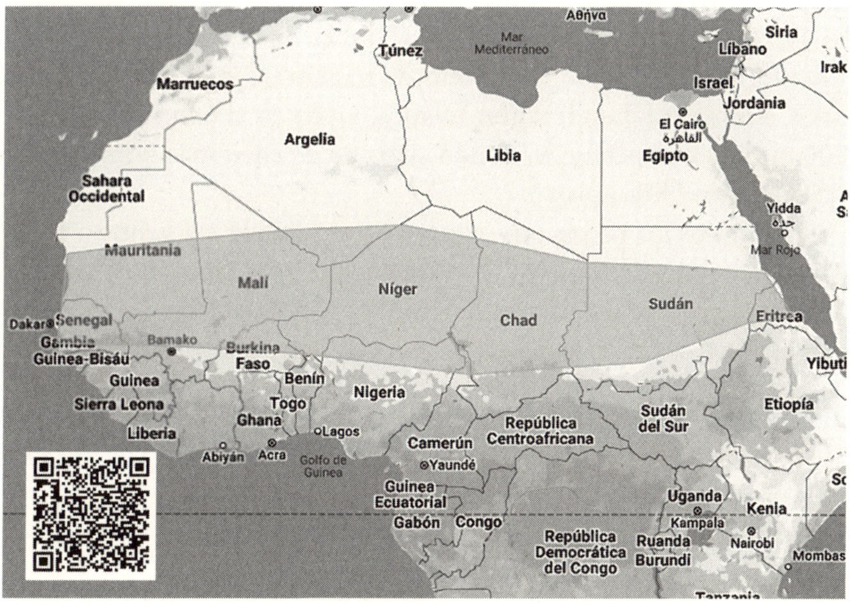

Mapa del Sahel.

Se trata de una franja de territorio de entre 400 y 1.000 kilómetros de ancho que se extiende 6.500 kilómetros desde el océano Atlántico hasta el mar Rojo y el océano Índico. Constituye, por tanto, un cinturón que abarca todo el continente africano y cuya superficie ronda los cuatro millones de km^2 (casi tan grande como la UE sin Finlandia). Un cinturón territorial que opera como un *clivaje,* término utilizado por la sociología y la ciencia política para referirse a las divisiones causadas por razones diversas en un ámbito de conexión.

Históricamente, ha habido disparidad de criterios a la hora de indicar cuáles de los actuales países africanos forman parte del Sahel, cuyas fronteras fueron trazadas por las potencias coloniales sin tener en cuenta las características étnicas o geográficas. Son entre once y trece países, según fuentes. De oeste a este: Mauritania, Senegal, Gambia, Mali, norte de Burkina Faso y sur de Argelia (que podemos denominar Sahel occidental); Níger, norte de Nigeria y Chad (Sahel central); y Sudán y Eritrea (Sahel oriental). Algunos geógrafos añaden Yibuti, norte de Etiopía y parte de Somalia, así como el norte de Camerún y la región de los Grandes Lagos. Las Naciones Unidas, en su estrategia integrada para el Sahel, UNISS[92], comprende diez países, entre los que están Guinea y Camerún.

El crecimiento poblacional en el Sahel es de los más altos del mundo: se calcula que el número de habitantes se duplica cada 25 años. En la actualidad, según fuentes, viven en el Sahel entre 175 y 200 millones de personas, siendo el grupo de edad más numeroso el de 0-14 años (50% aprox.).

Casi todos los países que componen el Sahel se encuentran entre los más pobres del mundo. El clima árido y las frecuentes sequías, además de las consecuencias del cambio climático (subida de temperatura, expansión de la desertización), dificultan aún más la agricultura y la ganadería, que han sido, junto con el comercio, las formas de vida tradicionales.

92 Estrategia Integrada de las Naciones Unidas para el Sahel (UNISS). Disponible en: https://uniss-sahel.org/

Descolonización parcial y conflictos internos[93]

Todos los países que actualmente conforman el Sahel fueron hasta mediados del siglo pasado colonias europeas. La mayoría lo fueron de Francia, excepto Nigeria y Sudán, que eran colonias británicas, y Eritrea, que lo fue de Italia, antes de ser anexionada por Etiopía hasta su definitiva independencia en 1993.

A pesar de su formal independencia de Francia, los países africanos continuaron dependiendo económicamente de París a través de una sumisión monetaria y la explotación de los recursos naturales por empresas francesas, convenientemente custodiadas por fuerzas militares galas.

Esta descolonización incompleta ha arrastrado hasta la actualidad problemas derivados de conflictos étnicos y territoriales nacidos antes incluso de la propia colonización, agravados durante la misma y no solventados posteriormente por la debilidad de los estados supuestamente independientes y las dificultades para el desarrollo social y económico de sus habitantes a causa de diversos factores, como la corrupción, la pobreza y el analfabetismo.

LOS TUAREGS SIN PATRIA

Sírvanos el pueblo tuareg como paradigma de estos conflictos étnicos y territoriales que persisten en la actualidad.

93 Además de las referencias indicadas a pie de página, para la redacción de este capítulo se han hecho las consultas apuntadas al final del texto.

Los tuaregs son bereberes o amaziges nómadas o seminómadas. Hablan el tamasheq, un conjunto de variedades del tamazig. No son un pueblo unido, ya que tradicionalmente ha habido rencillas entre distintos subgrupos (oulleminden, imghad, ifogha, taghat, idnan, etc.). Aun así, tienen un sentimiento identitario común y llevan a cabo alianzas más o menos estables.

No fue hasta bien entrado el siglo XX cuando las tropas francesas lograron dominar el territorio tuareg, tras sangrientos combates con las tribus kel ahaggar (en Argelia), kel air (Libia), kel adagh (Mali) o kel ajjer (Níger).

Tras la descolonización, quedaron repartidos entre varias naciones nuevas (Argelia, Mali, Níger, Burkina Faso, Libia) con las que no se sienten identificados, por lo que se consideran refugiados políticos dentro de sus propias fronteras.

Sus principales actividades son la ganadería y el comercio caravanero.

En Mali

La desigualdad económica y política entre el norte y el sur de Mali, favorecida ya durante la época colonial por las autoridades francesas, propició durante los mandatos de los presidentes Modibo Keita (1960-1968) y Moussa Traoré (1968-1991) la hegemonía de una élite formada por mayorías negras del sur (se impuso el bambara como lengua dominante) en detrimento de las blancas árabes y tuaregs del norte. En consecuencia, las regiones de Kindal, Gao y Tombuctú quedaron marginadas y condenadas a un subdesarrollo aún más pronunciado en comparación con las regiones meridionales.

En estas regiones malienses perjudicadas, agrupadas recientemente con el nombre de Azawad[94], el resentimiento hacia los inte-

94 Azawad es la región más septentrional y extensa de Mali, con una superficie de 820.000 km^2, lindando al norte con el desierto del Sahara y el sur con el río Níger. El nombre, según el explorador y científico escocés Robert Brown, es una corrupción árabe de la palabra bereber *Azawagh*, que se traduce como *tierra de trashumancia*. BROWN, Robert. *The history and description of Africa*. Vol. 1. Londres: Legare Street Press; 1896. p. 198.

grantes de las etnias mandé que forjaban la identidad nacional de Mali, especialmente los bambara, fue creciendo tras la independencia. También entre los propios azawadís ha habido siempre recelos y conflictos. Así, los tuaregs y los azawadís árabes o arabizados han mantenido históricamente fuertes y frecuentes enfrentamientos armados. También los azawadís de etnias negras (songhais, peuls y fulanis) se han organizado en milicias armadas para defenderse.

En 1963 y 1967 se produjeron sendas insurrecciones de tuaregs en el Adrar de los Ifoghas, junto a la frontera norte con Argelia. Ambas fueron sofocadas por las tropas enviadas desde la capital maliense, Bamako. Fue un periodo de exigencia de impuestos, de intentos de reformas agrarias y de *culturalización* del pueblo tuareg. Las represalias motivaron el exilio de miles de azawadís, sobre todo a Libia y Argelia, buscando oportunidades laborales en el sector del petróleo.

Una larga sequía que se prolongó desde 1979 hasta 1985 y la disolución, en 1987, de la Legión Islámica (creada por Gadafi en Libia, con mercenarios, en 1972) propiciaron el regreso de miles de tuaregs a Mali y Níger.

En 1988, el líder tuareg Iyad Ag Ghaly (Boghassa, 1954), que había combatido en Líbano y Chad como integrante de la Legión Islámica, fundó en la región de Kidal el Movimiento Popular para la Liberación del Azawad (MPLA). El Gobierno de Gadafi le ayudó a armarse y permitió su establecimiento en Trípoli, pero organizó su logística en Argelia. Aunque la mayoría eran tuaregs, también formaban parte del MPLA azawadís árabes y bellas. Su objetivo era la independencia.

> «Las minorías del norte nunca se han beneficiado de la ayuda al desarrollo. En todo Azawad no hay un solo dispensario, ninguna escuela o carretera asfaltada digna de ese nombre. La ayuda internacional en épocas de sequía llega a Bamako y se distribuye según criterios políticos y clientelares. Queremos ser los dueños de nuestro destino para que esto no vuelva a producirse. Esta es la razón por la que hemos tomado las armas»[95].

95 BAQUÉ, Philippe. «Los tuaregs doblemente desposeídos». *Le Monde Diplomatique*, febrero 1993. p. 21.

Al mando de medio centenar de hombres armados, Iyad Ag Ghaly atacó en la noche del 28 al 29 de junio de 1990 un puesto de la gendarmería en la ciudad de Ménaka, muy cerca de la frontera con Níger. Así dio comienzo una nueva guerra entre los secesionistas azawadís y el Gobierno maliense. No fue una guerra ideológica, sino territorial e identitaria.

Por mediación de Argel, en diciembre de 1990 se iniciaron las negociaciones de paz entre los tuaregs rebeldes y el Gobierno maliense en la población argelina de Tamanrasset. El 6 de enero de 1991, Iyad Ag Ghali firmó los acuerdos de paz y cambió el nombre del MPLA por el de Movimiento Popular de Azawad (MPA). Pero como el acuerdo no contemplaba el federalismo para el Azawad, seis grupos rebeldes descontentos por esto y por la influencia de los ifoghas se escindieron. Estas seis organizaciones se agruparon bajo el nombre de Movimientos y Frentes Unidos de Azawad (MFUA).

El 26 de marzo de 1991, el presidente Moussa Traoré fue derrocado por un golpe de Estado dirigido por el teniente coronel Amadou Toumani Touré, que instituyó un Comité de Reconciliación Nacional. En 1992 se aprobó una nueva Constitución y se celebraron elecciones libres, a las que no se presentó Touré. Las ganó Alpha Omar Konaré, quien asumió la jefatura del Estado. Parecía que el país se encaminaba hacia la consolidación democrática.

Por su parte, el MPA se unió al MFUA para firmar el Pacto Nacional con el Gobierno de Bamako el 11 de abril de 1992, en el que se garantizaban programas de desarrollo para el norte de Mali con una asignación mínima del 4% de los presupuestos nacionales. Cuatro años más tarde, el 26 de marzo de 1996, el MPA se disolvió durante la ceremonia conocida como «Llama de la paz» en Tombuctú, donde se quemaron 3.000 armas. Ghali y muchos de sus compañeros del MPLA se habían integrado en las instituciones del Estado maliense, incluido el Ejército y las Fuerzas de Seguridad.

Del populismo islámico al terrorismo yihadista[96]

El salafismo (de *salaf*, obra de los primeros estudios islámicos tras la muerte de Mahoma) es un movimiento ultraconservador suní e islamista que nació en Arabia en la primera mitad del siglo XIX. Los impulsores del salafismo propugnaron una interpretación literal del Corán y la Sunna (colección de enseñanzas del profeta) y el retorno a la primera comunidad musulmana. Uno de ellos, el iraní Jamaludin Al-Afghani (1838-1897) promulgaba la unión de todos los musulmanes en una misma nación, además de una comunidad de creyentes o umma. Esta unidad política y religiosa debía lograrse a través de la constitución del califato. Un califato universal regido por la *sharía* o ley islámica, capaz de competir tanto con el colonialismo occidental como, posteriormente, con el marxismo que se expandía por medio mundo durante el siglo XX, tal como propuso Rashid Rida (1865-1935), discípulo de Al-Afghani.

Influido por Rida y otros pensadores reformistas musulmanes, el egipcio Sayyid Qutb (1906-1966), cofundador de Hermanos Musulmanes, si bien no llegó a dejar por escrito una expresa apología de la violencia, inspiró el yihadismo y el islam radical como el camino que debía seguir la umma para triunfar y alcanzar un califato universal en el que no cabrían infieles ni musulmanes tradicionales, por considerarlos apóstatas, supersticiosos o innovadores.

Este populismo islámico salafista se expandió por los países de la región MENA, utilizando la religión como una herramienta de control social a través de una versión del islam que no es fiel con las fuentes

96 Además de las referencias indicadas a pie de página, para la redacción de este capítulo se han hecho las consultas apuntadas al final del texto.

históricas y cargando contra la democracia liberal y los derechos humanos, por ser contrarios a la *sharía* y, por ende, a la soberanía de Alá.

Durante la segunda mitad del siglo XX, para frenar el comunismo y la influencia de la Unión Soviética, Estados Unidos y sus aliados de Europa occidental permitieron y, en algunos casos, promovieron y financiaron (como en Afganistán, tras la invasión soviética) la implantación del populismo islámico, que utilizó el yihadismo violento para obtener objetivos políticos y sociales, especialmente donde se enfrentaba a la invasión comunista. Esta expansión del populismo islamista fue promovida principalmente por Arabia Saudí, que envió misiones wahabistas a diferentes países de Oriente Medio y norte de África con propuestas de desarrollo social (ayudas sociales y mejoras educativas) para los musulmanes, al tiempo que desarrollaba una propaganda del yihadismo político. A Arabia Saudí se unió como motor promocional del yihadismo, esta vez chií, el Irán islámico que derrocó al sah en 1979.

Sin embargo, una vez finalizada la Guerra Fría, disuelta la Unión Soviética y desaparecido el peligro comunista, el yihadismo, encabezado por la organización paramilitar Al Qaeda (fundada en 1988 por Osama bin Laden), dirigió su lucha violenta y terrorista contra Occidente y, más concretamente, contra Estados Unidos, haciendo un llamamiento a la umma.

Los atentados contra las Torres Gemelas de Nueva York el 11 de septiembre de 2001 supusieron el dramático y terrible final de esta estrategia de contemporización con el yihadismo. Pero el autoritarismo y el fanatismo islamista ya habían penetrado en la conciencia de muchos musulmanes que vivían tanto en países africanos con jóvenes democracias (donde se produjo una reislamización moral y social) como en Europa.

El yihadismo fue extendiéndose al principio del presente siglo por África, desde el norte hacia el sur y el oeste (Egipto, Somalia), expulsado en parte de los países donde se había reproducido de manera más rápida y violenta (Argelia, Libia, Túnez)[97] y aprovechando

97 En 1993, Libia y Egipto crearon un comité bilateral para coordinar sus acciones terroristas y en 2006 se creó el Centro de Análisis de Estudios y de Investigaciones sobre el Terrorismo (CAERT, por sus siglas en francés), con sede en Argel.

la sensación de abandono por parte de Occidente que sentían muchos de los pobladores del Sahel. Frente al humanismo islámico tradicional, el yihadismo populista asumía un falso victimismo y una esperanza encarnada en una sociedad musulmana pura, libre de los vicios occidentales.

El populismo islámico violento dio un paso más hacia el terror en el Ramadán de 2014, cuando, en medio de la guerra civil en Siria, Abu Bakr Al-Baghdadi (1971-2019), proclamó el califato en Mosul. El mítico y añorado califato, ahora recién nacido, tenía voluntad de expandirse por todo el mundo, haciendo un llamamiento al reclutamiento voluntario de miles de musulmanes. La aparición de este Estado Islámico o Islamic State of Iraq and Syria (ISIS) fue favorecida por el declive del populismo de Al Qaeda y las revueltas promovidas como consecuencia de la denominada Primavera Árabe (2010-2012). Los enemigos del Estado Islámico en la guerra de Siria lo llamaron despectivamente «DAESH» (acrónimo en árabe de *al-Dawla al-Islamiya al-Iraq al-Sham*), una palabra que en árabe tiene el significado de «aplastar» o «pisotear», lo que irrita a los islamistas. Los gobiernos occidentales pronto pidieron a los medios de comunicación que utilizasen este término de Dáesh.

Los yihadistas del Estado Islámico comparten elementos ideológicos políticos y sociales con los islamistas y religiosos con los salafistas (como la estética totalitaria y el control total sobre la vida de las personas), pero, por encima de todo, actúan motivados por otros intereses mucho más prosaicos. Frente al yihadismo salafista y épico de Al Qaeda, el Estado Islámico ofrece un relativismo religioso y político sin una clara jerarquía de valores y con un maniqueísmo simplista y destructivo. No ve impedimento en utilizar todas las herramientas a su alcance, sin importar que sean consideradas impuras por la *sharía,* como el tráfico de drogas o de personas y el robo o la piratería.

El yihadismo terrorista actual se aprovecha de los estados débiles, carentes del monopolio del uso de la violencia e inoperantes en regulaciones legales sobre la actividad económica, para ejercer su violencia y sometimiento a la población civil, así como para operar económicamente en complicidad con redes mafiosas locales e internacionales, incluidas facciones públicas que a menudo sirven para amedrentar y sobornar dentro del aparato de la esfera pública. Esta alianza con las redes políticas-mafiosas es mutuamente beneficiosa porque los yihadistas sacan provecho económico y cierta tolerancia hacia sus acciones violentas. Se aprovecha, además, el yihadismo de la pobreza y el abandono institucional para reclutar a jóvenes que buscan desesperadamente un medio para sobrevivir.

Al igual que ha ocurrido en Marruecos, en algunos países sahelianos el salafismo y el yihadismo violento han encontrado la firme oposición del neosufismo predominante, tradicional, pacífico y dialogante, en el que la yihad sigue identificándose con el esfuerzo de superación espiritual, de seguir el camino de Alá, y no con la guerra santa contra todo el que no piense como uno mismo.

EL NACIMIENTO DEL GIA ARGELINO

En la segunda mitad de la década de 1980, Argelia sufrió una profunda crisis económica causada por la caída del precio del petróleo, lo que provocó el descontento social, que aumentó debido a la mala gestión política del Gobierno. Este descontento fue aprovechado por la oposición islamista, cuyas primeras manifestaciones surgieron en 1988. La respuesta violenta de las autoridades ante una revuelta que estalló en la noche del 4 de octubre de aquel año en los barrios populares de Bab el Oued y El Harrach, en Argel, finalizó con un saldo oficial de 159 muertos, si bien fuentes médicas contabilizaron más de 500 fallecidos, además de miles de heridos. Fue el comienzo del fin del Frente de Liberación Nacional (FLN), el partido único que llevaba gobernando desde hacía 26 años[98].

Tras la aprobación de una nueva Constitución en febrero de 1989, se celebraron elecciones municipales libres en junio de 1990, en las que el recién creado Frente Islámico de Salvación (FIS), partido islamista-salafista, ganó con el 54% de los votos.

Aunque la Constitución, en su artículo 40, prohibía los partidos religiosos o nacionalistas, el FIS fue legalizado porque se presentó como una organización islamista moderada.

98 MANGOLD, Julien. «¿Por qué los argelinos se rebelaron el 5 de octubre de 1988?». *Orient XXI*, 29 octubre 2021.

Los dirigentes del FIS tenían como objetivo crear un estado islámico, regido por la *sharía,* si bien ocultaron en un principio esta pretensión para no asustar a la sociedad argelina que apoyaba a este partido, principalmente jóvenes y miembros de la burguesía urbana. Lo integraban muchos de los excombatientes salafistas que habían regresado de Afganistán tras la expulsión de los soviéticos.

En la primera vuelta de las elecciones legislativas, celebrada el 26 de diciembre de 1991, el FIS obtuvo 188 de los 232 escaños elegidos. La segunda vuelta no llegó a celebrarse porque lo impidió un golpe de Estado militar llevado a cabo el 11 de enero de 1992. La junta militar que sustituyó en el poder al presidente Benjedid ilegalizó el FIS, detuvo a sus dirigentes y mandó reprimir duramente las protestas públicas. Los golpistas y la élite francófona del país se habían alarmado ante las primeras medidas políticas que comenzó a implantar el FIS allí donde gobernaba, autoritarias y dirigidas a imponer una moral rigurosamente islamista.

Al mismo tiempo que los dirigentes del FIS eran confinados en campos de detención ubicados en el desierto del Sahara, comenzaron a organizarse las primeras guerrillas islamistas en la clandestinidad. Una de las más importantes fue el Movimiento Islámico Armado (MIA), del que se escindió en enero de 1993 un grupo de disidentes mucho más radical, el Grupo Islámico Armado (GIA), que, además de luchar contra el ejército y las fuerzas de seguridad argelinas, comenzó a ejecutar actos terroristas indiscriminados, causando víctimas entre la población civil argelina y también en Francia. Fue en 1995 cuando se produjo en Argelia el primer ataque terrorista suicida, dirigido contra la comisaría central de Argel. Provocó la muerte en el acto de medio centenar de personas.

La guerra civil, atroz y sucia, duró una década.

EL YIHADISMO SALAFISTA LLEGA A MALI

En Mali, los incumplimientos del Gobierno con respecto al acuerdo de paz firmado con las organizaciones separatistas en materia de descentralización y asignación mínima en los presupuestos nacionales para el desarrollo social del Azawad motivó la reaparición de movimientos insurgentes. El ejército maliense hubo de replegarse de algunas zonas estratégicas ante los ataques de los rebeldes, encabezados ahora por Ibrahim Ag Bahanga, un tuareg infogha que abandonó el Ejército, en el que había ingresado como cabo tras los acuerdos de paz.

También por esta época, en 1997, un antiguo paracaidista del Ejército argelino, Hassan Hattab, fundó, junto con el muftí Ahmed Zarabib, el Grupo Salafista para la Predicación y el Combate (GSPC), que se escindió del GIA. Hattab y Zarabib rechazaban la propuesta de amnistía y reconciliación ofrecida por el presidente argelino, Abdelaziz Buteflika, así como los asesinatos indiscriminados de civiles por parte del GIA, por lo que decidieron seguir su lucha contra el Gobierno argelino, pero buscando refugio en el país vecino de Mali.

El GSPC secuestró en febrero de 2003 a 32 turistas europeos (16 alemanes, diez austriacos, cuatro suizos, un holandés y un sueco) que, procedentes de Libia, transitaban con sus vehículos todoterreno por el desierto argelino, entre las localidades de Uargla y Yanet. La captura fue planeada por el jefe del GSPC, Amari Saifi, alias *Abderrazak el Para,* pero el grupo secuestrador estaba dirigido por su lugarteniente, Abu Zeid. Diecisiete fueron liberados (diez austriacos, seis alemanes y un sueco) durante una operación de rescate ejecutada en mayo siguiente por fuerzas especiales del Ejército argelino en la región de Tamanraset, a 1.900 kilómetros al sur de Argel. Una turista alemana de 45 años murió de sed en el desierto. Los otros quince cautivos fueron escondidos en grutas del macizo montañoso de Tamerlik, en la región de Illizi, y luego trasladados a Mali. Fueron liberados en agosto en Gao tras el cobro de un rescate de cinco millones de euros[99].

La mayoría de los malienses del Azawad no se preocuparon por la presencia de los miembros del GSPC en su territorio, por considerarlos unos guerrilleros dispersos a los que llamaban «hombres de la montaña»; es más, parecía incluso que gozasen de una protección tácita por parte de las autoridades de Bamako. Y ello, a pesar de que el secuestro de los turistas occidentales alertó

99 RUDICH, Julieta. «El ejército de Argelia rescata a 17 turistas europeos secuestrados». *El País*, 15 mayo 2003 / «Liberados los turistas europeos secuestrados por un comando argelino en el Sáhara». *El País*, 18 agosto 2003.

a las autoridades de Europa y Estados Unidos, más aún cuando a principios de 2004 empezó a sospecharse que Al Qaeda estaba buscando establecerse en el Magreb y el Sahel para organizar y adiestrar allí a sus reclutas, tal y como había hecho anteriormente en Afganistán.

CREACIÓN DE BOKO HARAM

En 2002, el predicador islamista Mohamed Yusuf fundó en Maiduguri (en el estado norteño nigeriano de Borno) el grupo Jama'atu Ahlus Sunna Lidda'awatih wal-Yihad (Seguidores de la Sunna para la Predicación y la Lucha), más conocido por Boko Haram, que en lengua hausa viene a condenar la educación occidental (*Boko* parece una corrupción hausa del inglés *book* «libro» y *Haram* es el término árabe con el que se designa lo que está prohibido por la *sharía*). En 2004, la sede de esta organización fue trasladada a Kanamma, en el estado de Yobe.

La pobreza que sufrió el norte de Nigeria como consecuencia de una gran sequía sirvió de caldo de cultivo para el desarrollo de Boko Haram, cuyo líder denunció el abandono de la región por parte del Gobierno de Abuya, al mismo tiempo que ayudaba a los jóvenes para que pudieran casarse y proporcionaba animales a los carniceros o mototaxis a los que no tenían trabajo.

Mohamed Yusuf era un salafista formado en la Universidad de Medina (Arabia Saudí), que encontró en los estados federados del norte de Nigeria un lugar apropiado para la siembra y cosecha de su ideología. Con tradicionales enfrentamientos interreligiosos debido a la aplicación de la *sharía,* en esta región existía un clima ideológico conflictivo entre musulmanes y cristianos, así como de protesta hacia los gobernantes cristianos del sur. Esta conflictividad surgió en la década de 1960, cuando Abubakar Gumi arremetió desde la mezquita de Kaduna contra las cofradías sufíes y el Gobierno nigeriano por debilitar el islam y fomentar la occidentalización. Ayudado financieramente desde Arabia Saudí, Gumi promovió una interpretación wahabista del islam y fundó en 1978 la Jama'atu Izalatil Bid'ah Wa Iaqmatus Sunna (Sociedad de Eliminación de Innovación y Restablecimiento de la Sunna), más conocida como Yan Izala o

Sociedad Izala. Gumi murió en 1992, pero su movimiento wahabista le sobrevivió y sirvió de base para el desarrollo de otras organizaciones, como la fundada por Mohamed Yusuf, que acabó por condenar a los seguidores de Yan Izala por infieles.

Mohamed Yusuf fue muerto por la policía en julio de 2009, sucediéndole al frente de la organización su discípulo Abubakar Shekau, que militarizó el grupo. Aunque la mayoría de los miembros de Boko Haram eran en principio kanuris, enseguida se unieron a ellos miembros de otras etnias, como los buduma, los glavda, los margi o los babur.

TOMA DE CONCIENCIA GLOBAL

Los atentados del yihadismo salafista cometidos en 1998 contra las embajadas estadounidenses en Nairobi y Dar Es Salam, en los que murieron 224 personas, la mayoría africanas, junto con los actos terroristas que se sucedían en los países norteafricanos, especialmente en Argelia, Túnez[100] y Egipto, motivaron que, en la Convención de la Organización para la Unidad Africana (OUA), celebrada en Argel en 1999, se acordase la necesidad de crear organismos internacionales para luchar contra el terrorismo. En septiembre de 2002, un año después de los atentados de Al Qaeda en Estados Unidos contra el Pentágono y las Torres Gemelas de Nueva York, se celebró también en Argel otra convención de la organización africana, ahora llamada simplemente UA (Unión Africana), en la que se decidió la aprobación de un Plan de Acción sobre Prevención y Lucha contra el Terrorismo en África.

De nuevo en 2002, los departamentos de Estado y de Defensa de Estados Unidos decidieron desarrollar una Iniciativa Pan Sahel, con el objetivo de combatir el terrorismo en esta zona, especialmente en los países de Níger, Chad, Mauritania y, sobre todo, en el norte de Mali, donde los yihadistas argelinos del GSPC se refugiaban en zonas como el Adrar de los Ifoghas. Fueron enviados 1.500 marines a

100 Túnez, que había sufrido numerosos atentados yihadistas desde mediados de la década de 1980, sufrió a partir de abril de 2002 los primeros atentados suicidas.

la base militar francesa de Yibuti y se destinaron más de ocho millones de dólares a la formación de tropas especializadas locales, en colaboración con el Mando Europeo de Estados Unidos (USEUCOM), con sede en Stuttgart (Alemania). Washington negoció con Argel la instalación de una estación de interceptación de la Agencia de Seguridad Nacional (NSA, por sus siglas en inglés) estadounidense en Tamanraset, pero, al no conseguirlo, la instaló en 2003 en Bamako, capital de Mali, al tiempo que estableció una base de drones en Níger.

Como ya ha quedado dicho, el 13 de octubre de 2004 se creó en Argel el Centro Africano de Estudio e Investigación sobre el Terrorismo (ACSRT o CAERT)[101], dependiente actualmente de la UA, y un año más tarde, el programa Iniciativa Pan Sahel del Gobierno estadounidense se transformó en la Trans-Sahara Counterterrorism Initiative (TSCTI; en español, Iniciativa Transahariana de Lucha contra el Terrorismo), con un presupuesto de 500 millones de dólares para cinco años, ampliando entre sus destinatarios a Senegal, Nigeria y tres países del norte africano: Marruecos, Argelia y Túnez.

El Sahel pasó de considerarse una región de interés secundario en la lucha antiterrorista, según la Estrategia de Seguridad Nacional de Estados Unidos aprobada en septiembre de 2002, a una zona geoestratégica de alta prioridad en la Estrategia de Seguridad Nacional de marzo de 2006. En consecuencia, el 8 de febrero de 2007, el presidente George W. Bush dio la orden de crear el USAFRICOM, con el objetivo de asistir y equipar militarmente a los Ejércitos de los países sahelianos.

El USAFRICOM[102] estuvo operativo desde octubre de 2008, aunque ya a finales del año anterior empezaron a llegar a Mauritania miembros de las fuerzas especiales y de los marines estadounidenses con la misión de intensificar el entrenamiento de militares mauritanos en técnicas antiterroristas.

---

101 CAERT. Disponible en: https://www.caert.org.dz/

102 Comando de África de Estados Unidos (USAFRICOM). Disponible en: https://www-africom-mil.translate.goog/?_x_tr_sl=en&_x_tr_tl=es&_x_tr_hl=es&_x_tr_pto=sc

GSPC SE CONVIERTE EN AQMI

A pesar de las medidas adoptadas tanto por la UA como por Estados Unidos, la violencia en el Sahel siguió creciendo y extendiéndose durante aquellos años, aunque algunos conflictos parecieron arreglarse o apaciguarse temporalmente.

Así ocurrió, por ejemplo, en Chad, donde Yaya Dillo Djérou, un matemático e ingeniero de telecomunicaciones, pese a su juventud (no había cumplido 29 años), había fundado y dirigía ya en 2005 la Plataforma para el Cambio, la Unidad y la Democracia (SCUD), una alianza opositora que se alzó en armas con la pretensión de derrocar al presidente Idriss Déby. No obstante, tres años más tarde, en 2008, Yaya Dillo abandonó la rebelión y se unió al Gobierno de Déby, ocupando sucesivamente altos cargos de responsabilidad política.

También en el norte de Mali estalló una nueva insurrección tuareg en mayo de 2006 debido a los incumplimientos por parte del Gobierno de los acuerdos de descentralización y desarrollo social. La rebelión nació en la ciudad de Kidal y entre los ifoghas, en torno a una nueva organización heredera del MPLA y fundada por Ibrahim Ag Bahanga e Iyad Ag Ghali: la Alianza Democrática del 23 de mayo para el Cambio (ADC). Los rebeldes se apoderaron de las posiciones militares y policiales de Kidal, Ménaka y Tessalit. El presidente maliense, Touré, apeló al diálogo y, con ayuda del Gobierno argelino, logró sentar a los rebeldes en una mesa de negociación, firmándose la paz el 4 de julio del mismo año 2006 con acuerdos similares a los alcanzados en 1992 y que habían sido incumplidos por las autoridades de Bamako. Sin embargo, al contrario que Ghali y demás cabecillas del ADC, Bahanga no reconoció este nuevo acuerdo de paz, fundó la Alianza Tuareg en el Norte de Mali para el Cambio (ATNMC) y promovió otra rebelión en 2007 que duró hasta febrero de 2009.

No obstante, la mayor violencia que sufrió el Sahel en aquella primera década de los años 2000 fue perpetrada por el GSPC, a pesar de que su principal adversario seguía siendo el Gobierno argelino.

Como en el resto del Sahel, la penetración del terrorismo yihadista en Mauritania se produjo a partir de la década de 1990, aprovechando el bloqueo político y la frustración social para identificar la solución a tales problemas con las tesis islamistas. Pero no fue hasta mediados de 2005 cuando se produjo el primer atentado yihadista, cuyo objetivo era una base militar. El GSPC argelino lo llevó a cabo en la noche del 3 al 4 de junio de aquel año en Mreiti, junto a la frontera con la región maliense de Taoudenni. Dirigido por Mohtar Belmohtar, argelino veterano en la guerra de Afganistán, el comando yihadista atacó el acuartelamiento, matando a 17 soldados mauritanos y capturando una gran cantidad de armas. Murieron cinco de los asaltantes, todos argelinos.

Como decíamos, el GSPC instaló su cuartel general en el norte de Mali, desde donde hostigaba al ejército y a las fuerzas de seguridad argelinas (perpetrando atentados suicidas) y comenzó a realizar incursiones en Mauritania. Coincidiendo con el quinto aniversario del ataque de Al Qaeda a Estados Unidos, el número dos de esta organización, Ayman al-Zawahiri, anunció mediante un vídeo que el GSPC se había adherido a Al Qaeda. El muftí Younous al-Mauritani había sido el encargado de viajar en junio de 2006 a Afganistán para entregar la carta de adhesión a Al Qaeda. El 25 de enero de 2007, se hizo público oficialmente que el GSPC pasaba a denominarse AQMI. Esta nueva organización continuaba siendo dirigida por Abdelmalek Droukdel y contaba con unidades operativas o *katibas* mandadas por lugartenientes como Abu Zeid (en la zona oriental), Mohtar Belmohtar (zona occidental) y Yahia Djouadi, alias *Abu Ammar* (en la región septentrional y minera de Taoudeni).

AQMI siguió organizando atentados terroristas en Argelia y Mauritania, pero no en Mali, probablemente, para que las autoridades de Bamako consintieran su plena y libre acción en el norte del país. Para estrechar lazos con las poblaciones locales, Droukdel, Abu Zeid, Belmohtar y demás dirigentes se casaron con mujeres tuaregs (ifoghas e idnanes) y árabes (berabiches y telemsis), proporcionaron alimentos y dinamizaron el comercio con la compra de numerosos artículos.

Se financiaba este grupo armado con el rescate de occidentales secuestrados y el peaje impuesto a narcotraficantes, a traficantes de personas (inmigrantes subsaharianos) y a convoyes humanitarios que atravesaban su ámbito de influencia, además de algunas ayudas económicas procedentes del exterior, sobre todo, desde Oriente Medio. Así pues, esta organización fue insertándose en las actividades ilegales que mantenían desde hacía años las redes delictivas locales e internacionales en la región, coexistiendo al mismo tiempo con los insurgentes secesionistas azawadís, tanto tuaregs como árabes. Hubo algunos dirigentes que se convirtieron en los auténticos jefes de las organizaciones de contrabando que operaban por el norte de Mali, sur de Argelia y este de Mauritania, como Mohtar Belmohtar, que empezó con el tráfico de tabaco y siguió con el de cocaína.

AQMI inició el reclutamiento de jóvenes malienses y engrosó sus filas gracias a los efectos de las amnistías aprobadas por el Gobierno de Argel. También se benefició del perfil más internacional que había adoptado al afiliarse a Al Qaeda, recibiendo en su seno a islamistas procedentes de Mauritania, Marruecos, Túnez, Libia, Senegal, Nigeria y Costa de Marfil y a antiguos muyahidines afganos.

La amnistía argelina

El 15 de agosto de 2005, el presidente argelino Abdelaziz Buteflika emitió un decreto sobre un «Proyecto de Carta para la Paz y la Reconciliación Nacional», que perfilaba un marco de futuras medidas destinadas a cerrar una década de violento conflicto. La carta contenía disposiciones dirigidas a exonerar tanto a las fuerzas de seguridad como a los grupos armados de su responsabilidad en graves abusos contra los derechos humanos, preparando así el terreno para una ley de amnistía general[103]. La carta fue aprobada en referéndum el 29 de septiembre de 2005.

El hasta entonces líder del GSPC, Hassan Hattab, y una veintena de dirigentes más, así como algo más de 200 guerrilleros, abandonaron la lucha armada en septiembre de 2005, pero el grueso de los miembros de la organización rechazó la amnistía y continuó con sus acciones violentas, ahora dirigidos por Abdelmalek Droukdel.

A lo largo del año 2006, fueron liberados al menos 2.629 terroristas argelinos, lo que provocó una sensación generalizada de impunidad. Fue este un año prolífico en atentados terroristas en Argelia, muchos de ellos cometidos por suicidas que hacían explosionar coches o camiones cargados de bombas, a semejanza de los que llevaban produciéndose en Irak desde el ataque estadounidense. Estos

103 Amnistía Internacional, 22 agosto 2005.

atentados continuaron durante los dos años siguientes. «A principios del año 2008, las autoridades del país calcularían que la red terrorista [AQMI] habría reclutado tan solo en Argelia y en la segunda mitad del año 2007 a menores de entre doce y 17 años para entrenarlos para la comisión de este tipo de atentados [suicidas]»[104].

AQMI campa a sus anchas

El 24 de diciembre de 2007, cinco turistas franceses (cuatro de una misma familia y el quinto, amigo de uno de los hijos) que estaban desayunando junto a la carretera, cerca de la población mauritana de Aleg, fueron atacados por tres hombres armados que, después de obligarles a entregarles su dinero, les dispararon y se dieron a la fuga en un vehículo. Cuatro de los turistas, dos de ellos niños, murieron y el quinto, el padre, fue trasladado gravemente herido a un hospital. El ataque fue reivindicado por AQMI[105].

Dos días después, varios miembros del AQMI atacaron el acuartelamiento mauritano de Ghallawiya, cerca de las fronteras con Argelia y Mali, y mataron a cuatro soldados.

En enero de 2008, el Rally París-Dakar, que venía realizándose desde enero de 1979, fue suspendido por la organización y trasladado el año siguiente a Suramérica con el nombre de Rally Dakar. La suspensión se debió a las numerosas amenazas recibidas por parte de AQMI y a la recomendación del Gobierno francés. Unos días antes habían sido asesinados los cinco turistas franceses en Mauritania y el 2 de enero fue atacada una gendarmería argelina en Naciria, donde murieron tres personas. Tanto en 2004 como en 2007 fue necesario suprimir dos etapas en cada una de esas ediciones por la amenaza terrorista al rally a su paso por Mauritania. Entre el 10 y el 14 de enero de 2007 fueron detenidos tres miembros de AQMI, un predicador radical mauritano y tres mujeres de la misma nacionalidad por planear ataques contra el rally.

---

104 MESA, Beatriz. *Los grupos armados del Sahel.* Madrid: Libros de la Catarata; 2022. pp. 274-275.

105 «Asesinados a tiros cuatro turistas franceses en Mauritania». *El País,* 24 diciembre 2007.

El 1 de febrero de 2008, un grupo de entre tres y seis hombres armados dispararon sus rifles y arrojaron varias granadas contra la embajada israelí en Nuakchot, causando heridas a tres transeúntes. El atentado fue atribuido a AQMI.

Pese a la extrema vigilancia de las autoridades tunecinas, dos turistas austriacos, Wolfgang Ebner y Andrea Kloiber, fueron secuestrados el 22 de febrero de 2008 por miembros de AQMI y trasladados al norte de Mali. La noticia se conoció por un comunicado publicado por Al Jazeera el 10 de marzo. Fueron liberados a finales de octubre, tras 252 días de cautiverio. Aunque no fue confirmado por el Gobierno austriaco, parece que la liberación se produjo a cambio de la excarcelación de activistas de Al Qaeda detenidos en Argelia y Túnez, así como del pago de un rescate millonario[106].

El 15 de septiembre de 2008, doce soldados mauritanos de la guarnición de Tourine fueron asesinados por AQMI durante un ataque a un convoy.

El 14 de diciembre, Robert Fowler, un diplomático canadiense que dirigía los servicios de la ONU en Níger, fue secuestrado junto con su compatriota Louis Guay y ambos fueron trasladados a Mali. Tras cuatro meses de cautiverio, los liberaron en abril de 2009, previo pago a AQMI de un rescate de un millón de dólares[107].

Dos turistas suecos, otro alemán y uno más de nacionalidad británica fueron secuestrados por la *katiba* capitaneada por Abu Zeid en la frontera entre Níger y Mali. Los dos turistas suecos y el alemán fueron liberados, pero, cuatro meses más tarde, en mayo, AQMI anunció en un vídeo la muerte de Edwin Dyer, el turista británico, porque el Gobierno de Londres se negó a pagar un rescate. Fue el primer rehén asesinado por esta organización terrorista.

---

106 «Liberados dos turistas austriacos secuestrados en febrero en Túnez». *El País*, 31 octubre 2008.

107 CHAPMAN, Leonora. «Carta de Al-Qaeda indica que se le pagó rescate millonario por diplomáticos canadienses». Radio Canadá Internacional (RCI), 2013. Disponible en: https://www.rcinet.ca/es/2013/05/30/carta-de-al-qaeda-indica-que-se-le-pago-rescate-millonario-por-diplomaticos-canadienses/

El 26 de noviembre de 2009, AQMI secuestró al francés Pierre Camatte en la ciudad maliense de Ménaka. Fue liberado el 23 de febrero de 2010, tras la mediación del presidente de Mali, Amadou Toumani Touré[108].

El 17 de diciembre de 2009, el jubilado italiano Sergio Cicala y su esposa italoburkinesa, Philomene Kabouré, fueron secuestrados por AQMI en Mauritania. Los liberaron el 16 de abril de 2010 tras la mediación del presidente de Burkina Faso, Blaise Compaoré.

Primer secuestro de españoles

Es evidente que los secuestros eran la fuente de financiación más importante de AQMI en la primera década de este siglo. Además, la toma de rehenes hacía visible a la organización yihadista al darle una cobertura mediática internacional. Los rescates pagados por rehén promediaban los dos millones de euros.

El 29 de noviembre de 2009, la *katiba* de esta organización terrorista mandada por Mohtar Belmohtar capturó en Mauritania, mientras se dirigían hacia Dakar, a tres cooperantes catalanes de la ONG Barcelona Acció Solidària: Alicia Gámez, Albert Vilalta y Roque Pascual, que fueron llevados al norte de Mali.

El 28 de diciembre de 2009, los secuestrados fueron trasladados a Mauritania para que pudieran llamar por teléfono móvil a sus familias. Después de realizar esta prueba de vida, regresaron a Mali. Los yihadistas sabían que la NSA, la agencia de espionaje de Estados Unidos, estaba vigilándoles.

El 10 de marzo de 2010 fue liberada en Burkina Faso la cooperante catalana, después de que AQMI exigiera la liberación de varios de sus miembros encarcelados en Mauritania. Para poner en libertad a los dos cooperantes varones, Belmohtar pidió la liberación de su lugarteniente Tagui Ould Youssef, detenido en Níger, que fue trasladado a Mauritania el 6 de junio. Puesto que el presidente mauritano Mohamed Uld Abdelaziz se opuso, Belmohtar solicitó

108 EFE. «Liberado el rehén francés Pierre Camatte en el norte de Mali». *Heraldo*, 23 febrero 2010.

la liberación de otro lugarteniente suyo, Omar Sid Ahmed Ould Hamma, alias *Omar el Saharahui,* a lo que accedió Abdelaziz tras la intervención del ministro español de Asuntos Exteriores, Miguel Ángel Moratinos. Roque Pascual y Albert Vilalta fueron liberados el 22 de agosto de 2010.

El presidente mauritano, Mohamed Uld Abdelaziz, rechazó la idea de pagar un rescate o intercambiar prisioneros con Al Qaeda en el Magreb Islámico (AQMI) por los dos rehenes españoles, Albert Vilalta y Roque Pascual, secuestrados por esta organización.

El mediador en las negociaciones para la liberación de los tres españoles fue Mustafá Chafi, asesor del presidente burkinés Blaise Compaoré, que también participó en la liberación de los dos diplomáticos canadienses.

La nueva ruta de la droga saheliana[109]

La franja del Sahel ha sido atravesada históricamente por largas caravanas de comerciantes que transportaban tanto productos legales como de contrabando. Estas rutas caravaneras han sido aprovechadas recientemente por las redes internacionales de narcotráfico con el principal objetivo de introducir drogas procedentes de América y Asia en Europa, transformando así el modelo económico de los sahelianos nómadas y sedentarios. En vez de dromedarios, ahora utilizan todoterrenos, camiones y motos. También esta evolución de la actividad comercial ilícita atañe a los grupos armados separatistas y yihadistas, en la medida en que la han aprovechado como una de sus principales fuentes de financiación, junto con los secuestros. Cuando los yihadistas salafistas argelinos se establecieron en el norte de Mali y en Mauritania, además de aliarse con los tuaregs y árabes secesionistas de Azawad, entraron en contacto con las organizaciones criminales (con implicaciones políticas y policiales)[110] que trabajaban en asociación con los cárteles latinoamericanos. En un principio, los yihadistas se limitaron a servir de guías, puesto que la

109 Además de las referencias indicadas a pie de página, para la redacción de este capítulo se han hecho las consultas apuntadas al final del texto.

110 Son numerosos los ejemplos de correspondencia entre los gobiernos sahelianos y el narcotráfico. El general El Hadj Ag Gamou, encargado por el Gobierno maliense de Amadou Toumani Touré de movilizar a las milicias tuaregs imghad que sirvieran de contrapeso a las secesionistas de la tribu ifoghas, veló para que parte de los beneficios del transporte de las drogas por la región de Gao llegase a Bamako. Continuó con esta labor durante la presidencia de Ibrahim Boubakar Keita. Lo mismo hizo el general Ould Meydou en la zona árabe del norte de Mali. Los árabes Ould Mataly y Cherif Ould Attaher, vinculados al grupo terrorista MUYAO, aprovecharon sus relaciones políticas con los gobiernos maliense y burkinés para convertirse en importantes «barones de la droga». También pertenecían a la rama política de MUYAO los narcotraficantes Mohamed Ould Ahmed, Hanoune Ould Ali y Ahmed Telmsi.

droga está prohibida por el islam *(haram)*, a cambio de dinero y armas. Pero, con el paso del tiempo, la implicación de los yihadistas en este comercio ilegal fue haciéndose mayor, con la excusa de que no era *haram* porque la droga era para infieles, llegando a asumir toda la organización del transporte desde la llegada de la mercancía al continente africano hasta su entrega a quienes la transportaban a Europa a través del Mediterráneo o el lado atlántico del Estrecho de Gibraltar. De este modo, organizaciones como AQMI simultanearon sus actividades terroristas con las de tráfico de drogas. El argelino ya mencionado Mohtar Belmohtar, uno de los líderes de AQMI, era conocido por el apodo de *Míster Marlboro* debido al control que ejercía en el tráfico de tabaco.

África oriental es, desde hace mucho tiempo, el principal conducto para el tráfico de heroína que, proveniente de Asia (Afganistán, principalmente), tiene como destino Europa. Por su parte, África occidental aparece como zona de paso de drogas desde la década de 1980 (tabaco, hachís, heroína), si bien fue durante los 90 cuando las mafias internacionales del narcotráfico comenzaron a utilizarla para el tránsito de cocaína (mucho más rentable), que desembarcaban en países pequeños de la costa como escala para su envío hasta Europa ya fuera por mar o por tierra, utilizando las ancestrales rutas caravaneras que atravesaban estados débiles, víctimas de la guerra, pobres y con autoridades corruptas. Así fue como, a mediados de los años 2000, Guinea-Conakri y Guinea-Bisáu se convirtieron en narcoestados. En este último país fue incautado en septiembre de 2006 el primer cargamento importante de cocaína. Hasta entonces, las escasas incautaciones no superaban los pocos kilogramos. A partir de 2005, las incautaciones solían superar los 100 kilogramos y podían llegar a la tonelada. Entre 2005 y 2008 se incautaron 46 toneladas de cocaína en los países costeros de África occidental, ya fuera en aguas del golfo de Guinea o en tierra firme. Un 35% de la cocaína producida en Colombia, Brasil y Venezuela era enviada en 2007 por mar o aire a algún punto de África occidental, para su traslado posterior a Europa.

Esta nueva ruta de la cocaína reemplazó en gran medida a la ruta marítima tradicional desde Suramérica de los narcotraficantes, que llevaban los cargamentos directamente a Europa por Galicia, a través de la llamada ruta de los veleros, con escala en los archipiélagos de Azores, Madeira o Canarias.

LOS CASOS *AIR COCAÏNE*

Aunque en 2009 se calculaba que el 20% de la cocaína que llegaba al Sahel desde América lo hacía por vía aérea, con pequeños aviones bimotores de hélice que hacían escala en el archipiélago de Bijagos (costa de Bisáu) y aterrizaban sobre todo en Mali, en pistas aisladas e improvisadas desde mediados de la década de 1990, lo cierto era que no se tenían pruebas de ello. Hasta que el 2 de noviembre de 2009 se encontró en el noroeste de Mali, cerca de Tarkint, la evidencia en forma de fuselaje calcinado de un avión siniestrado, un Boeing 727, al parecer, venezolano. Todo hacía indicar que había sufrido un aterrizaje forzoso en medio del desierto y que iba cargado de droga (unas cinco toneladas de cocaína), que sus tripulantes se llevaron. «Da miedo que este nuevo ejemplo de los vínculos entre las drogas, el crimen y el terrorismo haya sido descubierto por casualidad», manifestó entonces Antonio María Costa, director de la UNODC.

Al año siguiente, 2010, una red de tráfico de cocaína fue desmantelada en la capital maliense, Bamako, y en la ciudad marroquí de Salé. Era una red de traficantes vinculada a AQMI, cuyo jefe era un español llamado Miguel Ángel Devesa. Fueron detenidas 34 personas. Entre marzo y agosto de aquel año, esta organización había llevado a cabo ocho operaciones de transporte de cocaína (por un total de 600 kilogramos), desde Bamako hasta el norte de Marruecos por vía terrestre y pasando por Argelia o Mauritania. Luego, cruzaba el cargamento el Estrecho de Gibraltar en avionetas o por mar.

Devesa era un expolicía que, tras ser expulsado de la Policía Nacional, se instaló en Bamako, donde abrió una oficina de la empresa que había fundado en 2007 en Torrejón de Ardoz, Germain Export S.L., dedicada al comercio al por menor de vehículos terrestres. Enseguida supo granjearse buenas relaciones con las autoridades malienses ayudando a asociaciones infantiles y convirtiéndose en mecenas del club de fútbol de Mopti, la ciudad natal del presidente Touré. Detenido el 22 de agosto de 2010 junto con un socio portugués, Souza Miranda, y otro venezolano, Gustavo Valencia, fue sorprendido mientras se deshacía en un almacén ubicado en el polígono industrial de Bamako del cadáver de otro socio ucraniano al que había asesinado.

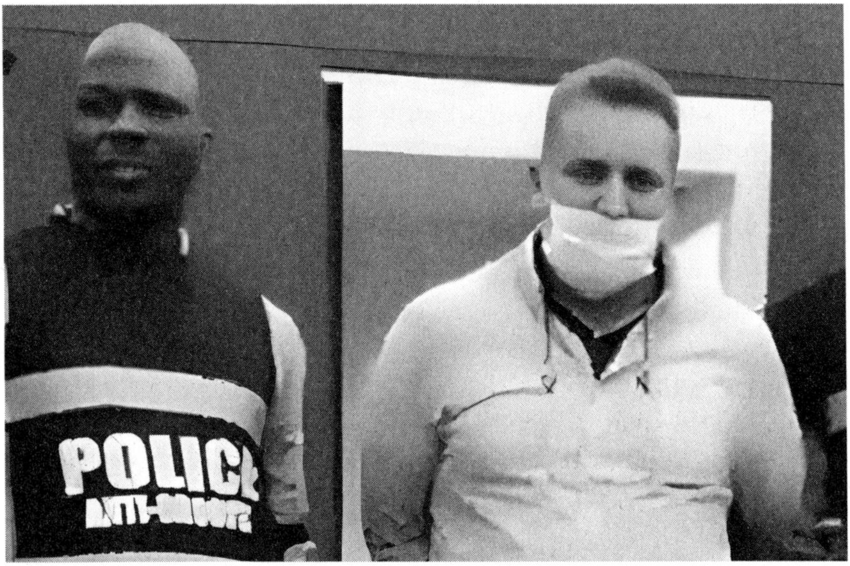

Miguel Ángel Devesa Mesa detenido en el puerto de Abiyán. Costa de Marfil.

Las investigaciones revelaron que el Boeing 727 siniestrado en 2009 cerca de la población maliense de Tarkint había despegado de Panamá el 16 de octubre, hizo escala en Maracaibo (Venezuela) y voló a algún lugar de Colombia cercano a la frontera. Luego, puso rumbo a Mali cargado con, al menos, cinco toneladas de cocaína. La operación fue realizada por la organización dirigida por Devesa, pero entre los patrocinadores se encontraban, además de AQMI, una familia libanesa cercana a Hezbolá y un comerciante mauritano de diamantes angoleños. El enlace con AQMI era Baba Ould Cheikh, un antiguo compañero de Iyad Ag Ghali, asiduo mediador en las negociaciones para la liberación de rehenes occidentales y personaje próximo al presidente maliense Amadou Toumani Touré. En esta relación estaban implicados un ministro, varios diputados y altos dignatarios del Ejército y de los servicios de Inteligencia de Mali. Con Ghali como intermediario, Touré ya había llegado a un acuerdo no oficial con la organización terrorista argelina, permitiendo que estableciera sus *katibas* en el norte maliense a cambio de compartir los beneficios de los rescates que se pagaban por los occidentales secuestrados y del tráfico de drogas. Durante la rebelión tuareg de 2006, el presidente Touré había apoyado a los grupos que entonces controlaban el tráfico de cocaína en el noreste del país (tuaregs imghad y lamhar; árabes tilemsi), a cambio de que se enfrentaran a los grupos rebeldes reforzando las milicias. Esta estrategia fue uno de los factores que desencadenaron la insurrección de 2012.

Devesa estuvo en prisión poco tiempo. Tras ser liberado, se dedicó nuevamente al narcotráfico en el Sahel y el golfo de Guinea.

Lo sucedido con aquel Boeing 727 y sus ocupantes pasó a conocerse como el primer caso *Air Cocaïne,* en relación a lo sucedido el 20 de marzo de 2013, cuando la policía dominicana detuvo un avión privado francés Falcon 50 en el aeropuerto de Punta Cana, cuando se disponía a despegar con 26 maletas cargadas con 680 kilogramos de cocaína. A bordo iban dos pasajeros, además del piloto, Pascal Fauret, y el copiloto, Bruno Odos, que fueron detenidos. El 14 de agosto de 2015 fueron condenados a 20 años de cárcel. Se apeló la sentencia y, mientras se resolvía, fueron puestos en libertad con la prohibición de salir del país. Pero el 18 de octubre siguiente, Fauret y Odos se fugaron a las Antillas Francesas y luego a Francia, donde dieron una rueda de prensa junto con sus abogados el 26 de octubre en la que aseguraron desconocer lo que llevaban las maletas y desmarcándose de los dos pasajeros que continuaban en la República Dominicana. Pocos días después, fueron arrestados por la policía francesa.

En una operación ejecutada coordinadamente por las policías española, ghanesa y marfileña, el pontevedrés Miguel Ángel Devesa Mesa fue detenido en el puerto de Abiyán (Costa de Marfil) en abril de 2022 por tráfico de drogas (se incautaron dos toneladas de cocaína), junto con otras doce personas, entre las que se encontraban el colombiano Gustavo Valencia, el español Aitor Picabea y varias autoridades locales y miembros de las fuerzas de seguridad marfileñas. El 7 de mayo de 2024 fue condenado a diez años de cárcel, a una multa de 76.300 euros y al pago de 91 millones de euros en concepto de indemnización al Estado.

NO SOLO COCAÍNA

Según la UNODC, entre 2019 y 2022 fueron incautadas al menos 57 toneladas de cocaína en África occidental o en camino a esta región.

Sin embargo, pese a ser la droga más rentable económicamente, no solo se comercia ilegalmente con esta substancia en el Sahel central y occidental. Además del tabaco, el cannabis y la heroína, desde hace años la UNODC viene informando de la aparición de laboratorios clandestinos en los que se fabrican drogas sintéticas. Así ocurrió en diciembre de 2009, cuando señalaron siete de estos laboratorios en Guinea. Entre 2011 y 2015 se localizaron otros diez laboratorios de anfetaminas en Nigeria.

Además del narcotráfico, las organizaciones yihadistas y separatistas concentradas en Azawad y posteriormente expandidas hacia el sur aprovecharon sus estructuras para ganar dinero con el tráfico de armas y de personas, convirtiéndose al principio en un modelo híbrido ideológico-económico, que, poco a poco, ha ido olvidando su motivación política. Las reivindicaciones independentistas e islamistas han sido sustituidas en la práctica por la necesidad de controlar un territorio que le garantiza beneficios económicos.

Estos beneficios económicos llegan solo a una élite, sin que supongan una mejora para la mayoría de los sahelianos, muchos de los cuales dependen para subsistir de la ayuda humanitaria internacional.

Estrategia europea en el Sahel y consecuencias del derrocamiento de Gadafi[111]

El 18 de febrero de 2010 se produjo un golpe de Estado en Níger que acabó con la pretensión del presidente Mamadú Tandja de modificar la Constitución para permitir prorrogar su mandato tres años. Fue derrocado por un Consejo Militar que proclamó su intención de restablecer la democracia, pero sin dar plazos. Encabezado por el coronel Salou Djibo, el golpe causó tres muertos. El 75% de los residentes occidentales en Níger eran franceses y solo había 60 españoles, en su mayoría misioneros y cooperantes. Pese a ser el tercer productor mundial de uranio y uno de los principales en carbón y contar en su subsuelo con fosfatos, oro, estaño, hierro, platino y titanio, los quince millones de nigerinos vivían en su mayor parte en una pobreza angustiosa. Las sucesivas rebeliones tuaregs en el norte, los secuestros de occidentales por los yihadistas salafistas, el asesinato en diciembre de 2009 de cuatro turistas saudíes y el tránsito de drogas provocaban una inseguridad que retraía la inversión de las empresas extranjeras.

El Consejo Militar que gobernó Níger tras el golpe de Estado no pudo acabar con la inseguridad. Solo un mes después, el 19 de abril, fue secuestrado en Níger por AQMI un francés de 78 años, Michel Germaneau, por cuya liberación se exigió la puesta en libertad de varios presos islamistas. Los contactos con los terroristas quedaron interrumpidos cuando el Gobierno francés rechazó excarcelar

111 Además de las referencias indicadas a pie de página, para la redacción de este capítulo se han hecho las consultas apuntadas al final del texto.

al islamista Rachid Ramda. El 21 de julio, fuerzas especiales francesas y soldados del Ejército mauritano cruzaron la frontera hacia el norte de Mali, donde se suponía que estaba el rehén, con intención de liberarlo. Mataron a seis yihadistas cerca de su campamento e hicieron huir a otros cuatro, que fueron perseguidos por la tropa mauritana, que se adentró más de 200 kilómetros en territorio maliense. La operación fue un fracaso por cuanto no se logró liberar al rehén. El sábado 24 de julio Germeaneau fue ejecutado. Era la segunda víctima occidental de Abu Zeid, después del británico Edwin Dyer, de 60 años[112].

El 16 de septiembre de 2010, la *katiba* de AQMI que dirigía Abu Zeid secuestró a siete extranjeros (cuatro franceses, un togolés, un malgache y una francesa) que trabajaban en las minas de uranio de Arlit, al norte de Níger. Previo pago de un millonario rescate, los franceses fueron liberados en octubre de 2013 y los otros dos, años y medio antes, en febrero de 2011[113].

El 15 de marzo de 2011 estalló la guerra civil en Siria, focalizándose allí la atención internacional por la intervención en ella de fuerzas armadas y financiación militar procedentes de varias partes del mundo (Rusia, Irán, Estados Unidos, Estado Islámico, Kurdistán, Hezbolá, Turquía, Arabia Saudí, Qatar, Kuwait). Esta intensa y creciente preocupación por lo que sucedía en Siria restó interés internacional a lo que sucedía en el Sahel.

El 26 de agosto de 2011 fue atacada con un coche bomba la Casa de las Naciones Unidas en Abuya, capital de Nigeria. Murieron 24 personas y 80 resultaron heridas[114]. El atentado fue reivindicado por el grupo islamista Boko Haram.

---

112 «Al Qaeda "ejecuta" a su rehén francés en venganza por el ataque que sufrió». *El País,* 25 julio 2010.

113 «Los cuatro franceses secuestrados en 2010 en Níger llegan a Francia». *El Comercio* / EFE, 30 octubre 2013.

114 Memorial. Naciones Unidas; 2011. Disponible en: https://www.un.org/es/memorial/nigeria_2011.shtml#:~:text=La%20Casa%20de%20las%20Naciones,24%20personas%20perdieron%20la%20vida.

ESTRATEGIA DE LA UE PARA LA SEGURIDAD Y EL DESARROLLO DEL SAHEL

A instancias del Consejo Europeo, en 2011 se presentó la Estrategia de la UE para la Seguridad y el Desarrollo del Sahel, que se centraba en cuatro ejes de actuación: el desarrollo; la buena gobernanza y la resolución del conflicto interno; la seguridad política y diplomática y el Estado de Derecho; y la lucha contra el extremismo violento.

Pero esta estrategia europea fue incapaz de prever y evitar el conflicto de Mali que se iniciaría un año después, por lo que la UE se vio obligada a enviar a este país africano una Misión de Asociación Militar (EUMPM Níger) en febrero de 2012.

DERROCAMIENTO DE GADAFI E INTERVENCIÓN INTERNACIONAL EN LIBIA

El coronel Muamar el Gadafi alcanzó el poder en Libia tras el golpe de Estado que derrocó al rey Idris I en 1969. Realizó una reforma económica y social que modernizó el país, aunque privando a sus habitantes de libertades políticas. El 20 de marzo de 1971 se aseguró unos ingresos adicionales para Libia renegociando los impuestos y los precios de las corporaciones petroleras que trabajaban en su territorio, para nacionalizar posteriormente la producción del petróleo en un 51% de sus operaciones. De 3.800 millones de dólares de PIB en 1969, se pasó a 13.700 millones en 1974 y 24.500 millones en 1979. El ingreso per cápita promedio de los libios pasó de 40 dólares estadounidenses en 1951 a 8.170 en 1979. Promulgó en 1970 una ley que garantizaba la igualdad de género y la paridad salarial. En 1972 aprobó otra ley que penalizaba el matrimonio de mujeres menores de 16 años y obligaba a que la mujer diese su consentimiento para contraer matrimonio. Buena parte de los beneficios petrolíferos sirvieron para financiar programas de bienestar social, como la construcción de viviendas, hospitales y escuelas.

Las numerosas tribus que poblaban Libia, enfrentadas entre ellas con frecuencia, conferían una diversidad identitaria que impedía una nacionalidad homogénea, primero, bajo la regencia otomana y, después, con el gobierno centralizado de la monarquía. Gadafi, no obstante, logró conciliar todas las tribus, garantizando una paz duradera.

Ferviente partidario del panarabismo, se puso del lado de la causa palestina, justificando la violencia contra Israel, incluso en actos terroristas.

Proclamó en abril de 1973 una revolución popular que reforzó su poder dictatorial y en marzo de 1977 disolvió la República Árabe Libia para convertirla en la Gran Yamahiriya Popular Socialista (*Yamahiriya* puede traducirse como *Estado de las masas*), donde el poder, supuestamente, pasaba a manos de los comités revolucionarios. En 1979 creó la Legión Islámica y ordenó asesinar a todos los disidentes que vivían en el extranjero.

La línea dura que emprendió la Administración estadounidense del presidente Reagan hacia Gadafi en los años 80 provocó el acercamiento a Moscú y la amenaza de unirse al Pacto de Varsovia, pero los soviéticos nunca se fiaron de él por considerarle un extremista impredecible. La participación indirecta de Libia en varios atentados terroristas contra intereses estadounidenses aumentó la reputación de Gadafi como líder árabe antiimperialista.

Entre 1987 y 1988 redujo el poder de los comités revolucionarios, limitándolo a un Ministerio de Movilización de Masas y Liderazgo Revolucionario. Pero estos comités resurgieron tras un intento de golpe de Estado en octubre de 1993, la insurgencia islamista en Bengasi en septiembre de 1995 y el motín en Trípoli en julio de 1996.

A partir de 1999, inició un proceso de moderación y reconciliación con Occidente, cuya prueba más significativa fue la condena de los atentados de Al Qaeda en Estados Unidos el 11 de septiembre de 2001. Tres años después, visitó oficialmente la sede de la UE en Bruselas. En 2010, el Gobierno libio recibió más de 50 millones de euros de la UE para evitar que los inmigrantes africanos llegaran a Europa. Al mismo tiempo, la economía libia fue experimentando un creciente proceso de privatización.

En 2010, Gadafi permitió la liberación de cientos de miembros del Grupo Islámico Combatiente Libio (GICL) en un proceso de reinserción y previa aceptación de las condiciones por parte de los dirigentes y militantes presos. Formado por sucesores de los islamistas libios perseguidos y ejecutados públicamente en la horca desde la década de 1980, el GICL había sido fundado en 1995 y muchos de sus miembros habían luchado contra los soviéticos en Afganistán. En febrero de 1996, atentaron contra la vida de Gadafi. Sin embargo, esta demostración de una política exitosa de reinserción no le sirvió a Gadafi para impedir su derrocamiento tras el inicio de la Primavera Árabe. Las revueltas populares que estallaron a mediados de febrero de 2011 contra la dictadura gadafista provocaron la caída del régimen.

El levantamiento triunfó rápidamente en la zona este del país, menos desarrollada económicamente, donde se constituyó el Consejo Nacional de Transición (CNT), del que formó parte el GICL, ahora llamado Movimiento Islámico Libio. El Consejo de Seguridad de la ONU declaró en marzo una zona de exclusión aérea para proteger a la población civil de los bombardeos aéreos y pidió la no implicación de países extranjeros en el conflicto, pero tanto la OTAN como Qatar y los EAU enviaron armas y tropas de apoyo al CNT. Gadafi murió linchado el 20 de octubre de 2011 y, con su desaparición, se inició un prometedor proceso democrático que, sin embargo, no superó el deterioro de la seguridad en el país y desembocó en otra guerra civil y en la disfuncionalidad permanente del Estado.

La inestabilidad política y la porosidad de las fronteras propiciaron el tráfico de una gran parte del armamento que había pertenecido al Ejército libio hacia el Sahel. Una cantidad considerable de este armamento fue transportada por los tuaregs que regresaban a Azawad.

En julio de 2012 se celebraron elecciones democráticas. El Congreso General Nacional (CGN) resultante estaba compuesto por 200 diputados. La moderada Alianza de Fuerzas Nacionales, encabezada por Mahmoud Jabril, fue el partido más votado, con 39 diputados, mientras que en segundo lugar quedó el Partido Justicia y Construcción, afín a los Hermanos Musulmanes. No obstante, fue elegido presidente Mohamed Yousef al-Magariaf, que sería sustituido en 2013 por Nuri Abu Sahmain debido a los enfrentamientos continuados entre moderados e islamistas. Durante dos años, Libia tuvo siete primeros ministros.

En julio de 2014 se celebraron nuevas elecciones generales, en medio de un ambiente de fuerte enfrentamiento y con el general Jalif Hafter atacando a los grupos yihadistas e islamistas en Bengasi, Zintan y Misurata. La participación fue muy baja (18% del electorado) y los islamistas fueron derrotados, constituyéndose la Cámara de Representantes (CR) con sede en Tobruk, que el 4 de agosto inició sus sesiones, así como un Gobierno provisional presidido por Abdullah Al Thinni, con sede en Al Baida. Pero en Trípoli, a mediados de julio, un grupo islamista encabezado por Sahmain no reconoció la CR y se declaró sucesor del CGN, lo que reinició el conflicto armado contra el Gobierno de Al Thinni. El CGN nombró un Gobierno de Salvación Nacional encabezado por Omar Al Hassi. A partir de ese momento, el país quedó dividido política y militarmente *de facto,* con dos parlamentos, dos gobiernos y sus respectivas milicias enfrentadas por el control del territorio.

El 17 de diciembre de 2015, con el auspicio de la ONU, se firmó un Acuerdo Nacional por el que se constituía un único parlamento consultivo, Alto Consejo de Estado, y un gobierno provisional y se abría una fase de transición hasta la celebración de nuevas elecciones, fijadas para finales de 2017. El CGN se disolvió para integrarse en el Alto Consejo y el Gobierno provisional, presidido por Fayez Serraj, se estableció en Trípoli en abril de 2016. Pero, enseguida, la CR se negó a reconocer el Gobierno provisional de Serraj, por lo que, de nuevo, el país quedó dividido en dos bandos: por un lado, la CR con sede en Tobruk, presidida por Aguila Saleh y apoyada por el ENL comandado por el general Hafter; y por otro, el Consejo Presidencial y Gobierno de Acuerdo Nacional, con sede en Trípoli, que contó con el apoyo de la cámara consultiva del Alto Consejo de Estado. Este último (Trípoli) fue reconocido por la ONU y parte de la comunidad internacional (Turquía y Qatar son sus principales aliados), en tanto que el otro (Tobruk) contó con el respaldo de otra parte de la comunidad internacional (Francia, EAU, Egipto, Arabia Saudí, Rusia y Chad son sus mayores apoyos). Otros países, como Argelia, Túnez, Italia, Estados Unidos o Alemania, mantienen una postura neutral o ambivalente.

En 2020 se declaró el cese de hostilidades. Desde entonces, todos los intentos realizados en pro de un acuerdo que conduzca a una solución definitiva y a la unión de Libia han fracasado.

Guerra de Mali (2012-2013)[115]

El ejército mauritano atacó el 21 de octubre de 2011 un campamento de AQMI ubicado en el bosque de Wagadu, ya en territorio maliense.

En la noche del 7 de enero de 2011, dos miembros de AQMI entraron armados en el restaurante Le Toulousain, situado en el centro de Niamey, para secuestrar a dos jóvenes turistas franceses, Antoine de Léocour y Vincent Delory. Según los testigos, se los llevaron a la fuerza a bordo de un todoterreno con matrícula de Benín. El ejército nigerino los persiguió y se produjo un tiroteo en la frontera con Mali, siendo entonces ejecutados ambos rehenes. Fue la primera vez que AQMI operaba en la capital de Níger[116]. AQMI secuestró el 24 de noviembre de 2011 en Mali al francés Philippe Verdon y al serbio-francés Serge Lazarevic. Verdon fue encontrado en julio de 2013 muerto con un balazo en la cabeza. Lazarevic fue liberado en diciembre de 2014[117]. Un día después de producirse el secuestro de Verdon y Lazarevic, otro grupo de AQMI tomó como rehenes en el hotel Alafi de Tombuctú al británico-sudafricano Stephen Malcolm McGown, al sueco Johan Gustafsson y al holandés Sjaak Rjike. Un alemán fue asesinado a tiros al negarse a subir al camión con sus secuestradores. Rjike fue liberado por las fuerzas especiales francesas en Tessalit, en el norte de Mali, el 6 de abril de 2015; Gustafsson fue liberado a finales de junio de 2017, sin que se hicieran públicos los detalles de su rescate; y McGown fue liberado a finales de julio de 2017 previo

---

115 Además de las referencias indicadas a pie de página, para la redacción de este capítulo se han hecho las consultas apuntadas al final del texto.

116 «Al Qaeda secuestró y asesinó a dos turistas franceses en Níger». *Infobae,* 6 noviembre 2017.

117 «Liberado Serge Lazarevic, el último rehén francés que existía en el mundo». *Euronews,* 9 diciembre 2014 / «Un rehén francés de Al Qaeda en el Magreb reaparece en un vídeo». RFI, 18 noviembre 2014.

pago a los captores, según *The New York Times*, de un rescate de 4,2 millones de dólares por parte del Gobierno sudafricano, a través de la organización benéfica Gift of the Givers[118].

APARICIÓN DEL MUYAO

A mediados de 2011, cansados del predominio argelino en la dirección de AQMI, un grupo de raza etíope y nacionalidad principalmente mauritana y maliense se escindió de esta organización y fundó el Movimiento para la Unicidad y la Yihad en África Occidental (MUYAO). La causa principal de esta separación fue eminentemente económica, por cuanto los dirigentes argelinos dividían los beneficios de los secuestros y del narcotráfico en tres partes: una para los mauritanos y malienses, otra para los argelinos y otra para los yihadistas que luchaban en Argelia, sin que los primeros estuvieran de acuerdo con esta última parte del reparto.

Bajo el mando de Ahmed al Tilemsi, la nueva organización concentró su actividad en el norte de Mali, con ayuda de los árabes tilemsi de la región de Gao.

Su primera acción, llevada a cabo el 23 de octubre de 2011, fue la captura en los campos de refugiados de Tinduf, en Argelia, de tres cooperantes europeos: dos españoles, Enric Gonyalons y Ainoa Fernández, y una italiana, Rosella Urru. Fueron trasladados a Mali y liberados el 18 de julio de 2012 tras el pago de unos 30 millones de euros por su rescate.

EL INICIO DE LA GUERRA

En enero de 2012 comenzó una nueva insurrección en Mali iniciada por el Movimiento Nacional de Liberación del Azawad (MNLA), una coalición fundada el 16 de octubre de 2011 por los tuaregs retornados al país desde Libia y que habían servido en el antiguo MPA.

118 «Liberan a Stephen McGown, el sudafricano secuestrado por Al Qaeda hace seis años». *Periodista Digital*, 3 agosto 2017 / «Secuestro en Tombuctú en 2011», Wikipedia.

Disconformes con la política llevada a cabo por el Gobierno de Bamako en cuanto a la corrupción y desigualdad que afectaban al reparto de ayudas de la UE, a la ocupación militar en el Azawad y al favoritismo que los políticos malienses mantenían hacia sus antiguos aliados tuaregs de los imghads en detrimento de los rebeldes ifoghas, los fundadores del MNLA reivindicaron la superación de la marginación económica y de la deficiente gestión gubernamental de los problemas más acuciantes que seguía sufriendo el norte de Mali: pobreza[119], corrupción de la ayuda humanitaria e inseguridad debido a las actividades de las organizaciones terroristas y del crimen organizado. Estas reivindicaciones desembocaron poco después en la búsqueda y proclamación de la independencia de Azawad, un territorio con una extensión de 932.490 km^2 (el 75% del total de Mali y poco menos que la de Francia, Alemania y Suiza juntas). Al incumplimiento de los acuerdos de paz firmados por parte del Gobierno maliense se unió la irrupción del islamismo yihadista, lo que agravó aún más la situación.

Iyad Ag Ghali, tuareg ifogha natural de Kidal, quiso dirigir esta nueva insurrección como había hecho en el pasado, pero debido a su conversión al islamismo y a su pretensión de imponer la *sharía,* los nuevos dirigentes del MNLA, jóvenes y defensores del laicismo de la organización, se opusieron y prefirieron elegir como su líder a Bilal Ag Acherif.

Los grupos yihadistas AQMI y MUYAO se unieron al MNLA en su lucha contra las Fuerzas de Seguridad y la Defensa (FSD) de Mali, que comenzó el 16 de enero de 2012.

CREACIÓN DE ANSAR DINE

Frustrado por el fracaso en su intento de liderar el MNLA en esta nueva insurrección, Iyad Ag Ghali fundó a finales de 2011 o primeros de 2012 su propia organización, Ansar Dine (Defensores

119 En 2010, la pobreza afectaba al 50% de la población maliense. En 2011 surgió una profunda crisis alimentaria provocada por una grave sequía, que requirió de la ayuda de organismos internacionales y asociaciones humanitarias para cubrir las necesidades básicas de muchos malienses. En 2012, el IDH de Mali ocupaba el puesto 182 de 187 países listados.

de la Religión), cuyo principal objetivo no era la independencia de Azawad, sino el establecimiento de un Estado islámico en Mali, regido por la *sharía*.

Ansar Dine nació con poco menos de 300 miembros, todos armados y de mayoría tuareg-maliense, pero el carisma de su fundador hizo que, en pocos meses, el rápido reclutamiento de veteranos del MNLA y jóvenes sin experiencia militar consiguiese que su número superase el millar.

Su financiación provenía de los beneficios obtenidos por los secuestros y los tráficos ilícitos de armas y drogas. El primero de los secuestros cometidos por Ansar Dine fue el de Beatrice Stockly, una misionera suiza que fue liberada al cabo de diez días de cautiverio por mediación del Gobierno de Burkina Faso.

Ansar Dine se unió al MNLA, AQMI y MUYAO contra el Gobierno maliense.

BREVE INDEPENDENCIA DE AZAWAD

Para los rebeldes secesionistas y yihadistas, bien armados gracias a los arsenales libios que, incluidos misiles, fueron introducidos en Mali a través de unas fronteras sin vigilancia, no resultó muy difícil expulsar a las tropas malienses de Azawad (regiones de Kidal, Gao y Tombuctú).

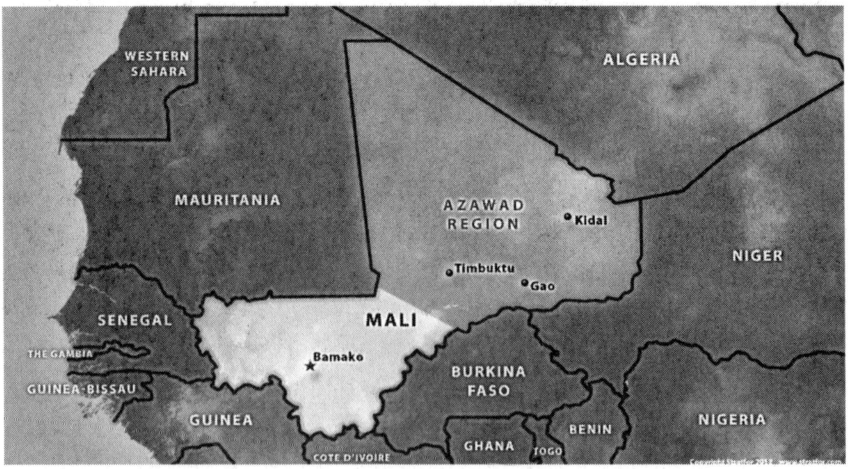

Mapa de Azawad.

El 16 de enero de 2012 atacaron Ménaka y al día siguiente, Aguelhok y Tessalit. Ménaka fue recuperada por el Ejército maliense el 18 de enero y recapturada por el MNLA el 1 de febrero. Tessalit fue recuperada por el Ejército el 18 de enero. Aunque aviones militares estadounidenses asistieron a los soldados malienses asediados en Tessalit suministrándoles alimentos, el 11 de marzo el MNLA volvió a ocupar esta ciudad, situada en el macizo del Adrir, centro neurálgico del comercio controlado históricamente por los tuaregs, tanto legal como ilegal, que circulaba entre el Magreb y el África subsahariana.

El 8 de febrero, los insurgentes ocuparon Tinzaouaten, ciudad fronteriza entre Mali y Argelia.

El MNLA entró el 26 de enero en las ciudades de Andéramboukane y Léré, y en Tinzaouaten y Niafunké el 8 de febrero. Los rebeldes ocuparon Diré y Goundam, en el centro del país, el 13 de marzo, al mismo tiempo que Ansar Dine tomaba el control de la frontera entre Mali y Argelia.

Golpe de Estado

El 22 de marzo de 2012, el presidente maliense Amadou Toumani Touré fue derrocado por un golpe de Estado. Los militares golpistas, descontentos con la gestión de la crisis que estaba llevando a cabo el Gobierno (le achacaban, sobre todo, la falta de equipamiento del ejército para luchar contra los insurgentes), estaban coordinados por el capitán Amadou Sanogo y agrupados en el autoproclamado Movimiento Popular del 22 de Marzo. Los amotinados tomaron el control de Bamako, constituyeron un Consejo Nacional para la Restauración de la Democracia y el Estado (CNRDE) y suspendieron la Constitución, si bien esta última decisión fue revertida el 1 de abril.

El golpe de Estado fue condenado por la comunidad internacional a través de organismos como ONU, UA o CEDEAO. El 23 de marzo la UA suspendió la membresía de Mali y los bancos Mundial y Africano de Desarrollo congelaron la ayuda a este país. Lo mismo hizo el Gobierno estadounidense el 26 de marzo. La CEDEAO, organización fundada en 1975 y formada por quince países, entre los que estaba Mali, decidió el 27 de marzo imponer un embargo absoluto contra la junta militar golpista (que comenzó el 2 de abril), sin descartar una posible intervención militar. La guerra en Mali impactó en sus vecinos, temerosos de ser contagiados por la violencia de los sublevados, sobre todo en Níger, cuyo Gobierno firmó un acuerdo de cooperación militar con Estados Unidos.

El MNLA toma el control de Azawad

En la noche del 23 de marzo de 2012, el MNLA tomó sin necesidad de luchar la ciudad de Anefis. Tres días después, junto con Ansar Dine, atacaron Kidal. Ghali entró triunfal en la ciudad el 30 de marzo, tras la retirada del ejército maliense. Ese mismo día, los rebeldes tomaron Ansongo y Burem y, al siguiente, Gao cayó bajo el control del MUYAO.

Resumamos los principales hitos de este conflicto cronológicamente:

- 1 de abril:
  - Blaise Compaoré, presidente de Burkina Faso, es nombrado mediador por la CEDEAO para negociar con el CNRDE. MNLA y Ansar Dine toman Tombuctú sin resistencia. Representa una victoria de gran importancia simbólica por tratarse de la capital histórica, cultural y religiosa del país.

- 2 de abril:
  - Ghali, líder de Ansar Dine, llega a Tombuctú junto con fuerzas de AQMI dirigidas por Abu Zeid y Mohtar Belmohtar.
  - El MNLA toma la ciudad de Douentza.

- 3 de abril:
  - Ghali toma el control de Tombuctú, expulsa a los miembros del MNLA y aplica la *sharía*.

- 4 de abril:
  - Con intención de mantener Azawad unido al Estado maliense, surge la Coalición para el Pueblo del Norte de Mali, guerrilla armada contraria a separatistas y yihadistas.

- 5 de abril:
  - El MNLA anuncia el fin de su ofensiva.
  - El MUYAO secuestra a funcionarios del consulado argelino en Gao.

- 6 de abril:
  - El MNLA proclama la independencia de Azawad.
  - La CEDEAO y el CNRDE alcanzan un acuerdo por el que tanto el golpista Sanogo como el presidente derrocado, Touré, aceptan cesar a cambio del levantamiento del embargo y la amnistía para los amotinados. El poder pasa interinamente al portavoz de la Asamblea Nacional, Diouncounda Traoré.

- 8 de abril:
  - Los rehenes argelinos fueron liberados en Gao. Los raptores islamistas fueron obligados por el MNLA.
  - Compuesto en gran parte por milicianos árabes que se habían organizado para defender Tombuctú de los rebeldes, se constituye el laico Frente de Liberación Nacional de Azawad (FLNA). Estaba dirigido por un desertor del Ejército de Mali, Husein Khoulam. Encontraron dificultades para el reclutamiento debido a su involucración en el tráfico de drogas, pero al menos 100 de sus primeros 500 miembros procedían de Boko Haram. Posteriormente, cambiaron su nombre por el del Movimiento Árabe de Azawad (MAA).

- 14 de abril:
  - Como demostración de su poder, Ghali libera sin compensación alguna a 160 prisioneros del Ejército maliense.

- 12 de mayo:
  - El ejército mauritano bombardea campamentos islamistas en su frontera con Mali.

- 19 de mayo:
  - Toma de posesión del presidente interino Dioncounda Traoré, con la obligación de convocar elecciones en el plazo

de 40 días, pero enseguida surgen dificultades en la transferencia real de poderes a los civiles.

- 22 de mayo:
  - El presidente Traoré es agredido en su despacho del palacio presidencial de Bamako, ante la inacción de la Guardia Nacional, por un grupo de manifestantes de la Coordinación de Organizaciones Patrióticas en Mali (COPAM), favorable al golpe de Estado. Uno de ellos le golpea en la cabeza.

- 23 de mayo:
  - El presidente Traoré se va a París.

- 27 de mayo:
  - El MNLA y Ansar Dine se fusionan y fundan el Consejo de Transición del Estado Islámico de Azawad. Los tuaregs aceptan que Azawad se constituya en Estado islámico y los yihadistas ceden en que se independice de Mali.

- 30 de mayo:
  - Tanto la UA como la UE se oponen a la independencia de Azawad.

- 2 de junio:
  - Los dirigentes del MNLA rompen el acuerdo con Ansar Dine porque se niegan a la imposición de la *sharía* como fuente de la ley.

- 7 de junio:
  - Se crea otro grupo armado pro unidad e integridad maliense, el Movimiento de los Patriotas por la Resistencia y la Liberación de Tombuctú (MPRLT), formado por secularistas songhais y tuaregs que pretenden expulsar a los islamistas de la ciudad.

- 8 de junio:
  - Ansar Dine reitera que su objetivo es implantar la *sharía* de modo estricto en todo el norte de Mali. También lo

pretenden AQMI y MUYAO. Las principales autoridades religiosas locales hacen pública su oposición y, en las poblaciones ocupadas, se producen protestas que son duramente reprimidas. Dos días antes, medio millar de personas, en su mayoría mujeres y niños, se manifestaron en Kidal en contra de la imposición de la *sharía* y en apoyo del MNLA. Fueron violentamente dispersados por miembros de Ansar Dine, que en la noche de este 8 de junio se enfrentaron con armas automáticas a miembros del MNLA; murieron dos personas en esta escaramuza.

- 25 de junio:
  - Tras la ruptura entre el MNLA y Ansar Dine comenzaron a registrarse violentos enfrentamientos entre ambas organizaciones. También este día empezaron a producirse combates en Gao (considerada capital del Azawad independiente) entre el MNLA y los islamistas del MUYAO.

- 27 de junio:
  - Batalla de Gao: se produjo entre las tropas del MNLA y los yihadistas del MUYAO, apoyados por miembros de Ansar Dine y AQMI. Las calles de la ciudad se llenaron de cadáveres. Cayó herido el líder del MNLA, Bilal Ag Acherif. Al menos 40 de sus compañeros fueron hechos prisioneros.

- 28 de junio:
  - Ghali entra en Gao. Las tres principales ciudades de Azawad (Gao, Tombuctú y Kidal) estaban en manos de los islamistas.

- 30 de junio:
  - Ghali se reúne con los jefes del MNLA y acuerdan un alto el fuego.

El MNLA pierde el control de Azawad

El Consejo de Seguridad de las Naciones Unidas, en su Resolución 2056 del 5 de julio de 2012, condenó el golpe de Estado llevado a cabo el 22 de marzo anterior en Mali y reiteró tanto su apoyo a las medidas de mediación de la UA y de la CEDEAO como su condena a los ataques de «los grupos rebeldes contra las fuerzas armadas y la población civil de Mali»[120].

Tras la pérdida de Ansongo en manos del MUYAO el 11 de julio, el MNLA se encontró expulsado prácticamente de casi todo el Azawad por parte de los yihadistas. Estos se repartían el control de la región de Tombuctú (Ansar Dine y AQMI; excepto Léré, aún en poder del MNLA), de la región de Gao (MUYAO y AQMI; excepto Ménaka, del MNLA) y de la región de Kidal (Ansar Dine). Los yihadistas habían apoyado la revuelta encabezada por el MNLA como parásitos, a la espera del mejor momento; una vez alcanzada la victoria, se revolvieron contra sus aliados para tomar el poder y sustituir las seculares pretensiones secesionistas por sus ideales de islamismo radical.

Esta pérdida de control de los independentistas laicos conllevó la implantación en casi todo el territorio de la ley islámica. Aunque ni los insurgentes secesionistas ni los yihadistas contaron desde el inicio de la guerra con un gran apoyo popular en Azawad, la imposición de la *sharía* generó una mayor impopularidad de los nuevos gobernantes, ya que fueron reconocidos como invasores extraños y contrarios al tradicional islamismo moderado de los azawadís. A pesar de que surgieron con el tiempo algunos colaboradores autóctonos, sobre todo entre los tuaregs, a los islamistas les resultó muy difícil reclutar hombres dispuestos a luchar para engrosar sus filas. Según estimación de AI, cerca de 320.000 habían abandonado en mayo de 2012 sus hogares y se habían desplazado a otras partes de Mali o Mauritania.

El 21 de julio, los grupos de raza etíope Ganda Koy y Ganda Iso (Hijos de la Tierra), junto con otras cuatro milicias del Gao, crearon las Fuerzas Patrióticas de Resistencia (FPR).

El presidente Dioncounda Traoré regresó a Bamako el 27 de julio, después de recuperarse de sus heridas en París.

---

120 Resolución 2056 (2012), aprobada por el Consejo de Seguridad en su 6798ª sesión, celebrada el 5 de julio de 2012. Disponible en: https://www.refworld.org/es/leg/resol/csonu/2012/es/88434

Prohibiciones y destrucción del patrimonio cultural

Como consecuencia de la implantación de la *sharía,* a los hombres se les obligó a dejarse la barba y el pantalón no debía llegar al tobillo, mientras que las mujeres tenían que cubrir su cuerpo y mostrarse en público con velo. Se prohibieron la música y fumar, así como las clases mixtas en los colegios y la enseñanza de la filosofía y la biología.

Entre el 30 de junio y el 3 de julio, los yihadistas, bajo la supervisión de Ahmad Al Mahdi Faqi, alias *Abou Tourab,* jefe de la policía islámica de moralidad de Ansar Dine, destruyeron en Tombuctú los mausoleos considerados por la UNESCO desde 1988 Patrimonio de la Humanidad.

Abou Tourab fue juzgado por la Corte Penal Internacional el 22 de agosto de 2016 por crímenes de guerra, al entender como tales el saqueo y la destrucción de los monumentos históricos y religiosos en Tombuctú, también conocida como Ciudad de los 333 Santos. Fue condenado a nueve años de cárcel.

El 17 de septiembre de 2012, el MUYAO también destruyó un mausoleo histórico en el norte de Gao.

Los yihadistas avanzan hacia Bamako

El 14 de agosto de 2012, la CEDEAO ofreció al Gobierno de Mali el envío de tropas para colaborar en la lucha contra los rebeldes que ocupaban Azawad, pero el presidente Dioncounda Traoré rechazó la propuesta porque confiaba en que el Ejército maliense se bastara para hacer frente a los yihadistas. No obstante, el 30 de agosto remitió una carta al secretario general de la ONU solicitando ayuda.

Una vez dominado casi por completo Azawad, los islamistas avanzaron hacia el sur y tomaron el 3 de septiembre de 2012 la ciudad de Douentza, controlada hasta entonces por Ganda Iso, grupo paramilitar compuesto por songhais, bambaras, fulanis, bozos y tuareg-bella. Fue tomada sin violencia porque el jefe de este grupo y sus hombres se pasaron con armas al MUYAO. El 23 de septiembre, Traoré cambió de opinión y envió una solicitud formal de ayuda a la CEDEAO. Tras una reunión en Abuya, el 11 de noviembre, la CEDEAO acordó enviar una ayuda militar de 3.300 soldados a Mali. Una semana más tarde, la UE envió 250 formadores militares a Bamako.

El 16 de noviembre se celebró en Uagadugú, capital de Burkina Faso, un encuentro de representantes del MNLA y Ansar Dine, con el presidente burkinés Blaise Compaoré como mediador. Dos días antes, el MNLA y el MUYAO habían reanudado la lucha. Los tuaregs perdieron el día 27 el control de Léré y poco después también fueron expulsados por los islamistas de Ménaka, la última ciudad de Azawad que dominaban.

A finales de 2012, Ansar Dine controlaba la región de Kidal y la mayor parte de la de Tombuctú, que compartía con los argelinos de AQMI, mientras que los mauritanos y saharauis del MUYAO dominaban la región de Gao. Entre abril y noviembre de aquel año, el MUYAO se dedicó al secuestro de occidentales. Además de los diplomáticos argelinos en Gao y de los tres cooperantes españoles que cautivaron en los campamentos saharauis de Tinduf, miembros del MUYAO realizaron en noviembre el secuestro de un turista francés de 61 años, Gilberto Rodríguez, en el sureste de Mali, cerca de la frontera con Mauritania. El Gobierno de París se negó a pagar rescate y Rodríguez fue ejecutado dos años después.

En enero de 2013, encabezados por Ghali, los yihadistas lanzaron una ofensiva contra el sur de Mali. El día 9 conquistaron la ciudad de Konna, lo que provocó la intervención al día siguiente del ejército francés y de varios países africanos que acudieron en ayuda del Gobierno de Bamako.

LOS FIRMANTES CON SANGRE

Tras enfrentarse con otros dirigentes de AQMI por discrepancias eminentemente económicas, territoriales y de liderazgo, Mohtar Belmohtar fundó en diciembre de 2012 la brigada yihadista Los Firmantes con Sangre.

El 16 de enero de 2013, un grupo de esta nueva organización terrorista atacó con misiles y morteros dos autobuses que transportaban a trabajadores de la planta gasística argelina instalada en Tigantourine, propiedad de la compañía estatal argelina y la noruega

Statoil y la británica BP. Murió una persona y fueron heridas otras seis. A continuación, los atacantes se dirigieron a la planta de gas, In Amenas, inaugurada en 2006, que tomaron tras dos horas de lucha, reteniendo a 790 rehenes, de los cuales 132 eran extranjeros, de un total de 26 nacionalidades. Al día siguiente, 17 de enero, el ejército argelino asaltó el complejo y liberó a 573 argelinos y 100 extranjeros. Durante la operación murieron al menos 18 terroristas y doce rehenes. Los once islamistas que permanecían dentro de la planta ejecutaron a quince rehenes y el 19 de enero, cuando el ejército argelino acometió el ataque definitivo, encontraron en el interior de la planta, después de matar a once terroristas, los cadáveres de otros siete rehenes.

EMPIEZA LA OPERACIÓN SERVAL

El Consejo de la UE tomó la decisión, el 17 de enero de 2013, de enviar una misión militar a Mali para contribuir a la formación de las Fuerzas Armadas de Mali (EUTM Mali)[121]. Los primeros soldados europeos llegaron a Bamako el 8 de febrero y el 20 siguiente dio comienzo oficialmente la misión.

Paralelamente, el 11 de enero, el Ejército francés comenzó a intervenir militarmente contra los islamistas, respondiendo así a la petición de ayuda de Bamako y bajo el amparo de la ONU. Días después se desplegaron tropas de otros países africanos. La operación militar francesa tenía el nombre de Serval, contaba con más de 3.000 hombres y se apoyó logísticamente tanto en la EUTM Mali, como en Estados Unidos y Canadá.

Los combates se iniciaron el mismo día 11 de enero, cuando soldados chadianos se enfrentaron a los islamistas en el norte de Mali. El saldo resultante fue de 78 muertos (13 chadianos y 65 islamistas).

El 12 de enero, tropas malienses recuperaron la ciudad de Konna, tras el bombardeo de las posiciones islamistas por la aviación francesa.

121 EUR-Lex: https://eur-lex.europa.eu/legal-content/En/TXT/?uri=CELEX:02013D0034-20131209&qid=1536048656105

Un día después, cuatro aviones franceses destruyeron puestos del MUYAO en Gao, permitiendo el Gobierno de Argel la penetración en su espacio aéreo. Murieron unos 60 yihadistas. También fueron bombardeadas posiciones islamistas en Léré y Bourem, donde murieron al menos un centenar de hombres del MUYAO y de Ansar Dine.

Muchos combatientes de Ansar Dine, encabezados por Alghabass Ag Intalla, abandonaron el 24 de enero esta organización para fundar el Movimiento Islámico del Azawad (MIA), que unos meses más tarde se uniría al Alto Consejo para la Unidad del Azawad (HCUA, por sus siglas en francés), creado el 2 de mayo con la intención de favorecer las conversaciones de paz con el Gobierno de Mali y catalogando a Iyad Ag Ghali de terrorista.

El 26 de enero, las tropas francesas y sus aliados africanos tomaron los aeropuertos de Gao y de Tombuctú.

Las tres principales ciudades de Azawad, Tombuctú, Gao y Kidal, fueron liberadas por las tropas de la operación Serval el 30 de enero. Dos días antes, había sido quemada la Biblioteca Nacional de Tombuctú, la Atenas de África.

El presidente francés. François Hollande, visitó el 2 de febrero la legendaria ciudad de Tombuctú. Fue aclamado por la multitud y honrado por las autoridades, que le obsequiaron con un dromedario, entre otros regalos.

Casi todo el territorio del Azawad ocupado en los meses anteriores por los islamistas estaba el 8 de febrero recuperado por el Ejército maliense y sus aliados franceses y de la coalición internacional. Tras sufrir en torno a un millar de bajas, los miembros de Ansar Dine, AQMI y el MUYAO se replegaron hasta el macizo montañoso de Adrar de los Ifoghas o se dispersaron por el desierto.

Este repliegue propició la atomización del yihadismo en Mali, con la aparición de nuevos grupos armados que se apartaron del islamismo radical para aspirar a objetivos más políticos o económicos, a la manera como hicieron los ya mencionados MAA (escisión del MUYAO) o MIA (de Ansar Dine).

El 23 de febrero, en la zona septentrional maliense de Tigargara, las tropas francesas mataron a una cuarentena de miembros del AQMI, entre los que estaba su líder, Abu Zeid, cuyo verdadero nombre era Mohamed Ghadir.

Primeros atentados suicidas en Mali y Níger

Con la intervención militar internacional en el norte de Mali, los yihadistas salafistas comenzaron a utilizar a suicidas para perpetrar atentados en este país, que se extendieron a Níger y Burkina Faso. La mayoría de estos suicidas eran peuls, tribu de raza etíope asentada en el centro de Mali que, pese a su pasado glorioso como fuerza imperialista, ahora vivían en situación de pobreza debido, sobre todo, a los efectos del cambio climático y a su marginación por parte de las autoridades.

El 23 de mayo de 2013 se llevaron a cabo los primeros atentados terroristas por yihadistas suicidas en Níger. Fueron dos ataques simultáneos en un campamento militar situado en Agadez, reivindicados por Los Firmantes con Sangre, de Mohtar Belmohtar, y en una mina de uranio del grupo nuclear francés *Areva* en Arit, reivindicado por el MUYAO.

Agadez es una ciudad situada en el centro de Níger, en el desierto del Sahara, capital de una de las federaciones tradicionales tuareg y cuyo centro histórico fue declarado Patrimonio de la Humanidad por la UNESCO. En 2012 contaba con 118.240 habitantes. Forma parte de lo que los migrantes subsaharianos conocen como *el camino del infierno* por ser el punto de salida de la ruta que, desde tiempo inmemorial, han usado los contrabandistas y traficantes de armas, drogas y seres humanos para ir hasta el suroeste de Libia y el norte de Mali. También los yihadistas la usaban ahora puesto que, debido a la persecución que sufrían en Argelia y la guerra en Azawad, habían trasladado sus lugares de refugio al desierto de Libia. Tanto era así que, el 5 de febrero de 2014, el ministro de Interior nigerino, Massoudou Hassoumi (posteriormente, ministro de Finanzas, de Relaciones Exteriores y, también, presidente interino de Níger), exigió la intervención extranjera en el sur de Libia, región «incubadora de grupos terroristas». Fuerzas francesas destruyeron en el norte de Níger un convoy del AQMI que transportaba armas desde Libia hacia Mali.

Si durante la primera década del 2000 la gran mayoría de los atentados terroristas habían sido cometidos por los yihadistas en el Magreb, a partir del inicio de la operación Serval fue en el Sahel donde se llevaron a cabo en mayor número. Entre 2001 y 2014, de un total de 1.951 atentados, en Argelia se perpetraron 1.307; en Libia, 353; en Mali, 105; en Chad, 58; en Túnez, 48; en Níger, 44; en Mauritania, 27; y en Marruecos, nueve.

MINUSMA Y NEGOCIACIONES DE PAZ ESTANCADAS

La ONU aprobó el 25 de abril de 2013 el despliegue de la Misión Multidimensional Integrada de Estabilización de las Naciones en Mali (MINUSMA)[122], que relevaría a la anteriormente liderada por la UA y la African-Led Support Mission in Mali (AFISMA). La MINUSMA tenía como objetivo apoyar los procesos políticos en Mali y llevar a cabo una serie de tareas relacionadas con la seguridad.

En Uagadugú, capital burkinesa, se firmó el 18 de junio de 2013 un acuerdo preliminar entre el Gobierno maliense, el MNLA y el HCUA, por el que se comprometían a un alto el fuego, a iniciar conversaciones de paz y a celebrar elecciones presidenciales.

En agosto de 2013 ganó las elecciones presidenciales Ibrahim Boubacar Keita y su Gobierno inició las conversaciones de paz con la implicación de la MINUSMA, pero estas negociaciones se estancaron y, el 26 de septiembre, los rebeldes tuaregs se retiraron y pusieron fin al alto el fuego, después de que soldados malienses atacaran a manifestantes desarmados.

NACE AL MURABITUN

El MUYAO, encabezado por Ahmed al Tilemsi, y Los Firmantes con Sangre de Belmohtar se fusionaron el 22 de agosto de 2013, constituyendo el grupo yihadista salafista Al Murabitun (Los Almorávides). Hacía meses que ambas organizaciones participaban en ataques conjuntos. Abu Bakr al Nasr fue nombrado jefe de Al Murabitun, pero moriría en abril siguiente en un enfrentamiento con el ejército francés entre Kidal y Tombuctú.

El Gobierno estadounidense puso precio a la cabeza de Mohtar Belmohtar el 3 de junio de 2013: cinco millones de dólares. Belmohtar estableció su santuario en el suroeste de Libia, en la zona desértica de Sebha.

Dos de los lugartenientes de Belmohtar murieron combatiendo contra las fuerzas de la operación Serval a finales de 2013 y principios

122 Resolución del Consejo de Seguridad S/RES/2100.

de 2014: su yerno Joulebib, en la noche del 13 al 14 de noviembre cerca de Tessalit, y Omar uld Hamaha, en marzo. Al propio Belmohtar se le dio erróneamente por muerto en aquellas fechas.

CREACIÓN DEL G5 SAHEL

Entre los días 15 y 17 de febrero de 2014, en la capital mauritana, Nuakchot, se celebró una cumbre de los jefes de Estado de Mali (Ibrahim Boubacar Keita), Níger (Mahamadou Issoufou), Chad (Idriss Déby), Burkina Faso (Blaise Compaoré) y Mauritania (Mohamed Ould Abdelaziz), en la que se acordó la creación de una nueva organización, el G5 Sahel.

El objetivo del G5 Sahel era establecer un marco de coordinación regional que sirviera para restablecer la paz en los cinco países. Para ello, se proponía afrontar las crisis internas y comunes, tales como el terrorismo islámico, los flujos migratorios y el crimen organizado, mediante la coordinación en materia de seguridad y la cooperación en políticas de desarrollo económico y social, con proyectos estructurales en infraestructuras, seguridad alimentaria y adaptación al cambio climático.

El texto jurídico de creación del G5S y el Programa de Inversión Prioritaria 2015-2017 fueron firmados por los cinco jefes de Estado en otra cumbre celebrada también en Nuakchot el 19 de diciembre de 2014.

FIN DE LA OPERACIÓN SERVAL

En enero de 2014 se habían reiniciado contactos previos a una posible negociación entre el Gobierno maliense y los rebeldes tuaregs, auspiciados por Argelia. Pero en mayo se interrumpieron bruscamente debido a los sucesos acaecidos en Kidal.

El primer ministro maliense, Oumar Ly Tatam, dimitió el 9 de abril de 2014 y fue sustituido por Moussa Maram, quien realizó una visita a Kidal el 17 de mayo siguiente que provocó una confrontación entre manifestantes que coreaban eslóganes contra Mali y a favor de la independencia de Azawad y las fuerzas de seguridad, que estaban acompañadas por miembros de la MINUSMA. En ella también participaron miembros del MNLA y el HCUA. Hubo un número indeterminado de muertos y heridos.

En julio se retomaron los contactos bajo el impulso de Argelia, la ONU, la UA, la CEDEAO y la Unión Europea, formándose dos grupos de negociación con el Gobierno maliense. Por un lado, la Coordinadora de Movimientos de Azawad (CMA), que representaba a los grupos armados rebeldes tuaregs y árabes: el MNLA, el HCUA y el MAA. Por otro lado, la Plataforma, que incluía a organizaciones no armadas del norte y centro del país: Coalición del Pueblo para el Azawad (CPA), una facción escindida del MAA que apoyaba al Gobierno de Bamako (MAA Plataforma) y la Coordinación de Movimientos y Frente Patriótico de Resistencia (CMFPR).

En agosto, se escindió del MAA Plataforma una milicia armada compuesta por tuaregs imghad, llamada Grupo de Autodefensa Tuareg Imghad y Aliados (GATIA).

Después de un largo periodo de negociación, los acuerdos de paz fueron firmados en Bamako el 14 de mayo de 2015 por la Plataforma y el 20 de junio por la Coordinadora.

Mientras se llevaban a cabo estas negociaciones, sucedieron dos hechos en aquel año 2014 que conviene recordar.

El primero ocurrió el 13 de julio, cuando se dio por finalizada oficialmente la operación Serval, una vez que el Gobierno maliense había recuperado la mayor parte del control de Azawad gracias a la intervención de tropas internacionales, principalmente, francesas.

El segundo acaeció con anterioridad y constituyó el comienzo de una práctica terrorista desconocida hasta entonces: el secuestro masivo de niñas.

BOKO HARAM SECUESTRA A 276 NIÑAS NIGERIANAS

Un grupo de Boko Haram compuesto por hombres de etnia fulani y hausa atacó el 7 de marzo de 2010 los asentamientos de los cristianos berom en la meseta nigeriana de Jos, incendiando las aldeas y asesinando a cerca de 500 hombres, mujeres y niños. El ataque se repitió diez días más tarde. El 25 de diciembre de 2011, mientras conmemoraban la Navidad en una iglesia de Jos, 40 cristianos murieron a causa de las bombas disparadas contra el templo por miembros de Boko Haram, cuyo líder era Abubakar Shekau.

Entre medias, el 7 de septiembre de 2010, medio centenar de hombres armados pertenecientes a Boko Haram atacaron la prisión federal de Bauchi, en el noreste de Nigeria, y liberaron a 721 presos, 150 de los cuales eran miembros de esta organización yihadista.

Esta escalada de actividad por parte de Boko Haram, que afectó no solo al noreste nigeriano sino también a países vecinos como Níger, Chad y Camerún, y que motivó su designación como grupo terrorista por el Gobierno estadounidense en 2013, tuvo su momento más impactante a nivel internacional cuando, el 14 de abril de 2014, guerrilleros de esta organización terrorista secuestraron a 276 alumnas de una escuela de educación secundaria de Chibok, en la comunidad de Borno, en el noreste de Nigeria.

Un año después, en abril de 2015, el ejército nigeriano liberó a unas 300 mujeres y niñas secuestradas por Boko Haram, cuyas fuerzas se retiraron a los montes Mandara, a lo largo de la frontera entre Nigeria y Camerún.

El Gobierno nigeriano confirmó en 2016 la liberación de 21 de las muchachas secuestradas en Chibok y, en noviembre de ese mismo año, los soldados liberaron a otra. Se calculaba entonces que Boko Haram retenía a 196 de las 276 alumnas capturadas.

Amina Ali fue la primera niña de Chibok en escapar de Boko Haram en 2016.

En abril de 2024, diez años después de haber sido secuestradas, eran 188 las rehenes que habían sido liberadas o que lograron escaparse. Quedaban, por tanto, otras 88 cuyo paradero se desconocía.

Muchas de estas jóvenes fueron obligadas a casarse con combatientes de Boko Haram, con los que tuvieron hijos. Algunas de las que escaparon o fueron liberadas aseguraron que recibieron, en general, un buen trato por parte de sus maridos y demás miembros de la organización islamista, lo que contrastaba con el desapego y las penurias que pasaban en los campos de desplazados tras su liberación. Dos de ellas afirmaron que podían acudir a tribunales islámicos para buscar protección e incluso divorciarse si eran maltratadas por sus esposos[123]. Lisu, que dio a luz a dos bebés mientras era rehén del grupo islamista en un campamento situado en el bosque de Sambisa, después de escapar y pasar por un programa de rehabilitación gubernamental, fue alojada con otras excautivas. En declaraciones a la reportera de la BBC Yemisi Adegoke, se lamentó: «A veces lloro cuando lo recuerdo y me pregunto: "¿Por qué dejé Sambisa para regresar a Nigeria, solo para enfrentar un trato tan degradante y ser insultada casi a diario?". Nunca experimenté tal dolor mientras estuve en Sambisa [...]. Tenía más libertad en el campo de Boko Haram que aquí»[124].

123 MATFESS, Hilary. *Women and the War on Boko Haram. Wives, Weapons, Witnesses*. Londres: Bloomsbury; 2017.

124 ADEGOKE, Yemisi. *Qué fue de las 276 niñas secuestradas por Boko Haram hace una década*. BBC, 16 abril 2024.

Inicio de la operación Barkhane[125]

Una vez terminada en julio de 2014 la operación Serval, tras el acuerdo de paz firmado con los rebeldes tuaregs, las fuerzas internacionales encabezadas por el Ejército francés iniciaron el 1 de agosto de 2014 la operación Barkhane, con el objetivo de derrotar a los yihadistas que operaban por el Sahel.

Previamente, el 14 de julio, el ministro de Defensa francés, Jean-Yves Le Drian, anunció dicha operación con la colaboración de los cinco países del G5S. Contaría con un presupuesto de 600 millones de euros anuales, movilizaría a casi 3.000 militares y el puesto de mando estaría ubicado en la capital chadiana, Yamena.

La situación en el Sahel era muy preocupante en cuanto a la inseguridad alimentaria debido a la guerra en Mali, que se extendía a los países vecinos, agravando otros problemas endémicos, según un informe publicado en 2014 por la OCHA. Los países que componían el G5S estaban, además, entre los que tenían un IDH más bajo del Programa de Naciones Unidas en aquel año de 2014. De un total de 190 países, en el *ranking,* Mauritania ocupaba el puesto 156.º, con un valor de 0,537; Mali, el 185.º (0,415); Burkina Faso, el 187.º (0,408); Chad, el 188.ºº (0,393); y Níger, el 189.ºº (0,370)[126].

REVOLUCIÓN EN BURKINA FASO

Cuando el presidente burkinés Blaise Compaoré, en el poder desde 1987, quiso cambiar la Constitución para poder extender su mandato

125 Además de las referencias indicadas a pie de página, para la redacción de este capítulo se han hecho las consultas apuntadas al final del texto.

126 Índice de desarrollo humano (IDH). Fuente: Expansión, Datosmacro.com. Disponible en: https://datosmacro.expansion.com/idh?anio=2011

aboliendo los límites de tiempo prescritos, cientos de manifestantes, en su mayoría jóvenes, protestaron el 28 de octubre de 2014 en las calles de la capital, Uagadugú.

Dos días después fueron decenas de miles de personas las que protestaron, enfrentándose violentamente a la policía, irrumpiendo en la Asamblea Nacional e incendiando varios edificios gubernamentales, como el ayuntamiento, y otros como el Hotel Azalai o la sede del partido gobernante, Congreso para la Democracia y el Progreso (CDP). Murieron entre cinco y 30 personas, según fuentes. Las protestas violentas también se produjeron aquel 30 de octubre en otras poblaciones, como Ouahigouya, en el norte, y Bobo-Dioulasso, la segunda más grande del país. El general Honoré Nabéré Traoré impuso el toque de queda nocturno.

Campoaré decretó el estado de emergencia antes de dimitir como presidente y huir a Costa de Marfil el 31 de octubre. El general Traoré asumió interinamente la jefatura del Estado, pero, al día siguiente, debido a su impopularidad, los jefes militares encargaron formar nuevo Gobierno al teniente coronel Isaac Zida. Los partidos de la oposición rechazaron el golpe de Estado militar y las protestas siguieron produciéndose en las calles, exigiendo la devolución del poder a un gobierno civil. Los manifestantes fueron dispersados por los soldados.

El 4 de noviembre de 2014, una calma tensa volvió a las calles de las principales calles burkinesas. Sin embargo, la infraestructura de seguridad nacional había quedado seriamente dañada, con los servicios secretos desmantelados y las relaciones con los países vecinos suspendidas temporalmente.

NACE EL FLM

En enero de 2015, en el centro de Mali apareció un nuevo grupo armado yihadista, fundado por Amadou Koufa (1961-2018), que se llamó *katiba* Macina[127], relacionado con Ansar Dine. No obstante, enseguida fue conocido como Frente de Liberación del Macina (FLM).

---

127 Macina es una parte de la región de Segú, situada en el centro de Mali.

Compuesto por antiguos combatientes del MUYAO, sobre todo peuls, el FLM se dio a conocer aquel mismo mes de enero de 2015 al atribuirse una serie de ataques contra el ejército maliense en el centro y el sur del país. El día 5 lo hizo en Nampala y el 16 en Ténenkou, donde ejecutó al menos a cinco civiles.

BOKO HARAM Y EL CALIFATO

A finales de agosto de 2014, un mes después de que Al Baghdadí proclamara el califato en los territorios que dominaba el Estado Islámico en Irak y Siria, el líder de Boko Haram juró lealtad al Califato Islámico, constituyendo una provincia *(wilaya)* del mismo en África occidental (Wilayat Gharb Ifriqiyyah): la Provincia de África Occidental del Estado Islámico (ISWAP).

A partir de entonces, realizó varios ataques y tomó el control de la población de Bama, al norte de Nigeria, lo que causó muchas víctimas y el desplazamiento de miles de personas. Llegó a dominar más de 20 ciudades del norte nigeriano, en los estados de Borno y Yobe, y cruzó las fronteras con Níger, Chad y Camerún.

El 18 de enero de 2015, miembros de Boko Haram atravesaron la frontera entre Nigeria y Camerún. Aunque ya atentaban en este país desde hacía dos años, esta vez su incursión fue mucho más violenta. A finales de 2015 eran ya más de 3.500 los cameruneses que habían sido reclutados por esta organización yihadista. Las razones no fueron únicamente religiosas ni económicas (muchos jóvenes se enrolaban huyendo de la pobreza y con el deseo de ayudar a sus familias), también eran étnicas, ya que la mayoría de estos cameruneses pertenecían a la misma etnia que fundó Boko Haram, la kanuri. Además, las represalias del ejército camerunés en las poblaciones fronterizas, donde cometieron violaciones de los derechos humanos, contribuyeron a avivar el deseo de venganza.

Las incursiones de Boko Haram en Chad se llevaron a cabo, fundamentalmente, en la zona sur de este país, en la región del lago Chad, fronteriza con Nigeria y Níger. El presidente Idriss Déby declaró la guerra a la organización yihadista y movilizó a su ejército para perseguirlos. El 4 de febrero de 2015, las tropas chadianas mataron a cerca de 200 miembros de Boko Haram en la frontera nigeriana-chadiana. Los yihadistas respondieron atacando la localidad camerunesa de Fotokol, matando a trece soldados chadianos y seis cameruneses, además de 81 civiles.

Una fuerza conjunta de soldados nigerianos, chadianos y nigerinos lanzó una ofensiva contra Boko Haram a partir del 14 de febrero de 2015 en el bosque Sambisa, en el estado nigeriano de Borno, desalojando a los yihadistas de más de 60 localidades y liberando a 687 mujeres y niños que estaban cautivos.

Pero las milicias yihadistas recuperaron terreno y continuaron hostigando a los ejércitos de Nigeria, Níger, Chad y Camerún, al mismo tiempo que secuestraban, extorsionaban y atentaban contra civiles.

El 7 de marzo de 2015, se produjeron cuatro explosiones en la ciudad nigeriana de Maiduguri y otra en la de Benisheik, a unos 75 kilómetros de distancia. Fueron ataques suicidas con bomba cometidos en un mercado de pescado, en una galería comercial, en la terminal de autobuses y en un puesto de control militar. Murieron un total de 58 personas y 139 resultaron heridas. Las sospechas recayeron en Boko Haram. Pocos días después, la agencia Reuters informó de que el Gobierno nigeriano había contratado a cientos de mercenarios de Sudáfrica y de la antigua Unión Soviética para reforzar su ofensiva contra el grupo yihadista[128]. Una ofensiva de los militares nigerianos obligó a Boko Haram a abandonar Maiduguri.

Una posición militar nigerina de Karamga, en el lago Chad, fue atacada el 25 de abril de 2015 por guerrilleros de Boko Haram, con el resultado de 74 muertos (46 soldados y 28 civiles).

Dos terroristas suicidas causaron 27 muertos y cerca de 100 heridos en la capital de Chad, Yamena, el 15 de junio de 2015. Tres días después las fuerzas aéreas chadianas bombardearon campamentos de Boko Haram en Nigeria.

Los pueblos nigerinos de Lamana y Ngouamo fueron atacados por Boko Haram el 18 de junio de 2015. Murieron 38 personas, en su mayoría, mujeres y niños.

---

128 CROPLEY, Ed y LEWIS, David. «Nigeria recluta mercenarios extranjeros para luchar contra Boko Haram». Reuters, 12 marzo 2015.

Aprovechando la aglomeración de gente en la calle debido a la fiesta musulmana de Eid al-Adha (Fiesta del Sacrificio o Día del Cordero), el 20 de septiembre de 2015, terroristas suicidas hicieron explotar cuatro bombas en Maiduguri y dos en Monguno, ciudad situada a 135 kilómetros de la primera, ambas en el estado nigeriano de Borno. Las de Maiduguri explosionaron en una mezquita, en un mercado y en un centro de juegos. Las de Monguno, en un puesto de control del mercado. En total murieron 145 personas y entre 100 y 150 resultaron heridas.

La comuna rural nigerina de Bosso, situada junto a las fronteras con Nigeria y Chad, fue atacada el 3 de junio de 2016 por miembros de Boko Haram, que se apoderaron de ella después de derrotar a los militares que la guarnecían. Veintiséis de ellos murieron y un centenar fueron heridos. También fueron asesinados varios civiles. Al día siguiente, ante el ataque del ejército, los yihadistas se retiraron de Bosso, después de que medio centenar de ellos muriera.

UNIONES Y ESCISIONES DE GRUPOS YIHADISTAS

El 15 de mayo de 2015 nació la organización yihadista salafista Estado Islámico del Gran Sahara (EIGS), escindida de Al Murabitun y liderada por Adnan Abu Walid Saharaui, un universitario de la tribu erguibat nacido en El Aaiún español en 1973. El EIGS era heredero del MUYAO y declaró fidelidad al califato del Estado Islámico. Sus filas se nutrieron fundamentalmente de jóvenes reclutados en la región maliense de Gao.

El 4 de diciembre de 2015, Al Murabitun, liderado por Mohtar Belmohtar (que se había refugiado en Libia), se unió al AQMI, cuyo jefe seguía siendo Abdelmalek Droukdel.

El líder del Estado Islámico, Abu Bakr al-Baghdadí, destituyó en agosto de 2016 a Abubakar Shekau como gobernador *(wali)* de la provincia del califato dominada por Boko Haram, nombrando en su lugar a Abu Mosab al-Barnaoui. Ello provocó que esta organización se dividiera en dos facciones: el Estado Islámico en África Occidental (ISWAP, por sus siglas en inglés), leal al Estado Islámico y liderada por Al-Barnaoui, y la escisión mandada por Shekau, que continuó con el nombre original de Boko Haram: Jama'atu Ahlis-Sunna Lidda'awati wal-Jihad (JAS)[129]. A partir de entonces, ambas facciones se enfrentaron numerosas veces en violentos combates en el sur del lago Chad.

MATANZAS Y SECUESTROS YIHADISTAS (ABRIL 2015 – FEBRERO 2017)

El rumano Iulian Ghergut trabajaba como guardia de seguridad en una mina de manganeso de Tambao, en el norte de Burkina Faso, cerca de las fronteras con Mali y Níger, cuando fue raptado el 4 de abril de 2015 por el grupo yihadista Al Murabitun. No fue liberado hasta agosto de 2023, por lo que su secuestro está considerado el primero que sufrió un rehén occidental en Burkina Faso y el que más ha durado en el Sahel[130].

La *katiba* Al Murabitun, dirigida por Mohtar Belmohtar, reivindicó el atentado que se produjo el 7 de marzo de 2015 en el restaurante La Terrasse de la capital de Mali, Bamako. Varios hombres armados con fusiles de asalto y mandados por el mauritano Fawaz uld Ahmed, alias *Ibrahim 10*, dispararon contra varios clientes en venganza por la muerte de su compañero Ahmed al Tilemsi (en la noche del 10 al 11 de diciembre de 2014, en un enfrentamiento con las fuerzas francesas cerca de Tabankort) y por la afrenta cometida según ellos contra el profeta Mahoma en Francia por el semanario *Charlie Hebdo*. Mataron a tres malienses, un francés y un belga. Varias personas más fueron heridas.

El 7 de agosto de 2015, un grupo de miembros armados de Al Murabitun, Ansar Dine y FLM asaltaron el Hotel Byblos de Mopti, en el centro de Mali. En la operación de rescate fueron liberados cuatro rehenes extranjeros (tres sudafricanos y un ruso; otro ucraniano logró escapar) y la actuación dejó un balance de doce muertos: cinco soldados malienses, dos empleados del

129 Cuya traducción del árabe significa «Personas comprometidas con las enseñanzas del Profeta para la propagación y la Yihad».

130 «Liberado el rumano Iulian Ghergut, el rehén occidental que más tiempo llevaba secuestrado en el Sahel». Europa Press, 9 agosto 2023.

hotel, un miembro de la Misión de la ONU (MINUSMA) y cuatro yihadistas[131].

Sobre las 7 de la mañana del 20 de noviembre de 2015, dos yihadistas armados irrumpieron en el hotel Radisson Blu de Bamako y retuvieron a 170 personas, de las cuales 30 eran trabajadores y el resto, clientes (entre los cuales había 20 ciudadanos indios, doce franceses, diez chinos, siete turcos y un español). Tras siete horas de asedio, soldados malienses, con la ayuda de militares franceses, estadounidenses y de la MINUSMA, asaltaron el hotel. Resultaron muertos 18 rehenes, ejecutados por los dos yihadistas antes de ser abatidos, y un policía. Entre las víctimas había seis rusos, tres ejecutivos de la empresa China Railway Construction, dos belgas, una estadounidense, un senegalés y un israelí de origen venezolano. Ese mismo día, el atentado fue reivindicado por Al Murabitun, pero dos días después también reivindicó su autoría el FLM.

Seis yihadistas de AQMI (de la *katiba* Al Murabitun) asaltaron en la noche del 15 de enero de 2016 el restaurante Cappuccino y después entraron en el hotel Splendid, situado en el distrito financiero de Uagadugu, capital de Burkina Faso (ambos establecimientos, frecuentados por soldados franceses de la operación Barkhane), para tomar rehenes. Fuerzas de seguridad malienses, con ayuda de militares franceses y estadounidenses, asaltaron el hotel. Fueron liberados 176 rehenes, pero durante el rescate hubo 33 muertos de una docena de nacionalidades (incluidos tres de los terroristas, de unos 20 años de edad, abatidos en el bar Taxi-Brousse), y otra treintena de heridos.

El 15 de enero de 2016, AQMI (rama Ansar Dine) secuestró a un matrimonio australiano que vivía en la localidad burkinesa de Djibo, cerca de la frontera con Mali, donde dirigían una clínica desde hacía más de cuatro décadas. La esposa, de 76 años, fue liberada en la primera semana de febrero. El marido, cirujano, fue liberado en mayo de 2023, después de un cautiverio de más de siete años y cuando tenía 88 años[132].

131 «Finaliza tras 20 horas de secuestro la toma de rehenes en un hotel de Mali». *El Periódico*, 8 agosto 2015.

132 «Al-Qaeda libera a australiana secuestrada en Burkina Faso». *La Nación*, 8 febrero 2016 / «Arthur Kenneth Elliot liberado tras siete años de cautiverio». Agenzia Fides, 19 mayo 2023.

AQMI secuestró en Mali, en enero de 2016, a la misionera evangélica suiza Beatrice Stockly, que ya había sido secuestrada anteriormente por Ansar Dine. Estuvo cautiva cerca de Tombuctú hasta su ejecución en octubre de 2020[133].

Un vehículo blindado francés explotó al pasar por encima de una mina cerca de la población maliense de Tessalit el 12 de abril de 2016. Murió un soldado y resultaron heridos otros tres. El ataque fue reivindicado por Ansar Dine.

Un grupo de yihadistas armados sitiaron el 21 de marzo de 2016 el hotel Nord Sud de Bamako, capital de Mali, usado como base militar de entrenamiento de la misión europea EUTM. Se retiraron tras sufrir dos bajas. Ningún grupo terrorista reivindicó el ataque.

El FLM reivindicó el ataque perpetrado el 19 de julio de 2016 contra un campamento militar situado en Nampala, región central de Mali, en el que murieron 17 soldados y fueron heridos otros 35.

El EIGS de Al-Saharaoui reivindicó varios ataques realizados en septiembre y octubre de 2016, como el cometido en la localidad burkinesa de Markoye, donde murieron un gendarme y un civil el 1 de septiembre; el perpetrado el 12 de octubre en Intangom, en el que murieron cuatro soldados burkineses; o el asalto el 17 de octubre a una cárcel nigerina situada en Koutoukalé, donde cayó un yihadista.

El 30 de noviembre de 2016 murió un niño tuareg de diez años a 60 kilómetros de Tessalit a causa de los disparos realizados desde un helicóptero del Ejército francés. El cadáver fue enterrado apresuradamente por los soldados franceses, pero encontrado al día siguiente por sus parientes, quienes denunciaron el suceso a las autoridades locales. El 14 de enero siguiente, el mando de la operación Barkhane reconoció su responsabilidad en la muerte del niño, pero aseguró que vigilaba para los yihadistas. Sus familiares, sin embargo, afirmaron que solo cumplía con el encargo de sus padres de reunir a los asnos para ir a buscar agua. No era la primera vez que los miembros de la operación Barkhane eran acusados de la muerte de un niño. Otro, también de diez años, había muerto el 10 de octubre de 2015 cerca del pueblo de Boghassa, cuando viajaba en un vehículo

133 «Misionera suiza es asesinada en Mali». *Puertas Abiertas*, 14 octubre 2020.

con su padre, comandante de Ansar Dine, y fueron atacados por soldados franceses[134].

Un yihadista suicida de AQMI (rama Al Murabitun) atentó el 18 de enero de 2017 conduciendo un vehículo señalado con emblema militar y lleno de explosivos que lanzó contra un campamento de las fuerzas armadas y la milicia (Plataforma y Coordinación) próximo a la ciudad maliense de Gao. Mató a 77 personas e hirió a más de 100.

En febrero de 2017, una misionera colombiana de 40 años que llevaba viviendo en Mali desde 2010, Gloria Cecilia Narváez Argoti, fue capturada al sureste del país, a unos 30 kilómetros de Koutiala. El secuestro fue ordenado por Ibrahim *Malam* Dicko, un fulani del norte de Burkina Faso que actuaba como predicador islamista a través de una emisora de radio y que era cercano al líder fulani del FLM, Amadou Koufa. La hermana Gloria Narváez fue liberada el 9 de octubre de 2021[135].

Noviembre 2016

Este mes fue especialmente violento en el Sahel, por cuanto fueron muchas las acciones cometidas por los grupos yihadistas terroristas.

El día 28, el diario *Wall Street Journal* publicó una noticia en la que se informaba de la *muy probable* muerte de Mohtar Belmohtar durante un bombardeo de la aviación francesa en el sur de Libia. Tal como ocurriera en dos ocasiones anteriores en que también se dio por segura su muerte (2013 y 2015), esta vez, fuentes de seguridad argelinas desmintieron que hubiese fallecido, aunque estaría herido: «Una enfermera nigerina que atendió a Belmohtar y que ha sido arrestada ha afirmado que el líder yihadista sufrió heridas en la espalda, quemaduras de segundo grado y una herida en un pie por el impacto de metralla»[136].

134 CARAYOL, Rémi. «Mali: Minusma investiga la muerte de un niño, posible error de Barkhane». *Jeune Afrique*, 15 diciembre 2016.

135 «Religiosa que estuvo secuestrada por terroristas afirma: "Dios transformó mi vida"». *Aciprensa*, 27 junio 2023.

136 «El líder yihadista Mojtar Belmojtar habría sobrevivido al bombardeo francés en Libia». Europa Press, 15 diciembre 2016.

En Mali, estos ataques se produjeron en el norte y centro del país, en contra de los ejércitos maliense y francés, así como de las fuerzas de la MINUSMA. El día 4, tres vehículos militares franceses explosionaron debido a artefactos colocados por Ansar Dine. El día 5, AQMI difundió un vídeo en el que se ve cómo son ejecutados varios cautivos tuaregs acusados de espiar para las fuerzas francesas, malienses y mauritanas[137]. El día 6, un soldado togolés de la MINUSMA y dos civiles malienses murieron al explotar una mina mientras pasaba un convoy por un camino situado a 45 kilómetros al norte de la ciudad de Douentza. Al día siguiente, lunes 7, varios miembros de Ansar Dine atacaron una prisión en Banamba y provocaron la fuga de 21 presos. Al Murabitun reivindicó el día 13 un ataque en Gao en el que mataron a dos militares malienses. El día 17, Ansar Dine reivindicó un ataque en la región de Kidal contra la milicia progubernamental GATIA. El día 20, un grupo de Ansar Dine encabezado por el número dos de la organización, Ataher Ag Ihadou, atacó un convoy del Ejército maliense que transportaba cerca de Tombuctú urnas después de la votación de las elecciones municipales; hirieron a cinco de los militares. Ihadou fue detenido en Gao cuatro días después[138]. El día 26, un vehículo del Ejército francés voló por los aires al pasar sobre una mina, colocada por Ansar Dine, en la zona de Oued Siroual. «Desde hace varios meses, el grupo yihadista Ansar Dine, liderado por Iyad Ag Ghali, lleva a cabo un ataque cada dos días en zonas del norte y centro de Mali»[139]. El día 30, dos yihadistas armados fueron heridos y detenidos por militares argelinos en la localidad de Bordj Badji Mojtar, tras cruzar la frontera entre Mali y Argelia.

En Níger, el día 8, al menos cinco soldados murieron durante un ataque perpetrado por MUYAO en la localidad de Bani Bangou, a unos 20 kilómetros de la frontera maliense. Los asaltantes huyeron.

En Chad, un miembro del Estado Islámico disparó el día 30 contra la embajada de Estados Unidos en Yamena. Fue detenido.

---

137 WEISS, Caleb. «AQMI ejecuta a prisioneros tuareg en vídeo». *Long War Journal*, 5 noviembre 2016.

138 «Mali: arresto del número dos de una facción de Ansar Dine». *Jeune Afrique*, 25 noviembre 2016.

139 «Norte de Mali: Ançardine afirma haber destruido un vehículo militar francés». *Malijet*, 26 noviembre 2016.

Creación del JNIM[140]

En el marco de la asociación África-Europa, la alta representante y la Comisión de la UE, a instancias del Consejo, presentaron en 2011 la Estrategia para la Seguridad y el Desarrollo en el Sahel. Su actuación se centraba en cuatro ejes: desarrollo; buena gobernanza y resolución del conflicto interno; seguridad política y diplomática y el Estado de Derecho; y la lucha contra el extremismo violento.

En 2015, el Plan de Acción Regional para el Sahel 2015-2020 acordó sentar una base sólida para la consecución de los objetivos de la estrategia aprobada en 2011, centrada esta vez en otros cuatro ámbitos: prevención y lucha contra la radicalización; creación de condiciones adecuadas para la juventud; migración, movilidad y gestión de fronteras; y lucha contra el tráfico ilícito y la delincuencia organizada transnacional.

Tras una invitación oficial del Gobierno maliense, el 15 de enero de 2015 se creó una misión civil de gestión de crisis de la Unión Europea en Mali (Misión Unión Europea Desarrollo Capacidades en Mali o EUCAP Sahel Mali), con sede en Bamako. Su objetivo era ayudar «a las autoridades malienses a restablecer y mantener un orden constitucional y democrático y las condiciones para una paz duradera en Mali, y restaurar y mantener la autoridad y la legitimidad del Estado en todo el territorio mediante un redespliegue efectivo de su Administración»[141].

Pero, a pesar de los esfuerzos de la UE por crear un espacio de solidaridad, seguridad, paz y prosperidad sostenible en el Sahel, los resultados no se evidenciaban y el descontento y la desesperación de muchos sahelianos era aprovechado por el yihadismo salafista para nutrir las filas de sus grupos armados.

---

140 Además de las referencias indicadas a pie de página, para la redacción de este capítulo se han hecho las consultas apuntadas al final del texto.

141 EUCAP Sahel Mali. Disponible en: https://www.eeas.europa.eu/eucap-sahel-mali/about-eucap-sahel-mali_en?s=331

Aunque las autoridades chadianas aseguraron que, durante el mes de octubre de 2016, cientos de milicianos de Boko Haram se habían entregado junto con sus familias «debido a la potencia de nuestras operaciones»[142], los grupos yihadistas se reforzaron, agrupándose y continuando con ataques por todo el Sahel.

Para hacer frente a la presión que ejercía cada vez con más fuerza el Estado Islámico a través de sus grupos aliados del centro africano (*Al Shabab*, Los Jóvenes, en Somalia; Boko Haram en Nigeria y países vecinos; y EIGS en el Sahel, principalmente, en Mali), el 28 de febrero de 2017 se fusionaron bajo el nombre de JNIM los otros tres movimientos yihadistas afines a Al Qaeda (cuyo jefe regional era Abdelmalek Droukdel): AQMI, encabezado por el argelino Djamel Okacha, alias *Yaia Abou el Hammam,* que tenía como lugarteniente a Mohtar Belmohtar; FLM, liderado por el predicador peul Amadou Koufa; y Ansar Dine de Iyad Ag Ghali, que sería el primer líder del JNIM[143].

Fotograma del vídeo de presentación del nuevo grupo yihadista JNIM.

142 «Cientos de milicianos de Boko Haram se rindieron en Chad durante el mes de octubre». Reuters /Europa Press, 12 noviembre 2016.

143 Con fecha 18 de julio de 2017, la Corte Penal Internacional (CPI) dio orden de detención contra Iyad Ag Ghali, acusado de crímenes de guerra y de lesa humanidad cometidos en el norte de Mali entre 2012 y 2013, pero la orden se mantuvo secreta hasta el 21 de junio de 2024, fecha en que fue hecha pública.

El JNIM, por tanto, además de oponerse a las fuerzas internacionales de la operación Berkhane, encabezadas por Francia, mantuvo frecuentes enfrentamientos con los grupos yihadistas leales al Estado Islámico. Desde Mali, epicentro de su poder, la nueva organización operaba en países vecinos como Níger, Burkina Faso, Chad, Mauritania, Costa de Marfil y Camerún.

AUMENTA LA VIOLENCIA YIHADISTA

El terrorismo yihadista y la violencia, en general, se expandían en 2017 por el Sahel, amenazando la estabilidad de unos estados ya de por sí bastante débiles, a pesar de la ayuda internacional y de los fallidos acuerdos firmados en Argelia dos años antes.

Desde el Azawad, los grupos armados insurgentes fueron propagando su lucha por todo Mali y los países vecinos. Las organizaciones yihadistas, que se atomizaron tras la intervención internacional en 2013, se habían reagrupado y fortalecido, y aunque se enfrentaban entre ellas, su mayor esfuerzo estaba dirigido a combatir a las tropas nacionales e internacionales. Expulsados de las ciudades, los yihadistas acampaban en recónditas zonas rurales.

El EIGS crecía en milicianos gracias a los muchos combatientes del Estado Islámico que huían de Libia[144]. Tras su derrota en Siria e Irak, el Estado Islámico intentaba refugiarse y rebrotar en el Sahel. El 24 de febrero de 2017, el EIGS, dirigido por Al-Saharaui, reivindicó un ataque realizado dos días antes contra el ejército nigeriano en Tilwa. El 1 de junio del mismo año volvieron a atacar los hombres de Al-Saharaui en una plaza nigerina asentada en Abala, antes de reple-

144 Con la huida de Mohtar Belmohtar al sur de Libia y la proclamación del califato en Monsul (Irak) en 2014, se inició la rivalidad entre las células regionales de Al Qaeda y los cada vez más numerosos grupos yihadistas leales al Estado Islámico en el Magreb y el Sahel. El Estado Islámico empezó a ser influyente en Libia en el otoño de 2014, sobre todo en Derna, al este del país. Desde allí se expandió a Mali e intentó hacerlo también, pero con escaso resultado, hacia Argelia, Túnez y Egipto. En 2015, el Estado Islámico controlaba ya Sirte y Bin Jawad. En noviembre de aquel año, un dron estadounidense mató al líder del Estado Islámico en Libia, Abu Nabil Al Anbari, un antiguo oficial del Ejército iraquí de Sadam Husein. El 7 de enero de 2016, un atentado suicida perpetrado por el Estado Islámico en la ciudad libanesa de Zliten mató a más de 65 personas.

garse a Mali; fueron perseguidos por el ejército francés, las milicias tuaregs del GATIA y de la MSA[145]. En represalia, el 25 de julio los islamistas mataron al menos a cuatro civiles tuaregs en Intessikite, a unos 40 kilómetros de Ménaka.

El 4 de octubre de 2017, decenas de milicianos del EIGS atacaron a las afueras de la aldea nigerina de Tongo Tongo, próxima a la frontera con Mali, a un destacamento formado por soldados estadounidenses y nigerinos. Murieron ocho soldados (cuatro de cada nacionalidad) y fueron heridos dos estadounidenses y ocho nigerinos. Hasta entonces, los militares estadounidenses realizaban labores de formación y de inteligencia con drones; a partir de este ataque, el Gobierno nigerino autorizó al de Estados Unidos para que su aviación bombardease los campamentos terroristas en su territorio.

Estados Unidos designó el EIGS como organización terrorista el 23 de mayo de 2018 (la ONU lo hizo el 23 de febrero de 2020) y ofreció una recompensa de 4,7 millones de euros por la captura de quien se pensaba que era el responsable del ataque en Tongo Tongo, el marroquí Abu Huzeifa, alias *Hugo,* lugarteniente de Al-Saharaui. Huzeifa murió el domingo 28 de abril de 2024 en un enfrentamiento contra milicianos del MSA y tropas burkinesas y nigerinas a unos 40 kilómetros de Indelimane, en la región maliense de Gao.

Junto con Mali y Burkina Faso, Níger es el país cuyos civiles fueron más castigados en aquellos años por los combatientes del EIGS, especialmente, de su rama Boko Haram. No en balde, entre febrero de 2015 y marzo de 2017, al menos causaron la muerte o hirieron a 455 civiles solo en la región sureste de Diffa, según la OCHA.

En 2018, Boko Haram disponía de unos 10.000 combatientes (muchos de ellos, enrolados gracias a la brutalidad exhibida por las fuerzas de seguridad nigerianas) y controlaba amplios territorios en el norte de Nigeria que administraba con estructuras pseudoestatales. Se calculaba que, entre 2012 y 2018, esta organización terrorista había matado a más de 15.000 personas.

---

145 El Movimiento por la Salvación de Azawad (MAS) se escindió de la CMA en septiembre de 2016 porque las comunidades de Gao y Ménaka buscaban una mayor representación política. Mapping Armed Groups in Mali and the Sahel. European Council of Foreign Relations. Disponible en: https://ecfr.eu/special/sahel_mapping/msa

Por su parte, el 1 de junio de 2017, miembros del recientemente constituido JNIM dispararon proyectiles de mortero contra un campamento de la MINUSMA en Tombuctú, causando heridas a media docena de soldados franceses. Diecisiete días más tarde, el domingo 18, a primera hora de la tarde, dos grupos de terroristas yihadistas armados con fusiles AK-47, asaltaron el complejo turístico Le Campement, ubicado en la periferia de la capital maliense, Bamako. La Fuerza Especial Antiterrorista de Mali, la Forsat, tardó solo media hora en llegar al lugar, seguida por tropas de los Ejércitos francés y maliense y de la MINUSMA. Soldados españoles de esta última organización rescataron a un grupo de turistas que habían sido defendidos por el comandante Miguel Ángel Franco Fernández, destinado en Mali con la EUTM. El tiroteo entre terroristas y militares duró hasta la medianoche. El balance del ataque fue de diez muertos: cuatro civiles (un maliense, un franco-maliense, un franco-gabonés y un chino), dos militares (un maliense y un portugués) y cuatro yihadistas de etnia fulani. Ocho soldados malienses fueron heridos y tres sospechosos de pertenecer al comando terrorista fueron detenidos en las cercanías. El ataque fue reivindicado por el JNIM.

Alianza Sahel[146]

Como respuesta a la aparición del JNIM, el Consejo de Seguridad de las Naciones Unidas dio su apoyo el 21 de junio de 2017 a la creación de una fuerza militar conjunta del G5S, que ya había sido aprobada por los cinco jefes de Estado el 20 de noviembre de 2015. Con el objetivo de que pudiera estar operativa antes de que comenzase 2018, y una vez superadas las reticencias de Estados Unidos, se esperaba que se resolviera pronto la cuestión de la financiación mediante la celebración de una conferencia de donantes. Se calculaban unos gastos para su puesta en marcha de 400 millones de euros, de los que 50 serían aportados por la UE, según ya había anunciado.

Esta fuerza estaría integrada por 10.000 soldados de los cinco países del G5S, si bien el grueso pertenecería a los tres más afectados por el terrorismo yihadista, Burkina Faso, Mali y Níger. La base estaría en la capital maliense, Bamako, y como comandante en jefe fue nombrado el general maliense Didier Dacko. Los Ejércitos del G5S ya colaboraban con la operación Barkhane, que contaba con unos 3.000 soldados.

Por su parte, el Gobierno español anunció en febrero de 2017 estar dispuesto a enviar al Sahel miembros de los Grupos de Acción Rápida de la Guardia Civil para entrenar a la policía de aquellos países con el objetivo de frenar el tráfico irregular de inmigrantes. Según el ministro del Interior, Juan Ignacio Zoilo, el proyecto estaría dotado con 40 millones de fondos europeos y se llevaría a cabo durante los años siguientes en Mali, Mauritania, Chad, Níger, Burkina Faso y Senegal.

146 Además de las referencias indicadas a pie de página, para la redacción de este capítulo se han hecho las consultas apuntadas al final del texto.

Impulsada por los gobiernos francés y alemán como una iniciativa de cooperación, el 13 de julio de 2017 se celebró una reunión para tratar la creación de una plataforma internacional para la estabilización y el desarrollo del Sahel, que adoptó el nombre de Alianza Sahel. Además del presidente Macron, la canciller Merkel y la alta representante de la UE Federica Mogherini, asistieron representantes del Programa de las Naciones para el Desarrollo, el Banco Mundial, el Banco Africano de Desarrollo y los gobiernos de Países Bajos, Luxemburgo y Dinamarca. Se comprometieron 9.000 millones de euros para la financiación de los proyectos, que ascendieron muy pronto a 680.

Como responsable de la Unidad de Coordinación de la Alianza Sahel, fue nombrado en enero de 2018 el francés Jean-Marc Gravellini.

En Bruselas se celebró, el 23 de febrero de 2018, la Conferencia Internacional de Alto Nivel sobre Seguridad y Desarrollo en el Sahel, en la que se reunieron representantes gubernativos de Italia, España y Reino Unido, y a la cual asistieron observadores de Estados Unidos, Noruega y Finlandia. Se anunció que se había conseguido movilizar 414 millones de euros de la comunidad internacional para la fuerza conjunta del G5S, una cifra cercana a los 450 millones de euros fijados como suelo mínimo, pero los proyectos de desarrollo, tan esperados en algunos ámbitos (como la creación de una aerolínea saheliana, la construcción de un ferrocarril intersaheliano para favorecer el transporte y el comercio o la instauración de un marco universitario común), se estaban diluyendo por falta de financiación.[147]

Alianza Sahel firmó un acuerdo de asociación el 30 de octubre de 2018 con el G5S, con el objetivo de coordinar el apoyo de los donantes y mejorar la eficacia de la asistencia para el desarrollo de la región.

En enero de 2019, el balance del año anterior demostraba que solo se había invertido un 11% de la financiación presupuestada. La Alianza Sahel apoyaba 730 proyectos con un montante de 11.000 millones de euros.

En septiembre de 2018, la Comisión Europea, por medio de la coordinadora de Cooperación en África occidental, Carla Montesi,

147 ALTUNA GALÁN, Sergio. «Nubes y claros tras la Conferencia de Alto Nivel sobre Seguridad y Desarrollo en el Sahel». Real Instituto Elcano, 26 febrero 2018.

avisó por escrito al Gobierno español de las irregularidades detectadas por la gestión que realizaba el general de división de la Guardia Civil Francisco Espinosa Navas en la adjudicación de los contratos que tramitaba para equipar las gendarmerías de Burkina Faso, Mali y Níger. Tres años más tarde, el general Espinosa (amigo personal del entonces ya exministro Zoilo) estuvo implicado en un presunto caso de corrupción al favorecer a un empresario amigo en la adjudicación de contratos del proyecto GAR-SI Sahel, para el suministro de equipamientos de drones a las gendarmerías de Mauritania, Mali y Níger. Considerado cabecilla del denominado *caso Mediador,* el general Espinosa terminó siendo arrestado y procesado, acusado de los delitos de cohecho y organización criminal. Fue puesto en libertad provisional por la Audiencia Nacional en mayo de 2023, al considerarse que ya no había riesgo de fuga o de que destruyese pruebas[148].

148 LÓPEZ-FONSECA, Óscar y VEGA, Guillermo. «El general de la Guardia Civil que no quería jubilarse y acabó imputado por corrupción». *El País,* 5 mayo 2023.

Reuniones de JNIM y EIGS[149]

Ghaly, del JNIM, y Al-Saharaui, del EIGS, se reunieron varias veces en las malienses Kidal y Ménaka entre finales de 2017 y principios de 2018. El objetivo principal de estas reuniones era llegar a un acuerdo para colaborar en su lucha contra las tropas de la operación Barkhane y del G5S. Y así lo hicieron, puesto que actuaron conjuntamente de manera puntual a partir de 2018 en las fronteras con Burkina Faso y Níger. Este pacto de no agresión no implicaba la renuncia de ninguna de las partes a ejercer la hegemonía en aquellos territorios que dominaban.

Ello se tradujo en un aumento de los ataques yihadistas en el Sahel a partir de 2018, que fue respondido con un incremento de las tropas francesas y con el despliegue, en julio, de tres helicópteros militares británicos para asistir en la logística y en el movimiento de tropas.

Por su parte, Boko Haram continuaba secuestrando a jóvenes en el norte de Nigeria. En la tarde del 19 de febrero de 2018, un grupo de esta organización asaltó el instituto femenino de Dapchi, en el estado de Yobe, y se llevó a 110 chicas. El Consejo de Seguridad de las Naciones Unidas publicó un comunicado en el que condenaba el secuestro y exigía la inmediata puesta en libertad de las cautivas. Un mes después fueron liberadas 105. Las otras cinco murieron[150].

149 Además de las referencias indicadas a pie de página, para la redacción de este capítulo se han hecho las consultas apuntadas al final del texto.

150 «Secuestros en escuelas de Dapchi en Nigeria: lo que sabemos». *BBC,* 26 febrero 2018 / «Comunicado de prensa del Consejo de Seguridad sobre el secuestro de escolares en Dapchi el 19 de febrero y el ataque del 1 de marzo en Rann (Nigeria)». United Nations, 2 marzo 2018 / «Declaración sobre el regreso de las niñas secuestradas en una escuela de Dapchi por Mohamed Malick Fall, representante de UNICEF Nigeria». UNICEF Nigeria, 21 marzo 2018.

En la ciudad maliense de Gao, tres terroristas suicidas del JNIM (rama AQMI) hicieron explotar un vehículo cargado de explosivos contra una patrulla del Ejército del G5S, causando su propia muerte, la de dos militares y la de un civil, además de herir a 31 soldados, cuatro de ellos, franceses.

Mientras esto sucedía en el Sahel, los primeros miembros del grupo ruso de mercenarios Wagner llegaban a la RCA, como consecuencia de un acuerdo militar firmado entre los gobiernos de Bangui y Moscú. El Gobierno centroafricano aseguró que había pedido ayuda a Moscú porque los europeos, pese a tener una misión de instrucción militar en el país, se habían negado a enviar tropas de combate para luchar contra los rebeldes.

SE RECRUDECEN LOS ATAQUES YIHADISTAS

Miembros del EIGS emboscaron y mataron el 13 de noviembre de 2018 a catorce soldados burkineses e hirieron a otros ocho en el departamento de Tin-Akoff, provincia de Oudalan.

Como represalia al restablecimiento de relaciones diplomáticas entre los gobiernos de Chad e Israel, el JNIM (rama AQMI) atacó el 20 de enero de 2019, cerca de la población maliense de Aguelhok, a un contingente de cascos azules de nacionalidad chadiana que formaba parte de la MINUSMA, matando a diez de ellos e hiriendo al menos a otros 25[151].

Mientras participaban en un safari, cuatro turistas (dos franceses, una estadounidense y una surcoreana) fueron secuestrados por el JNIM el primer día de mayo de 2019 en Benín y llevados al sur de Burkina Faso. En la noche del jueves 9 al viernes 10, el Ejército francés de la operación Barkhane realizó una acción que concluyó con el rescate de los cuatro turistas, pero en la que murieron dos soldados[152].

A finales de noviembre de 2019, el Ministerio de Defensa español desaconsejó públicamente viajar a los campamentos saharauis

---

151 Reuters, 20 enero 2019, noticia publicada en *The Jerusalem Post*, 21 enero 2019.

152 BASSETS, Marc. «Dos soldados franceses mueren en una operación para liberar a cuatro rehenes en Burkina Faso». *El País*, 10 mayo 2019.

de Tinduf, en el sur de Argelia, debido a «la creciente inestabilidad en el norte de Mali y el consiguiente incremento de actividad de los grupos terroristas en la región». La ministra Margarita Robles aseguró que la amenaza era «real, muy contrastada por servicios de Inteligencia extranjeros que operan en la zona» y que «el riesgo de atentado es inminente y contra ciudadanos españoles». Parecía indicar que el día elegido para el ataque sería el 6 de diciembre, coincidiendo con el aniversario de la Constitución española, pero no ocurrió nada aquel día, tal como había vaticinado un portavoz de la RASD[153].

El campamento militar de las fuerzas armadas de Níger en Inates, situado a cinco kilómetros de la frontera con Mali, fue atacado por yihadistas del ISWAP el 10 de diciembre de 2019. Fue un grupo muy numeroso de atacantes (unos 500) que iban montados en motocicletas, camionetas y vehículos blindados, mandados por Al-Saharaui. Según fuentes, el número de muertos durante aquella confrontación armada fue de entre 70 y 100 por parte del Ejército nigerino y 57 yihadistas, además de un número indeterminado de heridos y desaparecidos.

Un convoy de gendarmes y guardias nacionales que escoltaba a equipos encargados del registro electoral en la población nigerina de Sanam sufrió una emboscada por parte de yihadistas del ISWAP el 25 de diciembre de 2019. Murieron 16 gendarmes y guardias, cuatro fueron heridos y uno desapareció. Se desconoce cuántas bajas sufrieron los atacantes.

El 9 de enero de 2020, los yihadistas del ISWAP volvieron a atacar otro campamento militar nigerino, esta vez en Chinégodar, a diez kilómetros de la frontera con Mali. Aparecieron de nuevo montados en vehículos y motocicletas, divididos en dos grupos. Huyeron cuando intervinieron aviones Mirage 2000 franceses y MQ-9 Reaper estadounidenses. Según fuentes, murieron entre 25 y 89 militares y entre 63 y 75 terroristas.

153 «Defensa desaconseja viajar a los campamentos del Sahara ante el riesgo de "atentado inminente" contra españoles». RTVE.es, 28 noviembre 2019.

Los rusos reaparecen en el Sahel y los franceses se plantean su evacuación[154]

En el verano de 2017, tras la visita del presidente sudanés Omar Hassan Ahmad al-Bashir a Moscú, se fundó en Sudán la empresa Meroe Gold, de capital ruso. A partir de entonces aparecieron rusos en Sudán, algunos vestidos de uniforme, que se dedicaban a la explotación de las minas de oro y al entrenamiento de las tropas sudanesas. Meroe Gold firmó un acuerdo de cinco años con una empresa de seguridad vinculada al Ejército con sede en Jartum (Aswar Multi Activity), por el que se comprometía a pagar 100.000 dólares mensuales (más 200.000 dólares por adelantado en «honorarios de buena voluntad») a cambio de su ayuda para traer personal de M Invest al país y para servicios de seguridad y protección. M Invest, además, se comprometió a pagar a Aswar 500 dólares por cada miembro del personal ruso que llegaría a Sudán.

La empresa Aswar, cuyo director general era el general de brigada sudanés Mohammed Qureishi Mohammed Al-Amin, utilizó los servicios de la compañía de aviación local Al-Riyadah (subcontratada por Meroe Gold), para el transporte entre Jartum y la RCA.

Poco después, se identificó la presencia de mercenarios del Grupo Wagner en Sudán cuyo cometido no era tan pacífico. Procedentes de la RCA, adonde llegaron en 2018 para apoyar al Gobierno contra los rebeldes, miembros de Wagner hicieron esfuerzos por controlar el flujo de oro y diamantes, haciendo incursiones en helicópteros cada

154 Además de las referencias indicadas a pie de página, para la redacción de este capítulo se han hecho las consultas apuntadas al final del texto.

vez más frecuentes en territorio sudanés para saquear las concesiones mineras[155].

El acuerdo de Aswar con Meroe Gold persistió después del golpe militar del 11 de abril de 2019 que derrocó a Bashir. Rusia continuó apoyando al Consejo Militar de Transición golpista a cambio de mantener los contratos en los sectores de defensa, minería y energía.

PRIMERA CUMBRE RUSIA-ÁFRICA

Entre los días 23 y 24 de octubre de 2019, se celebró en la ciudad rusa de Sochi la primera cumbre Rusia-África, a la que asistieron 43 líderes y más de 3.000 participantes del continente africano, encabezados por el presidente egipcio Abdel Fatah al Sisi.

El presidente ruso, Vladimir Putin, expuso sus intenciones de incrementar los intercambios comerciales con las naciones africanas y de aumentar también las ventas de productos militares. Con la supresión de las deudas, la cantidad de ayuda rusa ascendía a 20.000 millones de dólares, según aseguró el anfitrión. Y estas ayudas se harían sin injerencia política.

De esta manera, Putin se proponía recuperar para Rusia la influencia que ejerciera la Unión Soviética hasta su disolución en el continente africano. Después de cinco años de sanciones económicas impuestas por las economías occidentales debido a su anexión de Crimea, y una vez asentada su presencia en Oriente Medio tras la victoria en la guerra de Siria, el Gobierno ruso precisaba conseguir nuevos socios y oportunidades para impulsar su lento crecimiento económico. Mientras el comercio entre Rusia y África en 2018 ascendió a 20.000 millones de dólares, el de Francia con este continente fue el doble y el de China, diez veces mayor[156].

---

155 BURKE, Jason y SALIH, Zeinab Mohammed. «Mercenarios rusos acusados de ataques mortales a minas en la frontera entre Sudán y República Centroafricana». *The Guardian*, 21 junio 2022 / ENQUÊTE, Cellule; EYDOUX, Thomas; SHARIFE, Khadija; BRETONNIER, Marceau y CASTEELE, Adrien Vande. «Grupo Wagner: cómo el ejército secreto de Putin explota el oro de Sudán con la complicidad de los que están en el poder». *OCCRP*, *Le Monde*, 2 noviembre 2022.

156 «Primera cumbre Rusia-África». Representaciones diplomáticas de Cuba en el exterior, 24 octubre 2019 / «Lo que dejó la primera cumbre Rusia-África». France 24, 30 octubre 2019.

Si, durante la segunda mitad del siglo xx, Moscú forjó su influencia africana apoyando las luchas de liberación durante la descolonización, ahora se proponía recuperarla aprovechando el descontento que existía en muchos países con Occidente, y especialmente con Francia, por haber sido la principal potencia colonizadora del África noroccidental, debido a la excesiva dependencia económica y al fracaso de sus Ejércitos para liberarlos de la lacra terrorista-yihadista que sufrían sus pueblos desde hacía décadas. La decisión en 2018 de la Administración Trump de reducir los esfuerzos antiterroristas de Estados Unidos en el Sahel se presentó ante Putin como una oportunidad para llenar este vacío de seguridad en la región.

EL G5S Y FRANCIA EVALÚAN LA OPERACIÓN BARKHANE

En 2019 existía la sensación generalizada de que los estados sahelianos estaban perdiendo la lucha contra el terrorismo yihadista, a pesar de que los proyectos orientados al desarrollo humano e infraestructuras del Programa de Inversiones Prioritarias para el periodo 2019-2021 del G5S habían prácticamente desaparecido debido al incremento continuado en gastos militares.

El 13 de enero de 2020, dirigentes franceses y de los cinco países del G5S se reunieron en Francia para evaluar la presencia militar en el Sahel. Aunque la fuerza francesa en la operación Barkhane ascendía a 4.500 militares, la sensación de que los resultados eran negativos se extendía por la región, sobre todo en Mali y Burkina Faso, donde se había generado un sentimiento contrario a la presencia de tropas francesas. Esto hizo que el presidente Macron, además de reiterar como necesaria la presencia del ejército francés en el Sahel para luchar contra los grupos armados rebeldes, exigiera el respaldo de esta intervención por parte de los dirigentes africanos: «Espero que aclaren y formalicen su solicitud con respecto a Francia y la comunidad internacional. ¿Nos quieren allí? ¿Nos necesitan? Quiero respuestas claras y acertadas sobre estas preguntas», dijo el presidente francés cuando invitó a la reunión a los cinco mandatarios africanos en diciembre de 2019.

También previamente a la celebración de la reunión, los presidentes de Mali, Ibrahim Bubacar Keita y el burkinés Roch Marc Christian Kaboré, habían pedido a Francia una «relación respetable y respetuosa», conscientes de que la persistencia del terrorismo y los miles de personas que se veían obligadas a abandonar sus hogares a causa de la guerra (solo en Mali había 80.000 desplazados) alimentaban un creciente sentimiento anticolonialista.

El nuevo acuerdo adoptado en esta reunión contemplaba la creación de un comando conjunto entre las fuerzas francesas de la operación Barkhane y los militares de los cinco países, para que se adoptaran decisiones conjuntas, así como el envío de 220 soldados franceses más como refuerzo. Macron también pidió el respaldo de la OTAN.

RESPUESTA YIHADISTA

La mayor parte de los actos violentos ocasionados por los yihadistas se concentraban en la zona central del Sahel, en un triángulo formado por el sur de Mali, el norte de Burkina Faso y el noroeste de Níger. Allí, los grupos terroristas se duplicaban en número de miembros cada año desde 2015, según el Centro Africano para Estudios Estratégicos[157], cuyos informes aseguraban que ya habían sido desplazadas más de 900.000 personas. Sin embargo, la ONU rebajaba el número de desplazados en mayo de 2019 a 330.000, a los que había que sumar 100.000 refugiados. De todos modos, constataba que, en el mes anterior, abril, se habían registrado más de 150 incidentes que se cobraron más de 300 vidas en estos tres países, y que el impacto de esta violencia y las consecuencias de la grave sequía habían multiplicado por cinco el número de desplazados en un año. Mbranga Gasarabwe, coordinadora Residente y Humanitaria de la ONU en Mali, aseguraba que los ataques violentos eran hasta cuatro veces más comunes que en 2012 y que «más de 1.800 escuelas y 80 centros de salud están cerrados o solo operan parcialmente»[158]. Unos 5,1 millones de personas necesitaban asistencia humanitaria en esta zona

157 *África Center* for Strategic Studies (ACSS). Disponible en: https://africacenter.org/
158 Según el *think tank* (grupo de expertos) ACSS, el número de ataques yihadistas pasó de tres en el año 2015, a doce en 2016, 29 en 2017 y 137 en 2018.

central del Sahel, donde había indicios del uso de dispositivos explosivos que se asemejaban a los utilizados en la guerra de Siria: «Los ataques están aumentando, los métodos se están volviendo más sofisticados; estamos viendo cada vez más ataques contra civiles».

La respuesta yihadista a la nueva coalición refrendada en París entre los gobiernos del G5S y Francia fue la de intensificar sus ataques a las fuerzas de pacificación internacionales y las incursiones contra civiles en otros países limítrofes a la Operación Barkhane, como Benín.

Frente a la *ocupación extranjera y neocolonialista* y a los abusos cometidos por los gendarmes y militares contra la población civil, los grupos yihadistas reclutaban cada vez a más hombres ofreciéndoles un orden alternativo basado en la justicia islámica, sin corrupción y sin marginación étnica, aprovechándose, además, de los enfrentamientos entre comunidades y de la desprotección que sentían colectivos como los pastores fulani.

Al mismo tiempo, resurgía el sentimiento independentista en parte del pueblo tuareg, debido al escaso avance en el proceso de implementación de los Acuerdos de Argel de 2015. Si en 2017 solo se había ejecutado el 21,79% de dichos acuerdos, en 2020 se había alcanzado únicamente el 23,08%.

Tiempo de pandemia[159]

La OMS anunció el 11 de febrero de 2020 que la enfermedad que empezaba a sufrir todo el planeta tenía el nombre oficial de COVID-19 (acrónimo del inglés *coronavirus disease 2019*; enfermedad por coronavirus 2019, en español). La enfermedad fue reconocida por la OMS como una pandemia el 11 de marzo de 2020, cuando ya se hallaba presente en más de 100 países.

A principios de abril de 2020, los entrenamientos de la misión EUTM-Mali fueron paralizados y algunos de los soldados franceses y españoles empezaron a ser repatriados. Pero, entretanto, los yihadistas no dejaron de atacar a las fuerzas internacionales que había en el Sahel. El 6 de abril, por ejemplo, miembros del JNIM atacaron por la mañana el campamento militar de Bamba, en Mali, con un saldo de 25 muertos y seis soldados heridos. Los terroristas sufrieron una decena de bajas. Entre estas últimas estaba Abu Yehyia al-Djalzari, sucesor de Djamel Okacha, que resultó gravemente herido y murió a finales de mes.

Desde finales de abril hasta finales de agosto de 2020 se produjeron una serie de 22 ataques yihadistas en el Sahel que acumularon un total de 513 víctimas, entre las cuales se contaban 218 terroristas. La región central maliense de Mopti fue donde más enfrentamientos hubo, pero también fueron numerosos en Níger (en la localidad de Kouré, al suroeste del país), en el sur de Burkina Faso (el de mayor envergadura, el perpetrado en el mercado de Namoungou; murieron 20 civiles), y en el centro de Nigeria, donde murieron al menos 35 militares[160]. El 3 de junio, tropas francesas mataron al argelino

159 Además de las referencias indicadas a pie de página, para la redacción de este capítulo se han hecho las consultas apuntadas al final del texto.

160 SUMMERS, Marta. «Actividad yihadista en el Magreb y el Sahel, agosto 2020». Observatorio Internacional de Estudios sobre Terrorismo (OIET), 17 septiembre 2020.

Abdelmalek Dorukdel, emir del AQMI, en Talhandak, en el norte de Mali; lo sustituyó como jefe Abu Obeida al-Annabi. Asimismo, el 1 de diciembre de aquel mismo año 2020, durante un ataque en la región montañosa de Jijel, el ejército argelino abatió a dos de los principales comandantes del AQMI.

El 30 de junio de 2020 se celebró en la capital mauritana, Nuakchot, la Cumbre del Sahel, a la que asistieron personalmente los presidentes francés y español, y en la que participaron por videoconferencia la canciller alemana, el primer ministro italiano, el presidente del Consejo Europeo y el secretario general de la ONU. Pedro Sánchez se comprometió a ayudar en la paz y la seguridad, el fortalecimiento institucional, el crecimiento económico generador de empleo y la movilidad regular y ordenada en el Sahel. «Lamentablemente, hemos constatado que la situación de seguridad se ha deteriorado notablemente en el último año y ello está afectando gravemente a la estabilidad y el desarrollo de la región», manifestó el mandatario español. Como, de todos los problemas que acuciaban al Sahel, el que más preocupaba a España era el de la migración, Sánchez dijo que era fundamental acabar con «el nexo entre terrorismo y crimen organizado que se sostiene desde el tráfico transfronterizo de seres humanos». Entonces ya había expertos del Centro de Adiestramientos Especiales de la Guardia Civil formando a los gendarmes del G5S y Senegal, y el Gobierno español apoyaba a la Alianza Sahel en cooperación al desarrollo con un compromiso financiero de más de 100 millones de euros, pero Sánchez insistió en que «lo que nos estamos jugando en el Sahel, y de eso es de lo que hablamos hoy aquí, es la seguridad de todos nuestros ciudadanos, estén al norte o al sur del Mediterráneo».

HAMBRE Y VIOLENCIA

En el verano de 2020 se registró la mayor actividad yihadista en la zona central del Sahel[161]. Además, los enfrentamientos entre el JNIM

161 Desde su epicentro en el norte de Mali, el terrorismo yihadista se extendió al centro del país, Burkina Faso, Níger y la cuenca oriental del lago Chad. Países limítrofes como Costa de Marfil y Senegal crearon zonas operativas militares

y el ISWAP continuaron produciéndose en Mali y Burkina Faso (siendo esta última organización la que sufrió peores resultados), desde que en febrero de ese año el presidente maliense Keita ofreció negociar la paz con el JNIM. Ghali se mostró favorable a ello si previamente se retiraban las tropas extranjeras del país, algo que rechazó el EIGS. Esta lucha fratricida entre yihadistas agravó aún más las divisiones y los conflictos locales preexistentes, como los tradicionales enfrentamientos entre ganaderos y agricultores.

La principal e inocente víctima de esta situación era la población civil. Un grupo armado de Boko Haram arrasó el 9 de junio de 2020 la aldea Faduma Koloram, al noroeste de Nigeria, robando el ganado y asesinando a 69 civiles. A principios de julio de 2020 fueron encontrados los cadáveres de 170 civiles enterrados en fosas comunes en Djibo, al norte de Burkina Faso.

En la mañana del 9 de agosto de 2020, a seis kilómetros de Kouré, situado al oeste de Níger y cerca de las fronteras con Mali y Burkina Faso (una región visitada por turistas porque, supuestamente, alberga las últimas jirafas de África occidental), se produjo un tiroteo tras la irrupción de un grupo de miembros del ISWAP montados en motocicletas. Dispararon indiscriminadamente y asesinaron a ocho civiles (seis franceses y dos nigerinos). Lideraba el grupo Soumana Boura, que moriría en diciembre de 2021 en un enfrentamiento con soldados franceses.

Las ayudas económicas y militares internacionales no lograban frenar el avance del terror yihadista en el Sahel. La MINUSMA tenía desplegados a 15.200 cascos azules para dar protección a la población maliense, al mismo tiempo que los 5.000 soldados de la operación Barkhane luchaban contra los grupos terroristas en la región, las europeas EUTM y Misiones de Capacitación (EUCAP) adiestraban a las Fuerzas Armadas de Mali y Níger, y las tropas de los cinco países del G5S vigilaban las fronteras. Sin embargo, todas estas acciones militares, así como las iniciativas internacionales encargadas de coordinar la cooperación exterior, como la Coalición Internacional por el Sahel, liderada por la UE, y la Alianza Sahel, cuya presidencia

---

en prevención de posibles ataques. También el Gobierno camerunés obligó a civiles a vigilar zonas de la región del norte del país, frecuentemente atacada por miembros de Boko Haram.

ostentaba España desde junio de 2020, fueron insuficientes para acabar con el terrorismo y evitar que una parte importante de los sahelianos comenzaran a padecer hambre.

Los periodos de sequía se han prolongado en el Sahel a causa del cambio climático, poniendo en riesgo la tradicional resiliencia de los pastores trashumantes, que deben recorrer a veces centenares de kilómetros para encontrar pozos de agua y vegetación con que alimentar a sus rebaños. Se enfrentan así, frecuentemente, a peligros relacionados con la continua guerra que se desarrolla en aquel territorio desde hace décadas[162]. También los agricultores sufren las consecuencias de la prolongación de las sequías, viéndose obligados a extender sus campos de cultivo y a avanzar por regiones tradicionalmente pastoriles, lo que acarrea enfrentamientos, puesto que los animales se comen las cosechas.

Los esfuerzos de reforestación se vieron también interrumpidos por las consecuencias de la pandemia, si bien no habían llegado a arrancar con fuerza tras el surgimiento de la idea de crear una gran muralla ecológica que cruzara el continente africano de costa a costa, de Dakar a Yibuti, y que formara un muro de vegetación que impidiese el avance hacia el sur del desierto del Sahara. Este

162 Desde 2015 existe un Proyecto Regional de Apoyo al Pastoreo en el Sahel (PRAPS), implementado en Burkina Faso, Chad, Mali, Mauritania, Níger y Senegal y que, financiado por el Banco Mundial con 248 millones de dólares, tiene como objetivo proteger los sistemas pastoriles sahelianos. Hasta 2020, el PRAPS ayudó a establecer y mejorar la gestión de más de cinco millones de hectáreas, 181 puntos de abastecimiento de agua y 66 mercados de ganado, así como el trazado de 1.414 kilómetros de corredores de trashumancia, respaldando, asimismo, la actividad económica de 20.700 personas, el 88% de ellas, mujeres. PRAPS. World Organisation for Animal Health. Disponible en: https://1-rr--africa-woah-org.translate.goog/en/projects/praps_en/?_x_tr_enc=1&_x_tr_sl=en&_x_tr_tl=es&_x_tr_hl=es&_x_tr_pto=sc / Allá donde los teléfonos móviles tienen cobertura, los pastores que los poseen pueden acceder a información que les permite conocer cuáles son los mejores lugares donde trasladar sus ganados. Por ejemplo, desde diciembre de 2018, los pastores malienses pueden utilizar el servicio digital Garbal, creado por el proyecto STAMP (adaptación tecnológica durable para los pastores de Mali), de Orange Mali, con el apoyo de la Oficina Espacial de los Países Bajos (NSO), que les permite acceso instantáneo a una combinación de datos geosatélites e información recopilada sobre el terreno, mediante una llamada con coste de 25 francos CFA (unos cuatro céntimos de euro). Stamp+: Building on Success. SNV. Disponible en: https://www-snv-org.translate.goog/project/stamp-building-success?_x_tr_sl=en&_x_tr_tl=es&_x_tr_hl=es&_x_tr_pto=sc

proyecto de desarrollo rural se inició en la primera década del presente siglo, con una extensión contemplada de 8.000 kilómetros de longitud y con el nombre de Gran Muralla Verde. Hasta 2018, se habían plantado doce millones de árboles resistentes a la sequía en Senegal, se habían recuperado cinco millones de hectáreas de tierra en Níger que produjeron medio millón de toneladas más de cereales al año y se habían rehabilitado quince millones de hectáreas de tierras degradadas en Etiopía. La coordinación del programa estaba en manos de la UA y la financiación principal llegaba desde el Banco Mundial, la Organización de las Naciones Unidas para la Alimentación y la Agricultura (FAO) y el Programa para el Medio Ambiente de la ONU (UNEP). La tecnología necesaria para llevar a cabo este proyecto la proporcionaría el Gobierno chino, basándose en su experiencia en el desarrollo de un proyecto similar que pretende forestar 4.480 kilómetros hasta el año 2074 para frenar el avance del desierto de Gobi. Así se acordó en septiembre de 2017 entre la UA y el Instituto de Ecología y Geografía de Xinjiang (XIEG), de la Academia de Ciencias de China.

Pastores en Níger.

Desde que comenzara la guerra de Mali en enero de 2012, habían sido asesinadas unas 15.000 personas (solo en 2019 fueron más de 4.000) y tres millones se habían visto obligadas a huir de sus hogares en Mali. En Burkina Faso, eran más de un millón las personas desplazadas en el verano de 2020 (tres veces más que un año antes), lo que originó una crisis humanitaria que afectaba al 5% de la población total del país. Algo parecido sucedía en otros países del Sahel central, como Níger, Nigeria, Chad o Camerún, donde el terror yihadista provocaba el desplazamiento de refugiados y de emigrantes que trataban de llegar a Europa. Además, la pandemia agravó aún más esta situación, con el cierre de las fronteras y la consecuente concentración de rebaños y manadas en lugares de paso, sin que pudiesen regresar a sus tierras, lo que provocó el cierre de mercados y la subida de precios. Se calculaba en 4,8 millones la cifra de personas las que padecían inseguridad alimentaria en Mali, Burkina Faso y Níger.

El incumplimiento de la mayor parte de los acuerdos de paz y reconciliación de 2015 había provocado, entre otras cuestiones, que alrededor de 82.000 excombatientes esperaran a ser integrados en la sociedad maliense. La interrupción de sus estudios por culpa de la violencia y la imposibilidad de encontrar un empleo, impulsó a muchos jóvenes a ingresar en los grupos criminales y yihadistas como único medio para salir de la pobreza. En el año 2020, el salario medio mensual de un maliense era de 58.000 francos CFA (88 euros), mientras que un combatiente del JNIM podía cobrar 150.000 francos CFA (229 euros) y la familia de un terrorista suicida, hasta 750.000 francos CFA (1.189 euros).

El 11 de diciembre de 2020, grupos de bandas criminales coordinados por Awwalun Daudawa secuestraron en una escuela de secundaria del estado nigeriano de Katsina a 520 de los 839 alumnos, todos varones, que fueron entregados a Boko Haram, con la pretensión de convertirlos en combatientes, aunque Abubakar Shekau justificó el secuestro diciendo que fue «para promover el islam y desalentar las prácticas no islámicas, ya que la educación occidental no es el tipo de educación permitido por Alá y su Santo Profeta». Fueron liberados el 17 de diciembre 334 de los estudiantes. Pese a que el gobernador del estado de Katsina afirmó que no se había pagado rescate alguno, varias fuentes aseguraron lo contrario[163].

163 SANTANA, Alba. «Boko Haram se declara responsable del secuestro de cientos de estudiantes en Nigeria». France 24, 15 diciembre 2020 / FABBIAN, Liza. «Liberados más de 300 estudiantes tras un secuestro reivindicado por Boko Haram». RFI, 18 diciembre 2020.

GOLPE DE ESTADO EN MALI

El intento del presidente maliense, Ibrahim Boubacar Keita, de negociar la paz con el JNIM en febrero de 2020 fue bloqueado por el Gobierno francés, lo que provocó protestas callejeras y en las redes sociales, culpando a Francia de neocolonialismo y exigiendo la retirada de los 5.000 soldados galos que había desplegados en el país como parte de la operación Barkhane. Entre los mensajes de quienes protestaban menudeaban las acusaciones infundadas de que el Gobierno francés financiaba y armaba a los grupos terroristas. Estas protestas, promovidas por la plataforma Yerewolo Debout Sur les Remparts, una organización maliense prorrusa creada en 2019, se extendieron a Burkina Faso. Posteriormente, fue señalado el Kremlin como principal incitador de esta campaña antifrancesa. El movimiento que propagó las manifestaciones burkinesas estaba organizado por la Coalición de Patriotas Africanos de Burkina Faso (COPA/BF).

Así las cosas, el 18 de agosto de 2020 se produjo en Mali un golpe de Estado incruento organizado por el Comité Nacional para la Salvación del Pueblo (CNSP), que apartó del poder a Ibrahim Boubacar Keita. Una junta militar asumió el control, cerró las fronteras y la operación Barkhane y la misión EUTM quedaron temporalmente paralizadas. Al día siguiente, los golpistas anunciaron en la televisión nacional su invitación a los tuaregs de la CMA y de la Plataforma a renegociar los acuerdos de paz y reconciliación. Uno de los primeros diplomáticos recibidos por los golpistas fue el embajador ruso.

La CEDEAO dio a la junta militar maliense un plazo para nombrar un gobierno transitorio hasta la celebración de elecciones, que acabaría el 22 de septiembre. Un día antes, la junta militar nombró un Gobierno de civiles presidido interinamente por Bah N'Diaw, militar que fuera ministro de Defensa entre 2014 y 2015, y con el coronel Assimi Goita como vicepresidente. El Gobierno interino tomó posesión el 25 de septiembre con el compromiso de celebrar elecciones antes de que pasara año y medio.

En diciembre de 2020, el Gobierno presidido por Bah N'Diaw anunció la creación del Consejo Nacional de la Transición, órgano legislativo en el que se pretendía integrar a los tuaregs rebeldes.

Como vimos más arriba, Yaya Dillo Djérou dejó de ser rebelde y opositor al presidente chadiano Idriss Déby para convertirse en 2008 en un miembro de su Gobierno.

Entre 2018 y 2020, Djérou fue embajador de Chad ante la Comunidad Económica y Monetaria de África Central (CEMAC). Al comienzo de la pandemia, acusó a la primera dama chadiana, Hinda Déby Itno, de un conflicto de intereses a través de su fundación Gran Corazón. Según Dillo, la esposa del presidente utilizaba la fundación para invadir las prerrogativas de varios ministerios, especialmente el de Sanidad. Fue denunciado por difamación e injurias y destituido de la CEMAC.

La casa de Dillo en Yamena fue allanada el 28 de febrero de 2021 por las fuerzas de seguridad. Durante el asalto, murieron cinco de sus parientes, incluidos su madre y su hijo. Dillo logró escapar y esconderse, y más tarde se exilió en Bélgica. Las elecciones estaban convocadas para el 11 de abril de 2021 y algunos candidatos se retiraron y llamaron al boicot en protesta por la violencia empleada por el Gobierno de Déby.

En el poder desde diciembre de 1990, Idriss Déby murió el 20 de abril de 2021 combatiendo contra el FACT, una organización política y paramilitar escindida en marzo de 2016 de la Unión de Fuerzas para la Democracia y el Desarrollo. Su líder era Mahamat Mahdi Ali.

Ali y muchos de los integrantes del FACT habían participado en la guerra de Libia como mercenarios para distintas facciones. Alcanzado en junio de 2017 un pacto tácito de no agresión entre el FACT y el Ejército Nacional Libio (LNA), los milicianos de Ali pudieron utilizar su base en Libia para promover una insurgencia armada en el norte de Chad, cruzando la frontera el 11 de abril de 2021 para impedir que Déby renovase su mandato por sexta vez en unas elecciones supuestamente amañadas.

Como, según la *Carta de fecha 8 de marzo de 2021 dirigida a la Presidencia del Consejo de Seguridad por el Grupo de Expertos sobre Libia establecido en virtud de la resolución 1973 (2011)*[164], la sociedad mi-

164 *Carta de fecha 8 de marzo de 2021 dirigida a la Presidencia del Consejo de Seguridad por el Grupo de Expertos sobre Libia establecido en virtud de la resolución 1973 (2011).* Disponible en: chrome-extension://efaidnbmnnnibpcajpcglclefindmkaj/

litar privada del Grupo Wagner estaba presente en Libia desde octubre de 2018, adiestrando a las tropas del general Hafter, hubo sospechas de que el grupo de mercenarios rusos también entrenara al FACT[165].

El mismo día de la muerte de Idriss Déby, su hijo Mahamat Déby fue nombrado presidente del Consejo Militar de Transición y jefe de Estado de Chad. Después de anular la Constitución y disolver el Gobierno y el Parlamento, prometió una transición de 18 meses.

Este conflicto en Chad registró 822 muertos en 2021.

NUEVO GOLPE DE ESTADO EN MALI

Los lentos avances en los acuerdos firmados por el Gobierno maliense y las organizaciones tuaregs produjeron decepción en las comunidades del norte de Mali. El Gobierno presidido por Bah N'Diaw contentó a las élites que lideraron la rebelión de 2015 dándoles puestos de responsabilidad, como los ministerios de Juventud, Agricultura y Seguridad Alimentaria, pero los puestos reservados para los representantes de los firmantes del acuerdo en el Consejo Nacional de la Transición fueron solo cinco, de los 121 miembros que lo formaban, una representación que fue considerada insignificante. Además, se consideraba que el cumplimiento de los compromisos era ínfimo y muy poco respetuoso con la comunidad tuareg, sobre todo en materia de autonomía política y desarrollo económico del Azawad. En consecuencia, la CMA decidió apartarse del Consejo Nacional de la Transición, al tiempo que denunciaba la situación de la educación en el norte de Mali, como ejemplo de la falta de presencia de servicios básicos en las regiones de Gao, Tombuctú y Kidal, donde muchos de los colegios de educación reglada del Estado estaban cerrados o con pocos profesores, por lo que la mayoría de los estudiantes tenían que ir a escuelas coránicas. Siendo el analfabetismo el gran problema de la comunidad tuareg, esta no se sentía tratada como el resto de malienses por el Estado.

---

https://documents.un.org/doc/undoc/gen/n22/768/73/pdf/n2276873.pdf?token=zTn1NlklmWgm5gubVT&fe=true

165 «¿Quiénes son los rebeldes FACT de Chad y cuáles son sus objetivos?». Al Jazeera, 21 abril 2021.

Nueve meses después del golpe de Estado que derrocó al presidente Keita, el 24 de mayo de 2021, se produjo otra asonada en Mali. Los mismos militares golpistas destituyeron a Bah N'Diaw y nombraron como nuevo presidente al coronel Assimi Goita, hasta entonces vicepresidente. Fue, por tanto, un golpe dentro de un golpe.

N'Diaw y el primer ministro Mohtar Ouane fueron detenidos y trasladados a un campo militar de Kati, cerca de Bamako.

A principios de junio, el Gobierno francés decidió detener nuevamente la operación Barkhane, hasta no recibir garantías de que los nuevos gobernantes malienses se comprometían con la misión internacional y asegurasen no convertirse en un Estado yihadista.

OTROS GOLPES DE ESTADO EN EL SAHEL

A lo largo del año 2021, el EIGS llevó a cabo numerosos ataques contra civiles en Níger, sobre todo, en las regiones de Tillabéri y Tahoua, y asesinó a más de 600 personas. Si en 2016 se registraron en este país 800 muertes en atentados perpetrados por el ISWAP y el JNIM, en 2021 llegaron a 6.000 las víctimas.

El cabecilla del EIGS, Al-Saharaui, fue asesinado por un dron francés en agosto de 2021 en Mali. Así lo anunció el presidente francés Macron en un mensaje colgado en redes sociales el 16 de septiembre, sin dar fecha exacta en la que Al-Saharaui fue «neutralizado»[166].

Guinea-Conakri

Alpha Condé, primer gobernante del país elegido democráticamente, cambió la Constitución con un referéndum para optar a un tercer mandato. Esto provocó una serie de protestas que comenzaron el 14 de octubre de 2019, en las que murieron más de 800 personas en enfrentamientos violentos con las fuerzas de seguridad. Los disturbios

166 «Francia anuncia la muerte del líder de Estado Islámico en África occidental». *La Vanguardia,* 16 septiembre 2021.

continuaron después de las elecciones presidenciales del 18 de octubre de 2020, en las cuales salió reelegido Condé en primera vuelta, con el 59,49% de los votos emitidos.

A pesar de que Condé utilizó los ricos recursos naturales del país para mejorar la economía, la mayor parte de la población no sintió sus efectos, lo que motivó un descontento generalizado que fue aprovechado por la oposición política para movilizar a muchos ciudadanos cuando se iniciaron las protestas en octubre de 2019. Este mismo descontento, incrementado después de que las fuerzas policiales asesinaran a 27 manifestantes y periodistas en las protestas de octubre de 2020, motivó el golpe militar del 5 de septiembre de 2021. Los amotinados, dirigidos por el coronel Mamady Doumbouya, arrestaron a Condé, anunciaron la disolución del Gobierno, anularon la Constitución y sellaron las fronteras.

Doumbouya juró su cargo de presidente interino el 1 de octubre de 2021. Mientras tanto, la CEDEAO, la UA, la ONU y la UE rechazaron el golpe de Estado y pidieron la liberación de Condé. Estados Unidos, China, Francia, Nigeria, Alemania y otros países también condenaron el golpe. Guinea-Conakri fue suspendida como miembro de la CEDEAO.

Sudán

Tras el golpe de Estado de abril de 2019 que llevó al poder al Consejo Militar Transitorio, se inició un proceso de transferencia de este poder al Consejo Soberano de Sudán, órgano cívico-militar creado en agosto de 2019 para gobernar por un periodo de 39 meses, hasta las elecciones previstas para 2022. Fue nombrado primer ministro Abdalla Hamdok, que juró su cargo el 21 de agosto de 2019. Nombró a cuatro ministras para su Gobierno.

Hamdok sufrió un atentado el 9 de marzo de 2020 en Jartum del que salió indemne.

La reticencia de los militares a reformar en profundidad las instituciones de seguridad, obstruyendo, además, la investigación sobre los crímenes cometidos por policías y soldados tras el golpe de Estado de 2019, originó un creciente descontento entre los políticos civiles y la población en general, que se plasmó en un intento de golpe de Estado fallido el 21 de septiembre de 2021 organizado por seguidores del depuesto Bashir.

Entre el 16 y el 24 de octubre de 2021, se sucedieron las manifestaciones en las calles de las principales ciudades sudanesas, hasta que el día 25 se produjo otro golpe de Estado encabezado por el general Abdelfatah Al-Burhan. Hamdok fue arrestado y el Consejo Soberano de Sudán, disuelto.

No obstante, tras ser liberado el 26 de octubre y firmar un acuerdo con el Gobierno Militar, Hamdok volvió a ocupar el cargo de primer ministro el 21 de noviembre de 2021. Entre otras cuestiones, el pacto contemplaba el inicio de otro proceso de transición de dos años y una posterior consulta pública sobre la posibilidad de establecer una justicia transicional, una reforma militar y de seguridad y la desmilitarización de la región de Darfur, una de las más castigadas en el mundo por el hambre y la desnutrición[167].

Después de este golpe de Estado en Sudán, la presencia rusa en este país se hizo más patente.

Burkina Faso

El presidente burkinés Roch Marc Christian Kaboré fue destituido y arrestado el 23 de enero de 2022 por militares insurgentes en la capital, Uagadugú. El motivo argüido por los golpistas era el deterioro de la situación de seguridad en medio de la profundización de la insurgencia islámica y la incapacidad del presidente para manejar la crisis.

Fue establecida una junta militar que se autodenominó Movimiento Patriótico para la Salvaguardia y Restauración, presidida por Paul-Henri Sandaogo Damiba, y se disolvieron las instituciones oficiales, al tiempo que se interrumpía el acceso a internet.

La UA y la CEDEAO condenaron el golpe de Estado y suspendieron la membresía de Burkina Faso en ambas organizaciones.

167 TOLCACHIER, Javier. «Acuerdo en Sudán abre el camino a una transición pacífica hacia un gobierno democrático». Pressenza International Press Agency, 9 diciembre 2022.

Mali: salen los franceses y entran los rusos[168]

En septiembre de 2021, España seguía siendo el principal contribuyente en EUTM Mali, con cerca de 540 militares y tres helicópteros de transporte. Los planes de la misión europea eran trasladarse de su base en Kulikoro a dos nuevas construidas en Sevare por Alemania y junto al aeropuerto de Bamako por España, ambas con fondos europeos. En aquel mes de septiembre estaba a punto de concretarse un acuerdo ruso-maliense por el que se permitiría operar al Grupo Wagner en el país africano.

La llegada del Grupo Wagner a Mali se produjo en diciembre de 2021. Fueron varios cientos de mercenarios que se dedicaron a operaciones antiterroristas, acompañados por soldados del Ejército ruso que se hicieron cargo de la logística y de la instrucción militar de las tropas malienses. Con ellos arribó gran cantidad de armamento. En contrapartida a estos servicios, el Gobierno maliense otorgó a la empresa militar privada rusa concesiones mineras, complementadas, al parecer, con una tarifa mensual de diez millones de dólares. Personal de la empresa rusa M Invest, vinculada a Wagner, fue visto muy pronto en el sur de Mali, en Menankoto, donde se realizaban prospecciones en búsqueda de oro.

Tras la llegada del Grupo Wagner y de militares rusos, Francia optó por empezar a retirar sus tropas de Mali, que estaban en el país desde enero de 2013 combatiendo a los yihadistas. El 14 de diciembre de 2021 clausuró su destacamento de Tombuctú. Unos días antes había hecho lo mismo en Tessalit y Kidal. Una noticia falsa,

168 Además de las referencias indicadas a pie de página, para la redacción de este capítulo se han hecho las consultas apuntadas al final del texto.

difundida por fuentes prorrusas en las redes sociales y en ciertos medios de comunicación malienses y burkineses, había provocado que en noviembre de 2021 un convoy militar francés de 90 vehículos fuese retenido durante una semana en Burkina Faso por una multitud que creía que llevaba armas a los yihadistas. Cada vez se extendía con mayor rapidez en el Sahel la impopularidad de la intervención militar de Francia, cuyas tropas se veían de ocupación, en vez de salvación, debido a un sentimiento nacionalista y antiimperialista que renacía derivado de maniobras desinformativas.

A principios de 2022, la operación Tabuka, en la que participaban catorce países de la UE, quedó comprometida tras la salida de las tropas francesas de Mali y la expulsión del embajador galo en Bamako. Además, ante las protestas del Gobierno maliense por el despliegue de fuerzas danesas en su territorio, Copenhague anunció que retiraba a su centenar de soldados de la misión Tabuka. A continuación, el Gobierno sueco también avisó de que retiraba a sus militares, siendo uno de ellos, el coronel Peter, quien dirigía en ese momento la operación.

Las elecciones generales fijadas para el 27 de febrero de 2022 fueron pospuestas indefinidamente por el Gobierno maliense.

El 18 de febrero de 2022, el presidente francés Macron anunció oficialmente la retirada definitiva (en un plazo de entre cuatro y seis meses) de las tropas de Barkhane y Takuba de Mali, que serían reposicionadas en Níger y Burkina Faso[169]. Al día siguiente hubo una multitudinaria manifestación en Bamako en contra de Francia y de la UE, en la que se exhibían pancartas en las cuales se daban la bienvenida y las gracias al Grupo Wagner.

Las tropas europeas pusieron fin a la operación Takuba a finales de junio de 2022 con la retirada del país de los 900 soldados que la componían, la mayoría franceses. Los últimos salieron el 15 de agosto de la base de Gao, en dirección a Níger.

En 2022, eran unos 1.400 mercenarios de Wagner los que había en Mali.

---

169 «Situación en Mali. Anuncio de retirada de las operaciones Barkhane y Takuba del país». Departamento de Seguridad Nacional. Gabinete de la Presidencia del Gobierno de España, 25 febrero 2022.

El mando central del Estado Islámico decidió, en marzo de 2022, escindir del ISWAP una nueva organización, la del Gran Sahara (ISSP), que quedaría como provincia autónoma de la del África occidental o ISWAP.

El ISWAP atacó los días 8 y 9 de marzo de 2022 a los tuaregs del MSA en las localidades malienses de Tamalat e Insinane. Los enfrentamientos dejaron un centenar de muertos, entre los que había varias decenas de civiles.

Masacre de Moura

Unos días más tarde, entre el 27 y el 31 de marzo, los yihadistas del ISWAP fueron sitiados por el ejército maliense y los mercenarios de Wagner en la ciudad de Moura, en la región central de Mopti, que ocupaban desde hacía tiempo y en la que habían impuesto la *sharía*. En el primer día del asedio, varios helicópteros militares aterrizaron cerca del mercado, desembarcando soldados que se enfrentaron a yihadistas en un tiroteo en el que murió un número indeterminado de civiles. Soldados y mercenarios se desplegaron por la ciudad, disparando contra cualquiera que intentara esconderse o escapar. Los hombres detenidos fueron llevados a la orilla del río, donde murieron ejecutados. La mayoría de ellos eran de la etnia fulani o llevaban barba larga y ropa islámica tradicional. La operación concluyó cuatro días después.

Según informes de HRW, un centenar de soldados blancos que hablaban un idioma distinto al francés fueron responsables de torturas y ejecuciones de civiles. El Ministerio de Defensa de Mali comunicó el 1 de abril que el ejército había matado en aquella operación a 203 terroristas y arrestado a 51. Según testigos, el número de muertos era difícil de determinar porque muchos habían sido enterrados en fosas comunes y otros, quemados, siendo su número superior a los 300[170]. Este informe fue la causa que provocó la expulsión de la misión de las Naciones Unidas en Mali.

170 EMERSON, John. «Mali: masacre perpetrada por el Ejército y soldados extranjeros». Human Rights Watch, 5 abril 2022.

El 8 de abril, el Ministerio de Relaciones Exteriores de Rusia felicitó al Gobierno maliense por la operación, descalificando los informes de HRW como «desinformación».

MALI SALE DEL G5S

Asamblea de la Alianza Sahel en Madrid

La III Asamblea General de la Alianza Sahel se celebró en Madrid el 4 de abril de 2022 y fue presidida por el ministro de Asuntos Exteriores español José Manuel Albares. El asunto estrella de la sesión fue el deterioro político y de seguridad que afectaba a varios países del G5S, donde la situación alimentaria era cada vez más preocupante, con 2,5 millones de personas desplazadas y unos 6,7 millones necesitadas de ayuda alimentaria urgente, que podrían llegar a ser pronto 10,5 millones si no se tomaban medidas con rapidez.

Desde su fundación en 2017, la Alianza Sahel había triplicado los fondos comprometidos (que pasaron de 7.300 millones a 23.000) y el número de proyectos que financiaba, como el Programa de Desarrollo de Emergencia (PDU) del G5S, que había dado buenos resultados: 1.080.000 personas habían mejorado su acceso al agua, 125.000 se habían beneficiado de asistencia alimentaria, se habían creado 1.572 estructuras que contribuían a la prevención de conflictos y a la cohesión social y 414.000 personas se habían formado en el diálogo, la gestión y la mediación de conflictos.

Hambre en el Sahel

Pero, a pesar de la rápida ejecución de algunos proyectos de desarrollo, los asistentes a la asamblea de la Alianza tenían razón al estar preocupados por la situación de grave crisis que atravesaban el Sahel y África occidental, especialmente, en lo referente a inseguridad alimentaria, que afectaba a 40,7 millones de personas en 2022, casi cuatro veces más que en 2019 (10,8 millones).

Después de dos años de pandemia, en medio del conflicto armado y de una larga sequía, la crisis alimentaria se agravaba en el periodo entre cosechas, cuando la escasez agrícola afectaba a más de 10,5 millones de personas en Mali, Burkina Faso, Mauritania y Níger. Los efectos del cambio climático estaban ocasionando una dramática caída de los cultivos: en Mauritania y Níger se había producido un 40% menos de alimentos con respecto a los últimos cinco años, mientras que en Mali se había registrado un descenso del 15% y en Burkina Faso, del 10%.

A todo esto, en 2022 había que añadirle las graves consecuencias de la guerra de Ucrania, con bloqueos de alimentos y carburantes que disparaban los precios y ponían a la población saheliana al borde de la hambruna. En Mali, que padecía, además, la sanción impuesta por la CEDEAO tras el último golpe de Estado, se encontraban en esta crítica situación 1,8 millones de personas (20% de la población total) y 5,9 millones dependían de la asistencia humanitaria para subsistir.

De los 2,5 millones de personas que había desplazadas en esos cuatro países, el 70% se hallaba en Burkina Faso, donde cerca de 1,8 millones (el 10% de la población, aproximadamente) se habían visto obligadas a huir de sus hogares. En Níger, según la OMS, la desnutrición aguda y severa había superado los niveles de emergencia, hasta el punto de que la hambruna podía afectar a casi cuatro millones de personas.

La segunda fase del Proyecto de Apoyo Regional al Pastoreo en el Sahel, financiado por el Banco Mundial y conocido como PRAPS-2, tenía un periodo de duración previsto de diciembre de 2022 a mayo de 2027; estaba dirigido a Burkina Faso, Mali, Mauritania, Níger, Senegal y Chad; y contaba con un presupuesto gestionado de 720.000 euros[171].

MALI CAÓTICO

La creciente presencia del Grupo Wagner en Mali llevó a la UE a suspender su misión de instrucción de tropas malienses en abril de

171 Regional Sahel pastoralism support project – PRAPS-2. CIRAD. Disponible en: https://www.cirad.fr/en/worldwide/cirad-worldwide/projects/praps-2-project

2022. La razón principal fue la necesidad de que los militares europeos no se vieran implicados en las graves vulneraciones de los derechos humanos que cometían los soldados malienses y los mercenarios rusos.

Un mes después, en mayo de 2022, al negarse los otros cuatro miembros del G5S a que Mali ocupara la presidencia rotativa, debido a las sanciones que la CEDEAO había impuesto en enero anterior al Gobierno maliense por demorar la celebración de las elecciones, el coronel Goita ordenó que su país abandonara la organización. La salida de Mali del G5S y de su fuerza conjunta contra el yihadismo sumió a la alianza en una gravísima crisis política y militar.

A pesar de contar con la ayuda de los mercenarios Wagner, la salida de la fuerza conjunta del G5S no benefició al Ejército de Mali en su lucha contra los yihadistas, ya que la población civil fue a partir de entonces no solo víctima de los terroristas islamistas, sino también de los propios militares malienses y rusos.

En la noche del 18 al 19 de junio de 2022, al menos 132 civiles murieron en los ataques perpetrados en tres localidades del centro de Mali por miembros del JNIM (rama FLM). Desde principios de ese año, eran ya más de medio millar los civiles asesinados en el país.

Golpe de Estado en Burkina Faso[172]

El 30 de septiembre de 2022 se produjo, ocho meses después del anterior, un nuevo golpe de Estado en Burkina Faso. Fue destituido el presidente interino Paul-Henri Sandaogo Damiba, acusado de lo mismo que él había acusado al anterior presidente: no haber sabido acabar con la insurgencia islamista. Asumió el poder el capitán Ibrahim Traoré, al frente de otra junta militar.

Capitán Ibrahim Traoré, presidente de Burkina Faso.

En aquel momento, casi el 40% del territorio nacional estaba controlado por insurgentes.

172 Además de las referencias indicadas a pie de página, para la redacción de este capítulo se han hecho las consultas apuntadas al final del texto.

La CEDEAO se opuso al golpe. El Grupo Wagner se manifestó a favor. Manifestantes atacaron la embajada de Francia y Traoré ordenó la salida de las tropas francesas del país, retirada que se completaría en febrero del año siguiente. Según fuentes del Gobierno marfileño, la junta militar burkinesa entregó una mina de oro situada al sur de Burkina Faso al Grupo Wagner, como pago por su respaldo en la lucha contra los yihadistas.

CUMBRE DE LA OTAN EN MADRID

Tres meses antes, en los días 28 y 29 de junio de 2022, se celebró en Madrid una cumbre de la OTAN que estuvo centrada, como era de esperar, en la guerra de Ucrania, si bien la organización fue incapaz de aportar soluciones a este conflicto. España planteó su preocupación por lo que sucedía en el Sahel (el 48% de las muertes en el mundo por terrorismo se había registrado en esta región africana en 2021) y propuso reforzar el flanco sur de la OTAN. Pero, aunque los socios de España reconocieron que el Sahel era una de las regiones más inestables del mundo por culpa del yihadismo, del tráfico de armas, drogas y seres humanos, del cambio climático, de la hambruna y de las migraciones, convirtiéndose, además, en un nuevo escenario de confrontación entre Oriente y Occidente, al final, la organización atlantista fue incapaz de aprobar una estrategia efectiva para el Sahel. No obstante, se acordó adoptar un nuevo Concepto Estratégico, con el objetivo de proporcionar un diagnóstico de un entorno dinámico de seguridad internacional, identificar las principales amenazas y desafíos a la seguridad euroatlántica y esbozar formas de abordar dichos desafíos. Se trataba, por lo tanto, de estudiar las políticas de la OTAN en los próximos años.

El único acuerdo concreto que se adoptó referido al Sahel fue el de enviar una misión de asesoramiento a las fuerzas armadas y policiales mauritanas, con la intención de reforzar la lucha contra el terrorismo y las migraciones.

Era evidente que en esta cumbre de la OTAN persistía un ambiente pesimista acerca de la lucha contra el terrorismo global, después de los resultados habidos en las intervenciones en Afganistán, Irak y Libia. Adoptar medidas directas en otro lugar tan conflictivo y complejo como el Sahel no parecía aconsejable en ese momento, por lo que la seguridad del flanco sur no fue considerada como prioritaria y solo quedó pergeñada de cara a un futuro más o menos inmediato.

Tampoco en la 68.ª sesión anual de la Asamblea Parlamentaria de la OTAN, celebrada en Madrid del 19 al 21 de noviembre de 2022, se tomó ningún acuerdo concreto acerca del Sahel, por más que la ministra de Defensa española transmitiera su preocupación ante la extensión de la influencia rusa en aquella región africana, aprovechando el vacío que estaba dejando Europa[173].

Entre ambas reuniones de la OTAN en Madrid, ocurría en Chad una brutal represión en la que fueron asesinadas cientos de personas, aunque la cifra oficial reconoció solo 50 muertos. Sucedió el 20 de octubre de 2022, conocido como el *jueves negro,* durante una manifestación disuelta violentamente por las fuerzas de seguridad chadianas. Miles de manifestantes recorrieron las calles de Yamena en protesta por la extensión en el poder de la junta militar, cumplida la fecha en la que esta había prometido ceder la transición hacia un gobierno civil.

173 GONZÁLEZ, Miguel. «España advierte a la OTAN de que Rusia está desestabilizando el Sahel». *El País,* 10 noviembre 2022.

Fin de la operación Barkhane y de la Françafrique[174]

Las cada vez más frecuentes protestas en los países sahelianos contra la operación militar francesa por supuesta ineficacia para hacer frente al yihadismo, y después de producirse el 15 de agosto de 2022 la completa retirada de las tropas francesas de Mali, el Gobierno presidido por Macron decidió dar por terminada la operación Barkhane el 8 de noviembre de 2022. En el anuncio, se informó de que parte de las fuerzas francesas quedarían en el Sahel durante un tiempo limitado, colaborando con los gobiernos sahelianos. Un mes antes, el embajador francés en Uagadugú fue llamado a consultas a París tras la cancelación por parte del Gobierno burkinés del acuerdo militar que tenía con Francia desde 1961.

El 10 de enero de 2023, la UE prorrogó la EUCAP Sahel Mali hasta el 31 de enero de 2025, asignándole un presupuesto de 73 millones de euros. Con ellos pretendía facilitar un despliegue de las Fuerzas de Seguridad Interior (FSI) en el sur de Mali[175].

Si bien es cierto que, al principio, el término *Françafrique* (combinación en francés de *France* y *Afrique*) se empleó para hacer referencia a la estrecha relación, tanto política como económica, que Francia mantenía con sus antiguas colonias africanas, con el paso del tiempo su uso dejó de ser positivo para adquirir un significado

174 Además de las referencias indicadas a pie de página, para la redacción de este capítulo se han hecho las consultas apuntadas al final del texto.

175 EUCAP Sahel Mali: prórroga del mandato hasta el 31 de enero de 2015. Consejo de la Unión Europea, 10 enero 2023. Disponible en: https://www.consilium.europa.eu/es/press/press-releases/2023/01/10/eucap-sahel-mali-mandate-extended-until-31-january-2025/

crítico hacia el trato neocolonial que supuestamente daba la antigua metrópoli a los países francófonos independizados.

Durante una conferencia sobre la asociación con África que dio el 27 de febrero de 2023 en París, el presidente francés Emmanuel Macron declaró que el legado de la *Françafrique* debía ser enterrado, para refundar las relaciones entre París y sus excolonias: «Mi convicción es que este camino es ahora un callejón sin salida. Quienes lo defienden son más bien defensores de una nostalgia [...], hay otro camino que consiste en no reducir a África a un ámbito de competencia o de beneficio y considerar a los países africanos como socios con los que compartimos intereses y responsabilidades. Y, básicamente, construir una relación nueva, equilibrada, recíproca y responsable»[176].

Pero este cambio anunciado por Macron llegó tarde, al menos, para las relaciones entre Francia y Mali, como ocurriría también poco después con otros países sahelianos. Y este sentimiento antifrancés empezó a derivar hacia un sentimiento antioccidental.

En su estudio *La lenta muerte de la Françafrique*, Ken Opalo, profesor asociado de la Escuela de Servicio Exterior Edmund A. Walsh (Universidad de Georgetown, Estados Unidos), advertía lo siguiente:

> «La influencia de Francia en sus antiguas colonias africanas se ha cuestionado desde hace décadas. Las protestas contra el CFA, apodado "la última moneda colonial", se han intensificado en los últimos años. Entre otros agravios, este acuerdo monetario priva a catorce países africanos de su soberanía sobre la política monetaria y los obliga a depositar la mitad de sus reservas en el Tesoro francés. En consecuencia, los llamados al fin del CFA son, ahora, bastante frecuentes [...].
>
> Los recordatorios periódicos del historial de saqueo colonial de Francia en la región, como los casos judiciales de corrupción y soborno en los que están implicadas empresas francesas (con frecuencia, revelados a través de memes de WhatsApp), han reforzado la percepción negativa de Francia [...]»[177].

176 «Declaración del Sr. Emmanuel Macron, presidente de la República, sobre las relaciones franco-africanas, en París el 27 de febrero de 2023». *República Francesa, Vie publique*. Disponible en: *https://www.vie-publique.fr/discours/288411-emmanuel-macron-27022023-france-afrique*

177 OPALO, Ken. «La lenta muerte de la Françafrique». *Le Grand Continent*, 3 marzo 2023.

Aunque el Gobierno francés seguía teniendo buenas relaciones con los presidentes de Níger y Chad, la influencia de París en otros países iba cediendo ante la hostilidad hacia Francia que se extendía por el Sahel a través de la desinformación impulsada desde Moscú y las manifestaciones que se producían cada vez con mayor frecuencia en contra de las tropas francesas y a favor de la presencia rusa.

En diciembre de 2022, el Gobierno de Uagadugú expulsó a dos franceses de Burkina Faso acusados de espionaje.

EL FRANCO CFA

La crítica de Francia como depredadora económica por sus antiguas colonias africanas se basa en la compra de la producción agrícola en estos países a un precio muy barato por parte de empresas francesas, que la venden luego en los mercados internacionales decenas de veces más cara, obstaculizando, además, la entrada de empresas de otros países que compitan con ellas. Ello se traduce en salarios muy bajos y en un escaso desarrollo económico y social, lo cual condena a muchos sahelianos al empobrecimiento y a la migración para subsistir.

Pero lo que más crispación causa a muchos sahelianos es la absoluta dependencia que tienen de Francia en política monetaria.

Durante la descolonización, Francia se reservó la facultad de emitir las monedas de los nuevos países africanos. El franco CFA, creado el 26 de diciembre de 1945, es el nombre de dos monedas que se utilizan actualmente en catorce países: el franco CFA de África occidental (XOF) y el franco CFA de África Central (XAF). Ambas monedas siempre han estado a la par y son intercambiables.

Tienen XAF Benín, Burkina Faso, Costa de Marfil, Guinea-Bisáu, Mali, Níger, Senegal y Togo. Guinea-Conakri (en 1960), Mali (1962) y Mauritania (1973) dejaron esta moneda para emitir sus propios francos. Tienen XOF Camerún, Chad, Gabón, República Centroafricana, República del Congo y Guinea Ecuatorial (excolonia española que adoptó esta moneda en 1984). Madagascar dejó esta moneda en 1973.

Al controlar la emisión del franco CFA, Francia controla su cotización, que quedó ligada, primero, al franco francés y, después, al euro (cuya política monetaria es establecida por el Banco Central

Europeo), lo que impide a los gobiernos africanos devaluar su moneda para favorecer sus exportaciones. Además, están obligados a depositar la mitad de su reserva financiera en bancos franceses.

En *L'Arme invisible de la Françafrique*, los autores reconocen que el CFA fue creado para «drenar los recursos africanos hacia Francia», lo que ha sucedido hasta ahora: «Conscientes de que las cuestiones económicas son eminentemente políticas, cada vez más ciudadanos africanos exigen su plena soberanía monetaria». Sin embargo, los políticos y los economistas son reacios a abandonar el CFA porque consideran que la dependencia proporciona una estabilidad que quizá se perdería, siendo, por tanto, mayores las ventajas de mantener la actual moneda que los inconvenientes y riesgos de emitir una nueva. Aunque Madagascar y Mauritania no tuvieron graves problemas al dejar el CFA, no ocurrió lo mismo con Guinea-Conakri, que fue el primer país en hacerlo y todavía arrastra problemas económicos y monetarios.

Comienza la guerra en Sudán[178]

El 15 de abril de 2023 estalló una nueva guerra civil en Sudán, entre el ejército regular (FAS), leal al general Abdelfatah al Burhan, y la milicia FAR (o RSF, por sus siglas en inglés), liderada por Mohamed Hamdan Dagalo, alias *Hemedti.* El motivo era la discrepancia en torno al proceso de integración del grupo paramilitar en el seno de las Fuerzas Armadas. Iniciado el conflicto en la capital, Jartum, enseguida se extendió a la vasta región occidental de Darfur, marcada por profundas tensiones étnicas y feudo de las FAR.

El Grupo Wagner, que estaba obteniendo lucrativas concesiones mineras, especialmente de oro, y utilizaba la región de Darfur como base para sus operaciones en el resto del territorio sudanés y en países vecinos, apoyó a *Hemedti* proporcionándole misiles tierra-aire.

Solo diez días después de que estallara la guerra, los combates entre ambos bandos llegaron a la ciudad de El Geneina, que ya había sufrido ataques sangrientos en años anteriores, tras la caída en 2019 del Gobierno de Bashir. En mayo y junio de 2023, las FAR y sus milicias aliadas saquearon El Geneina, sobre todo en los barrios de mayoría masalit. El 13 de julio fueron descubiertos 87 cadáveres de etnia masalit enterrados en una fosa común en Darfur.

En estos primeros meses de guerra, al menos otros siete pueblos de Darfur Oeste fueron arrasados por las FAR y sus aliados. En la ciudad de Misterei, de la que se había retirado el Ejército en abril, las tropas de las FAR mataron a un centenar de masalit, saquearon e incendiaron sus hogares y dispararon contra los que huían. En junio también se produjeron masacres contra civiles en Darfur Norte,

178 Además de las referencias indicadas a pie de página, para la redacción de este capítulo se han hecho las consultas apuntadas al final del texto.

como la ocurrida en Kutum, una localidad situada a 120 kilómetros de la capital de la provincia, El Fasher, donde los paramilitares asesinaron a más de 40 personas e hirieron a varias decenas.

Un primer éxodo masivo de civiles se dirigió hacia Chad.

CUMBRE DE LA OTAN EN VILNA

Entre los días 11 y 12 de julio de 2023 se celebró en la capital de Lituania, Vilna, la anual Cumbre de la OTAN, que nuevamente centró su atención casi plenamente en la guerra de Ucrania, aunque esta vez, enmarcado en el Concepto Estratégico aprobado en Madrid el año anterior, se trató de la cada vez más aguda competición estratégica con Rusia y China, así como del incremento de las inversiones en defensa y de la ampliación de la organización a Finlandia y Suecia.

Con más de 4.000 páginas, el Concepto Estratégico de Madrid de 2022 recogía una nueva generación de planes regionales estructurados en torno a tres grandes zonas geográficas: Noratlántica, Europa central y Europa del sur; cinco dominios operativos: tierra, mar, aire, espacio y ciberespacio; y dos amenazas: Rusia y el terrorismo (China no se consideraba un adversario sino un *reto sistémico*). En cuanto a regiones de interés estratégico, a los Balcanes Occidentales, el mar Negro y el Indo-Pacífico, se añadieron Oriente Medio, el Norte de África y el Sahel, reconociéndose así los retos provenientes del Sur.

Pero, nuevamente, dejaron de abordarse medidas concretas sobre el Sahel, las cuales quedaron retrasadas a la Cumbre de Washington de 2024[179].

SEGUNDA CUMBRE RUSIA-ÁFRICA

Entre los días 27 y 28 de julio de 2023 se celebró en San Petersburgo la segunda Cumbre Rusia-África, convocada por el presidente Vladimir Putin bajo el lema *Por la paz, seguridad y desarrollo.*

---

179 ARTEAGA, Félix y SIMÓN, Luis. «La OTAN tras la Cumbre de Vilna». Real Instituto Elcano, 31 julio 2023.

A diferencia de la anterior, que se celebró en 2019, esta segunda cumbre se llevó a cabo cuando hacía ya año y medio que había empezado la guerra de Ucrania. A pesar de las sanciones impulsadas por Estados Unidos y la UE, la presencia africana fue representativa, incluidos 17 jefes de Estado.

Rusia se comprometió a trabajar por un nuevo «orden mundial multipolar» y sin «neocolonialismo», manteniendo relaciones igualitarias con África, y a evaluar la propuesta de paz en Ucrania esbozada por la UA, y prometió cancelar deuda (90 millones de dólares) y enviar armas y granos a ciertos países africanos (algunos de ellos, de forma gratuita). Pero la intención de Putin era reforzar lazos políticos, más que económicos, con los que combatir el aislamiento al que pretendían someterle Estados Unidos y sus aliados, además de garantizar la seguridad en los países africanos en su lucha contra el terrorismo, vendiéndoles armamento y enviando mercenarios[180].

180 MUÑOZ PANDIELLA, Lluís. «Rusia trata de seducir a África: Putin asegura que estudia plan de paz sobre Ucrania». France 24, 28 julio 2023.

Último golpe de Estado en Níger y sus consecuencias[181]

El presidente nigerino Mohamed Bazoum decidió el 24 de julio de 2023 destituir al general que comandaba la Guardia Presidencial, Abdourahamane Tchiani, con quien mantenía una tensa relación.

Dos días después, el 26 de julio, Bazoum fue retenido en el palacio presidencial de Niamey por parte de la guardia que lo custodiaba. Con intención de liberarlo, el ejército rodeó el palacio, pero, por la noche, un grupo de militares, encabezados por el coronel mayor de la fuerza aérea, Amadou Abdramane, anunciaron en televisión que Bazoum había sido sustituido por una junta militar denominada Consejo Nacional para la Salvaguardia de la Patria. También se anunció la disolución de la Constitución, la suspensión de las instituciones estatales, el cierre de las fronteras y un toque de queda nacional.

Bazoum comunicó el día 27 por redes sociales que no renunciaba y condenó el intento de golpe de Estado, el quinto que se llevaba a cabo desde la independencia del país. Sin embargo, el general Abdou Sidikou Issa, jefe del Estado Mayor del Ejército, apoyó el golpe y unos 1.000 manifestantes hicieron lo propio ondeando banderas rusas y expresando su simpatía por el Grupo Wagner.

El general Tchiani se proclamó el día 28 presidente del Consejo Nacional para la Salvaguardia de la Patria y dio por victorioso el golpe, al tiempo que acusaba a Bazoum de no haber sabido imponer la seguridad en el país.

La embajada francesa fue atacada el 30 de julio. Cinco días después, se completó la evacuación de ciudadanos españoles de Níger,

181 Para la redacción de este capítulo se han hecho las consultas apuntadas al final del texto.

entre los que había cuatro miembros del CNI. El avión que envió a Niamey el Ministerio de Defensa Español trasladó a España a 74 civiles de 19 nacionalidades.

Simpatizantes del golpe de Estado en Níger en 2023 con banderas nigerinas y rusas.

El 10 de agosto, la junta nombró a un nuevo Gobierno, dirigido por el primer ministro Lamine Zeine.

El golpe de Estado fue condenado por la UA, la CEDEAO (que impuso sanciones de inmediato), la UE, la ONU, el Banco Mundial, Estados Unidos, Francia y Argelia. Francia y Reino Unido cancelaron sus ayudas económicas a Níger.

El Gobierno ruso declaró a través de su portavoz, Dimitri Peskov, que la situación en Níger era preocupante y pidió que se actuase con «moderación» y se retornase lo «más rápido posible al orden legal». Sin embargo, el jefe del Grupo Wagner, Yevgueni Prigozhin, manifestó su simpatía por el golpe, calificándolo de éxito contra los colonizadores de Níger.

AMENAZA DE GUERRA

El 2 de agosto de 2023 hubo una reunión en Abuja, capital de Nigeria, de las cúpulas militares de la CEDEAO, en las que se dio un ultimátum a la junta militar de Níger para que liberase y devolviera el poder al presidente Bazoum. De lo contrario, se produciría una intervención militar por los Ejércitos de la CEDEAO, presuntamente apoyados por fuerzas francesas y estadounidenses. Los gobiernos de Nigeria, Benín, Costa de Marfil, Ghana, Togo y Senegal confirmaron la disponibilidad de sus ejércitos para participar en la eventual intervención militar en Níger. Ese mismo día, durante una visita a Mali, el jefe de la junta militar nigerina, el general Salifou Mody, pidió ayuda al grupo mercenario ruso Wagner para luchar contra el terrorismo.

Los gobiernos de Mali y Burkina Faso emitieron una declaración conjunta advirtiendo contra la intervención militar extranjera en Níger y aseguraron que, de hacerlo, sería una declaración de guerra contra sus naciones. Por su parte, el presidente de Guinea-Conakri, Mamady Doumbouya, comunicó su oposición a las sanciones impuestas por la CEDEAO a Níger, tal como habían hecho los gobiernos maliense y burkinés. Argelia, aunque condenó el golpe de Estado, se opuso a la intervención militar occidental en Níger. Lo mismo hicieron los gobiernos de Mauritania, Rusia y el ministro de Asuntos Exteriores italiano, Antonio Tajani, por creer que sería «percibida como una nueva colonización».

Níger retiró sus embajadores en Estados Unidos, Francia, Nigeria y Togo.

El miedo a que el conflicto se extendiera por el Sahel hizo que, finalmente, la CEDEAO desistiera del uso de la fuerza y optara por el diálogo con la junta militar nigerina para reconducir la situación. Se iniciaron conversaciones y el presidente de Nigeria, Bola Tinubu, principal impulsor de la vía bélica, declaró que se podría sortear la confrontación armada si los golpistas nigerinos se comprometían a traspasar el poder a una autoridad civil en el plazo de nueve meses. La junta militar de Níger exigió un mínimo de tres años antes de la celebración de elecciones.

Reactivación de la violencia tuareg y yihadista[182]

Las actividades de los grupos yihadistas JNIM e ISWAP, repartidos en sus distintas ramas, fueron aumentando en el Sahel durante el año 2023. El enemigo común de ambas organizaciones terroristas eran las fuerzas internacionales y los ejércitos regulares, apoyados, en según qué casos, por el Grupo Wagner, pero también combatían entre ellas, sobre todo, en la zona de las tres fronteras compartidas por Mali, Burkina Faso y Níger. Aliados temporales del JNIM en esta confrontación armada contra la filial del Estado Islámico eran los rebeldes tuaregs.

El 11 de enero de 2023 murieron nueve civiles y catorce soldados a manos de los yihadistas en dos ataques llevados a cabo en el centro de Mali.

Mucho más ambicioso en su expansión, el JNIM operaba, además de en los países centrales del Sahel, en otros algo más al sur, como Costa de Marfil, Togo, Benín, Camerún y Ghana, utilizando para sus repliegues territorios incontrolados de Mauritania y de Argelia.

Al menos 86 muertos fueron los que, según AI, hubo en el ataque yihadista ocurrido entre los días 30 y 31 de diciembre de 2022 en la población burkinesa de Nouna, cerca de la frontera con Níger[183]. Desde 2015 hasta mayo de 2023, se calculaba que unos 10.000 burkineses habían muerto en enfrentamientos con yihadistas y 21 millones habían abandonado sus hogares.

---

182 Además de las referencias indicadas a pie de página, para la redacción de este capítulo se han hecho las consultas apuntadas al final del texto.

183 «AI eleva a 86 los muertos en la matanza del pasado diciembre en Burkina Faso». *Swi*, EFE, 11 enero 2023.

En Níger, un destacamento de las fuerzas armadas cayó en una emboscada perpetrada por yihadistas el 10 de febrero de 2023. Ocurrió en la zona de Tiloa, provincia de Banibangou, cerca de la frontera con Mali. Murieron 17 soldados, desaparecieron doce y otros doce fueron heridos. En la misma zona, el ejército nigerino tomó represalias un mes más tarde, «neutralizando» a 79 presuntos terroristas, según el Ministerio de Defensa de Níger[184].

En Nigeria se producía una media de once atentados terroristas mensuales, aunque de impacto bajo. Sin embargo, los enfrentamientos entre grupos yihadistas leales a Al Qaeda y al Estado Islámico se saldaban con un promedio de 100 muertos al mes.

En Benín y Togo, países pequeños del golfo de Guinea, los ataques yihadistas provenían tanto del JNIM como del ISWAP, cuyos milicianos atravesaban con facilidad las porosas fronteras con Burkina Faso y, en el caso de Benín, también lo hacían desde Nigeria los miembros de Boko Haram.

Después de once años, se produjo un acto terrorista en Mauritania el 5 de marzo de 2023. En este caso, se trató de un motín en una prisión de Nuakchot. Cuatro presos relacionados con el terrorismo yihadista se escaparon después de matar a dos de los guardias de seguridad. Tres de los fugados fueron abatidos unos días más tarde por los gendarmes.

En Chad y en Ghana, a la violencia yihadista se unía la generada por el enfrentamiento entre etnias y entre ejércitos y grupos armados de la oposición. En febrero de 2023, en la zona ghanesa de Bawku, cercana a la frontera con Burkina Faso, hubo un intento de voladura de un puente.

En Camerún se produjeron 16 atentados terroristas en febrero de 2023 y trece en marzo. Todos fueron de baja intensidad y la mayoría iban dirigidos contra civiles[185].

---

184 «El ejército de Níger abate a 79 supuestos terroristas». *Levante*, Europa Press, 25 marzo 2023.

185 SUMMERS, Marta. «Actividad yihadista en el Magreb y el Sahel, marzo 2023». Observatorio Internacional de Estudios sobre Terrorismo (OIET), 20 abril 2023.

INICIO DE LA RETIRADA DE LA MINUSMA

Coincidiendo con la progresiva retirada de la MINUSMA, agosto de 2023 fue un mes clave en la reactivación del viejo conflicto en el norte de Mali, donde las fuerzas rebeldes tuaregs volvieron a combatir contra el Ejército, al mismo tiempo que los ataques yihadistas se hacían más frecuentes. Todo ello provocó que, en dos meses (agosto y septiembre), se produjeran al menos 650 muertes violentas.

Después de una década de tensa calma, la rebelión tuareg volvió a brotar con la vieja aspiración de conseguir un Azawad independiente. Las bases que iban siendo abandonadas por los miembros de la MINUSMA fueron siendo ocupadas por soldados malienses y mercenarios Wagner. Así ocurrió en los cuarteles de Ménaka, Ogossagou, Ber y Goundam, lo que fue considerado por la CMA como una violación de los acuerdos de paz de Argel de 2015. Ya unos meses antes, en diciembre de 2022, la alianza de grupos nacionalistas tuareg y árabes del norte de Mali había pedido a Argelia una reunión urgente con el Gobierno de Bamako ante un posible colapso de los acuerdos de paz debido a los incumplimientos de las autoridades malienses.

A partir del 13 de agosto, los tuaregs atacaron las bases militares en Ber, Bourem, Léré, Dioura y Bamba, ocupándolas brevemente y retirándose con prisioneros y armamento antes de la llegada de la aviación maliense. A los rebeldes azawadís se unieron combatientes tuaregs procedentes de Níger. Los soldados también fueron hostigados por los grupos armados yihadistas.

A finales de septiembre, Mussa Ag Acharatoumane, fundador del MSA, anunció que su organización se oponía al reinicio del conflicto y dijo estar dispuesto a mantener contactos con la junta militar de Mali y la mediación internacional.

El Ejército maliense contraatacó el 2 de octubre enviando a la región de Kidal, desde las ciudades de Gao y Bourem simultáneamente, dos grandes contingentes con apoyo ruso y cobertura aérea.

EL JNIM ASEDIA TOMBUCTÚ

También en agosto de 2023, mientras el ISWAP se hacía fuerte en las regiones de Gao y Ménaka, al noreste de Mali, la filial de Al Qaeda, el JNIM, ponía sitio a la histórica ciudad de Tombuctú.

El asedio a Tombuctú comenzó el 8 de agosto, después de la retirada de la MINUSMA, con un prolongado bombardeo que provocó la huida de 34.000 personas, de las cuales un millar marcharon a Mauritania.

El 30 de agosto, el JNIM bombardeó el aeropuerto porque estaba siendo utilizando para la llegada de mercenarios Wagner y unos días después cesó la llegada de vuelos.

Durante aquel mes de agosto se registró en el Magreb y el Sahel un total de 139 atentados yihadistas con 1.072 víctimas mortales (505 civiles, 144 militares y 423 terroristas). Burkina Faso fue el país con más atentados sufridos, 51 en este mes, 29 menos que en la primavera anterior. En Mali, se habían producido en julio cinco atentados de impacto medio, cuatro de los cuales tenían autoría del JNIM y uno, del ISWAP. En Níger fueron registrados 16 atentados después del golpe de Estado del 26 de julio, la mayor parte de ellos, cometidos por el JNIM. En Nigeria se cometieron trece atentados. La actividad del ISWAP fue inferior a meses anteriores, por lo que se especuló con la posibilidad de algún tipo de acuerdo entre este grupo terrorista y las autoridades sahelianas.

Creación de la AES y disolución del G5S[186]

Este rebrote de la violencia yihadista y separatista en Mali y países vecinos pronunció el descontento hacia Francia y, por ende, hacia Occidente. Ciertamente, una buena parte de este fracaso, especialmente en la lucha contra el terrorismo, se debía a la corrupción de una casta política saheliana, más proclive al soborno que a la sensibilidad democrática. Sin embargo, la gran culpable ante la opinión generalizada de los habitantes del Sahel, en gran medida incitada por la propaganda rusa, fue Francia, por no haber sabido acabar con los rebeldes después de tantos años de ocupación militar. Cuando las fuerzas francesas fueron despedidas de Mali, sus 2.500 soldados se trasladaron a Níger y Chad, con un total de 4.000 desplegados entre dichos países, Senegal, Costa de Marfil, Gabón y Yibuti, donde había una base naval y aérea gala.

Precisamente en uno de estos países mencionados, situado al sur del Sahel, se produjo el 30 de agosto de 2023 un golpe de Estado que supuso el final de la histórica influencia francesa. Ocurrió en Gabón, tras la celebración de unas elecciones presidenciales celebradas cuatro días antes. El presidente Ali Bongo Ondimba fue reelegido a pesar de las acusaciones de observadores independientes de irregularidades y fraude electoral. Nongo fue derrocado por los militares, quienes asumieron el control del país con el general Brice Oligui a la cabeza. Además de las consabidas medidas de disolución de instituciones estatales y cierre de fronteras, se liberó a Bongo el 8 de septiembre y se propuso un periodo transicional hasta 2025, cuando se celebrarían nuevas elecciones.

186 Además de las referencias indicadas a pie de página, para la redacción de este capítulo se han hecho las consultas apuntadas al final del texto.

El 16 de septiembre de 2023, las juntas militares de Mali, Burkina Faso y Níger acordaron crear un organismo alternativo al G5S, que llamaron Alianza de los Estados del Sahel (AES), con el objetivo de agrupar los esfuerzos en una defensa mutua contra el yihadismo y garantizar sus respectivas integridades territoriales. El documento fundacional fue denominado Carta de Liptako-Gourma, por llamarse así la zona fronteriza entre los tres estados. También anunciaron su salida de la CEDEAO, si bien debía pasar un año para que se hiciera efectiva la desvinculación oficial.

Los tres países de la AES juntos componían un territorio de 2.780.159 km^2 de extensión y 55.605.000 habitantes. Tenían en común, además de su vecindad y el terrorismo como enemigo, la composición de gobiernos antidemocráticos, formados por juntas militares llegadas al poder tras sendos golpes de Estado.

En diciembre de 2023, después de recibir una delegación rusa encabezada por el general Andrei Averyanov, los tres países de la AES anunciaron su retirada del G5S, que formaban junto con Mauritania y Chad desde 2015, con lo cual esta organización quedó prácticamente disuelta. El fracaso del G5S fue también un fracaso de Francia y de la UE. Su última cumbre se había celebrado en la capital de Chad, Yamena, el 20 de febrero de 2023. Acudieron los jefes de Estado chadiano, mauritano y nigerino, además del ministro de Defensa burkinés, comisionado por su presidente. No asistió ninguna representación de Mali porque ya había abandonado la organización en mayo del año anterior.

AES ACELERA SU DISTANCIAMIENTO DE OCCIDENTE

Durante el último trimestre de 2023 los tres países de la AES aceleraron su distanciamiento de Occidente y su acercamiento a Rusia.

En Burkina Faso, por ejemplo, esto se evidenció cuando, el 10 de noviembre, aterrizó un avión militar ruso en el aeropuerto de Uagadugú con una veintena de uniformados que fueron instalados en un lujoso hotel de la capital. Por primera vez, militares rusos se dejaban fotografiar en fábricas y laboratorios de productos químicos en Bobo-Dioulasso. Unos días antes, además, la televisión pública emitió un reportaje sobre los combates contra los yihadistas en el centro y norte del país, en el que aparecía un capitán de la Wagner. Si un año antes surgió una crisis diplomática entre Acra y Uagadugú porque el presidente de Ghana, Nana Akufo-Addo, afirmó durante una visita a Washington que la junta militar burkinesa había contratado a mercenarios rusos (lo que provocó una rápida reacción del Gobierno burkinés, que lo desmintió y exigió explicaciones al embajador ghanés), ahora las autoridades de Uagadugú no se molestaban en ocultar sus relaciones con Wagner e incluso las hacían manifiestamente patentes.

Entre los días 5 y 8 de noviembre de 2023, según la portavoz de la Oficina de Derechos Humanos de las Naciones Unidas, Liz Throssel, «un gran número de civiles, en su mayor parte niños y niñas, mujeres y personas mayores, fueron aparentemente asesinados en el pueblo de Zaongo, en la provincia de Namentenga, región central septentrional [de Burkina Faso], en circunstancias que aún están por clarificar. Las autoridades han confirmado al menos 70 muertes; no obstante, algunos informes apuntan a que puede que hayan sido asesinadas cerca de 100 personas y otro gran número de personas, heridas de consideración. Este incidente, durante el cual fueron incendiadas varias propiedades, ha obligado supuestamente a los habitantes del pueblo a huir de la zona»[187]. La ONU y la UE pidieron a las autoridades burkinesas que esclarecieran las circunstancias de la matanza. Aunque estas no dieron explicaciones oficiales, el Ejército burkinés acusó a los vecinos de Zaongo de cooperar con los yihadistas.

El Gobierno maliense recupera Kidal

El feudo de los independentistas tuaregs de Kidal cayó en poder del Ejército maliense el 14 de noviembre de 2023. Procedentes de Gao, en los largos combates participaron unos 600 mercenarios Wagner.

Pero los yihadistas del JNIM infringieron duras derrotas a las fuerzas armadas malienses y a los mercenarios rusos en Dinangourou el 20 de diciembre y en Mourdiah (región de Koulikoro), donde los

187 «Burkina Faso: Asesinato de civiles». Naciones Unidas, 15 noviembre 2023.

ataques comenzaron el 30 de noviembre y finalizaron el 25 de diciembre con la huida de los militares. Además, Tombuctú continuaba sufriendo un asedio que había empezado en agosto.

Según denunció la ONG Aide de l'Eglise Norvégienne (AEN) el 19 de enero de 2024, los soldados malienses y los Wagner ejecutaron a tres civiles al sur de Tessalit. Sus cabezas y miembros fueron exhibidos, siguiendo una práctica que pronto sería común en el norte de Mali y asociada a los mercenarios rusos. Dos días después, una operación aérea de las fuerzas malienses acabó con la vida de catorce terroristas del ISWAP, entre los que se encontraba uno de sus líderes, Abdoul wahab Ould Choghib[188]. El ejército repelió asimismo tres ataques yihadistas en las zonas de Gossi, Kimparana y Léré en los días 25 y 26 de enero de 2024.

El JNIM seguía dominando Aguelhok, partes de la región de Ménaka y, siguiendo el curso del Níger, hasta Tombuctú.

Níger pone fin al acuerdo con Estados Unidos y a la ley que penalizaba el tráfico de migrantes

La junta militar nigerina puso fin, el 16 de noviembre de 2023, al acuerdo en materia de defensa con Estados Unidos.

Esta noticia encendió las alarmas en el Pentágono porque en Níger se hallaba, desde abril de 2016, la base principal de las fuerzas estadounidenses en África occidental. La Base Aérea 201 de drones, levantada a cinco kilómetros al sureste de Agadez, aunque propiedad del Ejército nigerino, había sido construida y pagada por Estados Unidos. Su eventual pérdida supondría un importante agujero en la capacidad operativa del Pentágono en África occidental, ya que sus drones son los ojos en el cielo sobre amplias zonas del Sahel y el Sahara.

Unos días después, el 27 de noviembre de 2023, la junta militar nigerina derogó la ley contra tráfico de migrantes aprobada el 26 de mayo de 2015 bajo la presión de la UE. La previsible disminución de

188 «El Estado Islámico en el Gran Sahara, golpeado por la muerte de uno de sus principales líderes». *Mali Actu,* 25 enero 2024.

la vigilancia contra los grupos dedicados al tráfico de personas preocupó sobre todo en la ciudad de Agadez, antiguo centro turístico y punto de paso obligado para quienes emigraban por tierra desde los países costeros de África occidental, si bien este tránsito había disminuido desde que se promulgara la ley.

A primeros de marzo de 2024 llegó a Niamey una delegación estadounidense, encabezada por la subsecretaria para África de la Secretaría de Estado y el general al mando del AFRICOM, para reunirse con el presidente nigerino. El objetivo era mantener la cooperación. Sin embargo, la reunión no dio el resultado previsto por los estadounidenses y el 16 de marzo la junta militar decidió romper con efecto inmediato el acuerdo militar con Estados Unidos y ordenó el abandono de las bases y la retirada del personal militar y civil estadounidense. Además, anunció su intención de «abrir un nuevo camino de cooperación» con Rusia. El Gobierno nigerino justificó estas medidas en el incumplimiento del protocolo por parte de los estadounidenses y su veto a la cooperación con Rusia.

Además de la de Agadez, en el centro del país, Estados Unidos tenía otra base aérea en la capital, Niamey. En total había alrededor de 1.100 soldados estadounidenses, incluido el centenar que custodiaba la embajada.

La MINUSMA se retira de Mali

Creada por el Consejo de Seguridad de la ONU el 25 de abril de 2013, la MINUSMA llegó a contar en marzo de 2020 con un total de 15.610 efectivos, procedentes de once países.

En julio de 2023, la MINUSMA estaba integrada por 13.289 efectivos militares y 1.920 policías. Se habían retirado los militares de Reino Unido y Costa de Marfil, pero se habían incorporado cascos azules alemanes y chinos.

Debido a las críticas realizadas contra el Ejército maliense por las reiteradas violaciones cometidas de los derechos humanos, la junta militar pidió su retirada. La misión finalizó oficialmente el 30 de junio de 2023 y las tropas fueron retirándose progresivamente hasta el último día del año, cuando fue entregada la última base, en Mopti, al Ejército maliense.

Ha sido una de las misiones de paz de la ONU que más víctimas ha sufrido, con un total de 310 muertos[189].

La UE y Francia se retiran de Níger

Coincidiendo con el fin de la retirada de la MINUSMA de Mali, hicieron lo propio las fuerzas francesas y las misiones civil y militar europeas de Níger.

El mismo día, 18 de diciembre de 2023, en que la junta militar nigerina denunció los acuerdos en materia de defensa que vinculaban a su país con la Unión Europea, el ministro de Defensa, general Salifou Mody, recibió al viceministro de Defensa ruso, Yunous-Bek Evkurov, en Nimey. El comunicado hecho público decía que el objetivo de la reunión era «el fortalecimiento de la cooperación entre los dos países en el campo de la defensa».

La Misión de Capacitación de la Unión Europea en Níger (EUCAP Sahel Níger) había nacido en 2012 para promover la mejora de las fuerzas de seguridad y la EUMPM Níger, establecida a petición del presidente Bazoum en febrero de 2023, pretendía instruir a las fuerzas armadas.

La AES se retira de la CEDEAO

Las juntas militares que mandaban en los tres países que conformaban la AES anunciaron el 28 de enero de 2024 su retirada de la CEDEAO, de la que habían sido suspendidos provisionalmente como miembros tras los sucesivos golpes de Estado. «La CEDEAO, bajo la influencia de potencias extranjeras, ha traicionado sus principios fundacionales y se ha convertido en una amenaza para sus estados miembros y sus poblaciones, cuyo bienestar se supone debe garantizar», decía el comunicado firmado por los tres jefes de Estado. Junto con la suspensión de membresía, la CEDEAO había impuesto a los tres países durísimas sanciones.

---

189 MINUSMA: Ficha informativa. Naciones Unidas. Disponible en: https://peacekeeping.un.org/es/mission/minusma

Como la decisión de abandonar la CEDEAO no sería efectiva reglamentariamente hasta transcurrido un año, se inició una intensa actividad diplomática para encontrar una solución negociada. En una cumbre extraordinaria celebrada a finales de febrero de 2024, se aprobó levantar las sanciones impuestas a Níger. Sin embargo, los gobernantes de la AES han mantenido hasta ahora una postura inflexible e incluso han apuntado la posibilidad de romper la unidad monetaria con Senegal, Costa de Marfil, Benín, Togo y Guinea-Bisáu, con quienes comparten el franco CFA (XAF), reabriendo así un debate siempre latente en el África occidental.

La CEDEAO y la AES promueven un Sahel separado en bloques antagónicos. El primero, formado por países prooccidentales y comprometidos con el sistema democrático liberal (aunque en alguno, como Chad, todavía gobernase una junta militar), capitaneados por Nigeria, y el segundo, formado por regímenes militares autocráticos que retrasaban *sine die* la transición a unas elecciones libres y que habían pedido ayuda a Rusia para combatir al terrorismo y al separatismo.

Aires de cambio en Senegal

Las elecciones presidenciales en Senegal celebradas el 24 de marzo de 2024 dieron como resultado el triunfo de un joven de 44 años llamado Bassirou Diomaye Faye, candidato de la coalición opositora, quien hacía solo once días había salido de la cárcel gracias a una ley de amnistía aprobada *in extremis.* Faye llevaba casi un año en prisión condenado por difamar al Gobierno del primer ministro Amadou Ba. Como el presidente Macky Sall no podía volver a presentarse a las elecciones tras doce años de mandato, lo hizo en su lugar Ba.

Faye fue proclamado quinto presidente de Senegal, el más joven de la historia del país, y una de sus primeras declaraciones sonó a advertencia: «El pueblo senegalés ha decidido romper con el pasado». Advertencia que no sorprendió porque se sabía que este licenciado en Derecho y antiguo inspector de impuestos tenía profundos ideales anticolonialistas y panafricanos, por lo que exigía un reparto justo de las riquezas del país, y durante la campaña electoral había prometido renegociar los contratos petroleros y de pesca. Tampoco rechazó acercarse a Rusia si lo consideraba necesario. Ante el temor a una posible pérdida de influencia francesa en Senegal, el presidente Macron dijo que esperaba trabajar con Fay para que no fuera así. Al fin y al cabo, para muchos analistas franceses, pese a que Francia había sufrido «un borrado estratégico espectacular en África del oeste, en provecho de Moscú», esta tendencia no tenía por qué repetirse en Senegal, ya que, «para las juntas sahelianas, esta elección democrática es lo peor que les puede pasar»[190].

Bassirou Diomaye Faye, presidente de Senegal.

Marruecos se adelanta a Argelia en su cortejo al Sahel

Tanto Argelia como Marruecos seguían con atención la situación del Sahel, a la espera de acontecimientos que pudieran serles favorables para intervenir políticamente y conseguir beneficios económicos.

190 MANDEVILLE, Laure. «Dakar será-t-il un nouveau "domino" russe en Afrique ou ménagera-t-il Paris?» / BERTHEMET, Tanguy. «Le Senegal vit une révolution panafricaine, anticoloniale et conservatrice». *Le Fígaro,* 5 abril 2024.

Ambos países magrebíes rivalizan desde su independencia y, aunque Argelia tenía cierta ventaja geográfica y de influencia debido a su participación en los procesos de paz del norte de Mali, se produjo una crisis entre Argel y Bamako de la que Rabat intentó sacar provecho.

La tensión entre Mali y Argelia venía creciendo durante los últimos meses de 2023, hasta que el 25 de enero del año siguiente la junta militar maliense puso «fin, con efecto inmediato», al Acuerdo de Argel firmado en 2015 entre Bamako y los grupos separatistas tuaregs, un acuerdo que, como sabemos, estaba roto *de facto* por ambas partes. Tan brusco final se debió al reciente viaje que varios líderes rebeldes habían hecho a Argel para reunirse con el presidente argelino, Abdelmayid Tebune. La mediación de este país en el conflicto del Azawad había suscitado graves tensiones con las autoridades malienses. Un comunicado emitido en Bamako decía que se «observa con profunda preocupación un aumento de actos hostiles, casos de hostilidad e injerencia en los asuntos internos de Mali por parte de las autoridades de la República Argelina Democrática y Popular, todo lo cual socava la seguridad nacional y la soberanía de Mali», como «la imposición unilateral de un periodo de transición», la «recepción sin consulta ni notificación previa y al más alto nivel del Estado argelino de ciudadanos malienses subversivos y de ciudadanos malienses procesados por la Justicia maliense por actos de terrorismo», así como «la existencia en territorio argelino de oficinas que garantizan la representación de determinados grupos firmantes del Acuerdo para la Paz y Reconciliación en Mali resultante del proceso de Argel, que hoy se han convertido en actores terroristas» y «la voluntad de las autoridades argelinas de mantener el régimen de sanciones de la ONU contra Mali»[191].

Conocedor el Gobierno marroquí de la gestación de esta crisis diplomática entre Argelia y Mali, Mohamed VI anunció en noviembre una reunión a la que convocó a representantes de los gobiernos sahelianos para proponerles un plan para el acceso de estos países al océano Atlántico. La reunión se llevó a cabo los días 23 y 24 de

191 «Gobierno de Mali anuncia el fin del acuerdo de paz de 2015 con los grupos separatistas». *El País.cr* / Europa Press, 25 enero 2024.

diciembre de 2023 en Marrakech y a ella asistieron los ministros de Asuntos Exteriores de Marruecos, Níger, Mali, Burkina Faso y Chad. En dicho encuentro, en efecto, se presentó para su estudio un plan de acceso de estos países al Atlántico mediante la consolidación de la cooperación económica.

Rusia se infiltra en el Sahel[192]

Las sanciones internacionales impuestas a Rusia tras su anexión de Crimea en 2014 impulsaron al Kremlin a firmar acuerdos económicos bilaterales con países en desarrollo, que se hicieron más necesarios después del comienzo de la guerra de Ucrania en febrero de 2022. Estos acuerdos económicos y militares se fueron concretando con países africanos que se sentían abandonados o explotados por las potencias occidentales.

Como hemos ido viendo en las páginas anteriores, el vacío que han ido dejando Francia y el resto de países y organismos internacionales en los países de la AES ha sido aprovechado por Rusia para penetrar en ellos con la excusa de ayudarles a combatir el terrorismo, el separatismo y las extendidas redes de tráfico de armas, drogas e inmigrantes. Una lucha en la que los militares y mercenarios rusos no exigen respetar los derechos humanos, sino más bien al contrario, aplicando una estrategia salvaje de aniquilamiento del enemigo, incluidos civiles sospechosos de colaborar con él, que tan buen resultado dio al Grupo Wagner y al ejército leal a Bashar al-Ásad en la guerra de Siria. A cambio, los rusos tienen acceso a grandes reservas de minerales como oro, diamantes y uranio y no interfieren en la política interior, protegiendo, además, como una guardia pretoriana a las juntas militares.

Pero la alianza de estas juntas militares con Rusia no ha servido para liquidar la amenaza yihadista ni las redes criminales que operan en el Sahel. Por el contrario, el resultado hasta ahora ha sido tan decepcionante como lo fue el cosechado anteriormente

192 Además de las referencias indicadas a pie de página, para la redacción de este capítulo se han hecho las consultas apuntadas al final del texto.

por las fuerzas occidentales encabezadas por Francia. A pesar de las matanzas de civiles con las que se ha pretendido acabar con el supuesto apoyo popular que pudieran tener los terroristas, más de un tercio (3.128 de 8.352) de los muertos habidos en actos terroristas en el mundo durante 2023 se produjeron en el Sahel, según el GTI del Instituto para la Economía y la Paz. Las franquicias locales de Al Qaeda (JNIM) y del Estado Islámico (ISWAP) siguen controlando vastas extensiones de territorio y las redes criminales continúan traficando con seres humanos, armas y drogas.

Al contrario de lo que sucedía con la política soviética en África, que se fundamentaba en la ideología, la que actualmente está llevando a efecto el presidente Putin está basada en el pragmatismo más cínico. Aprovechando la inestabilidad de países pobres y castigados por el terrorismo, capta recursos económicos y apoyos políticos en foros internacionales, promoviendo o apoyando discursos antioccidentales, emocionalmente ligados al colonialismo y a agravios históricos, y sustentando militarmente a regímenes autoritarios.

CAMPAÑAS DE DESINFORMACIÓN

Rusia viene desde hace años ejecutando campañas de desinformación con el objetivo de perjudicar los intereses occidentales, tal y como se puso de manifiesto en las campañas del referéndum del Brexit en Reino Unido en abril de 2016 y en las presidenciales estadounidense de noviembre del mismo año.

En África, y más concretamente, en el Sahel, Rusia se presenta como una potencia que nunca fue colonizadora en ese continente y que apoyó los movimientos independentistas cuando era Unión Soviética, colaborando con activistas panafricanos a los que financia y creando o apoyando económicamente agencias de noticias y medios de comunicación, sobre todo digitales.

Sirva como ejemplo la emisora centroafricana Radio Lengo Songo, fundada en noviembre de 2018 y una de las más escuchadas en la capital, Bangui, en sus emisiones en francés y sango, popularmente conocida como *la radio de los rusos.*

Sirviéndose de estos medios, el Gobierno de Putin divulga hábiles campañas a gran escala en las cuales señala las bondades rusas, al mismo tiempo que se acusa de corrupción a los europeos, especialmente al Gobierno francés, del que se dice que saquea las materias primas de sus antiguas colonias y, en el caso de Mali, que financia y arma a los grupos terroristas, a pesar de que el Ejército galo ha estado luchando contra estos desde 2013. Y desde Mali, estos mensajes, mezcla de medias verdades y completas mentiras, se propagaron a Burkina Faso, Níger y otros países sahelianos.

Expulsados los soldados franceses de la AES, la campaña de desinformación coordinada por Rusia se extiende ahora al resto de países europeos y a Estados Unidos.

GRUPO WAGNER EN EL SAHEL

La organización paramilitar o empresa militar privada rusa llamada Grupo Wagner empezó a ser conocida internacionalmente durante la guerra del Dombás, en Ucrania, en los años 2014 y 2015. También participó en la guerra civil Siria.

Nunca existió oficialmente una empresa con el nombre de Wagner. Este ejército de mercenarios fue fundado por Dimitri Valérievich Utkin, que hasta 2013 fue teniente coronel de las fuerzas especiales del Departamento Central de Inteligencia ruso (GRU). Aquel año se retiró y empezó a trabajar para la empresa privada Moran Security Group, fundada por militares veteranos rusos, que realizaba misiones de seguridad y capacitación en todo el mundo. Una de estas misiones consistió en la protección de los oleoductos en Siria durante la guerra, si bien se hizo a través de una empresa denominada Cuerpo Eslavo, con sede en San Petersburgo.

Como decíamos, el Grupo Wagner se dio a conocer durante la guerra del Dombás, en 2014, cuando Utkin lo presentó en Lugansk, llamándolo con el nombre del famoso compositor alemán. Utkin era el comandante militar de Wagner, pero el propietario era Yevgeny Prigozhin, quien lo dirigía y administraba junto con una red de 600 empresas con la que opacaba su actividad.

Aunque el Grupo Wagner era un contratista militar privado (PMC, por sus siglas en inglés)[193], sus mercenarios se entrenaban en instalaciones del Ministerio de Defensa ruso, del que recibía armamento militar. Era considerada una unidad armada no oficial del Gobierno presidido por Putin. Siempre estuvo al servicio del Kremlin.

El primer país africano al que llegó el Grupo Wagner fue, como ya hemos visto anteriormente, Libia. Primero lo hizo en virtud de un contrato con la Compañía Libia de Cemento en 2017, pero desde octubre de 2018 hay noticias de que trabajaba para el general Jalifa Hafter como compañía de seguridad, especialmente en los pozos petrolíferos que este controlaba. Según *The Sun,* el Grupo Wagner estableció dos bases militares en Bengasi y Tobruk[194].

También en el verano de 2017 arribaron los primeros mercenarios rusos a Sudán, donde apoyaban a las milicias en la guerra que estalló en abril de 2023, pero con el objetivo de conseguir acceso al sector minero. Decíamos más arriba que desde 2017 venían trabajando en Sudán las empresas mineras de Prigozhin Meroe Gold y M-Investment, protegidas por los Wagner. Se estima que 265 toneladas de oro han salido de manera ilegal del país en dirección a Moscú.

En Chad, el Grupo Wagner fue a apoyar a los rebeldes del Frente para la Alternancia y la Concordia.

Sabemos que los primeros miembros de Wagner que llegaron a Mali lo hicieron en diciembre de 2021. A mediados del año siguiente eran unos 1.000. Fueron decisivos en la reconquista de la región de Kidal por el Gobierno maliense frente a los rebeldes tuaregs en noviembre de 2023.

---

193 Durante la Guerra del Golfo, se estima que hubo 10.000 empleados de PMC protegiendo infraestructuras vitales y al personal administrativo estadounidense. A finales de 2006, había en Irak más de 100.000 contratistas militares de diversas nacionalidades prestando servicios a cargo del Departamento de Defensa estadounidense. A principios de 2008, eran ya más los contratistas empleados por Estados Unidos que soldados de este país, calculándose unos 190.000. Según el Congreso estadounidense, entre 2003 y 2007 se abonaron a las PMC unos 85.000 millones de dólares, un 20% del total del dinero gastado en Irak. CEBERIO BELAZA, Mónica. «El negocio de la guerra de Irak». *El País,* 14 agosto 2008.

194 «The Sun: Rusia envía tropas y misiles al este de Libia y establece dos bases militares». *The Libya Observer,* 10 septiembre 2018.

Han sido numerosas las acusaciones vertidas contra este grupo de mercenarios como autores de crímenes de guerra en los lugares donde actuaron, con violaciones y saqueos contra la población civil y tortura a presuntos desertores. Hemos mencionado algunos casos más arriba cometidos en el Sahel. También algo más al sur hubo denuncias de matanzas causadas por miembros Wagner.

GRUPO WAGNER AL SUR DEL SAHEL

Llegaron los mercenarios rusos a la RCA tras la firma de un acuerdo de cooperación militar entre los gobiernos de Moscú y Bangui en 2018. Aquello marcó el inicio de una crisis diplomática con París, que en marzo de 2018 protestó por el tratamiento que se le daba a sus nacionales y poco después suspendió su ayuda presupuestaria y rompió su cooperación militar con Bangui. Prigozhin participaba a través de sus empresas Diamville y Bois Rouge en la extracción de oro, diamantes y madera. Según el colectivo All Eyes on Wagner, alrededor de un 10% del PIB nacional iba directamente a manos de Prigozhin.

En mayo de 2018 eran 1.400 los mercenarios que habían llegado a la RCA con la misión de apoyar al Gobierno contra la ofensiva de los rebeldes, que era constante. Tras la captura por estos de la cuarta ciudad del país, Moscú envió a 300 instructores militares más.

El 27 de diciembre de 2020 se celebraron elecciones, que ganó el presidente Touadéra con el 53,92% de los votos emitidos, con denuncias de irregularidades y fraude que no fueron consideradas válidas por el Tribunal Constitucional. Los rebeldes de la CPC intentaron asaltar la capital, Bangui, para derrocar al nuevo Gobierno, pero fueron rechazados por tropas nacionales y mercenarios Wagner, que sufrieron muchas bajas.

El Ejército y los mercenarios Wagner consiguieron recuperar una parte considerable del territorio perdido durante los primeros meses de 2021. A finales de este año, el número de asesores militares rusos subió a 2.100, al tiempo que el Grupo Wagner reforzó sus unidades reclutando a unos 5.000 nuevos soldados, muchos de ellos libios y sirios, aunque declarándolos oficialmente de nacionalidad rusa. También Wagner incrementó su armamento pesado, explosivos y municiones, en envíos aéreos que vulneraban el embargo establecido por la ONU.

A mediados de enero de 2023, entre siete y 17 mercenarios murieron en una ofensiva militar emprendida por el Gobierno contra los rebeldes junto a las fronteras con Camerún y Chad.

Las acciones de estos mercenarios fueron controvertidas debido a la dureza con la que actuaban con los civiles en su lucha contra los rebeldes y por sus frecuentes saqueos en minas del país y del vecino Sudán. El *modus operandi* era similar al empleado en la guerra de Siria: tácticas brutales para infundir miedo tanto a la población como a las milicias rebeldes, asesinando a civiles sospechosos de colaborar con aquellas, con especial saña contra la comunidad musulmana de origen fulani. Es el caso de la acción que llevaron a cabo en junio de 2022 en la frontera entre Sudán y RCA, en la que murieron decenas de civiles durante un saqueo realizado en las minas artesanales de la zona[195].

Soldado de las Fuerzas Armadas de África Central
con un parche del Grupo Wagner

195 BURKE, Jason y SALIH, Zeinab Mohammed. «Mercenarios rusos acusados de ataques mortales a minas en la frontera entre Sudán y República Centroafricana». *The Guardian*, 21 junio 2022.

Con todo, la más problemática de estas actuaciones se produjo el domingo 12 de marzo de 2023, cuando un grupo de hombres armados atacaron una mina de oro administrada por la empresa china Gold Coast Group en la RCA, a 25 kilómetros de Bambari, donde mataron a nueve ciudadanos chinos e hirieron a otros dos. Unos días antes, otros hombres armados habían secuestrado a otros tres ciudadanos chinos en el oeste del país, cerca de la frontera con Camerún.

La mina de oro de Chimbolo había sido inaugurada unos días antes de producirse el ataque y, aunque las fuerzas de seguridad persiguieron a los atacantes, estos no fueron capturados.

Las sospechas sobre la autoría de estos ataques recayeron en el Grupo Wagner, aunque no se encontraron pruebas fehacientes. El Gobierno centroafricano apuntó como sospechosos a los rebeldes de la CPC, que actuaba en aquella área y atacaba frecuentemente a las fuerzas armadas, aunque nunca habían asaltado una mina. Un portavoz de la CPC dijo que las acusaciones eran falsas y aseguró, sin dar evidencias, que mercenarios rusos planificaron el ataque «con el objetivo de ahuyentar a los chinos, que están presentes mucho antes de que los rusos vinieran a esta parte del país». En julio, cuatro meses después del ataque a la mina, el Grupo Wagner publicó en redes sociales un mensaje en el que aseguraba que había rescatado a un grupo de mineros chinos en la RCA a instancias de la Embajada china en ese país.

En cualquier caso, el presidente Faustin Archange Touadera viajó pronto a Pekín para calmar a los inversores chinos[196].

Hay constancia de su presencia en Mozambique desde 2019 para luchar a favor del Gobierno y contra los yihadistas de Al Shabab, pero las cosas a los mercenarios no les fueron bien allí y terminaron abandonado el país. En los dos primeros meses de 2024, 67.321 mozambiqueños de la provincia norteña de Cabo Delgado se han visto obligados a desplazarse por los ataques de los yihadistas. El 2 de marzo de este año, un ataque de medio millar de yihadistas en el distrito de Quissanga contra una posición militar defendida por 40

196 KOENA, Jean-Fernand y LARSON, Krista. «Nueve chinos asesinados en ataque a mina en África». AP News, 19 marzo 2023. / «Ciudadanos chinos asesinados en un sitio minero en la República Centroafricana. Los rebeldes acusan a Wagner». *Agenzia Nova,* 20 marzo 2023.

hombres hizo que estos tuvieran que huir. No obstante, la salida de los mercenarios del país no ha impedido que se mantengan las buenas relaciones entre Maputo y Moscú. Mozambique se ha abstenido de condenar la invasión rusa de Ucrania en las votaciones de la ONU y las empresas rusas Gazprom y Rosneft se han ofrecido a colaborar con la industria petrolera mozambiqueña.

AFRICA KORPS

El 23 de junio de 2023, durante la guerra de Ucrania, Prigozhin lideró una rebelión armada del Grupo Wagner contra el Ministerio de Defensa ruso, al que acusaba de haber bombardeado a sus soldados. Las tropas Wagner marcharon desde los frentes ucranianos hacia Moscú, pero por el camino se alcanzó un acuerdo y la rebelión cesó.

Prigozhin, Utkin y otros dirigentes del Grupo Wagner abandonaron Rusia, pero las actividades del ejército privado continuaron en RCA y Mali.

El 23 de agosto de 2023, Prigozhin, Utkin y otro comandante del Grupo Wagner murieron en un accidente aéreo en Rusia. Putin nombró al coronel retirado Andrei Trochev, jefe del Estado Mayor de Wagner, como principal organizador de la depuración de las unidades de mercenarios y del ingreso voluntario de quienes quisieran en el ejército regular.

El 22 de noviembre de 2023 apareció en Telegram un anuncio de reclutamiento para la estructura armada dependiente del Ministerio de Defensa ruso que venía a reemplazar al Grupo Wagner, con el nombre de Africa Korps.

En la segunda quincena de marzo de 2024, llegaron a Burkina Faso los primeros mercenarios del Africa Korps. A Níger llegaron dos meses más tarde. Según una institución polaca de estudios de política de seguridad (OSW), el objetivo del Kremlin es que Africa Korps cuente con 20.000 soldados, casi tres veces más de los que tenía el Grupo Wagner en África.

Al igual que hiciera el Grupo Wagner, el nuevo brazo armado de Rusia en el continente africano, Africa Korps, actúa dando preferencia en la lucha contra los terroristas en el Sahel a aquellos lugares donde se extraen recursos naturales valiosos, los cuales controlan tras su liberación-ocupación y explotan casi en régimen de monopolio.

Además de los países arriba citados, parece que actualmente también hay presencia de miembros del Africa Korps en la República del Congo, Madagascar, Guinea-Conakri, Guinea-Bisáu y Burundi.

EL FRENTE AFRICANO DE LA GUERRA DE UCRANIA

Hemos reiterado que, desde el inicio de la última guerra en Sudán, en abril de 2023, las milicias rebeldes sudanesas estaban siendo apoyadas por los milicianos del Africa Korps. Pues bien, desde septiembre de 2023 se tienen pruebas documentales de la presencia en Sudán del grupo de fuerzas especiales Timur, un equipo dependiente de los Servicios de Inteligencia del Ministerio de Defensa de Ucrania (HUR). Un vídeo de la cadena estadounidense CNN mostraba dos drones bomba dirigidos por miembros del HUR que atacaban en Sudán posiciones de las FAR y a unidades de Wagner. Mientras esto ocurría en África, en un aeropuerto irlandés se reunían el presidente ucraniano, Volodimir Zelenski, y el presidente del Consejo Soberano Sudanés, Abdel Fattah Al-Burhan, en presencia del ministro de Defensa ucraniano, Rustem Umerov, para tratar sobre cuestiones de seguridad y la presencia de los mercenarios de Wagner en Sudán[197].

Dos meses después, en noviembre, se grabó otro vídeo que mostraba a fuerzas del HUR interrogando a mercenarios rusos capturados en Sudán que confesaban ser parte del Grupo Wagner y que habían sido enviados desde la RCA para derrocar al Gobierno sudanés, además de imágenes de un camión con impactos de bala en el parabrisas y el cuerpo sin vida de un soldado con la insignia Wagner PMC en el asiento del pasajero[198].

197 ERMAN, George. «"Muestra que Zelensky quiere enfrentar a Putin en cualquier parte": la creciente evidencia de que Ucrania está combatiendo contra Rusia en Sudán». BBC News, 24 abril 2024.

198 ZAKHARCHENKO, Kateryna y ORLOVA, Alisa. «Exclusivo: fuerzas especiales ucranianas interrogan a mercenarios de Wagner en Sudán». *Kyiv Post,* 5 febrero 2024.

A primeros de febrero de 2024, un oficial del HUR especializado en infiltrarse tras las líneas rusas reconoció a un periodista español que estaban reclutando a voluntarios dispuestos a luchar en Sudán[199].

El objetivo de los soldados ucranianos es cortar el suministro de oro con el que el Kremlin sortea las sanciones internacionales y financia la invasión de Ucrania.

A lo largo del mes de marzo de 2024 empezaron a aparecer numerosas publicaciones en redes sociales asemejando la causa ucraniana con la tuareg y señalando a Rusia como enemigo común.

---

199 SEGURA, Christian. «Fuerzas especiales enviadas por Kiev realizan operaciones contra milicias rebeldes del país africano apoyadas por mercenarios de Wagner». *El País*, 7 febrero 2024.

Actividad yihadista en 2024

Según informes del Observatorio Internacional de Estudios sobre Terrorismo (OIET) firmados por Ana Aguilera, la actividad yihadista en el Sahel durante los primeros meses de 2024 fue evolucionando de la siguiente manera.

ENERO

Número total de ataques yihadistas registrados: 128.
Víctimas mortales: 582.

- *Burkina Faso:* el Ejército intensificó operaciones de gran escala contra yihadistas y mató a más de un centenar. El día 16 fueron al menos 30 los milicianos del JNIM que murieron en una operación terrestre y aérea. Por su parte, el número de ataques del Estado Islámico fue de 32; su número dos, Harouna Oulel, murió en el Sahel.

  Número de ataques: 44. Número de víctimas: 194, en seis ataques de impacto medio[200]. El JNIM mató a 17 soldados en una base militar de Gabou el día 3 y al menos a 20 civiles en Kalbouli el día 18, obligando a huir a otros 300.
- *Chad:* solo se produjo un ataque de impacto bajo, con dos civiles muertos, en un intento de abastecerse de medicamentos y alimentos por parte de elementos del ISWAP.

200 Se consideran atentados de bajo impacto aquellos que causan menos de diez víctimas mortales; de medio impacto, los que causan entre diez y 29 muertes; y de alto impacto, con 30 víctimas o más.

- *Mali:* 130 víctimas en 42 ataques. Casi todas las acciones fueron de impacto bajo, perpetradas por el JNIM, y sus víctimas fueron civiles. Destaca el ocurrido en Ogota, con 18 civiles muertos y el incendio de varias casas.

  Las fuerzas armadas malienses atacaron el bastión del Estado Islámico en Inarabane y mataron a varios líderes terroristas, entre los que estaba Abdoul Wahab Ould Chogib.
- *Níger:* se registraron trece ataques, dos de los cuales fueron los más mortales de todo el Sahel en aquel mes, uno de impacto alto (JNIM mató a 34 milicianos progubernamentales en Tchalakame) y otro de impacto medio (22 civiles asesinados en Motagata). A finales de mes una operación aérea contra el JNIM en Kolo causó la muerte a dos yihadistas y a 19 civiles.
- *Nigeria:* fuertes enfrentamientos entre yihadistas del ISWAP y el JAS. El ejército mató al líder del ISWAP, Ba'a Shuwa, en unos ataques aéreos en el estado de Borno. Se registraron un total de 34 ataques y 124 víctimas mortales.
- *Golfo de Guinea:* dos atentados del JNIM en *Togo* y *Benín.*
- *Camerún:* el Estado Islámico lanzó el 4 de enero la campaña global contra objetivos judíos y cristianos titulada *Kill Them Wherever You Find Them (Matadlos allí donde los encontréis),* que en este país se cobró sus primeras víctimas el día 6: dos civiles cristianos asesinados en la localidad de Kangaleri. Se registraron un total de 18 ataques.

FEBRERO

Número total de ataques yihadistas registrados: 143.
Víctimas mortales: 627.

- *Burkina Faso:* se llegaron a producir hasta seis ataques del JNIM en un solo día (25). El realizado en Natiaboani causó la muerte a unas 100 personas, entre militares y civiles. Otros dos ataques de alto impacto se perpetraron en Kaldiouani (donde el ISWAP mató a 40 civiles por su supuesta colaboración con el Ejército maliense) y en Tyekanyebi.

Número de ataques: 44. Número de víctimas mortales: 385.

Según HRW, el 25 de febrero las fuerzas armadas burkinesas mataron en los poblados de Nondin y Soro, en el norte del país, a 223 civiles, entre los que había 56 niños, acusados de colaborar con los yihadistas. El portavoz del Gobierno, Jean Emmanuel Ouédraogo, calificó las acusaciones de la ONG de «infundadas».

- *Chad:* una ofensiva aérea en una isla del lago acabó con la vida de al menos 20 miembros del ISWAP. No se registraron ataques yihadistas.
- *Mali:* la amenaza terrorista se manifiesta en los cuatro puntos cardinales del país. El JNIM atacó el día 8 un puesto militar en Melga, muy cerca de la frontera con Mauritania, causó cuatro muertos y dejó la instalación arrasada por el fuego.

  Número de ataques: 42.
- *Níger:* la junta militar aumentó el número de operaciones antiterroristas tras la ruptura de los acuerdos militares con Estados Unidos. En Kokoloukou, el ejército mató a medio centenar de combatientes del JNIM.

  Número de ataques registrados: 12.
- *Nigeria:* número de ataques: 18. Este notable descenso de 16 ataques con respecto al mes anterior también tiene su reflejo en el número de víctimas mortales, que bajó a 31. Aunque el JAS y el ISWAP siguieron con sus enfrentamientos a orillas del lago Chad, este último grupo concentró sus esfuerzos en luchar contra soldados y policías, sufriendo una derrota en una operación por tierra y aire en la que perdió a unos 20 hombres, incluidos tres comandantes.
- *Golfo de Guinea:* se acentuó la penetración del JNIM. En *Benín* se registraron 16 ataques, cinco de ellos con víctimas mortales. En *Togo,* los yihadistas realizaron dos ataques en la región de Savanes contra objetivos militares, dejando cuatro muertos.
- *Camerún:* nueve ataques de impacto bajo con víctimas mortales.

MARZO

Número total de ataques yihadistas registrados: 94.

- *Burkina Faso:* 26 ataques registrados y 193 víctimas mortales. La mayoría fueron realizados por el JNIM (al menos 21 de los ataques). El día 31 se produjo el de mayor impacto, cuando unos 350 yihadistas atacaron a soldados y milicianos en Tawori; en el ataque murieron 16 soldados, 25 milicianos y 32 civiles. Unos días antes, el mismo grupo asesinó a 20 civiles y raptó a varias mujeres cerca de la presa de Djibo. El día 8, miembros del JNIM mataron a otras 27 personas en Tessoaguen y a una veintena en Bane el día 10.
- *Chad:* el JAS atacó a finales de mes una posición militar en la isla de Tchoukou Telia, a 30 kilómetros de la triple frontera con Níger y Nigeria. Murieron siete soldados.
- *Mali:* 37 ataques registrados, casi todos del JNIM; la mayoría, contra civiles (18). El ISWAP atacó la base militar de Labbezanga, cerca de la frontera nigerina. Murieron al menos cuatro muyahidines. Ambas organizaciones yihadistas sostuvieron enfrentamientos, en uno de los cuales murió uno de los líderes del JNIM, Amadou Moussa.

  La *katiba* Macina del JNIM logró avanzar hacia el suroeste, hasta acercarse a menos de 50 kilómetros de la capital, Bamako, y atacó la gendarmería de Balamassala y un puesto fronterizo con Guinea. La organización mandada por Kouffa atacó a soldados malienses y mercenarios del Africa Korps en Gao y en Tombuctú utilizando cohetes Grad.
- *Níger:* siete ataques y 37 víctimas registradas. El mayor de estos ataques lo llevó a cabo el ISWAP contra una patrulla militar en Bankilare, donde mataron a 23 soldados e hirieron a 17. El Ejército nigerino sustituyó los drones franceses por los turcos TB2 Bayraktar.
- *Nigeria:* nueve ataques y 16 víctimas mortales. Continuaban los enfrentamientos entre el JAS y el ISWAP por la supremacía territorial a orillas del lago Chad. Entre los días 11 y 12 se

produjeron combates en los que murieron al menos 35 miembros del JAS y fueron hechos presos otros once.

- *Benín:* cuatro ataques.
- *Camerún:* diez ataques yihadistas y 16 víctimas mortales.

ABRIL

Número total de ataques yihadistas registrados: 110.

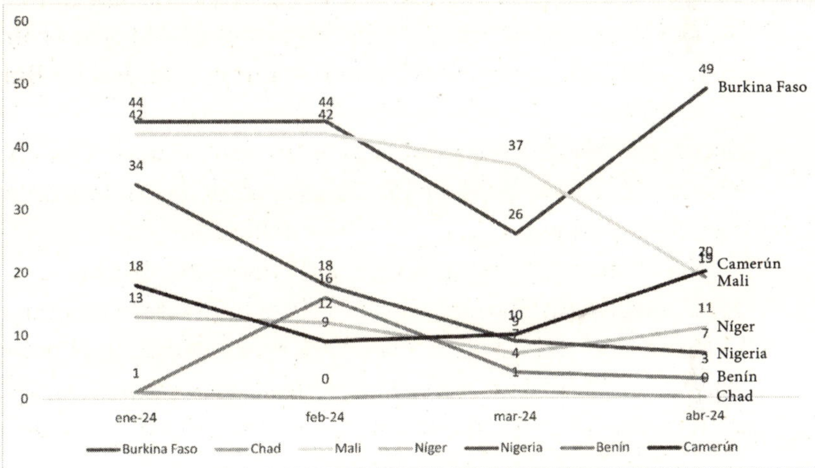

Número de ataques yihadistas (enero-abril 2024).

- *Burkina Faso:* 49 ataques, de los cuales 45 tenían autoría del JNIM y cuatro, del ISWAP, si bien en estos últimos la filial del Estado Islámico causó la muerte de 35 personas, la mayoría civiles. El más importante perpetrado por el JNIM tuvo lugar el día 23, cuando sus miembros asaltaron un puesto de policía en Yourkoudghin y mataron a 35 agentes.
- *Mali:* 19 ataques. La mayoría, trece, fueron perpetrados por el JNIM. En un mismo día, el 27, el JNIM empleó artefactos explosivos improvisados (IED, por sus siglas en inglés) para causar la muerte a diez soldados y destruir vehículos y matar a un número indeterminado de mercenarios rusos, en dos lugares distintos.

Al principio de mes se produjo cerca de la frontera con Mauritania un choque entre miembros del JNIM y del CSP azawadí, con bajas importantes por ambas partes.

- *Níger:* once ataques.
- *Nigeria:* siete ataques. El enfrentamiento entre el ISWAP y el JAS (con combates de varios días de duración y numerosas víctimas por ambos bandos) fue aprovechado por el Ejército para eliminar a mediados de mes a más de 30 miembros del ISWAP en Kolleram.
- *Benín:* tres ataques.
- *Camerún:* 20 ataques de bajo impacto con 32 víctimas mortales. También aquí se produjeron enfrentamientos entre el JAS y el ISWAP. En Logone-et-Chari, al norte de Darak, se produjo un combate entre ambos grupos yihadistas que tuvo un balance estimado de un centenar de muertos y varias decenas de heridos.

FUTURO
IMPRECISO

El problema

La situación en el Sahel es compleja y multifacética, sin soluciones fáciles.

Mientras se escriben estas líneas, el problema más urgente es la situación que está atravesando la población sudanesa, con una guerra civil que dura casi año y medio y cuyas consecuencias son trágicas para millones de personas.

Los países occidentales, con Francia a la cabeza, han cometido errores en su planteamiento de relación con los sahelianos que han exacerbado los problemas, como la prepotencia o el paternalismo, entendido como neocolonialismo, o como el tratamiento predominantemente militarizado y securitista, que ha sido ineficaz al no ir acompañado de una ayuda al desarrollo apropiada. Es decir, las misiones occidentales han fracasado debido a su enfoque limitado en la seguridad y la falta de soluciones a largo plazo en materia de desarrollo y de gobernanza.

El énfasis en la democracia y los derechos humanos es contraproducente si no va acompañado de medidas efectivas contra la exclusión social, la pobreza, el desempleo y la falta de oportunidades, problemas todos ellos que alimentan la violencia yihadista. Se han descuidado la comprensión de las realidades locales y las necesidades de la población. Al ignorarse la visión endógena y las tradiciones locales, se genera resentimiento. La imposición de modelos occidentales ha fracasado y ha generado inestabilidad.

La pobreza, la falta de oportunidades y la exclusión social alimentan la violencia yihadista y la inestabilidad. Las poblaciones locales desconfían de las intervenciones extranjeras y ven sus propios intereses priorizados por sus gobiernos. La falta de comprensión de las realidades locales y las epistemes tradicionales por parte de los actores externos obstaculiza la efectividad de las intervenciones.

En países con Estados débiles y población mayoritariamente pobre y analfabeta, la autoridad tradicional está aún más reconocida en muchos ámbitos (sobre todo rurales) que la potestad impuesta por la política. Muchos sahelianos son más leales y confían más en los consejos de sus jefes tribales o ancianos sabios que en las leyes y órdenes impuestas por los gobernantes. De manera que resulta muy difícil, cuando no imposible, convencer a los ciudadanos de las ventajas de la democracia, de los derechos humanos, de la igualdad entre sexos, etc., si quienes les aconsejan no creen en ello.

Infancia en el Sahel.

Las políticas de cooperación han sido paliativas y no han abordado las causas estructurales. La falta de coordinación entre los actores internacionales ha debilitado los esfuerzos.

Estos errores cometidos por Estados Unidos, Europa y organismos internacionales como la ONU están siendo aprovechados por Rusia, China e Irán, cuya influencia crece en el Sahel ofreciendo apoyo económico y militar a cambio de recursos naturales y respaldo político. La desinformación y la propaganda rusas y chinas socavan la confianza en Occidente. Moscú y Pekín ofrecen a los gobernantes sahelianos una perspectiva más pragmática, asegurándoles poder político y recursos económicos y militares sin exigirles a cambio democracia ni respeto a los derechos humanos.

La mayor amenaza para Occidente es que la región del Sahel podría convertirse en un estado fallido, una base para un nuevo Estado Islámico o un ariete de la expansión rusa en el sur de Europa.

¿Qué hacer?

Antes que nada, y de manera urgente, la comunidad internacional debe procurar por todos los medios posibles obligar a los dos bandos enfrentados en la guerra civil sudanesa a que acuerden un alto el fuego y que permitan la entrada inmediata y suficiente de ayuda humanitaria.

Es necesario un enfoque a largo plazo y sostenido para abordar los desafíos de la región. Se precisa una estrategia integral que aborde las causas profundas de la inestabilidad, incluidas la pobreza, la desigualdad y la falta de oportunidades. Para ello, es esencial que la cooperación internacional esté coordinada. El 27 de junio de 2024, la embajadora representante de España en el Comité Político y de Seguridad de la UE (COPS), María Elena Gómez Castro, advirtió de que los riesgos y amenazas del Sahel son «tan grandes» que obligan a los miembros de la UE a «abordarlos conjuntamente». Pero, además, es necesaria la contribución de Estados Unidos y Reino Unido.

La cooperación con los países del Sahel debe basarse en el respeto mutuo y la promoción de los derechos humanos. Es necesario un enfoque más matizado y diplomático para el diálogo con los gobiernos de la región. Estos países son heterogéneos y requieren soluciones específicas que respeten sus identidades.

Los intereses de las poblaciones locales deben estar en el centro de todas las estrategias. De ahí que el respeto a las culturas y tradiciones locales sea fundamental. El desarrollo endógeno y el empoderamiento de las comunidades locales son claves para la estabilidad a largo plazo.

Aun siendo necesaria la ayuda militar internacional para acabar con el terrorismo yihadista, es más importante la ayuda al desarrollo, tal como reconoció Shegun Adjadi Bakari, ministro de Asuntos Exteriores de Benín: «No puede ser solo una cuestión de armas o de respuesta militar. La respuesta también debería ser el desarrollo [...]. Tenemos que invertir mucho en desarrollo y creación de empleo. Porque, al fin y al cabo, es una cuestión de empleo. Si nuestros jóvenes tienen acceso a empleos y necesidades básicas, nunca se unirán a esos grupos terroristas»[201].

Tres son, por tanto, los objetivos fundamentales a los que debe hacer frente Occidente en el Sahel: la estabilización de la región (estrategia estructural), la lucha contra el terrorismo y las organizaciones criminales (estrategia militar) y el combate ideológico frente al autoritarismo y el antioccidentalismo que propugnan Rusia y China (estrategia política).

Las misiones occidentales deberían estar encaminadas preferentemente a:

- Un mayor énfasis en la inversión, la provisión de recursos públicos y la democracia, procurando un equilibrio entre seguridad y desarrollo e involucrando a la UA. Apoyo a la sociedad civil y a las autoridades tradicionales, históricamente respetadas y con poder de persuasión para convencer de las bondades de la democracia y los derechos humanos dentro del modernismo islámico. La tradición y la modernidad no son incompatibles si la primera no sirve de obstáculo sino de ayuda para el progreso colectivo, con actores influyentes previamente convencidos de las bondades de los avances sociales y tecnológicos.
- Priorizar la lucha contra la pobreza, la desigualdad y la falta de oportunidades mediante una distribución más equitativa de los recursos naturales. Hasta ahora, las políticas de cooperación occidentales han sido paliativas, por lo general, y centradas en la urgencia y el cortoplacismo.
- Fomentar el diálogo y la reconciliación entre las comunidades locales.
- Desde Occidente no debe pretenderse que los países sahelianos, como el resto de África, funcionen como estados occidentales,

201 «Los insurgentes islamistas amenazan a África occidental». *Financial Times*, 20 enero 2024.

sino respetar sus propios valores y peculiaridades culturales, dentro del marco democrático y de los derechos humanos.

- Ofrecer alternativas atractivas a la influencia de Rusia y China, incluidos apoyo económico, apertura comercial e intercambio tecnológico.
- Contrarrestar las campañas desinformativas rusa y china que persiguen moldear percepciones con las que socavar los estándares democráticos, mediante una comunicación estratégica y de contrapropaganda. Para ello, sería aconsejable la colaboración de estructuras tales como el Centro de Excelencia de Comunicaciones Estratégicas de la OTAN (Stratcom COE), un híbrido entre un *think tank* y una organización militar fundada en 2014 y con sede en Letonia, o el Centro Europeo de Excelencia para la Lucha contra las Amenazas Híbridas (Hybrid COE), un *think tank* e instituto de investigación independiente fundado en 2017 y con sede en Finlandia.
- Se requiere una política migratoria justa y regulada que beneficie tanto a los países del Sahel como a Occidente, combinando el control con la apertura regular. Los emigrantes sahelianos, como los demás africanos, pueden proporcionar la mano de obra que los países europeos necesitan en muchos sectores industriales.
- La OTAN debería abrir misiones de entrenamiento y asesoramiento militar para cooperar con los gobiernos sahelianos en su lucha contra el yihadismo y las organizaciones criminales.

POSIBLES ESCENARIOS FUTUROS

En resumen, la situación del Sahel es un desafío complejo que requiere una respuesta integral y matizada por parte de la comunidad internacional, combinando seguridad, desarrollo, diplomacia y respeto por las realidades y tradiciones locales. El éxito dependerá de la capacidad para abordar las causas profundas de la inestabilidad, promover el desarrollo sostenible y el respeto a los derechos humanos y construir relaciones de confianza con las poblaciones locales.

Es importante considerar diferentes escenarios posibles y estar preparados para adaptar las estrategias en consecuencia:

- En la actualidad no hay un riesgo inminente de guerra global en la región. Pero, dado que la violencia yihadista y la inestabilidad interna en Mali, Níger y Burkina Faso amenazan la credibilidad de las juntas militares en el poder, cabe la posibilidad de que el conflicto antiterrorista se convierta en una o varias guerras civiles, transformando el Sahel en una réplica de lo sucedido en Siria e Irak hace una década.
- Por el contrario, si la represión llevada a cabo por los militares con la ayuda de los mercenarios rusos y sin respetar los derechos humanos tuviera éxito (como ocurrió en Siria), el yihadismo buscaría otro refugio fuera del Sahel, pero el autoritarismo se consolidaría y probablemente se extendería, y con él, la influencia rusa y china. Esto desembocaría en una clara amenaza contra Europa si persiste el contexto geopolítico presente.
- Una adecuada y coordinada reacción occidental podría revertir la tendencia actual, recuperando influencia en el Sahel, devolviendo la democracia a países como Mali, Níger y Burkina Faso, acabando con la amenaza terrorista y ayudando a los gobiernos a implantar políticas sociales más equitativas.

Referencias

LEJOS DE LA ATENCIÓN MUNDIAL

ABOUD, Hichem. «La llama arde entre Niamey y Argel». *Atalayar,* 4 abril 2024.

ADE, Robert. «Senegal, de consumidor de cocaína a centro del narcotráfico». DW Global Media Forum, 22 mayo 2024.

ADEOYE, Aanu. «Los insurgentes islamistas amenazan a África occidental». *Financial Times,* 21 enero 2024.

AGUILERA, Ana. «Actividad yihadista en el Magreb y el Sahel, abril 2024». Observatorio Internacional de Estudios sobre Terrorismo (OIET), 14 mayo 2024.

ALCUTÉN, Jacobo. «El Estrecho de Gibraltar, los puertos gallegos, Valencia… estas son las rutas de los narcos para introducir la droga en España». *20 minutos,* 17 febrero 2024.

ALDAMA, Zigor. «El Sahel está en llamas, y debería preocuparnos». *El Correo,* 27 marzo 2024.

ALDEKOA, Xavier. «Una nueva guerra fría se extiende por el Sahel». *La Vanguardia,* 1 febrero 2024.

___. «El monstruo de la yihad se expande hacia Benín». *La Vanguardia,* 4 febrero 2024.

___. «Burkina Faso lidera el terror mundial». *La Vanguardia,* 16 marzo 2024.

___. «Un líder rebelde para el nuevo Senegal». *La Vanguardia,* 28 marzo 2024.

___. «Rusia se expande por África con su nueva marca de mercenarios Wagner». *La Vanguardia,* 23 abril 2024.

ALMOGUERA, Pablo D. «Hay "stock" de droga en África y los narcos quieren inundar Europa con ella». *El Confidencial,* 8 agosto 2021.

ALTERMAN, Máximo. «Drogas en el Sahel: una amenaza cada día más real». *Escenario Mundial,* 6 junio 2024.

ÁLVAREZ COBELAS, Juan Ramón. «El Sahel, una región fallida». *El País,* 17 agosto 2023.

BARLETT, Kate. «China y Wagner en África: ¿amigos o enemigos?». *Voz de América,* 11 agosto 2023.
BENOTMAN, Amal. «2023 en el Sahel: un cambio geopolítico marcado por el distanciamiento frente a Francia». France 24, 23 diciembre 2023
BERTHEMET, Tanguy. «Le Sénégal vit une révolution panafricaine, anticoloniale et conservatrice». Entrevista a El Hadj Souleymane Gassama. *Le Figaro,* 5 abril 2024.
BHATTACHARYA, Samir. «El gran juego de China en el Sahel». Vivekananda International Foundation India (VIFINDIA), 12 octubre 2022.
BOYER, Florence. *El* exodant *en Níger: ¿una figura frustrada por las políticas migratorias contemporáneas? El Sahel de las gentes. Más allá del síndrome de la seguridad.* Barcelona: Monografía CIDOB 74; 2019.
BUENO, Alberto. «Sahel, la confusión estratégica europea». *Agenda Pública,* 5 abril 2024.
CALVO, Guadi. «Sahel, guerra de hermanos». *Rebelión,* 10 abril 2024.
___. «Chad, vientos de cambio». *Rebelión,* 29 abril 2024.
___. «¿Quién lucha en el Sahel?». *Rebelión,* 29 mayo 2024.
CANCIO, Fernando. «Robles avisa a la UE ante el fin de la misión en Mali: "No podemos abandonar el Sahel"». *La Razón,* 8 mayo 2024.
CASTIEN MAESTRO, Juan Ignacio (director); AZNAR FERNÁNDEZ MONTESINOS, Federico y CHEIKH AGNE, Mamadou. «Panorámica histórica y etnográfica del Sahel». *Documentos de Seguridad y Defensa 78.* Instituto Español de Estudios Estratégicos (IEEE). Ministerio de Defensa, septiembre 2018.
CEMBRERO, Ignacio. «Rusia continúa su expansión en África: ha llegado el turno de la antigua colonia española». *El Confidencial,* 15 junio 2024.
CHAMORRO, Andrea. «Migraciones desde Senegal y el nuevo pacto migratorio europeo: entre la tensión y la polémica». *Descifrando la guerra,* 16 mayo 2024.
CHEICK, Dara. «La política exterior de China en el Sahel. Desafíos y perspectivas». Organización para la Investigación sobre China y Asia (ORCASIA), 25 mayo 2022.
COLLANGES, Guillaume. «"Los malditos": migrantes retornados a Costa de Marfil enfrentan el rechazo de la sociedad». France 24, 27 mayo 2024.
COLUMBA JEREZ, Alexia. «Rusia y China avanzan en África mientras la OTAN baraja misiones de entrenamiento en el Sahel: "Una invasión rápida y silenciosa"». *ABC,* 5 mayo 2024.
CUESTA, Javier G. «Al menos 20 muertos y decenas de heridos en un ataque terrorista múltiple en la república rusa de Daguestán». *El País,* 23 junio 2024.

CUESTA, Pilar de la. «España busca cómo mantener presencia militar en Mali tras el fin de la misión de la UE». *ABC*, 8 mayo 2024.

___. «General Fernández Ortiz-Repiso: "Lo que ocurre en el Sahel y su inestabilidad afecta a España"». *ABC*, 19 mayo 2024.

CUSCITO, Giorgio. «El caos en el Sahel daña a China». *Geopolitical Futures (GPF)*, 23 octubre 2023.

DIADIÉ, Ismael. *Diario de un bibliotecario de Tombuctú*. Córdoba: Almuzara; 2017.

DÍAZ RODRÍGUEZ, Oneyda. «Rusia y Chad acuerdan optimizar relaciones comerciales». Telesur TV, 5 junio 2024.

DIEGO GONZÁLEZ, Antonio de. «¿Extranjeros o autóctonos? Islam, etnicidad, narrativas y poder en el Sahel». *El Sahel de las gentes. Más allá del síndrome de la seguridad*. Barcelona: Monografía CIDOB 74; 2019.

___. «El juego geopolítico de Marruecos y Arabia Saudí en África occidental». Sevilla: Araucaria 41; 2019.

___. *Populismo islámico*. Córdoba: Almuzara; 2020.

DÍEZ ALCALDE, Jesús. «Yihadismo en el Sahel occidental: una amenaza creciente y compartida». Departamento de Seguridad Nacional, septiembre 2020.

DONATI, Jessica. «El ejército de Burkina Faso masacró a más de 200 civiles en pueblos, según Human Rights Watch». *The San Diego Union-Tribune*, 25 abril 2024.

ECHEVERRÍA JESÚS, Carlos. «La colonización terrorista en África: el yihadismo africano». Madrid: Instituto Español de Estudios Estratégicos (IEEE); 2011.

___. «La desestabilización del Sahel occidental se proyecta hacia el Golfo de Guinea». *Revista General de Marina*, vol. 284, mayo 2023.

EL DIFRAOUI, Asiem. «El yihadismo, de Moscú al Sahel: prepararse para la crisis que se avecina». *Le Grand Continent*, 27 marzo 2024.

ENTRAMBASAGUAS, Alejandro. «El esfuerzo del CNI en el Sahel da sus frutos al anticipar el auge del terrorismo y la inmigración ilegal». *El Debate*, 2 abril 2024.

FERNÁNDEZ, Antonio. «Sudán permitirá a Rusia instalar una base militar en el mar Rojo a cambio de armas». *La Razón*, 26 mayo 2024.

FERNÁNDEZ, Javier. «El plan de Angola para extraer más petróleo de sus aguas abre la puerta a la influencia china en África». *El Economista*, 22 abril 2024.

FERNÁNDEZ ARRIBAS, Javier. «El Sahel es uno de los puntos de generación de inestabilidad más importantes del mundo». *Atalayar*, 20 mayo 2024.

FERNÁNDEZ BARBADILLO, Pedro. «Los países del Sahel cambian de aliados». *Ideas*, 30 marzo 2024.

FOUCHER, Vincent. «El individuo frente a las crisis del Sahel del siglo xx. Notas desde el estado de Borno». *El Sahel de las gentes. Más allá del síndrome de la seguridad.* Barcelona: Monografía CIDOB 74; 2019.

FUENTES LARA, Cristina. «Senegal, análisis de un cambio de tendencia en el África occidental». *elDiario,* 30 abril 2024.

GALONE, Alberto. «Radiografía crisis del Sahel: auge del yihadismo, presencia rusa y migración hacia España». *El Cierre Digital,* 4 abril 2024.

GARCÍA, Carolina y EFE. «Ataque terrorista en Níger deja diez muertos». *El Imparcial,* EFE, 27 mayo 2024.

GARCÍA LLATA, Antonio. «Intereses e inversión extranjera en el Sahel: el caso de Turquía, Rusia y Francia». *Lisa News,* 4 abril 2024.

GARCÍA MARCOS, Andrea. «El Sahel: ¿el nuevo edén para las conexiones entre piratas, terroristas y crimen organizado?». Instituto Español de Estudios Estratégicos (IEEE), 21 junio 2022.

GONZÁLEZ, Miguel. «La encrucijada del Ejército español en el Sahel». *El País,* 20 diciembre 2021.

___. «Europa retira sus últimas tropas del Sahel y deja el campo libre a Rusia». *El País,* 28 marzo 2024.

GONZÁLEZ, Serxio y ROMERO, Javier. «El narcotráfico gallego continúa confiando en la ruta africana de la cocaína treinta años después». *La Voz de Galicia,* 17 febrero 2024.

GONZÁLEZ MÁRQUEZ, Jorge. «Convoyes rusos en el Mediterráneo: ¿nuevo paso en la expansión rusa en África?». *Descifrando la Guerra,* 16 abril 2024.

GUTIÉRREZ, Óscar. «Rusia culmina con éxito su operación de propaganda y desinformación en el Sahel». *El País,* 13 mayo 2024.

HAJ JASEM, Basilea. «En África: ¿ascenso de Rusia o decadencia de Estados Unidos?». *Daily Sabah,* 7 mayo 2024.

HAZIM, Hipa Abdel. «La guerra en Sudán empuja a médicos, ingenieros y estudiantes a arriesgar su vida en las minas de oro». *El País,* 7 junio 2024.

HUARTE, Paula. «Marlaska otorga a Mauritania más de diez millones de euros en materia migratoria». *The Objective,* 14 abril 2024.

INWOOD, Joe y TACCHI, Jake. «Cómo el Gobierno ruso ha reformado al grupo mercenario Wagner después de la sospechosa muerte de su comandante». BBC, 26 febrero 2024.

IRIARTE, Daniel. «Por qué Ucrania se ha llevado la guerra contra Rusia hasta Sudán». *El Orden Mundial,* 25 marzo 2024.

JIMÉNEZ MAROTO, Alfonso José. «Rusia adquiere influencia en el Sahel valiéndose del declive de Occidente». *El Faro de Melilla,* 22 marzo 2024.

JULIANA, Enric. «Tambores de guerra al sur de Marrakech». *La Vanguardia,* 3 agosto 2023.

KORYBKO, Andres. «Reuters reveló la razón por la que Níger pidió a las tropas estadounidenses que abandonaran el país». Radio Faro del Noroeste, 4 mayo 2024.

___. «¿Qué están haciendo los mercenarios turcos de origen sirio en Níger?». Radio Faro del Noroeste, 21 mayo 2024.

LATORRE DARDE, Carlos. «La epidemia de los golpes de Estado en el Sahel». *Revista Española de Defensa,* noviembre 2023.

LEÓN COBO, Beatriz de. «¿Existe la narcojihad en el Sahel?». *Atalayar,* 17 octubre 2020.

LÓPEZ-FONSECA, Óscar. «Tres informes de Seguridad Nacional alertan sobre el posible uso hostil de la migración irregular contra España». *El País,* 16 abril 2024.

LOSA, Óscar. «Costa de Marfil: máscaras, neocolonialismo y sociedades secretas». *El Diario Cantabria,* 11 mayo 2024.

MANDEVILLE, Laure. «Dakar ser-t-il un nouveau "domino" russe en Afrique ou ménagera-t-il Paris?». *Le Figaro,* 5 abril 2024.

MARÍN, Rosanna. «Estados Unidos y siete naciones africanas realizan ejercicios militares para afianzar su relación». *Infobae,* 31 mayo 2024.

MARÍN EGOSCOZÁBAL, Ainhoa. «Políticas de la Unión Europea (UE) en el Sahel: una mirada económica para un enfoque más allá de la seguridad». *El Sahel de las gentes. Más allá del síndrome de la seguridad.* Barcelona; Monografía CIDOB 74; 2019.

MARTÍN, Jordi. «El Sahel es una amenaza como foco de terrorismo y migración irregular, según Seguridad Nacional». *Elnacional.cat.,* 30 marzo 2024.

MARTÍN, Lucas. «Una mirada al sur». *Atalayar,* 22 abril 2024.

___. «Rusia, la UE y el Sahel: de patio trasero a entrada principal». *Atalayar,* 20 mayo 2024.

MARTÍN, María; HIERRO, Lola y STACEY, Diego. «Desterrados en el desierto». *El País,* 21 mayo 2024.

MARTÍN, María y NARANJO, José. «España invierte en la formación de los jóvenes para frenar el éxodo de cayucos desde Gambia y Senegal». *El País,* 27 junio 2024.

MÁSCOLO, Juan Ignacio. «Lo que hay que saber sobre la creciente huella de Rusia en África». *Escenario Mundial,* 7 junio 2024.

MASOLIVER, Alfonso. «El Gobierno maliense reanuda la lucha contra el yihadismo, marca nuevas distancias con Argelia». *La Razón,* 28 enero 2024.

___. «Los países del Sahel prefieren acudir a los mercados de armas de Rusia, China y Turquía». *La Razón,* 1 abril 2024.

___. «Acabada Francia, el Kremlin posa su vista en las excolonias portuguesas en África». *La Razón,* 14 mayo 2024.

___. «Ofensiva terrorista en Mali y Burkina Faso, las juntas militares prolongan su mandato». *La Razón,* 27 mayo 2024.

___. «Tres importantes giras diplomáticas mueven el tablero del Sahel». *La Razón,* 5 junio 2024.

MAVRIS, Giannis. «Grupo Wagner: "Rusia pretende aumentar su influencia en África para desbancar a los europeos"». Entrevista a Dimitri Zufferey, del colectivo de investigación All Eyes on Wagner. *Swissinfo. ch (SWI),* 21 marzo 2024.

MÉNDEZ, Víctor. «20 años de alijos "gallegos" por África». *Diario de Pontevedra,* 10 enero 2024.

MESA, Beatriz. *Los grupos armados del Sahel.* Madrid: Libros de la Catarata y Casa África; 2022.

___. «Los frentes abiertos de Europa en el Sahel». *Política Exterior,* 17 julio 2023.

MILOSEVICH-JUARISTI, Mira. «El impacto de la presencia de Rusia en la resiliencia de la OTAN y en el Vecindario Sur». Real Instituto Elcano, 7 mayo 2024.

MISHRA, Ravi Dutta. «Funcionarios comerciales entre India y Nigeria se reúnen mientras flaquean las inversiones de China en África». *Indian Express,* 3 mayo 2024.

MORA TEBAS, Juan A. «Demografía: multiplicador de riesgos en el Sahel». *El Sahel de las gentes. Más allá del síndrome de la seguridad.* Barcelona: Monografía CIDOB 74; 2019.

NARANJO, José. «Liberados un periodista francés y un misionero estadounidense secuestrados en el Sahel». *El País,* 20 marzo 2023.

___. «Rusia se extiende en el Sahel con su nueva marca: Africa Korps». *El País,* 23 diciembre 2023.

___. «Los regímenes militares del Sahel trasladan a África la pugna entre Rusia y Occidente». *El País,* 28 enero 2024.

___. «La ruptura de Mali, Níger y Burkina Faso con sus vecinos dinamita medio siglo de integración africana». *El País,* 16 febrero 2024.

___. «El Sahel se convierte en el epicentro del terrorismo mundial». *El País,* 17 marzo 2024.

___. «La representante de Acnur en Mauritania: "Tenemos muchos testimonios de mujeres que aseguran haber sido violadas y de pueblos saqueados"». *El País,* 28 marzo 2024.

___. «Fuerzas malienses matan a Abu Huzeifa, uno de los yihadistas más buscados del Sahel». *El País,* 30 abril 2024.

NÚÑEZ VILLAVERDE, Jesús A. «El Sahel se desmarca abiertamente de Occidente». Real Instituto Elcano, 12 diciembre 2023.

OPALO, Ken. «La lenta muerte de la Françafrique». *Le Grand Continent,* 3 marzo 2023.
PEIRANO, Nataniel. «África: qué es la Alianza de Estados del Sahel y por qué tensa las relaciones entre EE. UU. y Rusia». *Infobae,* 11 mayo 2024.
PÉROUSE DE MONTCLOS, Marc-Antoine. «La lucha contra el terrorismo en el Sahel». *Sahel, la otra frontera de Europa,* n.º 63. Instituto Europeo del Mediterráneo, 2024.
PINTO CEBRIÁN, Fernando. «El polvorín del Sahel. Migraciones, yihadismo y la nueva guerra fría». *Desperta Ferro,* 21 julio 2022.
PUIG, Oriol. «El desierto del Sáhara: la otra frontera». *El Sahel de las gentes. Más allá del síndrome de la seguridad.* Barcelona: Monografía CIDOB 74; 2019.
PULIDO, Rubén. «Un informe interno de FRONTEX revela que 100.000 malienses se movilizan para llegar a Canarias». *Gaceta,* 6 mayo 2024.
RAJOSEFA, Laura. «El futuro de la competencia estratégica en la región del Sahel: priorizar la colaboración». *Revista de Asuntos Internacionales de la FAO,* 20 julio 2023.
RANGEL, Pilar. «Sahel: la frontera sur de Europa se queda al descubierto». *Escudo Digital,* 4 abril 2024.
REQUEIJO, Alejandro. «Quién es quién en el avispero yihadista del Sahel que agita el golpe de Estado en Níger». *El Confidencial,* 13 agosto 2023.
RIBEIRO, Alex. «Tras la intrusión de fuerzas rusas de Wagner, el Ejército mauritano llevó a cabo ejercicios militares en la frontera con Mali». *Defensa.com,* 11 mayo 2024.
RIMBERT, Pierre y HALIMI, Serge. «En África, el fantasma de una yihad fulani». *Le Monde Diplomatique,* abril 2024.
RIVERA, Laura G. de. «La muralla verde del Sahel o cómo salvar el suelo de la desertificación». *Público,* 25 mayo 2024.
RIZZI, Andrea. «La UE busca el camino para convertirse en una potencia geopolítica». *El País,* 29 mayo 2024.
ROCA, Albert. «Pueblos del Sahel, Sahel de los pueblos: restituyendo el protagonismo local». *El Sahel de las gentes. Más allá del síndrome de la seguridad.* Barcelona: Monografía CIDOB 74; 2019.
RODRÍGUEZ ACEVEDO, Álvaro Gaspar e IEEE. «Señores de la Guerra: Wagner en la República Centroafricana». *Atalayar,* 23 abril 2024.
SAAVEDRA, Mario. «Cocaína de América Latina, a España a través del Sahel: una parte llega a Campo de Gibraltar». *El Periódico de España,* 21 julio 2022.
___. «Mauritania, penúltimo dique del Sahel contra los golpes de Estado y la presencia de Rusia». *El Periódico,* 1 abril 2024.
___. «Ucrania-Oriente Próximo-Sahel: un arco de tensión y guerra rodea a Europa». *El Periódico,* 20 abril 2024.

___. «Marruecos se vende como país tapón ante los riesgos del Sahel con el Sahara como "puerta del Atlántico"». *El Periódico de España,* 5 mayo 2024.

SAHUQUILLO, María R. «La UE estudia imponer sanciones a las milicias rusas que desestabilizan el Sahel». *El País,* 25 abril 2024.

___. «La OTAN sondea abrir misiones de entrenamiento y asesoramiento en el Sahel y Oriente Próximo». *El País,* 29 abril 2024.

SÁNCHEZ, Francesc. «Los wagnerianos en África». *El Incorformista Digital,* 11 mayo 2024.

SÁNCHEZ, Gabriel C. «Mali: análisis del alzamiento tuareg (2012-2015). *Revista de Estudios en Seguridad Internacional,* vol. 4, n.º 1, 2018.

SANTOS, Almudena. «La inestabilidad de Senegal transforma en medio año la ruta de la migración a España». *Heraldo,* 15 abril 2024.

SCHWIKOWSKI, Martina, KOSSIVI, Tiassou y KOENA, Jean-Fernand. «Cómo Rusia se está reposicionando militarmente en África». *DW Global Media Forum,* 2 febrero 2024.

SEGURA, Cristian. «Un vídeo confirma combates entre soldados rusos y ucranianos en Sudán». *El País,* 7 febrero 2024.

SEGURA CLAVELL, José. «El Sahel como amenaza para España». *elDiario,* 12 abril 2024.

___. «África y las tierras raras». *elDiario,* 26 abril 2024.

SEÑORÁN LÓPEZ, David. «Mapa de los golpes de Estado en el Sahel». *Descifrando la Guerra,* 1 abril 2024.

SORIANO TRUJILLO, Javier. «¿Qué está pasando en el Sahel?. *Diario de Cádiz,* 20 abril 2024.

SOVON, Jean y GARCÍA CALDERÓN ORBE, Gabriela. «Se renuevan relaciones entre República Centroafricana y Francia pese a presencia militar rusa». *Globalvoices,* 8 mayo 2024.

TELEPNEVA, Natalia. «Militarizar África: los orígenes soviéticos de una doctrina rusa». *Le Grand Continent,* 1 mayo 2024.

TRELLES, Gastón. «Europa allana el camino de Rusia y China en el Sahel: el fin de la misión en Mali obliga al repliegue de 130 militares españoles». *Infobae,* 9 mayo 2024.

URÍA, Lluís. «Mal presagio en Tombuctú». *La Vanguardia,* 3 septiembre 2023.

URIARTE PROCEL, Julia María de. «El Estado Islámico controla ya norte y sur de Nigeria y comienza a aplicar los castigos de la "sharía"». *El Español* / Reuters, 8 mayo 2024.

VALLÉE, Olivier. «¿Hacia otro modelo económico en Senegal?». *Le Grand Continent,* 12 abril 2024.

VELÁZQUEZ, Andrés. «Nigeria. Más de 1680 estudiantes han sido secuestrados por terroristas y bandas armadas, en los últimos 10 años». *Hispanidad,* 21 mayo 2024.

VERA, Joaquín y GUINDAL, Carlota. «El CNI pone el foco de la amenaza terrorista en el Sahel y en los menores radicalizados en internet». *La Vanguardia,* 12 marzo 2024.

VINES, Alex; VAN RIJ, Armida y TUGENDHAT, Henry. «¿China está considerando una segunda base militar en África mientras Estados Unidos lucha por mantener una en Níger?». *Chatham House,* 25 marzo 2024.

ZULOAGA, J. M. «Muere en enfrentamiento con el ejército de Mali un cabecilla del Estado Islámico en el Sahel». *La Razón,* 28 abril 2024.

___. «Rusia ofrece a los países del Sahel una salida al mar con un ferrocarril hasta Guinea Bissau». *La Razón,* 18 mayo 2024.

___. «Al Qaeda mata a uno de los cabecillas del Estado Islámico en el Sahel». *La Razón,* 6 junio 2024.

«Miles de malienses se refugian en Mauritania amenazados por el hambre». *El Mundo* / Europa Press, 1 marzo 2012.

«La NSA cooperó con España para resolver los secuestros del Sahel». *El País,* 1 noviembre 2013.

«China "coloniza" la costa atlántica africana con proyectos portuarios de 3300 millones». *Faro de Vigo,* 15 febrero 2019.

«Los países del Sahel se comprometen a reforzar la lucha contra el yihadismo». France 24, 13 enero 2020.

«Los planes de la primera base militar china en la costa atlántica de África alertan a Washington». *Escenario Mundial,* 6 diciembre 2021.

«En la piel de un periodista en el Sahel». Reporteros Sin Fronteras (RSF), 3 abril 2023.

«Tráfico ilícito en el Sahel: la ruta de las armas, el gas y el oro». Naciones Unidas, 23 mayo 2023.

«Por qué el golpe de Estado en Níger puede ayudar a expandir la influencia del Grupo Wagner y Rusia en África». BBC, 29 julio 2023.

«Ghana: la UE entrega 105 vehículos militares ante la amenaza yihadista del Sahel». *Africanews,* 29 octubre 2023.

«El periodista José Naranjo explica en las Jornadas de Cooperación Farmacéutica de la ULL las crisis que atañen al Sahel». Universidad de La Laguna, 23 noviembre 2023.

«China pide apoyo internacional para África occidental y el Sahel». *CGTN* / Agencia Xinhua, 12 enero 2024.

«Robles y el ministro de Defensa de Camerún firman un acuerdo de Cooperación en el ámbito marítimo». La Moncloa, 16 enero 2024.

«África/Rep. Centroafricana. Mercenarios rusos, soldados ruandeses y posiblemente "contratistas" americanos: la política integral de la República Centroafricana». Agencia Fides, 23 enero 2024.

«El yihadismo dejó más de 23.000 muertos en África en 2023, con el Sahel sumando el 50% de las víctimas». Europa Press, 4 febrero 2024.

«Interceptada una narcolancha con 4000 kilos de cocaína cerca de Canarias: hay cuatro detenidos, entre ellos un narco gallego». *24 minutos,* 15 febrero 2024.

«África, el Departamento de Estado de EE. UU. dice a Nova: "Las bases chinas a lo largo de la costa atlántica son una amenaza"». *Agenzia Nova,* 16 febrero 2024.

«China sigue buscando una presencia militar marítima en África occidental». *Galaxia Militar,* 21 febrero 2024.

Informe Anual de Seguridad Nacional 2023. Madrid: Presidencia de Gobierno; 2024.

«África/Mozambique. Más de 67.000 personas huyen de la violencia de los yihadistas en el norte del país». Agencia Fides, 7 marzo 2024.

«La salida de EE. UU. de Níger incrementa la amenaza rusa sobre el flanco sur de la OTAN». Europa Press, 28 marzo 2024.

«El Gobierno denuncia que el Sahel es una "amenaza real" como emisor de terrorismo e inmigración». *La Gaceta,* 30 marzo 2024.

«La rama de Al Qaeda en Burkina Faso mata al menos a 73 personas en un ataque». *El Periódico de España* / Europa Press, 4 abril 2024.

«Níger protesta ante Argelia por maltratos a migrantes». Europa Press, 7 abril 2024.

«Italia bajo el liderazgo de Meloni se convierte en punta de lanza en África». *Eldiarioalerta,* 8 abril 2024.

«Una incursión del ejército de Mali y del Grupo Wagner en Mauritania deja tres civiles heridos». Europa Press, 9 abril 2024.

«La junta de Níger confirma la llegada de un centenar de "instructores militares" de Rusia». Europa Press, 12 abril 2024.

«Níger acuerda la venta a China de petróleo con un anticipo de 400 millones de dólares». *El Periódico de la Energía,* 14 abril 2024.

«Ataque terrorista en aldea de Níger termina con trece civiles muertos». *El Imparcial* / EFE, 16 abril 2024.

«Operación contra el Estado Islámico en el Sahel, el nuevo patio trasero de Rusia». *La Razón* / Europa Press, 16 abril 2024.

«África: Burkina Faso expulsa a tres diplomáticos franceses acusados de "actividades subversivas"». France 24, 18 abril 2024.

«Nigeria.- Al menos 16 muertos por la explosión de un artefacto explosivo improvisado en el noreste de Nigeria». COPE, Europa Press, 19 abril 2024.

«Desastrosa retirada occidental en el Sahel». *Le Monde,* 22 abril 2024.

«Níger.- Mueren seis militares de Níger en un ataque atribuido a Estado Islámico Sahel en el noroeste del país». COPE, 23 abril 2024.

«Un grupo de yihadistas secuestra a más de un centenar de personas en Mali». *La Gaceta,* 23 abril 2024.
«Semana trágica en África: asesinados un catequista en Burkina Faso y 29 cristianos en Nigeria». *Alfayomega,* 24 abril 2024.
«El Ejército anuncia la "neutralización" de cerca de 30 presuntos terroristas en el centro de Mali». Europa Press, 24 abril 2024.
«El nuevo presidente de Senegal decidido a repensar y renovar las relaciones con la UE». Europa Press, 24 abril 2024.
«Oleoducto Níger-Benín: las primeras gotas de petróleo llegan a Sémè Kraké». Agencia Internacional del Sur (AISUR), 24 abril 2024.
«Liberadas una docena de personas secuestradas la semana pasada por supuestos yihadistas en Mali». Europa Press, 25 abril 2024.
«Cinco soldados heridos en Níger en una emboscada presuntamente tendida por Boko Haram». *Europ*a Press, 25 abril 2024.
«Aumento del narcotráfico en el Sahel». Entrevista con Rafael Sánchez, director de la Cidaf. *África Hoy,* RTVE, 26 abril 2024.
«Sudán, el frente africano de la guerra de Ucrania». RTVE, 27 abril 2024.
«Sudán busca mejorar relaciones con Rusia en medio de guerra entre Ejército y paramilitares». EFE, 29 abril 2024.
«Rusia entra en una base militar en Níger que alberga a soldados estadounidenses». *La Vanguardia,* 3 mayo 2024.
«El riesgo de que Chad siga los pasos de otros países del Sahel y se acerque a Rusia preocupa en Occidente». *Infobae,* 4 mayo 2024.
«Tráfico ilícito en el Sahel». Naciones Unidas, 6 mayo 2024.
«Burkina Faso denuncia una "injerencia inaceptable" de la UE por las declaraciones sobre el informe de HRW». Europa Press, 7 mayo 2024.
«Rusia despliega su poderío militar sobre los minerales críticos de África». *Carbon Credits,* 7 mayo 2024.
«Diez años de cárcel para el capo vigués y expolicía Miguel Ángel Devesa por tráfico de cocaína en Costa de Marfil». *Faro de Vigo* / EFE, 8 mayo 2024.
«Al menos trece civiles muertos en un supuesto asalto del Ejército de Mali en el centro del país». Europa Press, 8 mayo 2024.
«Actividad yihadista en el Magreb y el Sahel, abril 2024». Observatorio Internacional de Estudios sobre Terrorismo (OIET), 14 mayo 2024.
«El primer ministro de Senegal denuncia la pasividad de Francia ante la represión del Gobierno de Sall contra su partido». *Europa 24 horas,* 17 mayo 2024.
«China pasa de largo por Canarias al priorizar Mauritania». *Espiral 21,* 17 mayo 2024.
«Borrell advierte de que los terroristas "son más fuertes" tras los golpes de Estado en África occidental». Europa Press, 19 mayo 2024.

«El Ejército de Nigeria rescata a más de 350 personas secuestradas por yihadistas». EFE, 21 mayo 2024.
«África ve a BRICS como un mecanismo para alcanzar la soberanía real». *ElPaís.cr,* Universidad de Costa Rica / Agencia Sputnik, 23 mayo 2024.
«El Ejército de Mali "neutraliza" a 30 presuntos miembros de un grupo vinculado a Al Qaeda». Europa Press, 23 mayo 2024.
«África/Níger. Ataque y toma del campamento de Boni: el balance de muertos aún no está disponible pero se teme que sea muy elevado». Agencia Fides, 23 mayo 2024.
«Acción contra el Hambre intensifica su respuesta humanitaria en el Sahel ante cosechas agotadas y precios disparados». Acción contra el Hambre, 24 mayo 2024.
«Mali asegura haber matado a "muchos terroristas" y destruido "refugios" en operaciones en la región de Kidal». *La Nación* / Europa Press, 24 mayo 2024.
«Reino Unido asegura que Rusia desplegó unidades de su Cuerpo en África en el marco de su ofensiva en Járkov». Europa Press, 24 mayo 2024.
«España se queda temporalmente sin embajador para el Sahel». *El Economista,* 25 mayo 2024.
«Las autoridades locales confirman ocho muertos y 160 secuestrados en Nigeria». Europa Press, 27 mayo 2024.
«El Ejército de Mali dice haber destruido varias bases terroristas». EFE, 27 mayo 2024.
«Ataque armado en Nigeria deja siete muertos y unos 150 secuestrados». *Prensa Latina,* 27 mayo 2024.
«La UE libera 200 millones en ayuda humanitaria para los más vulnerables en el Sahel». Europa Press, 28 mayo 2024.
«El renacer de la cooperación económica China-África: inversión y comercio en auge». *Mineriaenlinea,* 28 mayo 2024.
«La Inteligencia de Ucrania registra una intensificación en la campaña de reclutamiento rusa en África». *Infobae,* 28 mayo 2024.
«Los niños del Sahel central sufren graves violaciones de sus derechos». Naciones Unidas, 30 mayo 2024.
«Libia: el general Khalifa Hafter recibe al viceministro de Defensa ruso en Bengasi». *Agenzia Nova,* 1 junio 2024.
«China reimpulsa su presencia en África y redobla su apuesta por los minerales». *El Debate,* 2 junio 2024.
«Rusia estaría intentando hacerse con las minas de uranio de la francesa Orano en Níger, según "Bloomberg"». Europa Press, 3 junio 2024.
«Rosatom y Orano niegan negociaciones sobre activos de uranio en Níger». *Mineriaenlinea,* 4 junio 2024.

«Lavrov aterriza en Burkina Faso en el marco de su gira por el continente africano». Europa Press, 4 junio 2024.

«Con las visitas de Lavrov y Evkurov, Rusia continúa su labor de penetración en África». *Agenzia Nova,* 4 junio 2024.

«Rusia proporcionará más ayuda militar e instructores a Burkina Faso». *MarketScreener,* 5 junio 2024.

«Embajador Stefanini en Nova: Rusia puede poner un pie en el mar Rojo y fortalecerse en Sudán». *Agenzia Nova,* 5 junio 2024.

«Unos 33 millones de personas precisan ayuda humanitaria en el Sahel». Naciones Unidas, 6 junio 2024.

«Un ataque terrorista en Benín deja siete militares muertos». *Levante* / Europa Press, 6 junio 2024.

«Marruecos detiene a cuatro presuntos terroristas leales al Estado Islámico». RTVE, 6 junio 2024.

«Los conflictos en la región del Sahel central dejan ya más de 3,3 millones de desplazados». EFE, 7 junio 2024.

«Burkina Faso: la junta gastó mil millones de dólares en equipamiento militar en 2023». *Agenzia Nova,* 7 junio 2024.

«China espera que Estados Unidos haga acciones concretas para el desarrollo de África, afirma portavoz». *El País* / Agencia Xinhua, 7 junio 2024.

«Sonatrach y Sinopec firman un acuerdo de colaboración en materia energética». *El Periódico de la Energía,* 8 junio 2024.

«Guinea Ecuatorial y Rusia firman un acuerdo para formar a militares del país». *Guineainfomarket,* 8 junio 2024.

«Reino Unido dice que Rusia recluta en África para "reemplazar" sus "pérdidas significativas" en Ucrania». *Infobae,* 10 junio 2024.

«Rusia está enviando migrantes y estudiantes africanos a la guerra contra Ucrania para renovar sus visas». *Afrofeminas,* 11 junio 2024.

«Von der Leyen: África se da cuenta de "la poca importancia" que dejan las inversiones chinas». EFE, 13 junio 2024.

«G7 vs China: guerra comercial, Rusia, inmigración y África». *Urgente24,* 14 junio 2024.

«El Gobierno nombra embajador en misión especial para el Sahel». EFE, 18 junio 2024.

«España y Gambia abren un periodo de consultas políticas para reforzar su cooperación». EFE, 26 junio 2024.

«José Manuel Albares visita Gambia y Senegal». Ministerio de Asuntos Exteriores, Unión Europea y Cooperación, 27 junio 2024.

«Refugiados y solicitantes de asilo en Mauritania». Operational Data Portal (ODP).

«Eritrea». Wikipedia.
«Grupo de Apoyo al Islam y los Musulmanes». Wikipedia.
«Grupo Wagner». Wikipedia.
«Terrorismo en Níger». Wikipedia.

PAÍSES SAHELIANOS EN LA ACTUALIDAD

ABOUD, Hichem. «La llama arde entre...», art. cit.
___. «Argelia-Mauritania: Tebboune se reúne com Elghezouani en Tinduf». *Atalayar,* 22 febrero 2024.
ADE, Robert. «Senegal, de consumidor...», art. cit.
ADEGOKE, Yemisi. «Qué fue de las 276 niñas secuestradas por Boko Haram hace una década». BBC, 16 abril 2024.
AGUILERA, Ana. «Actividad yihadista...», art. cit.
ALDAMA, Zigor. «El Sahel está en llamas...», art. cit.
ALDEKOA, Xavier. «Una nueva guerra fría...», art. cit.
___. «Burkina Faso lidera el terror...», art. cit.
___. «Rusia se expande por África con su...», art. cit.
___. «Mauritania, excepción del Sahel». *La Vanguardia,* 26 mayo 2024.
___. «El conflicto sudanés se ceba con la infancia». *La Vanguardia,* 25 junio 2024.
ANFRUNS, Alex. «Níger: batalla descolonizadora y unión cívico militar». *Rebelión,* 26 abril 2024.
ASADU, Chinedu. «Nigeria: dos militares enfrentarán consejo de guerra por muerte de 85 aldeanos en ataque con drones». *Independent en Español,* 3 mayo 2024.
BHATTACHARYA, Samir. «El gran juego de China...», art. cit.
BORRÀS, Èlia. «La expansión del terrorismo en Burkina Faso que puede salpicar a Europa». *Ara,* 11 marzo 2024.
BUENO, Alberto. «Sahel, la confusión...», art. cit.
CALVO, Guadi. «Sahel, guerra de...», art. cit.
___. «Chad, vientos...», art. cit.
___. «*¿Quién lucha en...*», art. cit.
CAMPOS, Pepe. «Limpieza étnica, violaciones y ni rastro de ayuda humanitaria: un año de la guerra olvidada en Sudán». *Infolibre,* 21 abril 2024.
CANCIO, Fernando. «Robles avisa a la...», art. cit.
CASTIEN MAESTRO, Juan Ignacio, *et al.* «Panorámica histórica...», art. cit.
CEMBRERO, Ignacio. «Argelia estrecha lazos con Mauritania para bloquear la oferta de Mohamed VI a los países del Sahel». *El Confidencial,* 6 abril 2024.

CHAMORRO, Andrea. «Migraciones desde Senegal…», art. cit.
CHEICK, Dara. «La política exterior de China en…», art. cit.
COLUMBA JEREZ, Alexia. «Rusia y China avanzan…», art. cit.
COPP, Tara. «EE. UU. anuncia que retirará a la mayoría de sus tropas de Chad y Níger». *APnews,* 25 abril 2024.
CUESTA, Pilar de la. «España busca cómo…», art. cit.
CUSCITO, Giorgio. «El caos en el Sahel daña…», art. cit.
DÍAZ RODRÍGUEZ, Oneyda. «Rusia y Chad…», art. cit.
DIEGO GONZÁLEZ, Antonio de. «El juego geopolítico…», art. cit.
DONATI, Jessica. «El ejército de…», art. cit.
ECHEVERRÍA JESÚS, Carlos. «La colonización terrorista en África…», art. cit.
___. «La desestabilización del Sahel occidental…», art. cit.
EL DIFRAOUI, Asiem. «El yihadismo, de Moscú…», art. cit.
ESPAÑOL, Marc. «La ayuda como arma de guerra en Sudán, tras un año de conflicto». *El País,* 15 abril 2024.
___. «Las evidencias de una nueva limpieza étnica en Sudán se ciernen sobre Darfur». *El País,* 9 mayo 2024.
___. «Los paramilitares de Sudán provocan al menos un centenar de muertos en uno de sus asaltos más mortíferos». *El País,* 6 junio 2024.
FERHAT, Beatrice. «La cifra de muertos en la guerra de Sudán supera los 40.000 y 2 millones se enfrentan a una hambruna inminente». *Al-Monitor,* 26 junio 2024.
FERNÁNDEZ, Antonio. «Sudán permitirá a Rusia…», art. cit.
FERNÁNDEZ BARBADILLO, Pedro. «Los países del Sahel…», art. cit.
FORMANEK, Ingrid y HUMAYUN, Hira. «El número de muertos asciende a 134 en El Fasher, Sudán, en medio de sangrientos combates, dice MSF». CNN, 28 mayo 2024.
FUENTES LARA, Cristina. «Senegal, análisis…», art. cit.
GARCÍA, Carolina y EFE. «Ataque terrorista…», art. cit.
GARCÍA LLATA, Antonio. «Intereses e inversión extranjera…», art. cit.
GASSAUER, Georg y MSF. «Desnutrición infantil sobrepasa las instalaciones médicas de MSF en el norte de Nigeria». *El Financiero,* 8 junio 2024.
GONZÁLEZ, Miguel. «Europa retira sus últimas tropas…», art. cit.
GUTIÉRREZ, Óscar. «Rusia culmina con…», art. cit.
HAUSER, Jennifer. «Al menos 18 muertos, entre ellos niños, tras explosiones de bombas en distintos lugares en Nigeria». CNN, 30 junio 2024.
INWOOD, Joe y TACCHI, Jake. «Cómo el Gobierno ruso…», art. cit.
JIMÉNEZ MAROTO, Alfonso José. «Rusia adquiere influencia…», art. cit.
JULIANA, Enric. «Tambores de guerra al sur…», art. cit.

KNIPP, Kersten. «¿Qué busca Rusia construyendo una base naval en Sudán?». DW Global Media Forum, 11 junio 2024.

KORYBKO, Andres. «Reuters reveló la razón por la…», art. cit.

___. «*¿Qué están haciendo los mercenarios…*», art. cit.

LE CAM, Morgane. «En el Sahel, Irán en plena ofensiva diplomática». *Le Monde,* 9 enero 2024.

LIMAN, Dalhatu. «Eminentes norteños a Tinubu: rechacen oferta para ubicar bases estadounidenses y francesas en Nigeria». *Daily Trust,* 4 mayo 2024.

LONGUÉ, Olivier. «Los desafíos de la ayuda humanitaria en contextos complejos como Sudán y Gaza». *El País,* 7 mayo 2024.

MARÍN EGOSCOZÁBAL, Ainhoa. «Políticas de la Unión Europea…», art. cit.

MARTÍN, José María. «Mali pone en valor sus relaciones con Marruecos». *Atalayar,* 26 abril 2024.

MÁSCOLO, Juan Ignacio. «El Pentágono ordena a todas las tropas de combate estadounidenses retirarse de Níger». *Escenario Mundial,* 13 mayo 2024.

MASOLIVER, Alfonso. «El Gobierno maliense reanuda…», art. cit.

___. «Los países del Sahel prefieren acudir…», art. cit.

___. «Azawad: una independencia enfangada por el yihadismo». *Africamundi,* 17 agosto, 2023.

___. «Chad amenaza con romper con Francia para asociarse con las juntas militares del Sahel». *La Razón,* 10 abril 2024.

___. «Aterrizan en Níger los 100 primeros instructores rusos». *La Razón,* 12 abril 2024.

___. «El enfrentamiento entre Rusia y la OTAN en África tiene su rostro en Mali y Mauritania». *La Razón,* 8 mayo 2024.

___. «El proceso de transición en Chad resulta un fiasco y con posibles beneficios para Moscú». *La Razón,* 24 mayo 2024.

___. «Ofensiva terrorista en Mali y Burkina Faso…», art. cit.

___. «Tres importantes giras diplomáticas…», art. cit.

___. «Rebeldes en el desierto: peligra el oleoducto entre Níger y Benín tras dos ataques en una semana». *La Razón,* 18 junio 2024.

MESA, Beatriz. «Los grupos armados…», *op. cit.*

___. «Los frentes abiertos de…», art. cit.

MIAN, Louis; BRAITHWAITE, Sharon; FORMANEK, Ingrid y ROTH, Richard. «Personas comen "pasto y cáscaras de maní" en Darfur, advierte la ONU, mientras la crisis de hambre envuelve a Sudán devastado por la guerra». CNN, 3 mayo 2024.

MISHRA, Ravi Dutta. «Funcionarios comerciales…», art. cit.

NARANJO, José. «Rusia se extiende en el Sahel…», art. cit.
___. «El Sahel se convierte en el epicentro…», art. cit.
___. «Los regímenes militares del Sahel…», art. cit.
___. «La representante de Acnur…», art. cit.
___. «Fuerzas malienses matan…», art. cit.
___. «El líder militar de Chad gana las elecciones, pero la oposición rechaza los resultados». *El País,* 10 mayo 2024.
NIETO, Tania. «Al Qaeda en el Sahel mata a tres miembros de Wagner en Mali». *La Razón,* 7 febrero 2024.
OULD MOCTAR, Hassan. «Mauritania, Mali: guerra y crisis de refugiados en el Sahel». *ElSaltoDiario,* 9 junio 2024.
PALAMIDESSE, Matteo. «Etiopía: el ejército de Eritrea persigue a la población Irob». *Periodismo Alternativo,* 18 mayo 2024.
PEIRANO, Nataniel. «*África: Qué es la Alianza…*», art. cit.
PULIDO, Rubén. «Un informe interno…», art. cit.
RANGEL, Pilar. «Sahel: la frontera sur…», art. cit.
___. «La expansión de Rusia por África está descontrolada». *Escudo Digital,* 10 junio 2024.
REQUEIJO, Alejandro. «Quién es quién en el avispero…», art. cit.
RIBEIRO, Alex. «Tras la intrusión de fuerzas rusas…», art. cit.
RIMBERT, Pierre y HALIMI, Serge. «En África, el fantasma…», art. cit.
RODRÍGUEZ GONZÁLEZ, Patricia e IEEE. «La trata transnacional de mujeres y niñas, con fines de explotación sexual, desde Nigeria». *Atalayar,* 1 junio 2024.
ROJAS, Oswaldo. «Ola de violencia en Nigeria: grupos criminales matan a 25 personas en aldeas». *Excelsior,* 3 mayo 2024.
ROMERO, Víctor. «Eritrea, el país más opaco del mundo, se retira del Mundial 2026». *Marca,* 13 noviembre 2023.
SAAVEDRA, Mario. «Mauritania, penúltimo dique del Sahel…», art. cit.
SÁNCHEZ, Gabriel C. «Mali: análisis del…», art. cit.
SEGURA, Cristian. «Un vídeo confirma combates entre…», art. cit.
SEGURA CLAVELL, José. «El Sahel como amenaza…», art. cit.
SEÑORÁN LÓPEZ, David. «Mapa de los golpes…», art. cit.
SCHWIKOWSKI, Martina ; KOSSIVI, Tiassou y KOENA, Jean-Fernand. «Cómo Rusia…», art. Cit.
SIMÓNESLA CABRIA, Patricia. «Por qué Occidente ignora a Darfur». *El País,* 19 abril 2024.
SORIANO, Ginés. «Leonardo confirma la venta a Nigeria de 24 M-346, el avión entrenador italiano al que apunta España». *Infodefensa,* 25 abril 2024.
SORIANO TRUJILLO, Javier. «*¿Qué está pasando…?*», art. cit.

SOVON, Jean y GARCÍA CALDERÓN ORBE, Gabriela. «Elecciones presidenciales en Mauritania: decodificación con el político Khally Diallo». *Global Voices,* 31 mayo 2024.
TELEPNEVA, Natalia. «Militarizar África...», art. cit.
TRELLES, Gastón. «Europa allana...», art. cit.
URIARTE PROCEL, Julia María de. «El Estado Islámico controla...», art. cit.
VALLÉE, Olivier. «*¿Hacia otro modelo económico...?*», art. cit.
VELÁZQUEZ, Andrés. «Nigeria. Más de 1680 estudiantes...», art. cit.
VINES, Alex, *et al.* «*¿China está considerando...?*», art. cit.
ZULOAGA, J.M. «Muere en enfrentamiento...», art. cit.
___. «Irán negocia con Níger la compra de 300 toneladas de uranio». *La Razón,* 3 mayo 2024.
___. «Burkina Faso apoya el proyecto marroquí de dar una salida al mar a los países del Sahel». *La Razón,* 5 mayo 2024.
___. «El Estado Islámico lanza un ataque contra un cuartel en Nigeria y asesina a siete militares». *La Razón,* 19 mayo 2024.

«Miles de malienses se refugian en Mauritania...», art. cit.
«Por qué el golpe de Estado en Níger puede ayudar...», art. cit.
«La salida de EE. UU. de Níger incrementa...», art. cit.
«El yihadismo dejó más de 23.000 muertos...», art. cit.
«Oleoducto Níger-Benín: las primeras gotas...», art. cit.
«La rama de Al Qaeda en Burkina Faso...», art. cit.
«Níger protesta ante Argelia por...», art. cit.
«Una incursión del ejército de Mali y del Grupo Wagner...», art. cit.
«La junta de Níger confirma la llegada...», art. cit.
«Ataque terrorista en aldea de Níger termina...», art. cit.
«Operación contra el Estado Islámico en el Sahel...», art. cit.
«*África: Burkina Faso expulsa a tres...*», art. cit.
«Nigeria.- Al menos 16 muertos por la explosión...», art. cit.
«Desastrosa retirada occidental...», art. cit.
«Níger.- Mueren seis militares de Níger...», art. cit.
«Un grupo de yihadistas secuestra...», art. cit.
«El Ejército anuncia la "neutralización" de...», art. cit.
«Liberadas una docena de personas...», art. cit.
«Cinco soldados heridos en Níger...», art. cit.
«Semana trágica en África...», art. cit.
«El nuevo presidente de Senegal...», art. cit.
«Sudán, el frente africano...», art. cit.
«Sudán busca mejorar...», art. cit.

«Rusia entra en una base militar…», art. cit.
«El riesgo de que Chad siga los…», art. cit.
«Burkina Faso denuncia una…», art. cit.
«Rusia despliega su poderío militar…», art. cit.
«Al menos trece civiles muertos en…», art. cit.
«El primer ministro de Senegal…», art. cit.
«China pasa de largo por Canarias…», art. cit.
«El ejército de Nigeria rescata…», art. cit.
«El ejército de Mali "neutraliza" a…», art. cit.
«*África/Níger. Ataque y toma del campamento…*», art. cit.
«Mali asegura haber matado a…», art. cit.
«Las autoridades locales confirman ocho muertos…», art. cit.
«El Ejército de Mali dice haber destruido…», art. cit.
«Ataque armado en Nigeria deja…», art. cit.
«Los niños del Sahel central sufren…», art. cit.
«Rusia estaría intentando hacerse…», art. cit.
«Lavrov aterriza en Burkina Faso…», art. cit.
«Rosatom y Orano niegan negociaciones…», art. cit.
«Con las visitas de Lavrov y Evkurov…», art. cit.
«Embajador Stefanini en Nova: Rusia…», art. cit.
«Burkina Faso: la junta gastó…», art. cit.

«Etiopía: según un nuevo informe, soldados eritreos han cometido crímenes de guerra y posibles crímenes de lesa humanidad tras firmar el Acuerdo de Cese de Hostilidades». Amnisty International, 4 septiembre 2023.

«Chad: ¿Quién era el opositor Yaya Dillo Djerou, asesinado por las fuerzas de seguridad?». France 24, 2 marzo 2024.

«La devastación de Sudán». *El País,* 16 marzo 2024.

«Incertidumbre en Mali: exigen elecciones tras terminar el periodo de transición». France 24, 3 abril 2024.

«Sudán suspende la emisión de Al Arabiya, Al Hadath y Sky News Arabia». *Infobae,* 3 abril 2024.

«Nuevos ataques de los paramilitares dejan 21 muertos en Sudán». *Prensa Latina,* 3 abril 2024.

«La OMS alerta de que en Sudán casi una de cada dos personas necesitará ayuda urgente en 2024». *La Vanguardia* / Servimedia, 4 abril 2024.

«Senegal incauta más de 1,1 toneladas de cocaína cerca de la frontera con Mali». Europa Press, 6 abril 2024.

«El Gobierno golpista de Mali suspende los partidos políticos». EFE, 10 abril 2024.

«Manifestación en Níger para exigir la salida de las tropas estadounidenses». *ABC*, 13 abril 2024.
«Níger acuerda la venta a China de petróleo con un anticipo de 400 millones de dólares». *El Periódico de la Energía,* 14 abril 2024.
«UNICEF señala que Nigeria aún está lejos de poder garantizar la seguridad en las escuelas del país». Europa Press, 15 abril 2024.
«Anuncian comienzo de campaña electoral para presidenciales en Chad». *Prensa Latina,* 18 abril 2024.
«La junta militar de Chad amenaza con expulsar a EE. UU. de la estratégica base aérea de Adji Kossei». Europa Press, 19 abril 2024.
«EE. UU. acepta retirar a más de mil soldados de sus tropas desplegadas en Níger». *La Vanguardia,* 20 abril 2024.
«Un grupo rebelde tuareg de Mali cambia su denominación y elige a un nuevo líder». *Infobae,* 26 abril 2024.
«Chad.- EE. UU. asegura que la cooperación con Chad "crecerá" tras las amenazas de la junta militar de expulsar a sus tropas». *Notiamérica,* 26 abril 2024.
«Población refugiada y local unen fuerzas en la lucha contra el cambio climático en Mauritania». ACNUR, 26 abril 2024.
«El líder de Burkina Faso denuncia que Costa de Marfil aloja a "elementos desestabilizadores"». *Infobae,* 27 abril 2024.
«Burkina veta a más medios internacionales por publicar una supuesta masacre del Ejército». EFE, 29 abril 2024.
«Sudán sufre la peor crisis de desplazados del mundo tras un año de guerra». Cadena Ser, 4 mayo 2024.
«Cinco claves para entender las elecciones presidenciales de Chad». *Infobae,* 4 mayo 2024.
«Níger.- Tropas de EE. UU. se ponen en alerta tras despliegue de Rusia». *Resumen Latinoamericano,* 5 mayo 2024.
«Benín prohíbe a los barcos cargar petróleo nigerino por la negativa de Niamey a reabrir su frontera común». Europa Press, 7 mayo 2024.
«Mali.- El diálogo impulsado por el líder de la junta militar de Mali recomienda ampliar de dos a cinco la transición». Europa Press, 10 mayo 2024.
«El Ejército "neutraliza" a "numerosos terroristas" en varias operaciones en el centro de Mali». Europa Press, 10 mayo 2024.
«Níger.- Niamey asegura que mantiene cerrada su frontera con Benín "por razones de seguridad"». Europa Press, 12 mayo 2024.
«Níger/Benín.- El presidente de Benín llama a la reconciliación con Níger en plena crisis por el cierre de fronteras». Europa Press, 12 mayo 2024.

«Sudán: un ataque aéreo deja fuera de servicio el hospital pediátrico de El Fasher y provoca la muerte de dos niños y un cuidador». Médicos Sin Fronteras (MSF), 12 mayo 2024.

«Crisis fronteriza entre Mauritania y Mali». *Sahel Osint,* 13 mayo 2024.

«Mauritania solicita apoyo a Angola para lideranza en centro regional». *Prensa Latina,* 13 mayo 2024.

«Una coalición de partidos opositores denuncia la "trampa" del diálogo impulsado por el líder de la junta de Mali». *Infobae,* 13 mayo 2024.

«Difundieron escalofriantes imágenes de una limpieza étnica perpetrada por paramilitares en Sudán». *Infobae* / MSF, 13 mayo 2024.

«Senegal intercepta una embarcación con más de 250 migrantes a 30 kilómetros de las costas de Dakar». *Infobae,* 14 mayo 2024.

«Níger culpa a EE. UU. de la ruptura del acuerdo de cooperación militar por su inacción frente al terrorismo». Europa Press, 14 mayo 2024.

«Benín rechaza las acusaciones de la junta de Níger y asegura que no acoge bases militares de Francia». *Infobae,* 14 mayo 2024.

«Benín levanta temporalmente el bloqueo a la exportación de petróleo de Níger». *Infobae,* 16 mayo 2024.

«Acusan al Ejército de Burkina Faso de asesinar a más de 50 civiles en el este del país». EFE, 16 mayo 2024.

«Sudán carga contra la UE tras sus críticas a las FF. AA. en el marco de los combates con las RSF en Darfur». Europa Press, 16 mayo 2024.

«El exministro del Interior de Gambia, Ousmane Sonko, es condenado a 20 años de cárcel por crímenes de lesa humanidad». *Democracy Now!* 16 mayo 2024.

«EE. UU. terminará de retirar sus tropas de Níger para mediados de septiembre». AP News, 19 mayo 2024.

«Nigeria: cuarto sacerdote secuestrado en cinco meses». *Zenit,* 20 mayo 2024.

«Nigeria.- Al menos 40 muertos en un ataque contra un pueblo minero del centro de Nigeria». Europa Press, 21 mayo 2024.

«Sudán. Fuerzas de Apoyo Rápido bombardean hospital materno». *Resumen Latinoamericano,* 21 mayo 2024.

«Un atentado deja siete militares muertos en Níger cerca de la frontera con Burkina Faso». Europa Press, 22 mayo 2024.

«Guerra en Sudán: 110 personas murieron por desnutrición en un mes en un campo de desplazados en Kalma». *Infobae,* 22 mayo 2024.

«La Embajada de Ucrania ha comenzado oficialmente a funcionar en la República Islámica de Mauritania». *Ukrinform,* s/f.

«Casi 250.000 sudaneses huyen en solo 24 horas de un campo de desplazados de El Fasher por el avance de las RSF». Europa Press, 24 mayo 2024.

«Burkina Faso.- La junta militar de Burkina Faso amplía cinco años su mandato de transición». COPE, 25 mayo 2024.
«Acnur: unos 185.000 refugiados de Sudán están estancados en la frontera con Chad». *Infobae,* 28 mayo 2024.
«Benín denuncia que el líder de la junta militar de Níger se ha negado a recibir a un enviado del presidente». Europa Press, 30 mayo 2024.
«El presidente de Senegal inicia una gira en Mali y Burkina Faso para reducir las tensiones con las juntas». Europa Press, 30 mayo 2024.
«África. Sahel en la Vanguardia de la autodeterminación y la seguridad». *Resumen Latinoamericano,* 31 mayo 2024.
«Burkina Faso: la ONU expresa seria preocupación por el aumento de los asesinatos de civiles». *Agenzia Nova,* 31 mayo 2024.
«La crisis de desplazados en Burkina Faso es la más olvidada del mundo según el ranking NRC». EFE, 3 junio 2024.
«Burkina Faso acusa a Costa de Marfil de convertirse en "la retaguardia de los que intentan desestabilizar" el país». Europa Press, 3 junio 2024.
«Persiste gelidez en nexos Benín-Níger». *Prensa Latina,* 3 junio 2024.
«Chad: La dictadura continúa por otros medios». IPS Noticias, 3 junio 2024.
«Desplazados sin ayuda en Darfur Central». Médicos Sin Fronteras (MSF), 4 junio 2024.
«Intensifican en Sudán combates en Darfur, Jartum y el Nilo Blanco». *Al Mayadeen,* 4 junio 2024.
«Níger refuerza su Ejército con 10.000 nuevos soldados para proteger sitios estratégicos». EFE, 5 junio 2024.
«Los paramilitares matan a más de 100 personas en una aldea del centro de Sudán, según una ONG». EFE, 5 junio 2024.
«Sudán y Mali inician un protocolo de cooperación y está prevista la apertura de una embajada en Bamako». *Agenzia Nova,* 6 junio 2024.
«La guerra civil en Sudán deja a 18 millones de personas en hambruna y casi 10 millones de desplazados». RTVE, 6 junio 2024.
«Estados Unidos retira oficialmente sus tropas de Níger». EFE, 7 junio 2024.
«Níger exige la liberación de cinco ciudadanos detenidos en Benín por entrar en una estación petrolera». Europa Press, 7 junio 2024.
«Una serie de ataques de Boko Haram deja al menos 20 muertos, diez de ellos decapitados, en el centro del país». Europa Press, 8 junio 2024.
«Al menos 31 sudaneses muertos en dos días por insolación al huir de Sudán a Egipto». *La Vanguardia* / EFE, 9 junio 2024.
«Nigeria: las autoridades desatienden a las niñas huidas del cautiverio de Boko Haram». Amnistía Internacional (AI), 10 junio 2024.
«El PMA advierte que el conflicto de Sudán puede convertirse en la "mayor crisis humanitaria del mundo"». *Infobae,* 10 junio 2024.

«Burkina Faso.- Las fuerzas de seguridad matan a "decenas" de "terroristas" tras un ataque en el norte de Burkina Faso». Europa Press, 10 junio 2024.
«Mueren al menos 50 personas y decenas son secuestradas en un nuevo ataque en el norte de Nigeria». Europa Press, 10 junio 2024.
«Ucrania en África». *El Viejo Topo* / United World International, 11 junio 2024.
«Níger impondrá penas de hasta 5 años por publicar datos que perturben el orden público». EFE, 12 junio 2024.
«El Ejército de Mauritania recibe seis UAV armados y un sistema antidrones». *Ecsaharaui*, 14 junio 2024.
«El Ejército mata a "muchos terroristas" tras una emboscada tendida a militares en el centro de Mali». Europa Press, 14 junio 2024.
«Sudán.- El gobernador de Darfur anuncia la muerte del comandante en El Fasher de las paramilitares RSF». Europa Press, 14 junio 2024.
«Mueren diez personas en un nuevo ataque con artillería ejecutado por las RSF al sur de la capital de Sudán». Europa Press, 14 junio 2024.
«Sudán.- Los paramilitares sudaneses confirman la muerte de su comandante de la ofensiva en El Fasher». Europa Press, 15 junio 2024.
«El ejército de Mali neutraliza a más de 30 terroristas tras una emboscada en el este del país». *Infobae*, 17 junio 2024.
«La rama de Al Qaeda en Burkina Faso reclama la muerte de más de un centenar de militares en Mansila (noreste)». Europa Press, 17 junio 2024.
«Burkina Faso: el grupo yihadista JNIM se atribuye el ataque fronterizo que mató a más de 100 soldados». *Agenzia Nova*, 17 junio 2024.
«El Ejército de Nigeria mata a más de un centenar de presuntos terroristas en una operación militar en Katsina». Europa Press, 17 junio 2024.
«Sudán, informe de la ONU: RSF recluta armas y hombres de la vecina República Centroafricana». *Agenzia Nova*, 17 junio 2024.
«Nigeria: secuestrado otro sacerdote en el estado Anambra». *Vatican News*, 18 junio 2024.
«Una fuerza regional rescata a 34 mujeres y niños secuestrados por yihadistas en Nigeria». EFE, 18 junio 2024.
«Misión de la ONU investiga la esclavitud sexual en la guerra de Sudán». *La Nación*, 18 junio 2024.
«Burkina Faso suspende de nuevo la emisión de la cadena francesa TV5 Monde por emitir críticas al Ejército». Europa Press, 19 junio 2024.
«Burkina Faso, fuentes "RFI": entre 80 y 120 soldados malienses y mercenarios rusos llegaron a Uagadugú». *Agenzia Nova*, 19 junio 2024.
«Por qué muchos temen que empeore la situación en Darfur». *The New York Times*, 19 junio 2024.

«Un ataque paramilitar en Sudán deja doce muertos». *El Periódico,* 19 junio 2024.
«El líder de la junta de Burkina Faso niega las informaciones sobre un motín en el ejército». *MarketScreener,* 20 junio 2024.
«El clima, la etnia y la negligencia alimentan la violencia en estados centrales de Nigeria». IPS Noticias, 20 junio 2024.
«Las autoridades de Mali detienen a once líderes opositores tras celebrar una reunión». Europa Press, 21 junio 2024.
«La junta militar de Níger retira el permiso de explotación de uranio a la compañía francesa Orano». *Forbes,* 21 junio 2024.
«Guerra civil en Sudán: los paramilitares conquistaron una ciudad y una base del Ejército». *Infobae,* 21 junio 2024.
«Combates entre guerrillas sudanesas en Libia dejan varios muertos y heridos». Europa Press, 23 junio 2024.
«Otro sacerdote secuestrado en Nigeria: el padre Mikah Suleiman». Agencia Fides, 24 junio 2024.
«Un atentado "terrorista" en Níger deja al menos 20 militares y un civil muertos». Europa Press, 26 junio 2024.
«Casi cuatro millones de niños padecen desnutrición aguda en Sudán». *La Vanguardia* / Servimedia, 26 junio 2024.
«Sudán llama a consultas a su embajador en Chad tras denunciar el apoyo de Yamena a las RSF». *Alahednews Spanish* / Europa Press, 28 junio 2024.
«El presidente de Mauritania gana las elecciones presidenciales entre acusaciones de fraude electoral». *El Periódico* / Europa Press, 1 julio 2024.
«El Ejército de Burkina Faso "neutraliza" a más de 150 supuestos terroristas». Europa Press, 1 julio 2024.
«Refugiados y solicitantes de asilo en Mauritania», Operational Data Portal (ODP).
«Eritrea». Amnistía Internacional (AI).
«Eritrea». Wikipedia.
«Grupo Wagner». Wikipedia.
«Terrorismo en Níger». Wikipedia.

PAÍSES VECINOS DEL SAHEL EN LA ACTUALIDAD

ABOUD, Hichem. «La llama arde entre…», art. cit.
___. «Argelia-Mauritania: Tebboune se reúne…», art. cit.
ACOSTA, Sandra. «La china Gotion pasa de Europa y construirá su fábrica de baterías en Marruecos». *El Periódico de la Energía,* 10 junio 1014.

ADEOYE, Aanu. «Los insurgentes islamistas...», art. cit.
AGUILERA, Ana. «Actividad yihadista...», art. cit.
ALDEKOA, Xavier. «El monstruo de la yihad se expande...», art. cit.
___. «Un líder rebelde para...», art. cit.
BAUTISTA, José. «"Un error de cálculo" de Marruecos: Guardia Civil, Interior y CNI desvelan la trastienda de la masacre de Melilla». *Público,* 23 junio 2024.
CAMPOS, Alfredo. «En el Reino de los Señores de la Guerra». *Descifrando la Guerra,* 7 julio 2018.
CASTIEN MAESTRO, Juan Ignacio, *et al.* «Panorámica histórica...», art. cit.
CEMBRERO, Ignacio. «Argelia estrecha lazos...», art. cit.
COLLANGES, Guillaume. «"Los malditos": migrantes...», art. cit.
DIEGO GONZÁLEZ, Antonio de. «El juego geopolítico de Marruecos...», art. cit.
___. *Populismo islámico...*, op. cit.
ECHEVERRÍA JESÚS, Carlos. «La colonización terrorista en África...», art. cit.
___. «La naturaleza de la inestabilidad crónica agravada en Libia desde 2011 y sus consecuencias en términos nacionales e internaciones». IEEE, noviembre 2016.
___. «La desestabilización del Sahel occidental...», art. cit.
ESTELLER, Rubén. «Nigeria y Marruecos retan a Argelia con el mayor gasoducto submarino a Europa». *El Economista,* 26 marzo 2024.
FERNÁNDEZ, Enrique. «El acercamiento entre Marruecos y los países del Sahel preocupa en Argelia». *Atalayar,* 28 enero 2024.
FERNÁNDEZ BARBADILLO, Pedro. «Los países del Sahel...», art. cit.
GARCÍA MARCOS, Andrea. «El Sahel: ¿el nuevo edén...?», art. cit.
GONZÁLEZ MÁRQUEZ, Jorge. «Convoyes rusos...», art. cit.
HERRERA, Esther. «Bruselas inicia una disputa comercial con Argelia por la restricción a productos europeos». *La Vanguardia,* 14 junio 2024.
KOENA, Jean Fernand. «República Centroafricana frena operación de mina china por presuntos lazos con milicia». AP News, 9 junio 2024.
LOSA, Óscar. «Costa de Marfil: máscaras...», art. cit.
MARTÍN, José María. «Mali pone en valor...», art. cit.
___. «El gasoducto Marruecos-Nigeria avanza a pasos agigantados». *Atalayar,* 6 junio 2024.
MASOLIVER, Alfonso. «El Gobierno maliense reanuda...», art. cit.
___. «Acabada Francia, el Kremlin...», art. cit.
MAVRIS, Giannis. «Grupo Wagner: "Rusia pretende...», art. cit.
MÉNDEZ, Víctor. «20 años de alijos...», art. cit.

MENDIGUREN, Berta. «Memorias y autoctonías en la convulsa legitimidad ciudadana de la RCA». *El Sahel de las gentes. Más allá del síndrome de la seguridad.* Barcelona: Monografía CIDOB 74; 2019.
MESA, Beatriz. «Los frentes abiertos de...», art. cit.
MILOSEVICH-JUARISTI, Mira. «El impacto de la presencia...», art. cit.
PINTO CEBRIÁN, Fernando. «El polvorín del Sahel...», art. cit.
RAMBLA, José Manuel. «Costa de Marfil: del milagro a la incertidumbre». *El Salto Diario,* 15 octubre 2023.
RANGEL, Pilar. «La expansión de Rusia...», art. cit.
REVIEJO, Santiago F. «El ejército saharaui lucha ahora contra el narco: se disparan en el desierto las incautaciones de droga de Marruecos». *Público,* 5 julio 2020.
RODRÍGUEZ ACEVEDO, Álvaro Gaspar e IEEE. «Señores de la Guerra...», art. cit.
SAAVEDRA, Mario. «Cocaína de América Latina...», art. cit.
___. «Mauritania, penúltimo dique del Sahel...», art. cit.
___. «Marruecos se vende como país...», art. cit.
SÁNCHEZ, Francesc. «Los wagnerianos en...», art. cit.
SÁNCHEZ, Gabriel C. «Mali: análisis del...», art. cit.
SANZ, Juan Carlos. «El Pablo Escobar del Sahara tira de la manta de la corrupción de la clase dirigente en Marruecos». *El País,* 25 febrero 2024.
SANZGUILLERMO VEGA, Juan Carlos. «El inicio de maniobras militares de Marruecos junto a la costa del Sahara inquieta al Gobierno de Canarias». *El País,* 29 marzo 2024.
SOVON, Jean y GARCÍA CALDERÓN ORBE, Gabriela. «Se renuevan relaciones...», art. cit.
ZULOAGA, J. M. «Burkina Faso apoya el proyecto...», art. cit.
___. «Rusia ofrece a los países del Sahel...», art. cit.

«Tráfico ilícito en el Sahel: la ruta de las armas...», art. cit.
«Ghana: la UE entrega 105 vehículos militares...», art. cit.
«El Gobierno denuncia que el Sahel es una...», art. cit.
«Oleoducto Níger-Benín: las primeras gotas...», art. cit.
«Níger protesta ante Argelia...», art. cit.
«*África/Rep. Centroafricana. Mercenarios rusos...*», art. cit.
«China sigue buscando una presencia militar...», art. cit.
«El líder de Burkina Faso denuncia...», art. cit.
Informe Anual de Seguridad Nacional 2023, op. cit.
«Benín prohíbe a los barcos cargar...», art. cit.
«Níger.- Niamey asegura que mantiene...», art. cit.
«Níger/Benín.- El presidente de Benín llama...», art. cit.

«Benín rechaza las acusaciones…», art. cit.
«Benín levanta temporalmente…», art. cit.
«Benín denuncia que el líder…», art. cit.
«Libia: el general Khalifa Hafter recibe…», art. cit.
«Burkina Faso acusa a Costa de Marfil…», art. cit.
«Persiste gelidez en nexos…», art. cit.
«Con las visitas de Lavrov y Evkurov…», art. cit.
«Un ataque terrorista en Benín…», art. cit.
«Níger exige la liberación de cinco…», art. cit.
«Sonatrach y Sinopec firman un acuerdo…», art. cit.
«Ucrania en África», art. cit.
«Sudán, informe de la ONU…», art. cit.

«Marruecos desarticula red internacional de narcotráfico armada en el Sahara». *La Vanguardia* / EFE, 27 junio 2020.

«Marruecos planta cara a los mercenarios de Wagner». *Huffington Post,* 26 diciembre 2023.

«La policía marroquí decomisa más de 360 kilos de cocaína en la frontera sur del Sáhara». EFE, 1 enero 2024.

«Argelia asegura que el gasoducto transahariano avanza "a pasos agigantados"». *El Economista,* 3 marzo 2024.

«Argelia defiende su gasoducto desde Nigeria frente al proyecto marroquí». *Crónica Económica,* 28 abril 2024.

«EE. UU. y Costa de Marfil firman un memorando contra la manipulación informativa de agentes extranjeros». Europa Press, 30 abril 2024.

«La CEDEAO muestra su satisfacción por la "buena organización" de las elecciones legislativas en Togo». *Infobae,* 1 mayo 2024.

«Marruecos desarticula una supuesta red de Estado Islámico en varias ciudades». Europa Press, 3 mayo 2024.

«La escalada armamentística de Marruecos y Argelia que debería preocupar a España, pero al Gobierno no le importa». *Adelante España,* 4 mayo 2024.

«Los resultados provisionales de las elecciones de Togo dan la victoria al gobernante partido de Gnassingbé». Europa Press, 5 mayo 2024.

«El presidente de Togo promulga la reforma constitucional que convierte al país en un sistema parlamentario». Europa Press, 7 mayo 2024.

«Al menos 9 muertos en un ataque rebelde contra una mina de oro en República Centroafricana». EFE, 12 mayo 2024.

«Tres militares libios muertos en enfrentamientos armados con contrabandistas cerca de la frontera con Argelia». Europa Press, 15 mayo 2024.

«Desconocidos ultiman a altos funcionarios en el norte de Camerún». *Prensa Latina,* 21 mayo 2024.

«Comenzó en Marruecos el juicio por el macrocaso de narcotráfico del Pablo Escobar del Sahara». EFE, 23 mayo 2024.

«Efectivos de operaciones especiales de las FF. AA. y la Guardia Civil asisten al ejercicio Flintlock en Ghana». *Indodefensa,* 24 mayo 2024.

«La apertura de nuevas minas dispara la producción de oro de Costa de Marfil en 2023». *MarketScreener,* 6 junio 2024.

«Marruecos detiene a cuatro presuntos terroristas leales al Estado Islámico». RTVE, 6 junio 2024.

«Las empresas chinas eligen Marruecos como centro de producción de baterías eléctricas». *El Periódico de la Energía,* 10 junio 2024.

«La República Centroafricana celebra su acercamiento a Francia tras años de tensiones». EFE, 11 junio 2024.

«Marruecos pasa de EE. UU. a China en cuestión de días». *HuffPost,* 11 junio 2024.

«Libia invita a Rusia a construir refinerías de petróleo en la costa». *Al Mayadeen,* 14 junio 2024.

«Depreciación de la moneda de Ghana: tiempos difíciles para la población». France 24, 15 junio 2024.

«Presidente de Ghana: "África ha sido la mayor víctima de la guerra en Ucrania"». EFE, 16 junio 2024.

«Benín/Níger.- Un tribunal de Benín sentencia a 18 meses de prisión suspendida a tres nigerinos». Europa Press, 18 junio 2024.

«Un informe asegura que una "trampa" de Marruecos desencadenó la tragedia de Melilla». EFE, 18 junio 2024.

«Libia: dos buques militares rusos en una "visita de cortesía" a Tobruk». *Agenzia Nova,* 18 junio 2024.

«Naciones Unidas alerta sobre obstáculos a reconciliación en Libia». *Al Mayadeen,* 20 junio 2024.

«Níger/Benín.- Regresan a Níger cinco empleados de una compañía petrolera detenidos en Benín». Europa Press, 21 junio 2024.

«Al menos cinco civiles y siete rebeldes mueren en un ataque a una mina en R. Centroafricana». *Infobae,* 22 junio 2024.

«Grupo Wagner». Wikipedia.

DESCOLONIZACIÓN PARCIAL Y CONFLICTOS INTERNOS

CASTIEN MAESTRO, Juan Ignacio, *et al.* «Panorámica histórica…», art. cit.

DIADIÉ, Ismael. *Diario de un bibliotecario…,* op. cit.

LEÓN COBO, Beatriz de. «*¿Existe la* narcojihad…?», art. cit.
MASOLIVER, Alfonso. *Azawad: una independencia…*, art. cit.
MESA, Beatriz. *Los grupos armados…*, op. cit.
___. «La revolución tuareg». Entrevista a Moussa Ag Assarid. *Minorías y fronteras del mundo árabe,* n.º 52. Instituto Europeo del Mediterráneo (IEMed), s/f.
PUIG, Oriol. «El desierto del Sáhara…», art. cit.
SÁNCHEZ, Gabriel C. «Mali: análisis del…», art. cit.
SEÑORÁN LÓPEZ, David. «Mapa de los golpes…», art. cit.

«Guerra de Mali». Wikipedia.
«Iyad Ag Ghaly». Wikipedia.

DEL POPULISMO ISLÁMICO AL TERRORISMO YIHADISTA

CASTIEN MAESTRO, Juan Ignacio, *et al.* «Panorámica histórica…», art. cit.
CEMBRERO, Ignacio. «Francia mata al terrorista que más occidentales secuestró en el Sahel». *El País,* 28 febrero 2013.
DIEGO GONZÁLEZ, Antonio de. «*¿Extranjeros o autóctonos?…*», art. cit.
___. *Populismo islámico…*, op. cit.
ECHEVARRÍA JESÚS, Carlos. «La colonización terrorista…», art. cit.
FOUCHER, Vincent. «El individuo frente…», art. cit.
LEÓN COBO, Beatriz de. «*¿Existe la* narcojihad…?», art. cit.
MESA, Beatriz. *Los grupos armados…*, op. cit.
MULÀ OLMOS, Júlia. «2019: ¿Año de la moderación para el Sahel?». *El País,* 22 noviembre 2019.
REINARES, Fernando. «Un condominio yihadista en el norte de Mali: ¿cómo ha surgido? ¿Se consolidará? Real Instituto Elcano, 17 julio 2012.
SÁNCHEZ, Gabriel C. «Mali: análisis del…», art. cit.

«La NSA cooperó con España…», art. cit.
«Chad: ¿Quién era el opositor…?», art. cit.
«Los países del Sahel se comprometen…», art. cit.
«El Ejército de Nigeria rescata a una de las niñas de Chibok secuestradas hace diez años». EFE, 18 abril 2024.

Centro Africano para el Estudio e Investigación del Terrorismo (CAERT). Disponible en: https://www-caert-org-dz.translate.goog/?_x_tr_sl=en&_x_tr_tl=es&_x_tr_hl=es&_x_tr_pto=sc

Comando de África de los Estados Unidos (AFRICOM). Disponible en: https://www-africom-mil.translate.goog/?_x_tr_sl=en&_x_tr_tl=es&_x_tr_hl=es&_x_tr_pto=sc

«Al Qaeda del Magreb Islámico». Wikipedia.
«Ataque a la base militar de El Mreiti». Wikipedia.
«Boko Haram». Wikipedia.
«Eritrea». Wikipedia.
«Hassan Hattab». Wikipedia.
«Ibrahim Ag Bahanga». Wikipedia.
«Masacre de turistas franceses en Mauritania». Wikipedia.
«Mojtar Belmojtar». Wikipedia.
«Rally Dakar». Wikipedia.

LA NUEVA RUTA DE LA DROGA SAHELIANA

BOISBOUVIER, Christophe. «Mali: el Boeing de la coca». *Jeune Afrique,* 26 noviembre 2009.
CASTIEN MAESTRO, Juan Ignacio, *et al.* «Panorámica histórica...», art. cit.
MESA, Beatriz. *Los grupos armados...,* op. cit.
MÉNDEZ, Víctor. «20 años de alijos...», art. cit.
POCH, Rafael. «El embrollo del "Air Cocaine" salpica a Sarkozy y Le Pen». *La Vanguardia,* 4 noviembre 2015.
PRESAS, Javier. «Así es el gran capo de África: un expolicía gallego condenado a 10 años de prisión en Costa de Marfil». *La Razón,* 8 mayo 2024.

«La nueva ruta de la droga corrompe África». *El País,* 8 marzo 2009.
«África: la nueva ruta del narcotráfico». BBC, 9 diciembre 2009.
«El "Air Cocaine" tenía jefe español». *El País,* 26 junio 2011.
«"Air Cocaine": arrestan a los pilotos franceses condenados por narcotráfico que huyeron de República Dominicana». BBC, 3 noviembre 2015.
«Diez años de cárcel para el capo vigués y expolicía Miguel Ángel Devesa por tráfico de cocaína en Costa de Marfil». EFE, 8 mayo 2024.

ESTRATEGIA EUROPEA EN EL SAHEL Y CONSECUENCIAS DEL DERROCAMIENTO DE GADAFI

CASTIEN MAESTRO, Juan Ignacio, *et al.* «Panorámica histórica...», art. cit.

CEMBRERO, Ignacio. «El golpe de Estado en Níger acentúa la inestabilidad en la franja del Sahel». *El País,* 20 febrero 2010.

___. «Francia mata al terrorista que más occidentales secuestró en el Sahel». *El País,* 28 febrero 2013.

DIEGO GONZÁLEZ, Antonio de. «El juego geopolítico…», art. cit.

ECHEVARRÍA JESÚS, Carlos. «La colonización terrorista…», art. cit.

___. «La naturaleza de la inestabilidad crónica…», art. cit.

MESA, Beatriz. Los grupos armados…, op. cit.

___. «Los frentes abiertos de…», art. cit.

NÚÑEZ VILLAVERDE, Jesús A. «El Sahel se desmarca…», art. cit.

SÁNCHEZ, Francesc. «Los wagnerianos en…», art. cit.

SÁNCHEZ, Gabriel C. «Mali: análisis del…», art. cit.

URÍA, Lluís. «Mal presagio en…», art. cit.

«Tráfico ilícito en el Sahel: la ruta de las armas…», art. cit.

Relaciones UE-África. Consejo de la Unión Europea. Disponible en: https://www.consilium.europa.eu/es/policies/eu-africa/

«Guerra civil siria». Wikipedia.

«Terrorismo en Níger». Wikipedia.

GUERRA DE MALI (2012-2013)

ADEGOKE, Yemisi. «Qué fue de las 276 niñas…», art. cit.

ALDEKOA, Xavier. «Rusia se expande por África con su…», art. cit.

BENOTMAN, Amal. «2023 en el Sahel: un cambio…», art. cit.

CASTIEN MAESTRO, Juan Ignacio, et al. «Panorámica histórica…», art. cit.

DIADIÉ, Ismael. *Diario de un bibliotecario…,* op. cit.

DIEGO GONZÁLEZ, Antonio de. «El juego geopolítico…», art. cit.

DÍEZ ALCALDE, Jesús. «Yihadismo en el Sahel…», art. cit.

ECHEVARRÍA JESÚS, Carlos. «La colonización terrorista…», art. cit.

___. «La naturaleza de la inestabilidad crónica…», art. cit.

EL DIFRAOUI, Asiem. «El yihadismo, de Moscú…», art. cit.

FOUCHER, Vincent. «El individuo frente a las crisis del Sahel del…», art. cit.

GARCÍA LLATA, Antonio. «Intereses e inversión extranjera…», art. cit.

GONZÁLEZ, Miguel. «Europa retira sus últimas tropas…», art. cit.

HERRERA, Ricardo. «Canarias, en la encrucijada de la inseguridad en el Sahel». *Diario de Avisos,* 21 septiembre 2012.

LEÓN COBO, Beatriz de. «*¿Existe la* narcojihad…?», art. cit.

MESA, Beatriz. *Los grupos armados…*, op. cit.

___. «Los frentes abiertos de…», art. cit.

MULÀ OLMOS, Júlia. «2019: ¿Año de la Moderación…?», art. cit.

NARANJO, José. «Nace el grupo yihadista más grande del Sahel». *El País,* 2 marzo 2017.

___. «La ruptura de Mali, Níger y Burkina Faso…», art. cit.

NIEVAS BULLEJOS, David. «El paradigma de la seguridad desde un análisis de caso: Mali, ¿condenado a una crisis permanente?». *El Sahel de las gentes. Más allá del síndrome de la seguridad.* Barcelona: Monografía CIDOB 74; 2019.

REINARES, Fernando. «Un condominio yihadista…», art. cit.

SÁNCHEZ, Gabriel C. «Mali: análisis del…», art. cit.

SEÑORÁN LÓPEZ, David. «Mapa de los golpes…», art. cit.

URÍA, Lluís. «Mal presagio en…», art. cit.

«Manifestación en Níger para…», art. cit.

«Tráfico ilícito en el Sahel: la ruta de las armas…», art. cit.

«El Ejército de Nigeria rescata a una de…», art. cit.

Firma de la Declaración de Argel. Ministerio de Asuntos Exteriores, comunicado 166, 11 junio 2014.

«Boko Haram». Wikipedia.

«Coordinación de los Movimientos del Azawad». Wikipedia.

«G5 del Sahel». Wikipedia.

«Guerra de Mali». Wikipedia.

«Intervención militar francesa en Mali de 2013». Wikipedia.

«Iyad Ag Ghali». Wikipedia.

«MINUSMA». Wikipedia.

«Mojtar Belmojtar». Wikipedia.

«Movimiento para la Unicidad y la Yihad en África Occidental». Wikipedia.

«Rally Dakar». Wikipedia.

«Rebelión tuareg de 2012». Wikipedia.

«Terrorismo en Níger». Wikipedia.

INICIO DE LA OPERACIÓN BARKHANE

BENOTMAN, Amal. «2023 en el Sahel: un cambio…», art. cit.

CASTIEN MAESTRO, Juan Ignacio, et al. «Panorámica histórica…», art. cit.

DIEGO GONZÁLEZ, Antonio de. *Populismo islámico...*, op. cit.
GARCÍA LLATA, Antonio. «Intereses e inversión extranjera...», art. cit.
GONZÁLEZ, Miguel. «Europa retira sus últimas tropas...», art. cit.
GUÉHENNO, Jean-Marie. «Libia y el Sahel». *Esglobal,* 14 enero 2015.
JIMÉNEZ MAROTO, Alfonso José. «Rusia adquiere influencia...», art. cit.
LEÓN COBO, Beatriz de. «*¿Existe la* narcojihad...?», art. cit.
MESA, Beatriz. *Los grupos armados...*, op. cit.
MULÀ OLMOS, Júlia. 2019: «*¿Año de la* moderación...?», art. cit.
PÉROUSE DE MONTCLOS, Marc-Antoine. «La lucha contra el terrorismo...», art. cit.
ROJAS, Alberto. «El Sahel, una zona fuera de control». *El Mundo,* 17 enero 2016.
SÁNCHEZ, Gabriel C. «Mali: análisis del...», art. cit.
SILVA SÁNCHEZ, Victoria. «Los nuevos campos de batalla del "yihadismo" en África». *Esglobal,* 15 febrero 2016.
URIARTE PROCEL, Julia María de. «El Estado Islámico controla...», art. cit.

«Rusia entra en una base militar...», art. cit.
«El Ejército de Nigeria rescata a una de las niñas...», art. cit.
«Burkina veta a más medios internacionales...», art. cit.

«Un ataque terrorista a un hotel de Mali deja varios muertos». *La Vanguardia,* 7 agosto 2015.
«Cientos de milicianos de Boko Haram se rinden a las autoridades». Europa Press, 12 noviembre 2016.
«Así ha actuado el terrorismo yihadista en el Sahel y el Magreb en noviembre». Observatorio Internacional de Estudios sobre Terrorismo (OIET),12 diciembre 2016.
«Zonas calientes 2017: África (II)». *Política Exterior,* 5 abril 2017.
«Misionera suiza es asesinada en Mali». *Puertas Abiertas,* 14 octubre 2020.
«Religiosa que estuvo secuestrada por terroristas afirma: "Dios transformó mi vida"». *Aciprensa,* 27 junio 2023.
«El grupo tuareg MSA abandona la coalición surgida del acuerdo de 2015 por los nuevos combates con el ejército de Mali». Europa Press, 25 septiembre 2023.

Relaciones UE-África. Consejo de la Unión Europea. Disponible en: https://www.consilium.europa.eu/es/policies/eu-africa/

«Acuerdo de Argel (2015)». Wikipedia.

«Al Murabitun». Wikipedia.
«Al Qaeda del Magreb Islámico». Wikipedia.
«Atentado de Gao de 2017». Wikipedia.
«Atentado en Uatgadugú de 2016». Wikipedia.
«Atentados de Maiduguri de 2015». Wikipedia.
«Atentados en Borno de 2015». Wikipedia.
«Boko Haram». Wikipedia.
«Estado Islámico del Gran Sahara». Wikipedia.
«Frente de Liberación de Macina». Wikipedia.
«Guerra de Mali». Wikipedia.
«Operación Barkhane». Wikipedia.
«Rebelión tuareg de 2012». Wikipedia.
«Revolución de Burkina Faso de 2014». Wikipedia.
«Terrorismo en Níger». Wikipedia.

CREACIÓN DEL JNIM

CASTIEN MAESTRO, Juan Ignacio, *et al.* «Panorámica histórica…», art. cit.

CEMBRERO, Ignacio. «Los yihadistas del Sahel se unen bajo el símbolo de una victoria en Al Andalus». *El Confidencial,* 5 marzo 2017.-DÍEZ ALCALDE, Jesús. «Yihadismo en el Sahel…», art. cit.

ECHEVARRÍA JESÚS, Carlos. «La naturaleza de la inestabilidad crónica…», art. cit.

GARCÍA LLATA, Antonio. «Intereses e inversión extranjera…», art. cit.

MESA, Beatriz. Los grupos armados…, op. cit.

___. «Los frentes abiertos de…», art. cit.

NARANJO, José. «Nace el grupo yihadista…», art. cit.

«Zonas calientes 2017…», art. cit.

«La CPI anuncia orden de arresto contra un líder yihadista de Mali por crímenes de guerra». EFE, 21 junio 2024.

«Al Murabitun». Wikipedia.
«Atentado al complejo turístico Le Campement». Wikipedia.
«Estado Islámico del Gran Sahara». Wikipedia.
«Guerra de Mali». Wikipedia.
«Grupo de Apoyo al Islam y los Musulmanes». Wikipedia.
«Iyad Ag Ghaly». Wikipedia.
«Operación Barkhane». Wikipedia.
«Terrorismo en Níger». Wikipedia.

ALIANZA SAHEL

BAÑUELOS, Javier. «La Comisión Europea ya alertó a España en 2018 sobre el general implicado en el "caso Mediador"». Cadena Ser, 28 febrero 2023.

CEMBRERO, Ignacio. Los yihadistas del Sahel…, art. cit.

MESA, Beatriz. *Los grupos armados…*, op. cit.

___. Los frentes abiertos de…, art. cit.

MULÀ OLMOS, Júlia. 2019: ¿Año de la moderación…?, art. cit.

NARANJO, José. «La ONU apoya una fuerza para luchar contra el yihadismo en el Sahel». *El País,* 22 junio 2017.

___. «Fuerzas malienses matan a Abu Huzeifa, uno de los yihadistas más buscados del Sahel». *El País,* 30 abril 2024.

«La Guardia Civil entrenará a la policía del Sahel para frenar el tráfico de inmigrantes». *El Mundo,* 20 febrero 2017.

«Alianza Sahel: con ocasión de la III Asamblea General, los miembros refuerzan y adaptan sus compromisos a favor de las poblaciones del Sahel». La Moncloa, 4 abril 2022.

«EE. UU. lanza una campaña para encontrar a asesinos de sus soldados en Níger». EFE, 4 octubre 2022.

«Alianza Sahel». Wikipedia.

«Estado Islámico del Gran Sahara». Wikipedia.

«Terrorismo en Níger». Wikipedia.

REUNIONES DE JNIM Y EIGS

ARREDONDAS, Margarita. «Rusia se establece en el Sahel a través del Grupo Wagner tras la retirada francesa». *Atalayar,* 6 febrero 2023.

DÍEZ ALCALDE, Jesús. «Yihadismo en el Sahel…», art. cit.

«Al Qaeda reivindica el ataque contra la fuerza conjunta G5 Sahel en Mali». *Euronews,* 30 junio 2018.

«Al Qaeda del Magreb Islámico». Wikipedia.

«Boko Haram». Wikipedia.

«Estado Islámico del Gran Sahara». Wikipedia.

«Guerra de Mali». Wikipedia.

«Grupo de Apoyo al Islam y los Musulmanes». Wikipedia

«Operación Barkhane». Wikipedia.

«Rally Dakar». Wikipedia.

«Terrorismo en Níger». Wikipedia.

LOS RUSOS REAPARECEN EN EL SAHEL Y LOS FRANCESES SE PLANTEAN SU EVACUACIÓN

BENOTMAN, Amal. «2023 en el Sahel: un cambio…», art. cit.
CALVO, Guadi. «Sahel, guerra de…», art. cit.
HAJ JASEM, Basilea. «En África: ¿Ascenso de Rusia…?», art. cit.
LEÓN COBO, Beatriz de. «*¿Existe la* narcojihad…?», art. cit.
NIEVAS BULLEJOS, David. «El paradigma de la seguridad…», art. cit.
TELEPNEVA, Natalia. «*Militarizar África…*», art. cit.

«*Los países del Sahel se comprometen…*», art. cit.
«La crisis del Sahel alcanza niveles sin precedentes». Naciones Unidas, 8 mayo 2019.

Centro Africano para el Estudio e Investigación del Terrorismo (CAERT). Disponible en: https://www-caert-org-dz.translate.goog/?_x_tr_sl=en&_x_tr_tl=es&_x_tr_hl=es&_x_tr_pto=sc

«Grupo de Apoyo al Islam y los Musulmanes». Wikipedia.
«Operación Barkhane». Wikipedia.
«Rally Dakar». Wikipedia.

TIEMPO DE PANDEMIA

DÍEZ ALCALDE, Jesús. «Yihadismo en el Sahel…», art. cit.
EL DIFRAOUI, Asiem. «El yihadismo, de Moscú…», art. cit.
GONZÁLEZ, Miguel. «La encrucijada del Ejército…», art. cit.
___. «Europa retira sus últimas tropas…», art. cit.
LEÓN COBO, Beatriz de. «*¿Existe la* narcojihad…?», art. cit.
MESA, Beatriz. *Los grupos armados…*, op. cit.
NARANJO, José. «Fuerzas malienses matan a Abu Huzeifa…», art. cit.
NÚÑEZ VILLAVERDE, Jesús A. «El Sahel se desmarca…», art. cit.
PARRA HERNÁNDEZ, Angélica. «Golpe de Estado en Níger. La nueva junta militar pide ayuda al grupo de mercenarios rusos Wagner». *Euronews,* 5 agosto 2023.
RAJOSEFA, Laura. «El futuro de la competencia estratégica…», art. cit.
RAMBLA, José Manuel. «Costa de Marfil: del milagro…», art. cit.
ROD, Juan Luis. «Hambre y sed en el Sahel». *El País,* 28 agosto 2020.
SÁNCHEZ, Escarlata. «El coronel golpista, Assimi Goita es nombrado presidente de Mali». *Euronews,* 29 mayo 2021.

SÁNCHEZ, Francesc. «Los wagnerianos en…», art. cit.
SUMMERS, Marta. «Observatorio de la actividad yihadista en el Magreb y el Sahel Occidental de julio de 2020». Observatorio Internacional de Estudios sobre Terrorismo (OIET), 13 agosto 2020.
URÍA, Lluís. «Mal presagio en…», art. cit.

«Chad: *¿Quién era el opositor…*», art. cit.
«El riesgo de que Chad siga los…», art. cit.
«Cinco claves para entender las elecciones…», art. cit.
«China exporta su Gran Muralla Verde para contener el Sáhara». *Euronews,* 11 abril 2018.
«El cambio climático y la inestabilidad van mano a mano en el Sahel». Naciones Unidas, 13 noviembre 2018.
«La Gran Muralla Verde, el sueño ecológico de África en construcción». Naciones Unidas, 12 diciembre 2018.
«Los pastores del Sahel, de exploradores en busca de agua al satélite y el teléfono móvil». Naciones Unidas, 24 enero 2019.
«Sánchez reitera el alto compromiso de España con la región estratégica del Sahel». La Moncloa, 30 junio 2020.
«Donde el cambio climático es una realidad: ayudar a los pastores del Sahel, en África, a asegurarse un futuro resiliente». Banco Mundial, 21 septiembre 2020.
«Robles se reúne con la representante especial de la Unión Europea para el Sahel». Ministerio de Defensa, 7 septiembre 2021.
«Al Qaeda del Magreb Islámico». Wikipedia.
«Boko Haram». Wikipedia.
«Estado Islámico del Gran Sahara». Wikipedia.
«Golpe de Estado en Sudán 2021». Wikipedia.
«Grupo Wagner». Wikipedia.
«Ibrahima Dahirou Dembélé». Wikipedia.
«Operación Barkhane». Wikipedia.
«Walid Abu Sarhaoui». Wikipedia.

MALI: SALEN LOS FRANCESES Y ENTRAN LOS RUSOS

ADEOYE, Aanu. «Los insurgentes islamistas…», art. cit.
ARREDONDAS, Margarita. «Rusia se establece…», art. cit.
CASTEL, Antoni. «Mali cae en manos de Rusia». *Política Exterior,* 1 junio 2022.
GONZÁLEZ, Miguel. «La encrucijada del Ejército…», art. cit.

___. «Europa retira sus últimas tropas del Sahel...», art. cit.
LORY, Gregoire y LÁZARO, Ana. «La misión militar europea en el Sahel, seriamente debilitada». *Euronews,* 3 febrero 2022.
NARANJO, José. «La guerra entre tuaregs, yihadistas y el Ejército se extiende por el norte de Mali». *El País,* 3 octubre 2023.
___. «Liberados un periodista francés...», art. cit.
___. «El Sahel se convierte en el epicentro...», art. cit.
___. «Rusia se extiende en el Sahel...», art. cit.
___. «La representante de Acnur...», art. cit.
PÉROUSE DE MONTCLOS, Marc-Antoine. «La lucha contra el terrorismo...», art. cit.
RAJOSEFA, Laura. «El futuro de la competencia estratégica...», art. cit.
URÍA, Lluís. «Mal presagio en...», art. cit.

«Alianza Sahel: con ocasión de la III Asamblea General...», art. cit.

«Mali. Manifestación en contra de Francia y de la Unión Europea». *Euronews,* 20 febrero 2022.
«Sahel: se espera que la crisis alimentaria exacerbada por el conflicto armado empeore durante el periodo de escasez». Comité Internacional de la Cruz Roja (CICR), 12 mayo 2022.
«Ayuda en Acción alerta de una crisis alimentaria y nutricional sin precedentes en el Sahel». Ayuda en Acción, 27 mayo 2022.
«Masacre en Mali, al menos 132 civiles asesinados por presuntos yihadistas». *Euronews,* 21 junio 2022.
«Centro de inversiones de la FAO. Herramientas innovadoras para inversiones en el sector ganadero sostenibles y de emisiones de carbono bajas». Organización de las Naciones Unidas para la Alimentación y la Agricultura (FAO), 11 julio 2022.
«Estado Islámico del Gran Sahara». Wikipedia.
«G5 del Sahel». Wikipedia.
«Grupo Wagner». Wikipedia.
«Masacre de Moura». Wikipedia.
«Operación Barkhane». Wikipedia.

GOLPE DE ESTADO EN BURKINA FASO

ARREDONDAS, Margarita. «Rusia se establece...», art. cit.
CALVO, Guadi. «Chad, vientos de cambio...», art. cit.
GARCÍA LLATA, Antonio. «Intereses e inversión extranjera...», art. cit.

GONZÁLEZ, Miguel. «Europa retira sus últimas tropas del Sahel…», art. cit.
NARANJO, José. «El líder militar de Chad gana…», art. cit.
PINTO CEBRIÁN, Fernando. «El polvorín del Sahel…», art. cit.
SAHUQUILLO, María R. «La OTAN sondea abrir misiones…», art. cit.
URÍA, Lluís. «Mal presagio en…», art. cit.

«Cinco claves para entender las elecciones…», art. cit.
«Operación Barkhane». Wikipedia.

FIN DE LA OPERACIÓN BARKHANE Y DE LA FRANÇAFRIQUE

ARREDONDAS, Margarita. «Rusia se establece…», art. cit.
BENOTMAN, Amal. «2023 en el Sahel: un cambio…», art. cit.
CASTEL, Antoni. «Mali cae en manos…», art. cit.
CHÂTELOT, Christophe. «Comment la France est devenue indésirable dans le Sahel». *Le Monde,* 3 septiembre 2023.
EL DIFRAOUI, Asiem. «El yihadismo, de Moscú…», art. cit.
GARCÍA LLATA, Antonio. «Intereses e inversión extranjera…», art. cit.
JIMÉNEZ MAROTO, Alfonso José. «Rusia adquiere influencia…», art. cit.
LOSA, Óscar. «Costa de Marfil: máscaras…», art. cit.
PEIRANO, Nataniel. «*África:* qué es la Alianza…», art. cit.
REQUEIJO, Alejandro. «Quién es quién en el avispero…», art. cit.
SÁNCHEZ, Gabriel C. «Mali: análisis del…», art. cit.
SORIANO TRUJILLO, Javier. «*¿Qué está pasando…?*», art. cit.
URÍA, Lluís. «Mal presagio en…», art. cit.

«*África: Burkina Faso expulsa a tres diplomáticos franceses…*», art. cit.
«Operación Barkhane». Wikipedia.

Relaciones UE-África. Consejo de la Unión Europea. Disponible en: https://www.consilium.europa.eu/es/policies/eu-africa/

COMIENZA LA GUERRA EN SUDÁN

ARREDONDAS, Margarita. «Rusia se establece…», art. cit.
ARTEAGA, Félix y SIMÓN, Luis. «La OTAN tras la Cumbre de Vilna». Real Instituto Elcano, 31 julio 2023.
BENOTMAN, Amal. «2023 en el Sahel: un cambio…», art. cit.

CAMPOS, Pepe. «Limpieza étnica, violaciones...», art. cit.
ESPAÑOL, Marc. «La ayuda como arma...», art. cit.
___. «Las evidencias de una nueva limpieza...», art. cit.
JIMÉNEZ MAROTO, Alfonso José. «Rusia adquiere influencia...», art. cit.
MIAN, Louis, et al. «Personas comen "pasto y cáscaras de maní"...», art. cit.
PEIRANO, Nataniel. «*África: Qué es la Alianza...*», art. cit.
SAAVEDRA, Mario. «Ucrania-Oriente Próximo-Sahel...», art. cit.

«Sudán suspende la emisión de Al Arabiya...», art. cit.
«Nuevos ataques de los paramilitares...», art. cit.
«La devastación de Sudán», art. cit.
«Cinco claves para entender las elecciones...», art. cit.
«Grupo Wagner». Wikipedia.

ÚLTIMO GOLPE DE ESTADO EN NÍGER Y SUS CONSECUENCIAS

ALDEKOA, Xavier. «Una nueva guerra fría...», art. cit.
ÁLVAREZ COBELAS, Juan Ramón. «El Sahel, una región...», art. cit.
GARCÍA LLATA, Antonio. «Intereses e inversión extranjera...», art. cit.
GONZÁLEZ, Miguel. «Europa retira sus últimas tropas del Sahel...», art. cit.
JIMÉNEZ MAROTO, Alfonso José. «Rusia adquiere influencia...», art. cit.
JULIANA, Enric. «Tambores de guerra al sur...», art. cit.
NARANJO, José. «Los regímenes militares del Sahel...», art. cit.
PARRA HERNÁNDEZ, Angélica. «Golpe de Estado...», art. cit.
SAAVEDRA, Mario. «Mauritania, penúltimo dique...», art. cit.
SUMMERS, Marta. «Observatorio de la actividad yihadista en el Magreb y el Sahel Occidental de agosto de 2023». Observatorio Internacional de Estudios sobre Terrorismo (OIET), 22 septiembre 2023.
URÍA, Lluís. «Mal presagio en...», art. cit.

«Por qué el golpe de Estado en Níger puede ayudar...», art. cit.
Informe Anual de Seguridad Nacional 2023, op. cit.
«Evacuación militar de Níger: la tensa espera para el vuelo y cuatro miembros del CNI en el avión de vuelta a España». Europa Press, 10 agosto 2023.

REACTIVACIÓN DE LA VIOLENCIA TUAREG Y YIHADISTA

ARREDONDAS, Margarita. «Rusia se establece…», art. cit.
ECHEVERRÍA JESÚS, Carlos. «La desestabilización del Sahel occidental…», art. cit.
MESA, Beatriz. «Los frentes abiertos de…», art. cit.
NARANJO, José. «La guerra entre tuaregs, yihadistas…», art. cit.
___. «Liberados un periodista francés…», art. cit.
___. «La representante de Acnur…», art. cit.
REQUEIJO, Alejandro. «Quién es quién en el avispero…», art. cit.
SUMMERS, Marta. «Observatorio de la actividad…», art. cit.
URÍA, Lluís. «Mal presagio en…», art. cit.

«El grupo tuareg MSA abandona la coalición…», art. cit.
«La antigua rebelión tuareg de Mali pide una reunión de urgencia ante un posible colapso de los acuerdos de paz». Europa Press, 11 diciembre 2022.

CREACIÓN DE LA AES Y DISOLUCIÓN DEL G5S

ADEOYE, Aanu. «Los insurgentes islamistas…», art. cit.
AGUILERA, Ana. «Actividad yihadista en el Magreb y el Sahel, febrero 2024». Observatorio Internacional de Estudios sobre Terrorismo (OIET), 27 marzo 2024.
ALDAMA, Zigor. «El Sahel está en llamas…», art. cit.
ALDEKOA, Xavier. «Una nueva guerra fría…», art. cit.
___. «Un líder rebelde para…», art. cit.
BERTHEMET, Tanguy. «Le Sénégal vit une revolution…», art. cit.
COLUMBA JEREZ, Alexia. «Rusia y China avanzan…», art. cit.
CUESTA, Pilar de la. «España busca cómo…», art. cit.
DONATI, Jessica. «El ejército de…», art. cit.
ECHEVERRÍA JESÚS, Carlos. «La desestabilización del Sahel occidental…», art. cit.
EL DIFRAOUI, Asiem. «El yihadismo, de Moscú…», art. cit.
FERNÁNDEZ, Enrique. «El acercamiento entre Marruecos…», art. cit.
FERNÁNDEZ BARBADILLO, Pedro. «Los países del Sahel…», art. cit.
GONZÁLEZ, Miguel. «Europa retira sus últimas tropas del Sahel…», art. cit.
IRIARTE, Daniel. «Por qué Ucrania se ha…», art. cit.
JIMÉNEZ MAROTO, Alfonso José. «Rusia adquiere influencia…», art. cit.

MANDEVILLE, Laure. «Dakar ser-t-il un nouveau...», art. cit.
MASOLIVER, Alfonso. «El ejército maliense conquista la ciudad de Kidal con la ayuda del Grupo Wagner». *La Razón,* 15 noviembre 2023.
___. «El Gobierno maliense reanuda...», art. cit.
___. «Chad amenaza con romper...», art. cit.
MAVRIS, Giannis. «Grupo Wagner: "Rusia pretende...», art. cit.
MESA, Beatriz. «Los frentes abiertos de...», art. cit.
NARANJO, José. «La ruptura de Mali, Níger y Burkina Faso...», art. cit.
___. «Los regímenes militares del Sahel...», art. cit.
___. «El Sahel se convierte en el epicentro...», art. cit.
___. «Rusia se extiende en el Sahel...», art. cit.
NÚÑEZ VILLAVERDE, Jesús A. «El Sahel se desmarca...», art. cit.
PEIRANO, Nataniel. «*África:* qué es la Alianza...», art. cit.
SAAVEDRA, Mario. «Mauritania, penúltimo dique...», art. cit.
SÁNCHEZ, Gabriel C. «Mali: análisis del...», art. cit.
SEGURA, Cristian. «Un vídeo confirma combates entre...», art. cit.
SEÑORÁN LÓPEZ, David. «Mapa de los golpes...», art. cit.
URÍA, Lluís. «Mal presagio en...», art. cit.
VINES, Alex, et al. «*¿China está considerando...?*», art. cit.

«La salida de EE. UU. de Níger incrementa...», art. cit.
«El Gobierno denuncia que el Sahel es una "amenaza real" como...», art. cit.
Informe Anual de Seguridad Nacional 2023, op. cit.
«Marruecos planta cara a los mercenarios...», art. cit.
«Burkina veta a más medios internacionales...», art. cit.

Mantenimiento de la Paz. Naciones Unidas. Disponible en: https://peacekeeping.un.org/en

«Boko Haram». Wikipedia.

RUSIA SE INFILTRA EN EL SAHEL

ALDEKOA, Xavier. «Una nueva guerra fría...», art. cit.
ARREDONDAS, Margarita. «Rusia se establece...», art. cit.
BENOTMAN, Amal. «2023 en el Sahel: un cambio geopolítico...», art. cit.
BURKE, Jason y SALIH, Zeinab Mohammed. «Acusan a mercenarios rusos de ataques mortales contra minas en la frontera entre Sudán y República Centroafricana». *The Guardian,* 21 junio 2022.

CASTEL, Antoni. «Mali cae en manos...», art. cit.
EL DIFRAOUI, Asiem. «El yihadismo, de Moscú...», art. cit.
FERNÁNDEZ BARBADILLO, Pedro. «Los países del Sahel...», art. cit.
GARCÍA LLATA, Antonio. «Intereses e inversión extranjera...», art. cit.
GONZÁLEZ, Miguel. «Europa retira sus últimas tropas del Sahel...», art. cit.
INWOOD, Joe y TACCHI, Jake. «Cómo el Gobierno ruso...», art. cit.
MASOLIVER, Alfonso. «El ejército maliense conquista...», art. cit.
MASOLIVER, Alfonso. «Acabada Francia, el Kremlin...», art. cit.
MAVRIS, Giannis. «Grupo Wagner: "Rusia pretende...», art. cit.
NARANJO, José. «El Sahel se convierte en el epicentro...», art. cit.
___. «Rusia se extiende en el Sahel...», art. cit.
___. «La representante de Acnur...», art. cit.
PEIRANO, Nataniel. «*África:* qué es la Alianza...», art. cit.
PINTO CEBRIÁN, Fernando. «El polvorín del Sahel...», art. cit.
RAJOSEFA, Laura. «El futuro de la competencia estratégica...», art. cit.
RODRÍGUEZ ACEVEDO, Álvaro Gaspar e IEEE. «Señores de la Guerra...», art. cit.
SÁNCHEZ, Francesc. «Los wagnerianos en...», art. cit.
SEGURA, Cristian. «Un vídeo confirma combates entre...», art. cit.
SOVON, Jean y GARCÍA CALDERÓN ORBE, Gabriela. «Se renuevan relaciones...», art. cit.
TELEPNEVA, Natalia. «Militarizar África...», art. cit.

«*África/Mozambique. Más de 67.000 personas huyen...*», art. cit.
«La salida de EE. UU. de Níger incrementa...», art. cit.
«Rusia entra en una base militar...», art. cit.
«El riesgo de que Chad siga los...», art. cit.
«Rusia despliega su poderío militar...», art. cit.
«Grupo Wagner». Wikipedia.